KOEN BRAMS
ERFUNDENE KUNST

Die Andere Bibliothek
Herausgegeben
von Hans Magnus Enzensberger

KOEN BRAMS

# ERFUNDENE KUNST

***Eine Enzyklopädie fiktiver Künstler von 1605 bis heute***

*Aus dem Niederländischen*
*von Christiane Kuby und Herbert Post*

Eichborn Verlag
Frankfurt am Main
2003

*Das vorliegende Werk wurde gefördert*
*durch die Flemish Foundation for Literature –*
*Vlaams Fonds voor de Letteren.*

ISBN 3-8218-4524-4

# Inhalt

# Einleitung

So wie man sich gelegentlich einen Film zum x-ten Mal ansieht, nur um auf die Gesten und Äußerungen eines bestimmten Schauspielers oder einer Schauspielerin zu achten, so haben sich die Mitarbeiter an dieser Enzyklopädie fiktiver bildender Künstler bei der Lektüre unzähliger Romane, Erzählungen und Theaterstücke nur auf eine einzige Gestalt konzentriert: auf den fiktiven Künstler. Erlebnisse und Ansichten von über 280 Malern, Bildhauern und anderen bildenden Künstlern wurden zusammengetragen. Sie stammen nicht nur aus den großen Künstlerromanen der Weltliteratur, manche von ihnen spielen nur eine recht nebensächliche Rolle in dem Werk, in dem sie auftreten. Die ihnen gewidmeten Beiträge sind daher das Ergebnis einer sehr gezielten, selektiven Lektüre und eines unbarmherzigen Desinteresses an allem, was sie nicht betrifft – mitunter der wichtigere und interessantere Teil des betreffenden Werks. Daß der Künstler Walter ein Freund von Ulrich, Musils Mann ohne Eigenschaften, ist, erfährt der Leser in dem Beitrag über ihn nicht. Denn auf Walters Künstlertum übte Ulrich kaum Einfluß aus. Diese äußerst einseitige Lektüre – Grundlage der Enzyklopädie – macht zugleich auch ihre Faszination aus: Indem man sich auf das Leben und die Aussprüche einer einzigen Figur konzentriert, ist einem gleichsam ein Blick in die Werkstatt des Autors vergönnt. Denn in der Beschreibung der Erlebnisse und Ansichten eines erfundenen Künstlers sind oft zugleich auch die Ansichten des Autors über sein Handwerk enthalten.

Es liegen Welten zwischen der einseitigen Lektüre der Beiträger und den Möglichkeiten, die sich dem Leser der *Erfundenen Kunst* bieten. Eine Enzyklopädie »liest« man nicht – schon gar nicht von A bis Z –, obwohl das durchaus möglich und sogar empfehlenswert ist, da sich auf diese Weise das Leben des Künstlers in all seinen Spielarten vor einem ausbreitet. Die Kontraste sind groß, wie schon der Umstand zeigt, daß die ausgewerteten Bücher zwischen 1605 (William Shakespeares *Timon von Athen*) und 1999 (unter anderem Salman Rushdies *Der Boden unter ihren Füßen*) erschienen. Einer der »ältesten« Künstler ist Arbogast, tätig im Jahr 788 (aus Conrad Ferdinand Meyers *Die Richterin*); andererseits beleuchtet die Enzyklopädie auch eine ganze Reihe von Künstlern, die wahrscheinlich noch vollauf zu tun haben. Und der Bildhauer Arjillax (aus George Bernard Shaws *Zurück zu Methusalem*) wird erst im Jahr 31920 zum Meißel greifen.

Auffällig oft tummeln sich die erfundenen Künstler nicht nur zwischen ihresgleichen, sondern auch zwischen real existierenden, seien es bekannte, wie Jackson Pollock, oder unbekanntere, wie Baccio Bandinelli. Die Register im Anhang ermöglichen dem Leser, zwischen fiktiven und nicht fiktiven Personen zu unterscheiden.

Eine Enzyklopädie sollte erschöpfend sein. Die Enzyklopädie fiktiver bildender Künstler ist dies keineswegs, wenn sie auch den Anspruch erhebt – vielleicht zu Unrecht –, die wichtigsten fiktiven Künstler vorzustellen. Aber was ist ein wichtiger fiktiver Künstler? Die Wichtigkeit läßt sich etwa aus der Länge des Eintrags ablesen, der jedoch seinerseits wiederum von der Menge der zur Verfügung stehenden biographischen Details abhängig ist. Ein zweites Kriterium ist die Rolle des betreffenden Künstlers in der realen oder fiktiven Kunstgeschichte. Der Maler Frenhofer etwa in Balzacs Erzählung *Das unbekannte Meisterwerk* inspirierte nachweislich Paul Cézanne und Pablo Picasso. Er ist somit ein wichtiger fiktiver Künstler, einflußreicher vielleicht als mancher reale. Ein weiteres Kriterium ist die Bedeutung des Autors, der einen bestimmten Künstler einführt. In der Enzyklopädie wimmelt es von *celebrities,* von Umberto Eco (Adelmo) und William Faulkner (Gordon) bis Franz Kafka (Titorelli) und Margaret Atwood (Zillah). Ein viertes Kriterium schließlich ist die Qualität des Œuvres, die Originalität oder Skurrilität der Auffassungen beziehungsweise der Arbeitsweise eines fiktiven Künstlers, etwa eines Malers wie Conti, der davon träumte, unmittelbar mit den Augen zu malen, da »auf dem langen Weg von den Augen durch den Arm in den

Pinsel« allzuviel verlorengehe. Oder wie Murdoire, der mit einer Substanz malte, die er aus dem »Innersten seines eigenen Körpers« hervorholte.

Allein schon unter diesen vier Gesichtspunkten betrachtet, bietet *Erfundene Kunst* eine überaus interessante Auswahl vieler bedeutender imaginärer Künstler, aber natürlich auch einer ganzen Reihe von Mitläufern, Epigonen und Möchtegern-Künstlern – nicht anders als in einer »echten« Kunstgeschichte.

KOEN BRAMS

# Enzyklopädie fiktiver Künstler

*mit Beiträgen von*

Inge Arteel, Eddy Bettens, Koen Brams, Koen Broucke, Geert Buelens, Bert Bultinck, Philippe Codde, Martin de Haan, Alwin Delrio, Francesco De Nicolò, Ingeborg Dusar, Bart Eeckhout, Arja Firet, Christien Franken, Serge Heirbrant, Rokus Hofstede, Steven Jacobs, Paul Janse, Monica Jansen, Liliana Jansen-Bella, Bart Keunen, Sven Lütticken, Piet Meeuse, Bart Meuleman, Myriam Pelgrims, Jürgen Pieters, Dirk Pültau, Catherine Robberechts, Maarten Steenmeijer, Jan Struelens, Bart Van den Bossche, Barber van de Pol, Jan Pieter van der Sterre, Dirk Van Hulle, Peter Venmans, Paul Verhaeghen, Kaat Verleye, Françoise Vervondel, Gerben Wynia

**ADAMS, ADAM** **Vereinigte Staaten; tätig in den achtziger Jahren des 20. Jahrhunderts*
Amerikanischer Maler. Gehörte mit Lafayette Louisiana und anderen zu den »Wild Boys«, die Mitte der achtziger Jahre in New York großen Erfolg hatten. Ihre Kunstauffassung soll ihnen von dem amerikanischen Kunstkritiker niederländischer Abstammung Leendert Geiselhart eingetrichtert worden sein. Dieser militante Homosexuelle propagierte eine figurative, mythologische Malerei, die die Vorzüge der Männerliebe besingen sollte. »Männerliebe ist Raumfahrt, sexuelle Raumfahrt. Malt die Utopie der biologischen Unabhängigkeit!« skandierte Geiselhart in jenen Tagen. Adams, zweifellos der produktivste der Wild Boys, malte am laufenden Band frauenfeindliche Bilder mit Titeln wie *Lunar Plantation, The Birth of the Zimbu* und *Sooperwooman Refus'd Access to the Moon,* die reißenden Absatz fanden. Neben verschiedenen amerikanischen Sammlern gehörte auch das Van Abbe-Museum (Eindhoven) zu seinem Kundenkreis. Das Geschäft war so einträglich, daß Geiselhart den Künstlern Optionen auf zukünftige Bilder abkaufte und sie Galerien und Museen anbot. Aber von einem Tag auf den anderen war es mit der Wildheit vorbei. Nachdem Geiselhart seine militante Haltung aufgegeben hatte, ließ er – möglicherweise auch aus Geldnot – die Bilder von Adams und seinen Kumpanen, die er besaß, bei Giovanelli versteigern. Panik brach aus; alle wollten so schnell wie möglich ihre Wild Boys loswerden. Man hat später nie mehr etwas von ihnen gehört. [BM]
[Frans Kellendonk, *Mystiek lichaam,* 1986]

**ADELMO** **Otranto, Italien; † November 1327*
Miniaturenmaler. Er kam jung unter mysteriösen Umständen ums Leben – vermutlich durch Selbstmord. Adelmo, der seine Kunst in England und Frankreich erlernt hatte, arbeitete in einer norditalienischen Abtei, die im 14. Jahrhundert die größte Bibliothek der Christenheit besaß. Obwohl er dem Bibliothekar Malachias von Hildesheim zufolge wegen seines jugendlichen Alters nur die Ränder der Manuskripte bemalte, war er schon zu Lebzeiten als exzellenter Miniaturenmaler bekannt. Der Überlieferung nach war Adelmo ein

selbstbewußter Künstler, der oft über sein Metier diskutierte – unter anderem mit Venantius von Salvenec, einem Übersetzer aus dem Griechischen und Arabischen, und dem geheimnisvollen Mönch Jorge von Burgos. Er war der Ansicht, daß seine Kunst, »trotz Darstellung wunderlicher und phantastischer Dinge dem Ruhme Gottes diene als Mittel zur Erkenntnis der himmlischen Dinge«. Laut Malachias besaß Adelmo »eine lebhafte Phantasie und vermochte aus Bekanntem Unbekanntes und Überraschendes zu komponieren«. Die phantastische, surrealistische Wirklichkeit, die der Künstler in seinen farbenreichen Miniaturen zum Leben erweckte, kehrte sich jedoch gegen ihn. Er habe, so bezeugte der Bibliotheksgehilfe Berengar von Arundel, vor seinem Tod Visionen gehabt. Ein anderer Zeitgenosse, der gelehrte Franziskaner William von Baskerville, schloß nicht aus, daß diese Visionen durch bestimmte Kräuter aus dem Klostergarten hervorgerufen wurden. Jorge von Burgos behauptete, Adelmo habe Gefallen an den Monstern gefunden, die er ersann, er habe ihre Ungeheuerlichkeiten so sehr genossen, daß er die letzten Dinge, deren materielle Figur sie doch sein sollten, aus den Augen verlor.

Einen Einblick in die künstlerische Kraft des Malers gibt uns die anschauliche Beschreibung des Mönches Adson von Melk, der die Abtei kurz nach Adelmos Tod besuchte. Er erwähnt zwei Werke: ein zierliches, unglaublich kleines Stundenbuch und einen Psalter. Über das Stundenbuch heißt es: »An einer Stelle sah ich, gleichsam als Fortsetzung und Kommentar eines dreifach über drei Zeilen wiederholten ›Sanctus, Sanctus, Sanctus‹, drei Tierleiber mit Menschenköpfen, von denen zwei sich beugten, der eine nach oben, der andere nach unten, um sich in einem Kuß zu vereinen, den als schamlos zu definieren man nicht gezögert hätte, wäre man nicht überzeugt gewesen, daß die Existenz dieser Darstellung an diesem Ort ohne Zweifel gerechtfertigt war durch eine tiefe, wenn auch nicht ohne weiteres erkennbare spirituelle Bedeutung.« Über den Psalter weiß Adson zu berichten, daß »an dessen Rändern sich eine für unsere Sinne verkehrte Welt abzeichnete – als entfaltete sich an den Rändern eines Diskurses, der *per definitionem* Diskurs der Wahrheit ist, [...] ein lügnerischer Diskurs über ein Universum, das auf dem Kopf steht, so daß darin die Hunde vor den Hasen fliehen und die Hirsche den Löwen jagen«.

Vermutlich sind diese Arbeiten des Künstlers, wie seine anderen Werke, beim großen Brand verlorengegangen, der die Abtei Ende des Jahres 1327 in Schutt und Asche legte. [SJ]
[Umberto Eco, *Il nome della Rosa* (dt. *Der Name der Rose*), 1980]

**Alberegt, Rense** * *Niederlande, 1904; † Mai 1940*
Maler. Einer der ehrgeizigsten niederländischen Künstler der Vorkriegszeit, dem jedoch die Anerkennung versagt blieb. Sogar seine eigenen Familienangehörigen rümpften beim Anblick seiner Bilder die Nase. Auch ein alter Hausfreund der Alberegts, der bekannte Kunstsammler Erik Losecaat, konnte sich nicht dazu durchringen, ihm ein Werk abzukaufen. So sah sich der Künstler gezwungen, seinen Lebensunterhalt als Zeichenlehrer zu verdienen.

In den dreißiger Jahren brach Alberegt radikal sowohl mit der damals herrschenden figurativen als auch der abstrakten Kunst. Er malte nur noch reine Flächen, so daß man ihn als einen Vorläufer Yves Kleins bezeichnen kann, wenn ihm auch nicht dessen sublimes Kolorit eignete. In seiner »blauen Periode« entstanden etwa hundertzwanzig azurblaue Bilder, die er *Azurrenses* nannte. Es folgte eine »rosa Periode« mit nicht weniger als achtzig Bildern, die sogenannten *Renseroses*. Der Künstler bediente sich einer einfachen Technik: er trug die Farbe mit einem auf einem Holzbrettchen befestigten Schwamm auf die Leinwand auf, bis sie damit bedeckt war. Eine Deutung seines Werks lehnte er ab. »Meine *peinture* bedeutet nichts«, sagte er, »meine Sachen sind.« – »Ich bin ein Hochstapler«, lautet ein anderer Ausspruch. Wenn der schwermütige Maler über seine Bilder sprach, wurde er von Rührung übermannt, dann rollten ihm die Tränen über die Wangen.

Alberegt glaubte fest an die gesellschaftliche Relevanz seiner Kunst. Dem kritischen Einwand, jeder könne so Bilder fabrizieren, widersprach er nicht, denn darum ging es ihm gerade. Erst wenn jeder Mensch auf diese Weise Zugang zur Malerei habe, sei sie die wahre Kunst – Kunst für die ganze

Menschheit. Genies betrachtete er als schreckliche Fügungen des Schicksals oder als vom Kapitalismus hervorgebrachte Monster. Einige Jahre war Alberegt Mitglied der kommunistischen AKAF, der »AKtionsfront AntiFaschismus«, trat jedoch wieder aus, als er dahinterkam, daß man in Moskau nur den sozialistischen Realismus duldete.

Außer einer blauen und einer rosa Periode läßt sich in Alberegts Schaffen auch eine kurze goldene Periode feststellen. Seine *Rense d'ors* waren gefirnißte, polierte Kupferplatten. Auch mit Aluminium und Eisen wollte er experimentieren, aber dazu ist es leider nie gekommen. Sein Tod im Mai 1940 war Folge eines tragischen Mißverständnisses. Alberegt erfuhr, daß er auf einer Liste der Gestapo mit den Namen der Personen stand, die unmittelbar nach der Besetzung der Niederlande liquidiert werden sollten. Er war sich darüber im klaren, daß er »entartete Kunst« schuf, weigerte sich jedoch zu fliehen. Er wollte sein Werk nicht im Stich lassen und war der Meinung, daß er etwa in England nie mehr die gleichen Bilder werde malen können. Seine zukünftigen Biographen, war er überzeugt, würden zu dem Schluß kommen, daß es sich nur um einen schwachen Aufguß handelte, nicht eigentlich um Originale. Vielleicht betrachtete er die Tatsache, daß sein Name auf der Liste vorkam, als ein Zeichen der Anerkennung. Wie dem auch sei, kurz nach dem Einmarsch der Wehrmacht erhängte er sich. Noch am gleichen Tag kam ans Licht, daß es die Gestapo nicht auf ihn, sondern auf einen gewissen Albracht abgesehen hatte. Sein Bruder, der bekannte Jurist Bert Alberegt, der ihn falsch informiert hatte, hat sich von diesem Schlag nie wieder erholt. [BM]

[Willem Frederik Hermans, *Herinneringen van een engelbewaarder,* 1973]

**ALBERT** **Norddeutschland, um 1790; † Rom, vor 1834*
Deutscher Maler komplexer, streng klassizistischer Historienstücke. Veteran der Befreiungskriege. An seine Heldentaten erinnerte ihn ein Schwert, das er auch auf seinen Auslandsreisen immer bei sich trug.

Auf der Rückreise von einem längeren Rom-Aufenthalt fand Albert Aufnahme in einem Jagdschloß, wo er sein

Atelier in einem hohen ritterlichen Gemach hinter einer schweren Eichentür bezog. An der Wand hing sein mit der Jahreszahl 1813 bezeichnetes Schwert, um das sich ein verwelkter Eichenkranz wand. »Wenn mich schlaffe Ruh oder weichliche Lust überschleichen wollen, blick ich die Eisenbraut an«, so sprach er streng, »und gedenke der ernsten, großen Zeit.« In dem Raum befanden sich neben Requisiten – Gliederpuppen, sorgfältig gefaltete Mäntel, Modelle und Büsten – eine Reihe vollendeter Bilder, die von dem erstaunlichen Fleiß des Malers zeugten und allesamt von der Antike inspiriert waren. Alberts Kunst war äußerst gelehrt und von einer nicht leicht zu fassenden Komposition. Ein Schulrat, den der Künstler durch sein Atelier führte, erging sich in Lobeshymnen über die ätherischen Fleischtöne, die gelungene Perspektive, den klassischen Ausdruck. Fortunat, ein romantischer Dichter, den Albert im Schloß kennengelernt hatte, war weniger angetan von der Kunst des Deutschen. Er sprach von anmaßenden, affektierten Heldengestalten und von Jungfrauen, die in ihrer Tugendhaftigkeit jeglicher Anmut entbehrten. Diese Kritik war typisch für eine Zeit, in der moralisierende Historiengemälde passé waren und als prätentiös oder pseudo-gelehrt galten. Daß gerade ein Schulrat diese Art Kunst zu schätzen wußte, ist bezeichnend genug.

Nur von einer kleineren Arbeit, einer römischen Landschaft, sind uns nähere Einzelheiten bekannt. In der Ferne sieht man die phantastischen Trümmer und Paläste Roms in der vollen Glut eines südlichen Abendhimmels. Im Vordergrund schreitet ein Mann von der Stadt fort – bei genauerem Hinsehen natürlich Albert mit seiner Eisenbraut. Sein Abschied von Rom, den das Bild verewigt, hatte, dem Künstler zufolge, weniger mit der Stadt selbst zu tun als vielmehr mit dem abergläubischen Kult um ihre versunkene Größe, der ihn maßlos irritierte. Hinzu kam, daß ihm das Geschick seines deutschen Vaterlandes keine Ruhe ließ. Albert verband fanatischen Nationalismus mit strengem Moralismus. Der ernste heimatliche Norden war für ihn ein Ort der Tugendhaftigkeit, eine Bastion gegen die Niedertracht und Barbarei der restlichen Welt.

Gegen Ende seines Lebens wurde Albert wiederum in Rom gesichtet. Er hatte seine Kunst inzwischen dem tätigen Leben geopfert, war Mitglied eines Geheimbundes geworden und auf der Flucht vor den Bütteln der Justiz. Als er ihnen in die Hände zu fallen drohte, stürzte er sich in sein Schwert. »Grüße das Vaterland – ich sterbe frei«, waren seine letzten Worte. [DP]

[Joseph von Eichendorff, *Dichter und ihre Gesellen*, 1834]

**ALBRECHT** **Österreich, 1809; †nach 1835*
Wiener Porträt- und Landschaftsmaler. Die einzige uns zur Verfügung stehende Quelle über ihn sind achtzehn Briefe, die der Künstler 1834 dem Maler Titus schrieb. Sie enthalten allerdings nur wenig Informationen über das Werk des damals Fünfundzwanzigjährigen, da seine Gedanken sich vor allem mit einer gewissen Angela beschäftigten, der er als »der bescheidene Maler der Umgebungen Wiens« vorgestellt worden war. Albrecht war als Künstler unter anderem im Tiergarten von Hadersdorf tätig – schon als Kind hatten es ihm Tiere angetan; auf ein Scheunentor hatte er einmal Hirsche gemalt, die von grünen Hunden verfolgt werden. Zusammen mit seinem Freund Lothar Disson (siehe dort) reiste er nach Haimbach, um eine Herberge und ihre Umgebung in seinem Skizzenbuch festzuhalten – von der Wirtin und den frühstückenden Gästen unter dem Apfelbaum bis zum Bach mit dem Steg. Er zeichnete auch Porträts, denn Gesichter faszinierten ihn ungemein. Niemand verstehe die Schönheit eines menschlichen Antlitzes besser als der Künstler, so meinte er; sein Blick sei nicht selbstsüchtig, hänge nicht am Irdischen. Das Gesicht war ihm das »Titelblatt der Seele«, und aus den toten Farben sah er den »Finger Gottes« wachsen. Auch die Naturromantik war Albrecht nicht fremd. So malte er Wolkenstudien (sein Atelier befand sich im vierten Stock), und viele Wochen verbrachte er in den Bergen um Wien. Albrecht war nicht der Mann, der auf der Leinwand in überspannten Phantasien schwelgte oder sein existentielles Leid der Ölfarbe anvertraute. Sein ideales Atelier stellte er sich als einen lichtdurchfluteten Raum vor, die Staffelei inmitten eines Halbkreises von Blumen, an den Wänden

Werke seiner großen Vorbilder – Reni, Murillo, Lorrain, Ruysdael – und antike Marmorstatuen zwischen Tropenpflanzen. Manchmal träumte er von einem idyllischen Ort am Ufer des Traunsees. Zwei, drei oder vier Ehepaare würden dort wohnen, allesamt herrliche Menschen. Keiner wäre an ein profanes Geschäft gebunden, jeder würde sich dem Allerschönsten widmen – der Kunst oder der Wissenschaft – und versuchen, das Reich der Vernunft auf Erden zu gründen. 1834 beschlossen Freunde, Albrecht seinen Traum zu erfüllen. Im Mai 1835 heiratete der Künstler Angela, die Frau seines Herzens. So wie es um die Sache bestellt war, würde das Paradies am Traunsee innerhalb von drei Jahren fertig sein, doch es ist gleichfalls nicht ausgeschlossen, daß Albrechts Freundeskreis – darunter neben Angela auch Lothar Disson und dessen Geliebte Natalie – diese Pläne gegen ein anderes himmlisches Szenario eintauschte. [DP]

[Adalbert Stifter, *Feldblumen*, 1840]

**Alving, Osvald** **Norwegen, 1861; † Norwegen, 1929*
Nichts in seiner Kindheit deutete darauf hin, daß Osvald Alving jemals ein Künstler werden würde. Geboren im hohen Norden als einziger Sohn des Kammerherrn Alving und seiner tiefreligiösen Frau Helena, erlebte er die unbeschwerten Freuden, wie sie einem Kind aus gutem Haus manchmal zuteil werden. Das frühe Glück war jedoch von kurzer Dauer. Wegen des ausschweifenden Lebens ihres Mannes – außerhalb wie innerhalb des Hauses – sah Helena sich gezwungen, ihr einziges Kind schon früh in die Obhut eines befreundeten Pfarrers zu geben. Diesen Entschluß empfand der junge Osvald als lebenslängliche Verbannung. Dem Vater entfremdet und von der Mutter – wenn auch aus der Ferne – übermäßig verwöhnt, begann Alving schon während der ersten Pensionatsjahre zu malen. Bei vielen Künstlern vollzieht sich die Wende vom Figurativen zum Abstrakten eher aus einem Mangel an Talent als aus innerer Notwendigkeit. Nicht so bei Osvald Alving. Eine Reihe von zwölf titellosen Bildern, die heute im Kunstmuseum von Bergen zu bewundern sind, stellen zweifellos den Höhepunkt seines kurzen, explosiven Schaffens dar. Begonnen im Pen-

sionat und in einer Mansarde in Paris vollendet – wo Alving ab seinem achtzehnten Lebensjahr in einer norwegischen Künstlerkolonie lebte –, zeigen diese Arbeiten in den Worten des norwegischen Kunstkenners Björnsterne Magnussen die beiden Pole, zwischen denen der Künstler sich bewegte: die exzessive Lebensgier, die er von seinem Vater geerbt hatte (dargestellt in der gebieterisch kreisenden Bewegung, die den Hintergrund der Werke beherrscht), und das Arbeitsethos, das ihm seine Mutter mitgegeben hatte (die obsessiven Dreiecke, die in den vier Ecken der zwölf Bilder wiederkehren). Nach drei Jahren reiste Alving in die Heimat zurück, so ist den zahlreichen Chroniken seines künstlerischen Lebens zu entnehmen, um einen wichtigen Preis für eine Reihe abstrakt-mythologischer Bilder in Empfang zu nehmen, mit denen er, wie es die Jury ausdrückte, die Aufmerksamkeit der Weltöffentlichkeit auf die zeitgenössische norwegische Kunst lenkte. Tatsächlich war der eigentliche Anlaß die Beerdigung seines Vaters, den er seit seinem siebten Lebensjahr nicht mehr gesehen hatte. Die Heimkehr des einundzwanzigjährigen Alving markierte zugleich das Ende einer vielversprechenden Laufbahn. Der endgültige Abschied vom Vater lähmte seine Schaffenskraft für immer. Seine Mutter mochte ihn noch so sehr ermuntern, wieder zum Pinsel zu greifen, von jenem Tag im November des Jahres 1882 an schuf Alving kein einziges Werk mehr. Auch nicht, nachdem Helena fünfzehn Jahre später aus dem Leben schied. Entgegen aller Erwartung – Osvald zeigte bereits bei seiner Rückkehr aus Paris die Symptome einer ernsten Blutkrankheit – überlebte er seine Mutter um mehr als dreißig Jahre. Zum Zeitpunkt seines Todes waren sowohl sein Werk wie sein bekanntester künstlerischer Ausspruch – »Gemälde ohne Kreise sind keine Gemälde« – eine reiche Inspirationsquelle für die norwegische Avantgarde. [JP]

[Henrik Ibsen, *Gengangere* (dt. *Gespenster*), 1889]

**ANSELM** **Italien, zwischen 1450 und 1550*

Über Anselms Jugend ist wenig bekannt, seine Eltern starben früh, schon von Kindheit an fühlte er sich zur Malerei hingezogen. Er ging bei Pietro Perugino in Perugia in die Lehre, vergaß jedoch bei Wein und Gesang schon bald seine Berufung, und als er sein Erbe aufgezehrt hatte und seine Freunde ihn im Stich ließen, begann er an seinem Talent zu zweifeln. Und als gar seine Frau im Wochenbett starb und sein Kind ebenfalls, steigerte sich sein mangelndes Selbstvertrauen zur geistigen Verwirrung. In einer kleinen Kapelle in den Bergen, einige Tagesreisen von Straßburg entfernt, kam er wieder zur Besinnung. Von nun an lebte Anselm in einer Hütte unweit der Kapelle.

Die Natur bedeutete ihm alles, überall empfing er rätselhafte Winke von ihr. Nach seinem Empfinden war es der allmächtige Schöpfer, der sich in der Natur offenbarte, allerdings nicht direkt, da die Menschen ihn doch nicht begreifen würden – vielmehr verblümt, auf eine heimliche, kindliche Weise, die unseren »schwachen Sinnen« entspreche. Anselm hatte bisweilen das Gefühl, daß die Bildnisse der Apostel und Märtyrer hoch oben in den Bäumen rauschten und ihn aufforderten, sie zu zeichnen.

Um 1520 erhielt Anselm Besuch von Franz Sternbald (siehe dort), einem Schüler Dürers. Anselm führte Sternbald in eine kleine Stube, die voller Gemälde hing, hauptsächlich Porträts, einige Landschaften, wenige Historienstücke. Sternbald zufolge zeichneten sich die Köpfe durch eine »scharfe Zeichnung und bestimmte Züge« aus. Sie zeugten von einem ernsten Gemüt, das auf Nebensächlichkeiten keine Energie verschwendete. Charakteristisch sei die Mimik, die den Betrachter zugleich anziehe und abstoße. Bei manchen Porträts spreche aus den Augen eine Heiterkeit, die fast grausam zu nennen sei, während andere so verzückt schienen, daß sie durch ihre Grimassen erschreckten. Ein eigenartiges »Nachtstück« drückte Anselms fromme Ekstase beispielhaft aus. Es zeigte einen Pilger, und oben auf einem Hügel ein von Mondstrahlen umglänztes Kreuz. Es handelte sich, wie der Künstler meinte, um eine Allegorie, wie alle Kunst. Denn der Mensch sei einsam und von der übrigen Welt abgesondert. Das einzige, was er zu tun vermöge, sei, dem Besonderen eine allgemeine Bedeutung zu geben.

Obwohl sich Anselm als einen verunglückten Künstler betrachtete, waren Gemälde wie jene *Landschaft mit Pilger und*

*Kruzifix bei Mondschein* ihrer Zeit wohl weit voraus – sie hätten von Caspar David Friedrich stammen können. Wir wissen nicht, ob dieser von Anselm beeinflußt wurde. Franz Sternbald jedenfalls war von dem alten Maler sehr beeindruckt, der das, was er selbst nur verworren dachte, so klar auszudrücken vermochte. In der Hütte entdeckte Sternbald auch ein kleines Bild von einer Frau, die ihm schon seit längerem als engelhaftes Bild vor Augen schwebte. Er kaufte es und zog gen Italien. [DP]

[Ludwig Tieck, *Franz Sternbalds Wanderungen*, 1798]

ARBOGAST **Schwaben, tätig in Malmort, im rätoromanischen Gebiet, gegen Ende des 8. Jahrhunderts; † Pertusa*

Steinmetz aus der Zeit Karls des Großen, aus Schwaben gebürtig. Arbogast schuf das Grabmal des verstorbenen Comes Wulf und seiner zu jener Zeit noch lebenden Gattin. Es befand sich im Hof der Burg von Malmort (im rätoromanischen Gebiet), im Schatten von Ahornbäumen. Die Figuren waren entsprechend der »klassischen« mittelalterlichen Konvention liegend dargestellt. Der Mann hielt in der linken Hand ein Schwert und in der rechten ein Jagdhorn mit einer merkwürdigen Windung (das Attribut der Familie, das sogenannte Wulfenhorn). Die Frau hatte die Hände über der Brust gefaltet; rings um ihren Kopf standen die Worte: »Orate pro magna peccatrice« (Betet für die große Sünderin). Die Witwe, die Richterin dieses Gebietes gewesen und *Stemma Judicatrix* genannt wurde, hatte diesen Spruch selber vorgeschlagen, als der Steinmetz sie fragte, was er um ihr Haupt meißeln solle. Das in seiner schwäbischen Heimat gebräuchliche und schlichtere »Betet für eine Sünderin« hatte ihr nicht gefallen, denn, so ihr Einwand: Was sie tue, tue sie groß. Gewiß kein Understatement, hatte sie doch ihren Mann ermordet. Sie gestand schließlich ihre Tat vor Karl dem Großen und leerte den Giftbecher.

Aus den Quellen geht hervor, daß das Grabmal eine Generation vor der Kaiserkrönung Karls des Großen zu datieren ist, also um 780. Wulfrin, Sohn des Comes Wulf und Höfling Karls des Großen, charakterisierte Arbogast als einen treuen, aufrichtigen Mann, dem die Lüge fremd gewesen

sei. Zweifellos war dieser ein zutiefst religiöser Künstler. Es heißt, er sei bei Pertusa gestorben, von einem maurischen Pfeil durchbohrt. Die Burg von Malmort wurde nach dem Tod der Richterin eingeäschert; das Grabmal hat sich nicht erhalten. Nur Ausgrabungen könnten vielleicht einiges Licht auf die Werke dieses rätselhaften Bildhauers werfen. [DP]
[Conrad Ferdinand Meyer, *Die Richterin,* 1885]

**ARGON** *tätig in Japan nach dem Zweiten Weltkrieg*
Im Elendsviertel einer uns nicht bekannten Stadt bezog der verarmte japanische Maler Argon ein Zimmer von drei mal drei Metern. Er hatte bereits alle seine Möbel, Bücher und Malutensilien verkauft, um nicht zu verhungern. Schließlich mußte er sich mit dem Erschnuppern der Essensgerüche aus den nahe gelegenen Häusern und Geschäften zufriedengeben. Er wurde ein Meister darin, den Duft in seine Bestandteile zu zerlegen und jeden mit einer spezifischen Farbe zu verbinden.

Eine entscheidende Wende trat in seinem Leben ein, als er eines Morgens aufwachte und bemerkte, daß der Apfel, das Obstmesser, die Brote und der Kaffee, die er mit einem zufällig gefundenen Stück roter Kreide vor dem Schlafengehen an die Wand gemalt hatte, Wirklichkeit geworden waren. Er machte die Probe aufs Exempel und zeichnete einen zweiten Apfel, der tatsächlich von der Wand rollte. Als er müde wurde, zeichnete er ein Bett und legte sich hinein. Am nächsten Morgen war das Bett jedoch verschwunden: Alles, was er mit der Kreide gezeichnet hatte, existierte zwar wirklich, konnte jedoch das Tageslicht nicht vertragen. Er zeichnete eine prall gefüllte Brieftasche und kaufte sich Malgerät und Material, um Tür und Fenster zu vernageln. Er wurde Herr über Zeit und Raum, indem er eine Uhr zeichnete und ein neues Fenster, das jedoch erst wirklich wurde, als er eine Landschaft hinzufügte. Argon gelangte nun erst zu der Erkenntnis, daß es in seiner Macht stand, eine völlig neue und eigene Welt zu schaffen. Seiner Verantwortung als Demiurg war er jedoch nicht gewachsen: Nachdem er eine ganze Woche an dem Konzept einer unendlichen Welt gearbeitet hatte, tat er sich eine Woche lang an Speis und Trank gütlich. Verzweiflung übermannte ihn, und er beschloß, alles dem Zufall zu überlassen. Er zeichnete eine Tür, die sich in eine beängstigend leere Welt öffnete, in der es nur eine Horizontlinie gab.

Das Photo von Miss Japan in einer Zeitung erinnerte Argon an das andere Geschlecht, und er machte sich daran, die Schöpfung zu wiederholen. Eva gab er das Aussehen von Miss Japan. Die nackte Schöne erkannte sich in dieser jedoch nicht wieder, der Maler entsprach erst recht nicht ihrer Vorstellung vom ersten Mann, und das ärmliche Zimmer war nur ein schwacher Abglanz des irdischen Paradieses. Miss Japan, die einst als Modeschöpferin ihr Brot verdient hatte, verlangte die Hälfte der Kreide. Flink zeichnete sie einen Revolver und einen Hammer; mit der Waffe erschoß sie Argon, mit dem Hammer brach sie die Tür auf.

Aber das Sonnenlicht wurde ihr zum Verhängnis: Nur ihr Bildnis blieb auf der Wand zurück, und auch Argon wurde von der Wand verschluckt. Nachbarn, die von dem Lärm angelockt worden waren, bemerkten nichts Verdächtiges. An der Wand sahen sie ein wirres Durcheinander von Kreidestrichen, das Porträt von Argon über der Zeichnung, die Eva darstellte. [JS]

[Kobo Abe, *Mahô no chôku* (dt. *Zauberkreide*), 1950]

**ARJILLAX** *tätig um 31920*

Der Künstler Arjillax, der bemerkenswerterweise bei seiner Geburt einen Bart von drei Fuß Länge hatte, war ganz und gar von der Überlegenheit der Kunst überzeugt, zu der er sich berufen fühlte: der Bildhauerei. Jeder x-beliebige Tölpel könne Flöte oder ein anderes Instrument spielen, wenn er nur lange genug übe. Die Bildhauerei hingegen sei ein Akt der Schöpfung, der Künstler eine Art Gott. Unter seinen Händen entstehe eine Form, die den Geist widerspiegle. Er schaffe seine Werke nicht, um andere oder sich selbst in Entzücken zu versetzen, sondern aus einem inneren Zwang.

Nachdem Arjillax ein stattliches Œuvre hervorgebracht hatte, das von allen, nicht zuletzt von der Nymphe Ecrasia, bewundert wurde, schockierte er die Öffentlichkeit an einem Sommernachmittag des Jahres 31920, indem er nicht, wie erwartet, zwölf Büsten idealisierter anmutiger Nymphen und Jünglinge enthüllte, sondern entsetzliche, realistische Studien der Alten. In der Diskussion mit Zuschauern und Kollegen, unter ihnen Martellus (siehe dort), bestritt er entschieden, daß ihm das Gestaltungsvermögen abhanden gekommen wäre. Er versuchte seine Kritiker davon zu überzeugen, daß seine Arbeiten die Tiefe des menschlichen Geistes zum Ausdruck brächten. Sein gesamtes früheres Werk sei fade und kraftlos, glatt und leer. Während Martellus beklagte, Arjillax sei von »dieser kindischen Bildnerei« nicht zu kurieren, warf dieser jenem vor, er habe sein Talent verschleudert und seine Kunst verraten. Eine Welt ohne das Plastische sei, so Arjillax, eine miserable Welt. Kunst sei wahrlich keine Illusion; eine Statue erwache immer zum Leben. Die Werke von heute seien die Menschen von morgen. »Wir schaffen, was wir sehen«, sagte er, »niemand soll etwas hervorbringen, das nicht existiert hat.« [SJ]

[George Bernard Shaw, *Back to Methuselah* (dt. *Zurück zu Methusalem*), 1920]

**Aurach, Friedrich Maximilian** **München, 1923; tätig nach dem Zweiten Weltkrieg*

Britischer Maler deutscher Abstammung, Sohn eines deutsch-jüdischen Kunsthändlers und Galleristen. Aurach emigrierte im Mai 1939 nach England und wohnte bei seinem Onkel Leo Lanzberg. Seine Eltern wurden im November 1941 nach Riga deportiert und vermutlich kurz darauf ermordet. Friedrich Maximilian (Max) besuchte eine Privatschule in Margate und 1943 die Kunstakademie in Manchester. Anfang 1944 wurde er einberufen. Nach seiner Grundausbildung im Lager Catterick meldete er sich zu einem Fallschirmjägerregiment, wurde jedoch wegen einer Gelbsuchterkrankung nicht eingesetzt. Die letzten Kriegsmonate verbrachte er in einem Kurort in Derbyshire. Im Mai 1945 nahm er sein Kunststudium in Manchester wieder auf. Seit Ende der vierziger Jahre hatte er ein Atelier in einem verlassenen Lagerschuppen in der Nähe des Hafens.

Aurach arbeitete wie ein Besessener. Die Farben, die er in großen Mengen auftrug, kratzte er immer wieder von der Leinwand herunter. Der Boden seines Ateliers war von einer in der Mitte mehrere Zoll dicken, nach außen allmählich flacher werdenden, mit Kohlestaub untermischten, verhärteten und verkrusteten Masse bedeckt, die einem Lavaausfluß glich. Aurach sah darin das wahre Ergebnis seiner fortwährenden Anstrengungen, aber auch den offenkundigsten Beweis seines Scheiterns. All die Jahre änderte sich in seinem Atelier nichts, außer daß es langsam von einer immer dickeren Staubschicht bedeckt wurde. Sein leidenschaftliches Zeichnen auf lederartigem Papier, bei dem er oft in kürzester Frist ein halbes Dutzend aus Weidenholz gebrannter Stifte aufbrauchte, wie auch das andauernde Verwischen der Arbeit mit einem von der Kohle völlig durchdrungenen Wollappen war in Wirklichkeit eine einzige, nur nachts zum Stillstand kommende Staubproduktion. Wenn Aurach, nach vielleicht vierzig Entwürfen, das Porträt endlich aus der Hand gab – weniger in der Überzeugung, es fertiggestellt zu haben, als aus einem Gefühl der Ermattung –, dann hatte es für den Betrachter den Anschein, als sei es aus einer langen Reihe grauer, eingeäscherter, in dem übel zugerichteten Papier nach wie vor herumgeisternder Gesichter hervorgegangen. Aurachs expressionistische Zerstörungsstudien, die einiges dem tiefen Eindruck verdankten, den Grünewalds *Isenheimer Altar* auf ihn gemacht hatte, erzielten in den achtziger Jahren hohe Preise auf dem Kunstmarkt. Sein Gemälde *G. I. on her Blue Candlewick Cover* hängt heute in der Londoner Tate Gallery. [EB]

[W. G. Sebald, *Die Ausgewanderten,* 1992]

**B.** ⋆*St. Petersburg, zweite Hälfte des 18. Jahrhunderts*

Russischer Maler. Als Autodidakt entdeckte B. ganz selbständig die Regeln und Gesetze der Malerei. Er porträtierte einen Petersburger Wucherer, der ihm zuvor als geeignetes Modell für den Teufel erschienen war. So wie der Wucherer jeden, dem er Geld geliehen hatte, ins Verderben stürzte, so brachte auch das Porträt, das sich durch einen unheimlich stechenden Blick kennzeichnete, seinem jeweiligen Besitzer nur Unheil. Nach dem Tod seiner Frau und zweier seiner Kinder zog sich B. in ein abgelegenes Kloster zurück und malte fortan ausschließlich religiöse Sujets. Mit der Zeit gelangte er zu der Einsicht, daß wahre Kunstwerke durch die Einwirkung einer höheren Macht entstehen. Er war auch davon überzeugt, daß das *Porträt eines Wucherers* unter dem Einfluß des Bösen zustande gekommen war; er beschwor seinen Sohn, das Gemälde aufzuspüren und zu vernichten. Es war in den Besitz des Petersburger Malers Tschartkow (siehe dort) gelangt, der ihm seinen Reichtum verdankte – und sein Unglück. Auf einer Versteigerung nach Tschartkows Tod erkannte B.s Sohn das Gemälde und warnte alle vor seiner diabolischen Macht. Seine Erzählung fesselte die Anwesenden dermaßen, daß es einem Dieb gelang, das Porträt zu entwenden. Seitdem ist es verschollen. [SH]

[Nikolaj Gogol, *Portret,* (dt. *Das Porträt*), 1842]

**BALLI, STEFANO** **Triest, in den frühen sechziger Jahren des 19. Jahrhunderts*

Italienischer Bildhauer. Nach seinem Studium an der Kunstakademie entschloß sich Stefano Balli notgedrungen, den Posten eines Inspektors in einer Mailänder Handelsfirma anzunehmen. Vor seinem Dienstantritt besuchte er das Atelier eines kurz zuvor verstorbenen Bildhauers, wo ihn eine unvollendet gebliebene Arbeit stark beeindruckte. Aus den ungeglätteten, rauhen Formen sprach das Genie des Künstlers, das in seinen übrigen Arbeiten von abstrakten Kunsttheorien und ästhetischen Vorurteilen überlagert wurde. Getroffen von der Kraft dieser Plastik faßte Balli den Entschluß, das Wagnis eines Lebens als freischaffender Künstler einzugehen.

Kern von Ballis Kunstauffassung war das Bestreben, die ursprüngliche Einfachheit und Reinheit wiederzugewinnen, die durch den klassischen Kanon überwuchert und zerstört würden. Balli plädierte für eine Kunst, die sich durch Spontaneität, durch eine gewollte *ruvidezza* (Rauheit), durch eine einfache, klare Idee auszeichnete. Nur so könne der Künstler sein schöpferisches Ich, von fremden Ideen und Formen befreit, zur Geltung bringen. Sogar Ballis Atelier an der Piazza della Legna in Triest schien Ausdruck dieses künstlerischen Ideals zu sein: In dem großen Raum – ursprünglich ein Magazin – erinnerten der unebene Boden und die kahlen weißgetünchten Wände an den einstigen Zweck des Gebäudes. Auch in seiner Lebensweise huldigte Balli einem unkomplizierten Egoismus, der ihm in den Augen seiner Freunde und Kollegen die Aura eines »Übermenschen« verlieh.

Bereits seine ersten Arbeiten kollidierten mit dem bürgerlichen Geschmack seiner Auftraggeber. Regelmäßig nahm er an Wettbewerben und Ausschreibungen für öffentliche Plätze teil, jedoch ohne großen Erfolg. Seine Entwürfe wurden durchweg abgelehnt, wenn man auch manches Detail lobend hervorhob. Stefano Balli sah darin die Bestätigung der Originalität seiner Kunst, die sich ganz bewußt nicht um Konsens bemühte. Des öfteren erklärte er, gerade seine Originaliät versage ihm die breite Wirkung und den Beifall der Massen.

Balli genoß hohes Ansehen in den Künstlerkreisen Triests. In einer der unzähligen Kneipen der Stadt traf er fast täglich andere Künstler, unter ihnen den gescheiterten Romancier Emilio Brentani, dessen kapriziöse Geliebte, Angiolina Zarri, Balli für ein Werk Modell saß, in dem seine künstlerischen Auffassungen ihren beispielhaften Ausdruck fanden. Hinter Angiolinas reizendem Äußeren hatte der Künstler einen undefinierbaren Ausdruck, etwas Gewöhnliches, fast Gemeines entdeckt, das ein akademischer Maler im Namen einer stilisierten, seichten weiblichen Schönheit unterschlagen hätte, aber gerade das wollte Balli herausarbeiten. Das Resultat ist eine rauhe, kraftvolle und dynamische Masse, in der nur von einem ganz bestimmten Punkt aus betrachtet Angiolina Zarris Züge zu erkennen sind. [BVDB]

[Italo Svevo, *Senilità* (dt. *Ein Mann wird älter*), 1898]

**BALTRAM, JESSE** **England, um 1930; †um 1985*

Maler, Architekt, Bildhauer, Sozialist und Mystiker. Jesse Baltram wohnte zunächst in London und machte sich dort einen Namen als Künstler und Don Juan. In seiner Malerei lassen sich viele Perioden unterscheiden: die schwarz-weiße, abstrakte Periode; die expressionistisch-heroische Periode mit großen Königsgestalten, Tieren und kämpfenden Menschen (auch die »königliche« Periode genannt); seine spättizianeske Periode, in der er auf frühere Ideen zurückgriff, jedoch in einer gänzlich anderen Formensprache – eine auffällige Farbbehandlung, dämmerhaft und voller Licht zugleich; und eine tantrische, mystische Periode, in der er häufig das Werden und Vergehen der Welt darstellte.

Jesse Baltram war mit May Barnes verheiratet; sie hatten zwei Töchter. Der Maler baute sich an der Ostküste Englands unweit von London ein großes, ungewöhnliches Haus, Seegard, in das er sich zurückzog und wo er ein abgesondertes Leben führte. Baltrams Jahre in Seegard ebenso wie sein Tod sind noch immer in Dunkel gehüllt. Der Künstler verfiel zusehends: Manchmal war er völlig normal, dann wieder erkannte er niemanden. May und ihre Töchter suchten jedoch keine Hilfe; sie verwalteten Baltrams Werk, fertigten Juwelen und andere Kunstgegenstände und webten nach Baltrams Entwürfen Wandteppiche. Böse Zungen behaupteten, sie hielten den Künstler faktisch gefangen. Manchmal streifte Baltram durch das sumpfige Gelände, manchmal lag er fiebernd in einem der Turmzimmer von Seegard. Eines Tages war er verschwunden. Erst Wochen später fand man seine Leiche in einem Fluß. Über seinen Tod rätselt man bis heute. War es ein Unfall, ein Selbstmord, oder haben May und die Töchter den Ehemann und Vater von seinen Leiden erlösen wollen? Der Verkauf seiner Bilder brachte ihnen jedenfalls eine hübsche Stange Geld ein.

Baltrams ausschweifender Lebensstil in seiner Londoner Zeit und sein plötzlicher Rückzug aus der Welt lieferten Stoff für wilde Spekulationen. Mit dem Maler Max Point, der kurz nach ihm starb, soll er eine sexuelle Beziehung gehabt haben. Fest steht jedoch nur, daß beide eine enge Freundschaft verband. Auf der großen posthumen Baltram-Ausstellung war auch ein Porträt des Künstlers von Point zu sehen, das im Depot der Tate Gallery lagerte. Points Werk wird seitdem neu bewertet.

Um Baltram entstand nach seinem Tod ein regelrechter Kult: Auf den Häuserwänden unweit des British Museum waren befremdliche Parolen zu lesen, wie »Jesse lebt« und »Jesse Baltram ist König«. [PJ]

[Iris Murdoch, *The good Apprentice* (dt. *In guter Absicht*), 1985]

**Bartlebooth, Percival** **1900; †Paris, 23. Juni 1975*

Dieser französische Künstler englischer Abstammung, ein Außenseiter der Avantgarde, verfuhr nach einer rigorosen konzeptuellen Methode. Er begann 1925 an der Verwirklichung eines künstlerischen Projekts zu arbeiten, das nach einem genauen Zeitschema verlaufen und keine Spuren hinterlassen sollte. Obwohl ihm jegliche natürliche Begabung fehlte, erlernte er zehn Jahre lang bei Serge Valène die Kunst des Aquarellierens. Von 1935 bis 1955 reiste er durch die Welt und malte fünfhundert Aquarelle von ebenso vielen Seehäfen, die er anschließend auf Holzplatten kleben und in aus jeweils siebenhundertfünfzig Einzelteilen bestehende Puzzles zerlegen ließ. Nach Frankreich zurückgekehrt, wollte er bis 1975 jeweils alle vierzehn Tage ein Puzzle zusammensetzen. Nach einem ausgeklügelten Verfahren sollten die Spuren der Schnittstellen beseitigt, die Bilder wieder von ihrer Unterlage abgelöst und Kontaktmännern in den entsprechenden Seehäfen zugeschickt werden, die das jeweilige Aquarell in eine Reinigungslösung legen sollten, so daß schließlich nur leere weiße Blätter zurückblieben. Es ging Bartlebooth um ein völlig zweckfreies Projekt, das sich in dem Maße, in dem es verwirklicht würde, selbst zerstörte. Er wollte einer ohnehin schon übervollen Welt keine weiteren ästhetischen Objekte hinzufügen.

Anfang der siebziger Jahre bekam jedoch der Kunstkritiker Charles-Albert Beyssandre Wind von Bartlebooths Unternehmen. Die Hotelkette Marvel Houses International hatte ihn beauftragt, eine erlesene Sammlung von Bildern lebender Maler anzulegen. Daß Bartlebooth seine Werke bewußt der Kunstwelt entzog, machte sie für Beyssandre um so begehrenswerter. Gerade diese Werke, die der Maler unbedingt verschwinden zu lassen wünschte, sollten das kostbarste Juwel der extravagantesten Sammlung der Welt ausmachen. Beyssandre schreckte offenbar auch vor Gewalt nicht zurück. 1975 kam ein Mann, der in der Türkei ein Aquarell auslöschen sollte, bei einem unerklärlichen Autounfall ums Leben. Bartlebooth beschloß, fortan die Puzzles in Paris zu verbrennen. Aber er war zu diesem Zeitpunkt bereits ein alter, fast blinder Mann, der mit dem Projekt in Verzug geraten war, denn die Puzzles waren immer komplizierter geworden. Am 23. Juni 1975 starb Percival Bartlebooth an einem Herzanfall, das letzte Einzelteil des 439. Puzzle in der Hand. [SL]

[Georges Perec, *La vie mode d'emploi* (dt. *Das Leben: Gebrauchsanweisung*), 1978]

**BAUMILLER, FRITZ** **München, 19. Jahrhundert*

Landschaftsmaler aus München, der zwischen seinem dreißigsten und fünfzigsten Lebensjahr ein ständiger Sommergast des Ammertales war. Mit den Jahren wurde er sich seines mittelmäßigen Talents bewußt. »Was an meim guten Willen und an meim Fleiß gelegen war, dös is auch redlich gschehen. Aber weiter hab ich's halt doch net bracht, als daß meine Bildln gern kauft worden sind, und daß ich mir a bißl was erworben hab. [...] mir is's gangen wie eim Schneider, der an Rock für a großmächtigs Mannsbild machen will – und 's Tuch reicht bloß für an Buben. Dös Tuch, dös heißt man bei uns Talent. Dö Stund, wo ich zur Einsicht kommen bin, daß bei mir's Tuch net reicht, dös war die schwerste Stund in meim Leben!« Baumiller nahm den jungen Herrgottschnitzer Paulus Lohner (siehe dort) unter seine Fittiche; er hoffte, von der Verehrung, die die Welt diesem in seinen Augen begnadeten Künstler entgegenbringen würde, würde auch für ihn »a Bröserl« abfallen. Alle seine Versuche, den jungen Mann in die Stadt und an die Kunstakademie zu locken, schlugen jedoch fehl. Lohner interessierte sich mehr für die Pflegetochter des Gastwirtes in Graswang. Diesem Umstand ist es zuzuschreiben, daß Baumiller und seinem Protegé noch nicht einmal eine Fußnote der Kunstgeschichte gewidmet ist. [DP]

[Ludwig Ganghofer, *Der Herrgottschnitzer von Ammergau*, 1890]

**BAVINK** *tätig in den Niederlanden zu Anfang des 20. Jahrhunderts*

Maler, der zu Anfang des vorigen Jahrhunderts in Amsterdam tätig war. Bereits in seiner Jugend rebellierte er gegen den Kunstmarkt. Zu einem seiner Freunde sagte er, man brauche nicht malen zu können, um mit Bildern Geld zu verdienen: »Du malst zwei horizontale Streifen untereinander, gleich breit, einen blauen und einen goldgelben, und in der Mitte des blauen machst du einen runden goldgelben Fleck. Und dann schreiben wir in den Katalog: Nr. 666 *Der Gedanke,* Gemälde. 800 Gulden. Du wirst schon sehen, was sie darin alles entdecken. Alles mögliche, wovon du selbst nie 'nen blassen Schimmer gehabt hast.«

Während Bavinks Malerfreund Hoyer nach Paris reiste, weil er nach der Lektüre eines Artikels über die soziale Aufgabe des Künstlers fest entschlossen war, die Bürger Mores zu lehren, zog Bavink sich von der Welt zurück. »Ich habe kein Verantwortungsgefühl«, meinte er, »mit so was kann ich mich nicht aufhalten. Ich muß malen.« Seine Kunst war ihm eine heilige Pflicht: »Gott ruft. Es ist wahrhaftig kein Spaß, er ist überall. Und überall ruft er Bavink. Man wird verrückt von seinem eigenen Namen, wenn er so oft gerufen wird.« Mit seiner Malerei wollte Bavink nichts Geringeres als die Allgegenwärtigkeit Gottes auf die Leinwand bringen, ein Unterfangen, das ihn in steigendem Maße unzufrieden machte. »Für Gott ist es ein Spielchen, der ist unendlich und überall. Er ruft einfach nur. Aber Bavink hat nur einen einzigen dummen Kopf und eine einzige dumme rechte Hand und kann nur an einem einzigen Bild auf einmal arbeiten. Und wenn er denkt, er hat Gott, dann hat er nur Leinwand und Farbe. Dann ist Gott überall, nur nicht da, wo Bavink ihn haben will.« Diese Erkenntnis trieb den Maler in eine enorme Produktivität, aber auch an den Rand des Wahnsinns.

Vom Idealismus seines Freundes Hoyer war inzwischen nicht mehr viel übrig. Er kehrte aus Paris zurück, zog bei einer reichen Witwe ein, malte Porträts gutsituierter Leute, und gab schließlich die Malerei ganz auf. Auch Bavink erlitt Schiffbruch. Maßlos vom Schauspiel der Natur ergriffen, malte er auf geradezu obsessive Weise nicht weniger als vierunddreißig Sonnenuntergänge, ohne jedoch die Essenz fassen zu können. »Und trotzdem steht sie da wieder, jeden Abend.« Eines Abends, bei Sonnenuntergang, sagte er zu seinem Freund Koekebakker: »Pack sie in eine Hutschachtel, in eine ordinäre Hutschachtel. Sie verdient's nicht besser.« Seine *Ansicht von Rhenen* (eine Flußlandschaft mit dem Cunera-Turm und den roten Dächern der Stadt, mit blühenden Apfelbäumen und Kastanien), an der er Jahre gearbeitet hatte, zerschnitt er eines Tages mit einem stumpfen Klappmesser in vierundsechzig gleiche Stücke von fünfzehn mal zwölf und einen halben Zentimeter. Es sind nur Lumpen, meinte er. Bavink beschloß sein Leben in einer Nervenheilanstalt. [DVH]

[Nescio (Pseudonym von Jan Hendrik Frederik Grönloh), *Titaantjes* (dt. *Kleine Titanen*), 1890]

**BAZOCHE, ANATOLE** **Paris, um 1825*
Französischer Maler. Bazoche wuchs in Paris auf. Seine alleinstehende Mutter hoffte, er werde die Ingenieurslaufbahn einschlagen, aber sein Talent und vor allem sein Ehrgeiz, Künstler zu werden, fügten es anders. In jungen Jahren ging er bei dem neoklassizistischen Maler Langibout in die Lehre, wo er eine traditionelle Ausbildung erhielt. Dort lernte er Naz de Coriolis (siehe dort) kennen – mit ihm verband ihn eine lange Freundschaft – und den späteren Prix de Rome-Laureaten Garnotelle (siehe dort). Während seiner Studienjahre bei Langibout fiel Bazoche weniger durch Kreativität und erst recht nicht durch Selbstdisziplin, sondern durch sein burschikoses Benehmen und sein komisches Talent auf. Im April 1844 bewarb er sich erfolgreich um die Zulassung zum Prix de Rome, erhielt aber schließlich nur den neunten Preis.

Nachdem Bazoche vorzeitig das Atelier seines Lehrers verlassen hatte, verdiente er seinen Lebensunterhalt schlecht und recht mit Kopien, Genrebildern (hauptsächlich Pierrotfiguren) und Porträts. Auch Zeiten bitterer Armut blieben ihm nicht erspart. Eine willkommene Unterbrechung bildete ein anderthalbjähriger Aufenthalt in Marseille, wo ihm ein Onkel recht einträgliche Aufträge vermittelte. Als er bei diesem in Ungnade fiel, sah er sich gezwungen, als Krankenpfleger und Zirkusartist zu arbeiten. Die einzige künstlerisch bemerkenswerte Arbeit in den vierziger Jahren war *Le Christ humanitaire* (1846), eine fourieristisch angehauchte Allegorie, mit der er seine utopischen Ideale zum Ausdruck brachte. Das Bild zeigt einen aus Wolken emporsteigenden Tempel, mit der Gestalt der Harmonia im Fronton. Der Tempel beherbergt das Denken, die Erziehung und die Kunst und wird von den allegorischen Gestalten der drei theologischen Tugenden (Glaube, Liebe, Hoffnung) und der drei republikanischen Tugenden (Freiheit, Gleichheit, Brüderlichkeit) überragt. Links im Vordergrund sieht man unter den Wolken eine Schmiede, im hinteren Teil die Gestalten der Reife, des Überflusses und der Ernte; rechts einen Bereich mit Figuren aus der Welt der Religion, die offensichtlich einem drohenden Untergang zu entkommen suchen. Nach einer künstlerischen Krise übermalte Bazoche das Gemälde und ersetzte die Christusfigur durch einen Pierrot.

Ab 1850 verbrachte Bazoche viel Zeit mit Naz de Coriolis, sowohl in dessen Haus in der Rue de Vaugirard als auch in Barbizon (Fontainebleau). Dort entdeckte er in Gesellschaft von Coriolis' Mätresse Manette Salomon (mit der ihn kurzzeitig eine platonische Liebe verband) die Freuden des Landlebens. Er wandte sich landschaftlichen Motiven zu und malte Dorfszenen in der Tradition von Nazon. Es blieb jedoch bei Studien, mit Ausnahme einer Waldlandschaft, auf der Bazoche wie eine Art Signatur einen an einem Baum erhängten Pierrot gemalt hatte. Möglicherweise befindet sich dieses Werk noch immer im Besitz der Erben des Gastwirtes von Barbizon.

In den fünfziger Jahren arbeitete der Künstler hauptsächlich für bürgerliche Auftraggeber, die ihre Häuser ausschmücken wollten. Er fertigte Deckengemälde oder malte Fresken, etwa Szenen aus dem afrikanischen Krieg. Das Geld, das er damit verdiente, reichte jedoch bei weitem nicht aus, seine Schulden zu begleichen. Nach dem Bruch mit Coriolis und nach dessen Abreise nach Montpellier fristete er wieder ein Leben in Armut. Mit dem Polizisten Champion bezog er eine bescheidene Wohnung im einfachen Viertel Saint-Gervais. Er verkehrte mit den Leuten des Volks, stürzte sich ins Nachtleben und frönte dem Absinth. Da ihm der Mut fehlte, Auftraggeber anzusprechen, mußte er sich mit kleinen Aufträgen und der schlechtbezahlten Arbeit als Illustrator zufriedengeben. So malte er in einer Apotheke allegorische Szenen. Einige treue Freunde unterstützten ihn jedoch auch weiterhin finanziell, etwa Madame Crescent, die Frau eines Landschaftsmalers, den er in Barbizon kennengelernt hatte. Bazoches letzte künstlerische Leistung, bevor er in völlige Anonymität entschwand, war die Kopie eines Porträts Kaiser Napoleons III., die zynische Bankrotterklärung seiner liberalen Utopien.

Obwohl Bazoche alle Merkmale eines typischen Bohemien der vierziger Jahre besaß (schwarzer seidener Mantel, schwarzer Bart, Fourier auf dem Nachttisch), darf man seine Kunst mit ruhigem Gewissen bürgerlich nennen. In seinen besten Werken folgte er eher sklavisch den neoklassizistischen Losungen seines Lehrmeisters, der Hauptteil seines Œuvres besteht aus populären Genre- und Landschaftsbildern. Wenn Bazoche einen gewissen Ruhm für sich in Anspruch nehmen kann, dann durch die Radikalität seines Lebens als Bohemien. [BK]

[Edmond und Jules de Goncourt, *Manette Salomon,* 1867]

**Bedii** (Meister) *tätig in Istanbul in der ersten Hälfte des 20. Jahrhunderts*

Die Kunst, Puppen herzustellen, war unbekannt in der Türkei, als sich Meister Bedii diesem Handwerk auf professionelle Weise zuwandte. Zuerst schuf er im Auftrag des Sultans Abdülhamit und mit Unterstützung des Prinzen Osman Celâlettin Efendi für das neue Marine-Museum die notwendigen Puppen. Als Material für die erstaunlich lebensechten Figuren verwendete Meister Bedii Holz, Gips, Bienenwachs, Gazellen-, Kamel- und Schafshäute sowie menschliche Kopf- und Barthaare. Beim Anblick dieser mit höchster Kunstfertigkeit gestalteten Geschöpfe aber soll der damalige oberste Glaubensrichter in Zorn geraten sein. Bedii, so befand er, habe sich mit Allah messen wollen! Die Puppen wurden auf der Stelle aus dem Museum entfernt.

Im Keller seines Hauses im Galata-Viertel von Istanbul schuf Meister Bedii unermüdlich weiter seine lebensgroßen Puppen. Es gelang ihm jedoch nicht mehr, sie einem Publikum zu zeigen. Als zu Beginn der Republik eine Welle der

Verwestlichung die Türkei überspülte, bot Bedii seine Geschöpfe den modernen Geschäften als Schaufensterpuppen an, aber auch dort stieß er auf Ablehnung. Sie waren zu türkisch (schnurrbärtig, krummbeinig und hager) für den Geschmack der schicken Kundschaft.

In den letzten fünfzehn Jahren seines Lebens fertigte Bedii mehr als hundertfünfzig Puppen an, Stück für Stück Meisterwerke, Produkte seiner heimatverbundenen, ehrfurchtgebietenden Phantasie. Bedii interessierte sich auch immer mehr für die Gestik seiner Puppen, die ihm zufolge typisch war für die türkische Volksart und die durch die westlichen Filme allmählich verlorenging. Er ganz alleine wolle dieses Kulturgut bewahren. Aus Angst vor den Einflüssen von außen verließ er sein Atelier nicht mehr.

Bediis riesige Puppensammlung wurde der Öffentlichkeit erst nach seinem Tod bekannt, als sein Sohn einen Journalisten durch die Kellerräume führte. Das flüchtige Interesse der Presse blieb jedoch folgenlos: Die Puppen wurden als Kuriositäten verhökert und schließlich in Stücke gesägt. Arme, Beine und Füße wurden noch jahrelang im Schaufenster eines kleinen Ladens verwendet, um Schirme, Handschuhe und Schuhe zu zeigen. [PEV]

[Orhan Pamuk, *Kara kitap* (dt. *Das schwarze Buch*), 1990]

**Behrens** (Hofrat) *tätig in der Schweiz zu Anfang des 20. Jahrhunderts*

Arzt im Sanatorium Berghof in Davos. Obwohl seine berufliche Tätigkeit den größten Teil seiner Zeit beanspruchte, malte er ein umfangreiches Œuvre, das hauptsächlich aus Gebirgslandschaften bestand, deren trockene und scharfe Umrisse den Einfluß Segantinis verraten. Seine eigenwillige Technik erweckt den Eindruck, als seien die Farben unmittelbar aus der Tube auf die Leinwand gedrückt. Von seinen wenigen Porträts ist das von Clawdia Chauchat zweifellos das bekannteste: ein Bruststück in Halbprofil, etwas unter Lebensgröße, dekolletiert, mit einer Schleierdraperie um Schultern und Busen, in einen breiten schwarzen, nach innen abfallenden und am Rand der Leinwand mit einer Goldleiste verzierten Rahmen gefaßt. Man hat dieses Porträt gelegentlich als dilettantisch verhöhnt, da es wenig Ähnlichkeit mit seinem Gegenstand aufweise. Es hat jedoch unstrittig seine Meriten. Vor allem bei der Darstellung physiognomischer Einzelheiten kam Behrens seine medizinische Ausbildung zustatten. Es gehe darum, meinte er, den Eindruck eines Gegenstandes so wiederzugeben, wie die Natur ihn hervorrufe. Clawdia Chauchats matt glänzende weiße Haut wirkt dank der wissenschaftlichen Exaktheit, mit der Behrens nicht nur die Oberfläche wiederzugeben verstand, sondern auch das, was darunter liegt, äußerst lebensecht. »Es ist eben gut und kann gar nicht schaden«, so sagte er hierzu einmal, »wenn man auch unter der Epidermis ein bißchen Bescheid weiß und mitmalen kann, was nicht zu sehen ist, – mit anderen Worten: wenn man zur Natur noch in einem andern Verhältnis steht als bloß dem lyrischen, wollen wir mal sagen; wenn man zum Beispiel im Nebenamt Arzt ist, Physiolog, Anatom und von den Dessous auch noch so seine stillen Kenntnisse hat...« Aus diesen Sätzen geht im übrigen hervor, daß Behrens sich in erster Linie als Künstler verstand und seinen Brotberuf in den Dienst seines künstlerischen Werkes stellte, nach dem Motto: »Was aber mitgewußt und mitgedacht ist, das spricht auch mit. Es fließt Ihnen in die Hand und tut seine Wirkung, ist nicht da und irgendwie doch da, und das gibt Anschaulichkeit.« [DVH]

[Thomas Mann, *Der Zauberberg,* 1924]

**Berg, Cornelis** **Amsterdam, 17. Jahrhundert*

Niederländischer Maler, der wahrscheinlich in seiner Jugend ein Schüler Rembrandts gewesen war. Jedenfalls verglich er sich in seinen Träumen mit ihm. Berg verbrachte viele Jahre in Rom. Nach seiner Rückkehr nach Amsterdam mußte er wegen seiner schlechter werdenden Augen und seiner durch übermäßigen Alkoholkonsum zitternden Hände das Malen aufgeben. Seine Bilder hatte er ausschließlich auf Bestellung gemalt: Akte, liegende Venuskörper, Jesusgestalten, Sultanporträts...

Nachdem er sein Leben lang menschliche Gesichter studiert hatte, flößten sie ihm im Alter nur noch Widerwillen ein. Die Bemerkung eines ehemaligen Syndikus von Haarlem, Gott, der Weltenschöpfer, sei doch ein großer Maler, erinnerte ihn an all das menschliche Elend, das er im Lauf seines Lebens beobachtet hatte, und entlockte ihm den berühmten Ausspruch: »Welch Unglück, daß Gott sich nicht damit begnügte, Landschaften zu malen.« [SH]

[Marguerite Yourcenar, *La Tristesse de Cornelis Berg*, in: *Nouvelles orientales* (dt. *Orientalische Erzählungen*) 1938]

**Berklinger, Godofredus** **17. Jahrhundert?; † Danzig*
Deutscher Maler. Die Quellen liefern nur spärliche Auskünfte über Berklingers Lebenslauf. Bekannt ist, daß er auf dem Höhepunkt seines Schaffens eine Reihe von Gemälden fertigte, die das alltägliche Leben behandelten. Kenner behaupteten, sein Stil habe es mit dem der flämischen Meister aufnehmen können. Bemerkenswert sei vor allem das Porträt seiner Tochter Felizitas, das an Kraft und Lebendigkeit einem van Dyck nicht nachstehe.

In einer späteren Phase seines Lebens soll er, nachdem man ihn beim Verkauf eines kleinen Kunstkabinetts betrogen hatte, in Armut gefallen sein. Von jener Zeit an war er als »der verrückte Maler Berklinger« bekannt. Diesen Ruf verdankte er nicht nur seiner altdeutschen Tracht aus dem 15. Jahrhundert, sondern auch dem Umstand, daß er Felizitas als seinen Sohn ausgab. Es war ihm nämlich prophezeit worden, er werde eines schrecklichen Todes sterben, sobald seine Tochter einem Mann ihr Jawort gebe. Merkwürdig war auch Berklingers Behauptung, ein Gemälde im Artushof von Danzig, das einen Bürgermeister und seinen Pagen darstellte, sei von seiner Hand. Zwar war auch Berklingers Schüler Traugott (siehe dort) von der mysteriösen Ähnlichkeit zwischen den Figuren und Godofredus und seinem »Sohn« beeindruckt, aber das Gemälde im Artushof war mehr als zweihundert Jahre zuvor geschaffen worden!

Trotz seines labilen Geisteszustands galt Berklingers ganze Leidenschaft weiterhin der Malerei. Wir wissen von zwei wichtigen Werken aus seiner späten Periode: *Das verlorene Paradies* und *Das wiedergewonnene Paradies*. Das letztere wurde als eine Leinwand mit grauer Grundierung beschrieben. Berklingers Malweise hat seine Tochter wie folgt erläutert:

»Er sitzt ganze Tage hindurch vor der aufgespannten grundierten Leinwand, den starren Blick darauf geheftet; das nennt er malen.« Von seiner Kunstauffassung ist überliefert, daß er Harmonie und Lebendigkeit über alles stellte. Die allegorische Kunst verabscheute er: »Allegorische Gemälde machen nur Schwächlinge und Stümper; mein Bild soll nicht bedeuten, sondern sein.« Berklinger starb, wie prophezeit, eines plötzlichen Todes im Garten der Villa Sorrento in der Nähe von Danzig in dem Moment, da seine Tochter einem Mann ihre Liebe erklärte. [MP]

[E.T.A. Hoffmann, *Der Artushof,* in: *Die Serapionsbrüder,* Bd. 1, 1819]

**Bernard** *tätig in Flandern vor und nach dem Zweiten Weltkrieg*
Belgischer Maler. Geboren und aufgewachsen in der ärmlichen Vorstadt eines flämischen Industriestädtchens, als jüngster Sproß einer kinderreichen Familie. Durch einen Verkehrsunfall in seiner Jugend hinkte er zeitlebens, ein Umstand, der seine soziale Isolation verstärkte, aber seine künstlerische Entwicklung förderte. Anfangs zeichnete er seine unmittelbare Umgebung: Stadtlandschaften, romantisch-ärmliche Szenen mit harten Konturen. Auf der Kunstakademie zeigte sich seine außergewöhnliche Begabung. Er lernte das Malen von Ornamenten, von Stilleben und das Aktzeichnen und gewann verschiedene Preise. Noch während der Kriegsjahre schloß er das Studium ab.

Bernard betrachtete die Kunst als ein »Betäubungsmittel«, wenn sie ihm auch letztlich seine Lebensangst und seine Zweifel nicht nehmen konnte: »Wir leben und kämpfen, wir suchen und arbeiten, wir machen etwas und wir bekommen etwas, es ist nicht viel, ein Bild, ach, was ist ein Bild?« Nach seiner Ausbildung malte er zunächst expressionistisch anmutende Landschaften. Sein Hauptanliegen war jedoch, Marian, die Tochter seiner Jugendfreundin Elie, auf der Leinwand zu verewigen. Er porträtierte das zerbrechliche Mädchen mit großer Leidenschaft von ihrer frühesten Kindheit bis zum Erwachsenenalter, am liebsten nackt. Das Weiß und Rosa ihres zarten Kinderkörpers erweckten in ihm ein unbestimmtes Verlangen nach fernen Abendhimmeln, nach

Feldern, auf denen man umherirrt, wenn man an eine alte, unerfüllte Liebe denkt und trübsinnige Melodien vor sich hin summt. Eines dieser Bilder, *Traum,* verkaufte er Guido, dem Sohn eines örtlichen Großindustriellen. Es ist von außergewöhnlicher Feinheit und Vergeistigung. Gerüchte über Marians Anstellung in einem Bordell und über Guidos Selbstmord konnten Bernard nicht erreichen, da er inzwischen Gott gefunden hatte. »Für mich bestehen Himmel und Erde, die Luft, Wolken, Menschentränen und Farbtuben aus einem einzigen Wort mit vier Buchstaben: Gott. Ich male, ich betrachte die Schlichtheit und Einfachheit des Lebens, ein Mädchen, das sich hinsetzt und die Hände im Schoß faltet.« Mit der Zeit kannte Bernard Marians Körper so gut, daß er ihn auch ohne sie darstellen konnte; später jedoch begehrte er ihren Körper so sehr, daß er überhaupt nicht mehr malen konnte.

Als sein Haus, das letzte einer Reihe kleiner Arbeiterhäuser an der Ecke der Spaarzaamheidsstraat und der Overwinningslaan, einem Neubau weichen mußte, zog Bernard in ein Hausboot am Stadtrand. Obwohl der Maler dort einige Zeit mit seinem Modell Marian zusammenwohnte, konnte von einer dauerhaften Beziehung keine Rede sein. Bernard führte ein in sich gekehrtes, zurückgezogenes Leben. Nach vielen harten Prüfungen bedeutete ihm die Welt nichts mehr. Er verkaufte alle seine Werke und malte nur noch die Mutter Gottes. Ein friedliches Vergessen spricht aus ihrem milden und gutmütigen Gesicht, auf ihrer Stirn zeigt sich eine kleine Falte. [RH]

[Louis Paul Boon, *De voorstad groeit* (dt. *Die Vorstadt wächst*), 1942]

**BERTHOLD** **Dresden, um 1775; †in der Oder, um 1815*
Der Maler, der sich selbst einfach Berthold nannte, gehört zweifellos zu den rätselhaftesten Gestalten der deutschen Kunst um 1800. In jungen Jahren zog er auf Anraten des alten Malers Stephan Birkner nach Italien. Bertholds selbstbewußtere Altersgenossen Caspar David Friedrich und Philipp Otto Runge sahen damals bereits keine Veranlassung mehr, die traditionelle Italienreise zu unternehmen: Sie waren der Meinung, es gebe keine universalen Gesetze in

der Kunst, deutsche Künstler sollten sich nicht an italienischen Vorbildern orientieren. Nach einem Aufenthalt in Rom ging Berthold in Neapel bei Philipp Hackert in die Lehre. Der von Goethe hochgeschätzte Maler schuf handwerklich solide, aber wenig avantgardistische pastorale Landschaften, und der junge Berthold empfand nach einiger Zeit die Beschränktheit der Hackertschen Kunstauffassung. Gespräche mit einem unbekannten Malteser Maler (und, wie man vermuten darf, die Lektüre von Novalis) weckten in ihm das Verlangen, die zwar genaue, aber leblose Wiedergabe von Landschaftsmotiven einzutauschen gegen eine Kunst, aus der wirkliches Naturgefühl spreche. Er wollte die »Urtöne der Natur« vernehmen, ihre Hieroglyphenschrift entziffern.

Sein romantisches Ringen um eine Kunst, in der sich das Göttliche in der Natur manifestiere, zeitigte jedoch nicht sofort überzeugende Resultate. Eine Periode der Verzweiflung brach an, in der Berthold die Landschaftsmalerei aufgab und sich ganz der Figurendarstellung zuwandte. Er sehnte sich nach einem Ideal, das seine Arbeiten zu beseelen vermochte, einem Ideal, das er der Überlieferung zufolge in der Vision einer Frau von fast überirdischer Schönheit fand. In kurzer Zeit entstanden nun Werke, die Bertholds Zeitgenossen entzückten. In den Unruhen nach Napoleons Angriff auf Neapel fand Berthold – wenn man den romantischen Biographien, die seine Zeitgenossen ihm gewidmet haben, Glauben schenken darf – seine große Liebe, die Verkörperung seines ästhetischen Ideals. Das Paar ließ sich in München nieder, die Ehe zerbrach jedoch schon bald. Alle Quellen berichten übereinstimmend, Berthold habe es nicht verwinden können, daß sein Idol eine Frau aus Fleisch und Blut geworden war. Dramatisch scheinen die Umstände gewesen zu sein, unter denen der Künstler eines Tages mit seiner Frau und dem inzwischen geborenen Kind aus der Stadt verschwand, aber man muß wohl auch hier der Phantasie der romantischen Generation Rechnung tragen, die von Berthold mindestens ebensosehr fasziniert war wie von Byron. Fest steht, daß der Maler um 1810 ohne Frau und Kind in Oberschlesien auftauchte, wo er in einem Jesuitenkloster arbeitete. Er hatte die Historien- und Landschaftsmalerei aufgegeben und beschäftigte sich mit der in niedrigem Ansehen stehenden Dekorationsmalerei – gemalten Säulen, Marmor-Imitationen und ähnlichem. Aus dieser Zeit sind einige frappante theoretische Äußerungen überliefert, die seine eigenartige Selbstbescheidung als »Wandpinsler« erklären. Die Versuche des Künstlers, so Berthold, mit der Natur zu wetteifern und ihr Mysterium zu ergründen, seien nichts weniger als Vermessenheit und Frevel. »Wer artig ist, trachtet nicht, wie der neugierige Bube, den Kasten zu zerbrechen, in dem es orgelt, wenn er die äußere Schraube dreht.« In gewissem Sinne war Berthold der romantische Künstler par excellence, dessen Ehrfurcht vor der Natur so groß war, daß er seine Augen beschämt von ihr abwandte und sich mit dem einfachen Gleichmaß der Architektur begnügte. »Nur das Gemessene ist rein menschlich; was drüber geht, vom Übel.« Um 1815 ertrank der offensichtlich von schweren psychischen Krisen heimgesuchte Künstler in der Oder. Die Jesuitenkirche, in der er seine letzten Arbeiten schuf, steht nicht mehr, und bis auf den heutigen Tag konnte ihm kein Gemälde zweifelsfrei zugeschrieben werden. [SL]

[E.T.A. Hoffmann, *Die Jesuiterkirche in G.*, in: *Nachtstücke*, 1816/17]

**Bertin, Olivier** **Paris, um 1840; †Paris, um 1889*
Französischer Maler. Olivier Bertin erhielt seine malerische Ausbildung in Rom. Nachdem er 1864 nach Paris zurückgekehrt war, blieb ihm einige Jahre die öffentliche Anerkennung versagt, bis ihn sein Gemälde *Kleopatra* 1868 mit einem Schlag berühmt machte. Über Nacht war er einer der glänzenden Künstler geworden, denen man im Bois de Boulogne begegnete und über die in den Salons gesprochen wurde. Nach dem Krieg wagte er sich 1872 mit *Iocaste* an kühnere Sujets, als hätte er vorausgesehen, daß man ihn auch als Enfant terrible schätzen würde. Er kombinierte seine kühne, ursprüngliche Thematik mit einem verhaltenen Stil, der auch bei den Akademikern Anklang fand.

Den Gipfel seines Ruhms erklomm Bertin mit dem Bild *Algerische Jüdin* (1873), das er von einer Afrikareise mitgebracht hatte und für das er einen ersten Preis der Akademie bekam. Sein Bildnis der *Prinzessin de Salia* (1874) begründete seinen Ruf als Porträtist. Den Damen der Pariser Gesellschaft galt es als höchste Ehre, von ihm verewigt zu werden – eine Ehre, die er sich teuer bezahlen ließ. Bertin genoß den Ruhm und trat auf, wie es sich für einen Mann von Welt geziemt: Er war ein ausgezeichneter Fechter und Reiter und wohnte in einem der besseren Viertel der Hauptstadt. Aus seinen letzten Lebensjahren stammen die Bilder *Die Badenden*, das sich heute in einer amerikanischen Privatsammlung befindet, *Die Straßensängerin* und das Porträt der *Prinzessin de Pontève*. Daß man ihm den Prix de Rome zuerkannte, beweist, daß er ungeachtet seines öffentlichen Erfolgs auch von den Kritikern und Kollegen hochgeschätzt wurde.

Bertin war jedoch alles andere als ein selbstbewußter Künstler. Er schwankte ständig zwischen verschiedenen Stilen und Ausdrucksformen. Eine Zeitlang verteidigte er die akademische Tradition, um sich später mit gleicher Verve der Mode der klassizistischen Historienbilder zu unterwerfen. Trotz seiner provozierenden Themenwahl gelang es ihm nicht, sich in seinem Werk für eine eindeutige Richtung zu entscheiden.

Ab den frühen siebziger Jahren hatte Bertin eine heimliche – und schließlich fatale – Liebesbeziehung zur Gräfin de Guilleroy, der Ehefrau eines Gutsbesitzers und Deputierten aus der Normandie. Sie nahm ein tragisches Ende, als Bertin im Herbst seines Lebens von der Leidenschaft zur Tochter der Gräfin, Annette, ergriffen wurde. Die Gefühlsverwirrung stürzte den Maler in eine heftige Krise. Er starb um 1889 an den Folgen eines Verkehrsunfalls. [BK]

[Guy de Maupassant, *Fort comme la mort* (dt. *Stark wie der Tod*), 1899]

**Bidlake, John** **England, 1851; † nach 1924*

Englischer Impressionist. John Bidlake erhielt seine Ausbildung auf der Kunstakademie in Paris, wo er unter anderem Manet kennenlernte. Nach seiner Rückkehr nach England heiratete er, aber seine Ehe war nicht glücklich: die Schwangerschaft seiner Frau ekelte ihn an, die Vaterschaft ging ihm auf die Nerven. Trost fand er in den Armen seiner zahlreichen Modelle. Seine künstlerische Laufbahn allerdings führte ihn in schöner Regelmäßigkeit von Erfolg zu Erfolg. Um die Jahrhundertwende gehörte Bidlake zur Crème de la Crème der englischen Malerei. Meisterwerke wie die *Heuernte* (*Haymakers:* Tate Gallery) und die Serie *Badende (Bathers:* Tantamount House) begründeten seinen Ruhm als hervorragender Kolorist. Höhepunkt jener Serie ist zweifellos das dritte Bild, auf dem acht Badende einen Kranz perlmutterfarbenen Fleisches bilden, der in der Landschaft eines sanft ansteigenden bewölkten Dünengebiets aufleuchtet. Das ganze Gemälde atmet Fleisch, von Geist keine Spur. Auch privat hatte der Maler wenig zu klagen. Bidlake war eine markante, urwüchsige Erscheinung, ein großer Lacher, ein leidenschaftlicher Esser und Trinker und Herzensbrecher. Man kann mit Fug und Recht behaupten, daß seine Mal- und Lebenskunst sich die Waage hielten. Denjenigen, die seinen Lebensstil mißbilligten, hielt er entgegen: »Malen ist eine sinnliche Angelegenheit. Niemand kann eine Aktfigur malen, der den menschlichen Körper nicht mit seinen Händen und seinen Lippen und seinem Körper auswendig gelernt hat.« Aus dem gleichen Grund verabscheute er die Präraffaeliten, insbesondere Edward Burne-Jones, der, so der Künstler, male, als hätte er in seinem ganzen Leben noch nie einen nackten Hintern gesehen.

Im fortgeschrittenen Alter erlahmte seine Schaffenskraft, was ihn schwer mitnahm, vor allem weil er wußte, daß es in der Öffentlichkeit nicht unbemerkt bleiben würde. Nach einer Ausstellung neuer Bilder machte ihm die *Daily Mail* 1924 das gönnerhafte Kompliment, er sei »der Veteran der britischen Kunst« und »seine Hand (habe) noch nichts von ihrer Tüchtigkeit verloren«. Eine seriöse Zeitung sprach sich prononcierter aus: »Auf diesen leeren und nichtssagenden Bildern suchen wir vergeblich nach den Eigenschaften harmonischen Gleichgewichts oder rhythmischer Kalligraphie, nach der dreidimensionalen Plastizität.« Auch gesundheitlich ging es mit Bidlake bergab: Immer öfter blieb er zu Hause bei seiner stets gutgelaunten, fürsorglichen dritten Ehefrau. John Bidlake besaß eine kleine, aber eindrucksvolle Kunstsammlung. In seinem Schlafzimmer hingen unter anderem Werke von Renoir, Degas, Sickert und Beerbohm. Musik dagegen war ihm zuwider. [BM]

[Aldous Huxley, *Point counter Point* (dt. *Kontrapunkt des Lebens*), 1928]

**Bischof, Frank** **Deutschland, um 1870; †nach 1920*
Deutscher Maler. Bischof wurde als Protagonist seiner Generation betrachtet oder, wie Baronin Geldern es ausdrückte, als »der große Repräsentant der bürgerlichen Epoche«. Seine frühen Gemälde waren verspielt, traurig und spöttisch; allmählich reifte sein Werk zu immer stärkeren, menschlicheren und zugleich strengeren Formen. Er schuf Bilder wie *Ratsherr in Schwarz, Frauen auf dem Spaziergang, Porträt der Mutter.* Der junge Maler Andreas Magnus (siehe dort) rühmte an einem von Bischofs Bildern – vielleicht dessen größtes, wie er fand – die dominierende braune Farbe, die dunkel und klar sei und von würdigem Ernst zeuge. Das Bild sei herb mit seinen schlichten Konturen und doch »auf eine so reife, so köstliche Art humoristisch«.

Trotz allgemeiner öffentlicher Anerkennung mußte Bischof auch Kritik hinnehmen, die er jedoch gelassen über sich ergehen ließ. »Warum soll ich mich wehren?« sagte er nur. »Vielleicht haben sie recht.« Oder: »Wer will entscheiden, was schön ist?« Er strahlte eine ruhige Sicherheit aus, seine Sätze waren präzise, er blieb immer korrekt und freundlich. »Ich habe mir nie eingebildet, etwas wahrhaft Schönes geschaffen zu haben«, so relativierte er mit sanfter, gedämpfter Stimme seinen Ruhm. [DP]

[Klaus Mann, *Der fromme Tanz,* 1926]

**Böckel, Baron von** **Berlin, Anfang des 20. Jahrhunderts*
Es ist zwar ein Gemeinplatz, trotzdem nicht weniger wahr: Ein Künstler schafft sich seine eigene Welt. Manch ein Künstler möchte gleich die ganze Welt in seine Schöpfung einbeziehen.

Gumprecht Weiß, Asket aus freiem Willen, dessen Hauptbeschäftigung aus Lesen und Schreiben bestand, war der Meinung, es müsse möglich sein, durch Training Gebilde der Phantasie feste Formen annehmen zu lassen: Zwischen Tag- und Nachtbewußtsein müsse es eine Kommunikation geben. Nur in der Dichtung gebe es Schöpfung, Magie, und dem Geist seiner Zeit entsprechend verlangte Weiß den gleichen Spielraum für das Intellektuelle und das Sittliche. Seinen Meister in dergleichen Experimenten fand er in Baron von

Böckel, Hypnotiseur, Kabbalist, Magnetiseur, Theosoph, der, mit Schopenhauers Definition der Magie als der Experimentalmetaphysik unterm Arm, zu beweisen versuchte, daß man, wenn man nur wirklich wolle, jeden Traum verwirklichen könne. Böckel war mehr als ein Künstler, seine Kunst war das Leben, er war der Schöpfer: »Ich studiere den Traum experimentell. [...] Aber ich bin kein Spiritist; ich bin ... ich bin ganz einfach ein Mensch, der die Gebrechlichkeit, die Sterblichkeit, Ohnmacht, Beschränktheit des Lebens nicht erträgt, ohne radikale Anstrengungen zu machen, darüber Herr zu werden. Radikale!« In einem hydraulischen Turm, der wie ein kolossaler Fahrstuhl in einem Schacht auf und ab ging, projizierte er mit Hilfe von Miniaturmaschinen – »nichts Geringeres als der von der Technik so sehnlich gesuchte Fernseher« – in Echtzeit alles, was sich an einem anderen Ort abspielte. Es konnte daher nicht überraschen, daß sich Gumprecht Weiß als reine Projektion Böckelscher Schöpferkraft entpuppte. Weiß und seine Freundin dienten dem Baron als Adam und Eva vor dem Sündenfall, künstlich vereinigt durch einen Apparat. »Mein Werk war kein Artefakt, sondern die Welt selber als Kunstwerk«, meinte der erfinderische Böckel. Das Verhältnis konnte sich jedoch auch umkehren – »mein Golem überwältigt mich« –, und dadurch daß der Baron den schöpferischen Drang seines Schülers gestillt hatte, hatte er, wie Weiß erkannte, »den göttlichen Moment meiner wirklichen Allmacht herbeigeführt«. »Ich nur scheinbar dein Werk, Baron; du wahrlich Meines!« Die Außenwelt hat von all diesen merkwürdigen Vorfällen wenig mehr als den Bericht vernommen, daß das Schloß des Barons durch einen Blitz in Schutt und Asche gelegt worden war. [JV]

[Mynona (Pseudonym v. Salomo Friedlaender), *Der Schöpfer. Phantasie,* 1920]

**Boezaardt, Felix** *genannt: Flix; *Niederlande, 1950*
Felix Boezaardt wuchs in Hulst bei Geldrop auf, in einer Sackgasse, die man, der damaligen Mode entsprechend leicht anglisiert, »die Scheißschtriet« nannte. 1962 wohnte er vorübergehend in einem Heim für asthmatische Kinder, später kam er zu verschiedenen Pflegefamilien in Arnhem und

Rotterdam. Nach wenig erfolgreichen Intermezzi an einer Graphik- und einer Gewerbeschule arbeitete er auf dem Bau und als Rauschgiftkurier. 1969 wurde er verhaftet und zu einer Gefängnisstrafe von sechs Monaten verurteilt. In den siebziger Jahren begann seine Laufbahn als Künstler. Seine Abschlußarbeit an der Kunstakademie in Den Bosch bestand aus einem Betonklotz. Er schloß seine Ausbildung bei *Ateliers '63* in Haarlem ab und beteiligte sich an einem Jugendprojekt in 's-Heerenberg. Entscheidende Anregungen erhielt Boezaardt durch Edward Kienholz' Rauminstallation *The Beanery,* die 1976 im Stedelijk Museum in Amsterdam gezeigt wurde: eine nachgebaute Bar von etwa fünfzehn Quadratmetern mit Gästen, die Uhren als Köpfe tragen. Boezaardt, der im Centre Pompidou in Paris und in Berlin auch die *Art Show* des amerikanischen Objektkünstlers besuchte, war fasziniert, er wollte jedoch noch einen Schritt weiter gehen. Kienholz war ihm nicht realistisch genug. Er fand die Uhrenköpfe zu surrealistisch, zu symbolisch und die Haltungen der Puppen zu posenhaft (die Drahtgestelle waren noch zu sehen). Er faßte den Plan, die Bewegungen lebender Modelle in Gipsabgüssen festzuhalten, wozu ein spezieller elastischer Gips entwickelt werden müßte. Boezaardts Ideal waren die versteinerten Toten von Pompeji: die letzten Zuckungen lebendiger Wesen zu Statuen erstarrt, absolute Meisterwerke des Realismus, Kunst aus der Wirklichkeit selbst hervorgegangen, ohne Intervention irgendeines Künstlers. Nach einiger wissenschaftlicher Vorbereitung reiste Felix Boezaardt Ende 1977 nach Neapel – um Pompeji möglichst nahe zu sein – und begann mit Gipsabgüssen seiner Freunde Albert und Thjum. An einem Silvesterabend kam es im Rausch des künstlerischen Akts zu einer Katastrophe: Thjum erstickte im Gips. In künstlerischer Hinsicht jedoch war dies der absolute Höhepunkt des Hyperrealismus.

Boezaardt wurde in Italien zu einer zwölfjährigen Gefängnisstrafe verurteilt. Im April 1985 tauchte er wieder in Amsterdam auf. Eine Galerie an der Keizersgracht versprach sich durchaus etwas von einer Ausstellung der grauweißen Skulptur des sterbenden Thjum. Kienholz persönlich, der zufällig gerade in Amsterdam war und von den dramatischen

Ereignissen in Neapel nichts wußte, hielt eine äußerst ironische Eröffnungsrede. [PEV]

[A. F. Th. van der Heijden, *De tandeloze tijd* (dt. *Die Zahnlose Zeit*), 1983ff.]

**BONGRAND** *tätig in Paris im 19. Jahrhundert*
Französischer Maler. Vor allem die jüngere Künstlergeneration schätzte Bongrand wegen seiner fundierten Kunstkenntnisse und seiner Integrität. Er besaß einen scharfen Blick für den Kunstbetrieb und hielt mit seinen Meinungen nicht hinterm Berg. So verteidigte er seinen Altersgenossen gegenüber die Pleinair-Malerei und ihren Vorreiter Claude Lantier (siehe dort). »Keiner von uns vieren ist verdammt noch mal imstande, so etwas zu malen«, war seine Antwort auf die massive Ablehnung von Lantiers Bild *Enfant mort* durch die anderen Jurymitglieder des Salons, der von der Académie des Beaux-Arts veranstalteten Ausstellung von Werken lebender Künstler. Vor allem Fagerolles (siehe dort), Jurymitglied und Maler, war das Ziel seiner Angriffe. Er habe, so meinte Bongrand, Lantiers Ideen gestohlen und mit einer bürgerlichen Soße übergossen – und verkaufe nun seine Bilder mit Hilfe des Kunsthändlers Naudet zu astronomischen Preisen. Auch dieser bekam sein Fett ab; Bongrand warf ihm vor, seine Art, die Malerei auszubeuten, habe »eine hübsche Generation von pfuschenden Malern plus einer Garnitur von unehrlichen Geschäftsleuten« hervorgebracht.

Bongrand begründete seinen Ruf als Maler mit dem Bild *La Noce au Village (Die Dorfhochzeit),* das sich über das Akademische erhob und bei den jüngeren Künstlern großen Anklang fand. Aber im vorgerückten Alter zweifelte er an seinen Fähigkeiten, und das nicht ohne Grund. Kleine Formate wollten ihm noch gelingen, aber seine Versuche, mit *L'Enterrement au Village (Das Dorfbegräbnis)* ein vollwertiges Pendant zu *La Noce au Village* zu schaffen, scheiterten kläglich. [JS]

[Émile Zola, *L'Œuvre* (dt. *Das Werk*), 1886]

**BONO** *tätig in Spanien vor und nach dem Zweiten Weltkrieg*
Deutsch-jüdischer Maler, dessen Äußeres an Don Quijote erinnerte. Genoß Ende der vierziger Jahre des 20. Jahrhun-

derts einen gewissen Ruhm in Madrid, wo er wohnte und arbeitete. Von seinem Nachnamen ist nur bekannt, daß »sein Mißklang an den Namen eines schwäbischen Philosophen« erinnerte. Seinen Beinamen verdankte der Künstler der Angewohnheit, sein holpriges Spanisch mit dem Füllwort »bono« statt des korrekten »bueno« zu spicken.

In der Franco-Ära unternahm Bono gleichermaßen ängstliche wie pathetische Versuche, Anerkennung für sein Werk zu finden, das er selbst als neoexpressionistisch bezeichnete. Seine Bilder fanden jedoch keinen Anklang, seine nächtliche Freigebigkeit in den Kneipen desto mehr: Wer bereit war, seinen Lobreden auf seine Malerei ein williges Ohr zu leihen, konnte sich immer eines vollen Glases sicher sein. Nach Bonos eigenen Angaben sollte in der Galerie Buchholz eine Ausstellung seiner Bilder stattfinden, es ist jedoch nicht bekannt, ob es tatsächlich dazu kam. Der weitere Verlauf der Karriere dieses »Ritters von der traurigen Gestalt« ist in Dunkel gehüllt. [MS]

[Luis Martín-Santos, *Tiempo de Silencio* (dt. *Schweigen über Madrid*), 1962]

**Bracke, Rainer** *tätig um 1970*

Rainer Bracke wurde vor allem bekannt durch den Skandal um die Ausstellung *Kapitalistischer Realismus* (1975), die eine Übersicht über die sogenannten »realistischen« Strömungen ab den späten sechziger Jahren bot und Werke von Klapheck, Gnoli, Freud, Hockney und anderen zeigte. Arbeiten des Fotorealisten Richter hingen brüderlich neben denen der mythischen Realisten Colville, Bailey und Marcomeit und den intimistischen Werken von Thomas. Auch Nagel und Schäfer waren vertreten, sogar Kokoschka, und Pistoletto mit zwei seiner Spiegelbilder. *Kapitalistischer Realismus* dokumentierte im großen und ganzen die kontemplative Kunst, die sich wieder mit der erkennbaren Wirklichkeit befaßt. Es war das Jahr der ersten Ölkrise, der Kalte Krieg hielt die Welt in Atem. In der Kunst manifestierte sich der kritische Blick auf die bürgerliche Gesellschaft nicht länger in lautem Protest, sondern in einer teils milden, teils eisigen Melancholie. Die Überwindung der Abstraktion bedeutete gleichzeitig, daß man den utopischen Entwurf ad acta legte. Der Entfremdung vom Alltäglichen galt nun das Augenmerk; die Ironie, als Zeichen der Resignation, setzte sich durch.

Mit dem Gemälde *Karneval der Direktoren* suchte sich Rainer Bracke diesen neuen Prämissen zum Teil zu entziehen. Er bekannte sich zwar zum Figurativen, durchbrach aber durch seine ungeschminkte Verspottung im Stil von George Grosz das Primat der verhaltenen Reflexion – das Bild stellte den Vorstandsvorsitzenden des die Ausstellung organisierenden Kunstvereins und seinen Chef in verfänglicher Pose dar. *Karneval der Direktoren* hat schließlich die Eröffnung der Ausstellung nicht erlebt; das Bild wurde auf Drängen des Kunstvereins abgehängt. Es befindet sich heute in der Privatsammlung Moritz, des ehemaligen Direktors des Kunstvereins. [BM]

[Botho Strauß, *Trilogie des Wiedersehens,* 1978]

**Brangwen, Gudrun** **Cossethay, Derbyshire, um Dezember 1884/Januar 1885)*

Britische bildende Künstlerin, geboren in Cossethay als zweite Tochter einer neunköpfigen Familie. Brangwens künstlerisches Talent zeigte sich schon auf der Nottingham High School for Girls; sie setzte denn auch ihr Studium an der Nottingham Art School fort, wo ihr Hauptinteresse der Bildhauerei galt. Auf örtlichen Ausstellungen erzielte sie mit Tonfiguren von Kindern und Tieren einen bescheidenen Erfolg. Nach ihrem Studium an einer Kunstakademie in London kehrte sie in ihr Elternhaus zurück, um an der Willey Green Grammar School Kunstunterricht zu geben. Ihre Plastiken von Vögeln und kleinen Tieren zeichneten sich nach Meinung von Hermione Roddice durch vollendete Schönheit und eine natürliche Intensität aus.

Großen Einfluß auf die junge Brangwen hatte ihr turbulentes Verhältnis mit dem Bergwerksbesitzer Gerald Crich, dem jegliches Verständnis für Kunst fehlte. Ihre Beziehung glich einem erbarmungslosen Machtkampf. Auf Bitte von Geralds Vater gab Brangwen ihre Stelle als Lehrerin auf, um Geralds jüngerer Schwester Privatunterricht zu erteilen. Sie bekam dafür auf Shortlands, dem Landgut der Crichs, ein eigenes Atelier.

Die Weihnachtsferien, die sie 1910 mit Gerald Crich in Innsbruck verbrachte, sollten ein Wendepunkt in ihrem Leben werden. Sie lernte den deutschen Bildhauer Loerke kennen, der gerade an einem Granitfries für ein Fabrikgebäude in Köln arbeitete. Loerke war der Ansicht, der moderne Künstler habe die Pflicht, Industriegebäude mit Kunst zu verschönern, um so die Arbeit verlockender zu machen. Die Kunst dürfe jedoch nicht der Industrie dienen, sondern müsse sie interpretieren, so wie sie einst die Religion interpretiert habe. Die Zivilisation werde in dem Moment untergehen, so Loerke, da die Arbeiter so angeekelt wären von ihrer Arbeit, daß sie lieber verhungerten. Sein Fries, eine Darstellung von Bauern und Handwerkern in einer Orgie der Fröhlichkeit, berauscht und absurd anzusehen in ihrer modernen Kleidung, illustrierte genau das Gegenteil von Arbeit.

Loerke vertrat auch die Ansicht, es gebe keine Beziehung zwischen der Außenwelt und dem in der Kunst Dargestellten: Kunst und Realität befänden sich auf zwei verschiedenen Ebenen, und es sei nicht die Aufgabe des Künstlers, etwas aus der einen in die andere zu übertragen. Möglicherweise sicherte sich Loerke damit gegen Vorwürfe ab, er fröne der Pädophilie, die wegen seines umstrittenen Kunstwerks *Lady Godiva,* der Bronzestatue eines sehr jungen nackten Mädchens auf einem Pferd, gegen ihn erhoben werden konnten. Brangwen stimmte diesem antimimetischen Standpunkt vollkommen zu; sogar das Leben des Künstlers sei völlig irrelevant im Verhältnis zu seiner Kunst.

Loerke beeinflußte nicht nur Brangwens Kunstauffassung; die Begegnung mit dem deutschen Bildhauer war auch für ihr Gefühlsleben von entscheidender Bedeutung. Sie brach mit Gerald Crich und lebte in einer platonischen Beziehung mit ihrem neuen Mentor, der sich nach seiner eigenen Aussage nicht zu Frauen über zwanzig hingezogen fühlte. Die Weihnachtsferien endeten äußerst dramatisch. Als Gerald Crich seiner ehemaligen Geliebten und Loerke in den Tiroler Alpen zufällig begegnete, kam es zwischen den Männern zu einem Kampf. Crich fand den Tod im Eis.

Brangwen begleitete Loerke nach Dresden, wo der Bildhauer ein Atelier besaß. Obwohl Brangwens Leben bis zu ihrem sechsundzwanzigsten Lebensjahr gut dokumentiert ist, ist keines ihrer Werke namentlich bekannt. [PC]

[D. H. Lawrence, *The Rainbow* (dt. *Der Regenbogen*), 1915; *Women in Love* (dt. *Liebende Frauen*), 1920]

**BRIDAU, JOSEPH** **Paris, 1799; †nach 1845*

Französischer Maler. Sohn eines treuergebenen bonapartistischen Beamten. Als Dreizehnjähriger entdeckte Bridau seine künstlerische Berufung bei einem zufälligen Besuch im Atelier des Bildhauers Chaudet. Dieser prophezeite Josephs Mutter, daß ihrem Sohn eine große Zukunft bevorstehe. Ende 1814 ging Bridau bei dem berühmten Gros in die Lehre und einige Zeit später bei Schinner (siehe dort). Nach dem Sturz des Kaisers folgte eine Zeit bitterster Armut, bis ihm der Maler Gérard den Auftrag verschaffte, zwei Kopien seines Porträts von Ludwig XVIII. anzufertigen, jede für fünfhundert Francs. Obwohl sich Bridau im Jahre 1818 vorgenommen hatte, mit dem klassizistischen Stil zu brechen, kopierte er weiterhin, wahrscheinlich um das tägliche Brot zu verdienen, alte Meister (unter anderem Rubens). Im Kopieren sah er die beste Gelegenheit, ihre Malweise zu ergründen, ihnen nachzueifern und sie zu übertreffen.

Nach seinem Durchbruch auf dem Salon von 1823 zog Bridau in eines der besseren Viertel von Paris, stieß jedoch weiterhin auf das Mißtrauen der Bourgeoisie. Ende 1829 kaufte der jüdische Bankier Nucingen, den das Bürgertum ebenfalls verachtete, aus Solidarität eines seiner Bilder für zehntausend Francs. Die Ehe mit einer Millionärstochter und der Tod seines älteren Bruders verhalfen dem Maler 1840 zu einem Vermögen und einem Adelstitel.

Bridaus Leben ist reich an abenteuerlichen Episoden: Sein ehrloser Bruder stahl ihm eine Rubens-Kopie in der irrigen Annahme, das Original in Händen zu haben; auf einer Reise in die Provinz gab er sich für den Maler Hippolyte Schinner aus. Bridau war ein treuer Sohn, der seine sterbende Mutter bis zum Ende pflegte, und ein treuer Freund. Zusammen mit Stidmann (siehe dort) befreite er den Maler Wencesclas Steinbock (siehe dort) aus der Schuldhaft. Auch der Maler Grassou (siehe dort) konnte auf ihn rechnen. Im »Cénacle«, dem geheimnisvollen Freundeskreis um Daniel d'Arthez, vertrat Bridau die Malerei. [SH]

[Honoré de Balzac, *Die Fischerin im Trüben; Die Beamten; Die Börse; Pierre Grassou; Verlorene Illusionen; Ein Lebensbeginn; Modeste Mignon; Glanz und Elend der Kurtisanen; Zweite Frauenstudie; Memoiren zweier Jungvermählter; Ursule Mirouët; Tante Bette; Die Komödianten wider ihr Wissen,* in: *La Comédie Humaine* (dt. *Die Menschliche Komödie*), ab 1842]

**BRISCOE, LILY** *Großbritannien, 1880*
Bescheidene, gleichwohl inspirierte Malerin, die sich in ihrem postimpressionistischen Werk gegen den glatten Impressionismus von Künstlern wie Paunceforte absetzte. Sie verbrachte regelmäßig ihre Sommerferien auf der Isle of Skye, vor der schottischen Westküste, als Gast des Philosophen Ramsay und seiner Frau. Kurz vor dem Ersten Weltkrieg arbeitete sie an dem Gemälde *Mrs. Ramsay und James vor dem Fenster,* das sie wegen kompositorischer Probleme zunächst nicht vollendete. Das gelang ihr erst zehn Jahre später, als sie sich zum ersten Mal wieder auf Skye aufhielt, Mrs. Ramsay jedoch bereits seit langem tot war. Das Gemälde, eine bewegende Hommage an diese berühmte Gastgeberin, ist das einzige Werk, das von Briscoe bekannt ist. [EB]

[Virginia Woolf, *To the Lighthouse* (dt. *Zum Leuchtturm*), 1927]

**BRONISLAW, BORIS** *tätig in den Niederlanden in der Mitte des 20. Jahrhunderts*
Boris Bronislaw rief in der zweiten Hälfte der vierziger Jahre mit einigen Kumpanen die Bewegung des Nursorismus ins Leben, die das Experiment um des Experiments willen propagierte. Er schmierte Erbsensuppe, Marmelade und Kuhfladen auf die Leinwand, beklebte sie mit Klopapier oder nagelte alte Schuhe darauf. In einem Manifest wurden diese Produkte als notwendige Reaktion auf eine Gesellschaft erklärt, die zu reinlich geworden sei. Der Nursorismus ist denn auch nicht so sehr als eine späte, grobschlächtige Spielart des Dadaismus zu verstehen, sondern vielmehr als ein sehr frühes Stadium, eine Art analer Phase der Cobra-Bewegung. Bronislaw verfolgte jedoch diesen Kurs nicht weiter. Um 1950 gelangte er zu der Anschauung, daß die Kunst dem Leben im Weg stehe: »Ein Künstler drückt sich nicht in seinem Leben,

sondern in seinem Werk aus. Ein normaler Mensch lebt während seines Lebens und ist nach seinem Tod tot. Ein Künstler ist während seines Lebens tot, ich bin in das Leben verliebt, ich halte um die Hand des Lebens an ...« Kurze Zeit darauf heiratete er und wurde Vater. Der experimentellen Malerei hatte er bereits zuvor zugunsten eines vitalistischen Amateurismus abgeschworen, der ihm als Vorwand diente, unter anderem Picasso zu kopieren. Bronislaw kündigte an, sich in Zukunft mehr als Dichter zu betätigen. [BM]

[Harry Mulisch, *Archibald Strohalm,* 1952]

**Brown, Jenny** **Vereinigte Staaten; tätig im 20. Jahrhundert*

Malerin und Zeichnerin. Zu ihren europäischen Vorfahren zählten Niederländer, Schotten, Iren, Engländer, Waliser und Franzosen und eine Urgroßmutter, die trotz ihres spanischen Namens Halbirin war. Jenny Brown verlor früh ihre Mutter und wuchs bei ihren Großeltern väterlicherseits auf, altmodischen Rationalisten. Als Heranwachsende schloß sie sich radikalen Freunden und Gruppierungen an.

Kennzeichnend für die Bilder, die die junge Brown malte, sind geometrische Muster und die Verwendung ausgesprochen greller Primärfarben, die Assoziationen mit einem Regenbogen wecken. Man könnte in diesem Zusammenhang von einer elementaren Phase der Verarbeitung des Kubismus und des Futurismus sprechen. Später wurde Browns Farbpalette gedämpfter. Die Bilder der Frühzeit hat die Künstlerin später als mißlungen bezeichnet.

Brown verdiente ihren Lebensunterhalt als Illustratorin, betrachtete sich selbst jedoch nicht als solche, auch nicht als Zeichnerin. Sie sei, so meinte sie, zu selbstkritisch. Viele ihrer Zeichnungen hat sie denn auch vernichtet. Während sie sich selbst vor allem als Malerin sah, wurde sie ironischerweise vom Publikum von Anfang an gerade wegen ihrer Zeichnungen geschätzt, die sich durch eine klare Linienführung auszeichneten. Womit sie sich übrigens den Vorwurf des Primitivismus zuzog, nicht ganz grundlos, wenn man an ihr Interesse für die Kunst der Indianer denkt und an ihren Ausspruch, sie wolle Kunst machen, die jeden anspreche.

Andererseits sagte sie von sich selbst: »Ich bin viel zu einfach, um ein guter Primitiver zu sein.«

Brown war ihr ganzes Leben viel auf Reisen. Da es nicht einfach war, unterwegs zu malen, verlegte sie sich auf Reiseskizzen, vorwiegend mit Holzkohle und Tusche. Kenner denken natürlich sofort an *Seemöwe im Flug* und an die noch bekanntere *Schlacht* mit ihren typischen Schlagschatten und der verkürzten Perspektive. Eine der gelungensten Serien entstand 1940 auf einer Seereise. Brown machte zahllose Porträtskizzen von ihrem Begleiter, dem Maler David Scott (siehe dort), dessen scharfe Züge, Adlernase und schütteres Haar somit Eingang in die Kunstgeschichte gefunden haben. [JPVDS]

[Katherine Ann Porter, *Ship of Fools* (dt. *Das Narrenschiff*), 1962]

**Brunken, Edde** **Deutschland; tätig in der zweiten Hälfte des 19. Jahrhunderts*

Der verkrüppelte, zwergenhafte Edde Brunken wurde als Sohn eines Seekapitäns an der deutschen Nordseeküste geboren. Da er wegen seiner körperlichen Behinderung nicht in die Fußstapfen seines Vaters treten konnte, arbeitete er zunächst ein Jahr lang als Anstreicher, entschied sich dann jedoch für eine Laufbahn als Maler und ging zum Studium an die Antwerpener Kunstakademie. Von dem flämischen Liedgut, das er dort kennenlernte, sollte er später noch oft Proben zu Gehör bringen. Nach seiner Rückkehr nach Deutschland war ihm durchaus ein gewisser Erfolg beschieden. Im Alter von etwa dreißig Jahren geriet er in eine schwere seelische Krise, als er sich in ein Mädchen namens Gertrud verliebte, die ihn zwar als angenehme Gesellschaft empfand, aber verständlicherweise keine zärtlichen Gefühle für ihn hegte. In dieser Zeit entstand ein merkwürdiges Gemälde, auf dem Brunken sich selbst in einem französischen Park in Rokokokleidung darstellte, zu Füßen einer mit Armen versehenen Venus von Milo, während sich im Hintergrund ein verliebtes Paar durch einen sonnigen Laubgang entfernt. Diese »Studie in Kontrasten« betrachtete der Maler jedoch nicht als echte Kunst, da er die Natur nur kopiert habe, sowohl ihre schönen wie abstoßenden Aspekte.

Nachdem ihm klargeworden war, daß die Angebetete seine Gefühle nicht erwiderte, floh Brunken aus seiner Heimat. In einem Dorf erfuhr er, daß sich der Sohn eines Bauern in einem Teich zu ertränken versuchte hatte, weil ihm sein Vater verboten hatte, Maler zu werden. Als Brunken erkannte, daß gerade seine körperliche Behinderung ihm den Weg zur Kunst gewiesen hatte, faßte er neuen Mut. Er überzeugte den Bauern davon, daß eine Malerlaufbahn durchaus gewinnbringend sein könne, und nahm den Sohn in die Lehre. Zusammen mit seiner Schwester und deren Tochter ließ er sich in einem kleinen Landhaus in der Mitte Deutschlands nieder, wo eine neue Version des oben erwähnten Gemäldes entstand: Das verliebte Paar – das die Züge seines Schülers Paul und seiner Nichte Maria trug – sieht man jetzt zu Füßen der Göttin, während der Maler kaum sichtbar im Hintergrund zuschaut. Brunken hatte seinen Platz im Leben gefunden, worauf auch der überlieferte Kommentar des Malers zu seinem Bild hindeutet: »Du siehst, es geht nur um die Kleinigkeit, das liebe Ich aus dem Vorder- in den Hintergrund zu praktizieren. – Ihr großgewachsenen Menschen versteht es freilich nicht, was für Arbeit dem kleinen Kerl die kurze Strecke Wegs gekostet hat.« [SL]

[Theodor Storm, *Eine Malerarbeit,* in: *Novellen*, 1868]

## Campalans, Jusep Torres **2. September 1886 Mollerusa; †um 1956, San Cristóbal, Mexiko*

Bedeutender Maler der Frühphase des Kubismus. Jusep Torres Campalans wurde 1886 in Mollerusa, einem Städtchen in der katalanischen Provinz Lérida, geboren. Seine Eltern, Genaro Torres Moll und Vicente Campalans Joffre, arbeiteten in der dortigen Schnapsfabrik. Der kleine Jusep, fünftes von insgesamt sechzehn Kindern, wurde auf die örtliche Priesterschule geschickt, mit zwölf brannte er nach Gerona durch – keiner weiß, warum. Mit fünfzehn war er überzeugter katalanischer Separatist und fanatischer Katholik, mit achtzehn Anarchist. Freunde beschrieben ihn als kräftig, er hatte große dunkle Augen, riesige Hände und ebensolche Füße. Die Frauen behielten ihn vor allem dadurch in Erinnerung, daß er sich stundenlang die Zähne putzen konnte – von oben nach unten, von unten nach oben, jede Stelle fünfundzwanzigmal. 1902 lernte er in Barcelona Pablo Picasso kennen. Als dieser erfuhr, daß Jusep noch unberührt war, nahm er ihn in das Bordell in der Calle Aviñó mit. Aus der Erinnerung an diese Geschichte entstand Jahre später eines der berühmtesten Werke der zeitgenössischen Kunst: *Les Demoiselles d'Avignon*. 1906 folgte Torres Campalans Picasso nach Paris, wahrscheinlich hatte er schon vorher zu malen begonnen. Eines seiner ersten erhaltenen Bilder ist ein Porträt seiner Hauswirtin in der Rue Rambuteau, gemalt mit handelsüblicher Tusche und zwei schlechten Pinseln. Zunächst begeisterte er sich für Gauguin und die Fauvisten, ab 1907 wurde er Teil jenes epochalen Abenteuers der Kunst, das ihm sogar seinen Namen verdankt. Den entscheidenden Anstoß dabei gab Campalans' Begeisterung für die Fliegerei: »Damit habe ich eine neue Perspektive: die Häuser werden wie Kuben aussehen, die Felder wie Rechtecke«, schrieb er 1908 – der »Kubismus« war geboren. Viele der in der Folgezeit entstandenen Bilder wie *San Lorenzo* (1908), *Pierrot* (1908) und *Bildnis mit dicker Backe* (1909–1910) sind von Picasso beeinflußt, in dessen Atelier er aus und ein ging. Er verkehrte mit Braque, Chirico und seinem Landsmann Juan Gris, dessen »Pedanterie« und endlosen Theorien er nur schwer ertragen konnte. Während Picasso und Gris erste Erfolge feierten, blieb Campalans ökonomische Lage prekär. Den Kunstmarkt verachtete er, Ausstellungen seiner Werke lehnte er kategorisch ab. Eines seiner bekanntesten Bilder führte 1912 zum endgültigen Zerwürfnis mit Juan Gris: Ein realistisches Ölgemälde, das nichts als mit Büchern gefüllte Regale zeigt, versah er mit dem Titel *Kopf von Juan Gris*. Gris wurde furchtbar wütend, und sie wechselten nie wieder ein Wort.

Vor der allgemeinen Kriegsbegeisterung floh Torres Campalans 1914 nach Mexiko. Jahrzehntelang galt er als verschollen, bis der Schriftsteller Max Aub im Jahre 1955 in der mexikanischen Provinz Chiapas zufällig mit ihm zusammentraf. Dort führte er ein abgeschiedenes Leben, nach 1914 hatte er kein Bild mehr gemalt. Aub entschloß sich, Campalans' Biographie zu schreiben, die 1958 erschien – begleitet von einer spektakulären Ausstellung der Bilder des Künstlers in Mexiko Stadt, die den Wegbereiter des Kubismus schlagartig der Vergessenheit entriß. Auch das Notizbuch Campalans', *Das Grüne Heft,* wurde veröffentlicht, dessen Einträge vor allem um ein Thema kreisen – das Verhältnis zwischen Fiktion und Wahrheit: »Wir unterscheiden uns nach der Art, wie wir lügen. [...] In Wahrheit sind wir nichts weiter als Bilder, Ähnlichkeit, Spiegelung, Verstellung, Trugbild, Kopie, Echo, Erfindung, Bildnis, Kunst, Falschheit.« Vielleicht waren es diese Reflexionen, durch die böswillige Kritiker sich zu der Behauptung hinreißen ließen, Torres Campalans hätte nie existiert, Max Aub hätte ihn erfunden und alle Bilder selbst gemalt. Die Anschuldigungen wurden entkräftet: Zu erdrückend war die Last der Photos und Dokumente, die die Existenz des Künstlers bezeugten, zu zahlreich die Zeitgenossen, die von ihren Begegnungen mit Torres Campalans berichteten. Noch heute erzielen seine Bilder Höchstpreise, und Jahr für Jahr pilgern zahlreiche Besucher in das Städtchen Mollerusa und fragen nach dem Geburtshaus des berühmten Malers Jusep Torres Campalans. [ADE]

[Max Aub, *Jusep Torres Campalans,* 1958]

**Canouris, Pablo** *genannt der Maler mit den himmelblauen Händen; *Malaga; tätig zur Zeit des Ersten Weltkriegs*
Spanischer Maler albanischer Abstammung. Pablo Canouris verließ in jugendlichem Alter sein Vaterland und ließ sich nach einem Aufenthalt in Brüssel im Pariser Montmartre-Viertel nieder. Man konnte ihn oft im Künstlerlokal »La Coupole« auf dem Montparnasse in Gesellschaft seiner Kollegin und Geliebten Elvira Goulot (siehe dort) antreffen, die ihm für seine später berühmt gewordene Serie Aktbilder Modell saß. Nach 1914 wuchs Canouris' Ruhm rasch. Seit der Romantik hat keine Künstlergruppe die Welt so aufgewühlt, wie die, der er und seine Kollegen Picasso, Bracque und Derain angehörten.

Kenner verweisen auf zwei dominierende Einflüsse im Werk von Pablo Canouris. Der iberischen Halbinsel verdanke er die realistische Kraft seiner Gedanken- und Vorstellungswelt, und seiner albanischen Abstammung die hellenische Reinheit und Wahrhaftigkeit. (Wie allgemein bekannt, waren die sogenannten Hellenen in Wirklichkeit Albaner.) Manche behaupteten sogar, in Pablo Canouris sei das Malwunder von Toledo, Domenikos Theotokopoulos, genannt El Greco, wiedergeboren worden. Nicht daß er El Greco nachgeahmt habe, aber die geheimnisvolle Seite seines Genies sei der engelhaften Gewalt verwandt, die den Bewunderern des Theotokopoulos solche Wonneschauer über den Rücken rieseln läßt.

Ein Besuch des Malers in den Niederlanden mündete in einen merkwürdigen Vorfall, der sein Leben, sein Werk und die niederländische Einschätzung desselben beinflussen sollte. Während eines Spaziergangs in der Amsterdamer Kalverstraat griff sich der Maler mir nichts, dir nichts ein siebzehnjähriges Mädchen, trug es in Windeseile zum Bahnhof und fuhr mit ihr auf und davon. Auf der Höhe von Roosendaal war sie bereits vom Charme des Künstlers hingerissen, starb allerdings zwei Monate später in Brüssel. Man hat dies eigenartige Verhalten von Canouris mit der albanischen Sitte der Brautentführung erklärt. Ein geflügelter Ausspruch des Malers lautete: »Uns gehört nur die Frau wirklich, die wir entführt haben.« [JPVDS]

[Guillaume Apollinaire, *La Femme assise* (dt. *Die sitzende Frau*), 1920]

**Canterel, Martial** **Montmorency; tätig um 1910*
Genialer französischer Künstler, der sich auf der Grenze zwischen Kunst und Wissenschaft bewegte. Auf seinem Landgut »Locus solus« bei Montmorency arbeitete er in aller Ruhe an seinen grandiosen Projekten, ohne auf die Bequemlichkeiten von Paris verzichten zu müssen. In einer Viertelstunde konnte er die Hauptstadt erreichen, wenn seine Forschungen den Aufenthalt in einer Spezialbibliothek erforderten.

Das revolutionäre Werk Canterels und seiner Assistenten kann als Vorläufer der kinetischen Kunst der fünfziger Jahre gelten. Andere Elemente weisen bereits in die Richtung der Environment- und Installationskunst. Canterel sah in seinen Erfindungen hauptsächlich eine Art Attraktion für ein ausgewähltes Publikum, das er auf seinem Landgut herumführte – dem ersten Kunstvergnügungspark der Weltgeschichte. Er hatte seine Kunstwerke völlig in die Umgebung integriert, das Ausstellen der Konstruktionen in Museumsräumen hätte die beabsichtigte Wirkung zunichte gemacht.

Die oft recht makabren Attraktionen reichten von einer einfachen Tonstatue aus Timbuktu (wobei Canterels schöpferischer Beitrag sich auf die Integration in die Umgebung beschränkte) bis hin zu komplizierten Apparaten, die verschiedene Funktionen kombinierten. So gab es eine Art Handramme, an einem kleinen Ballon befestigt, die unter genau berechneten Witterungseinflüssen aus einem ungeordneten Haufen verschiedenfarbiger menschlicher Zähne einige herausgriff und zu einem Bild zusammenfügte, das einen skandinavischen Mythos darstellte. Eine andere Attraktion bestand aus einer riesigen gläsernen Gefriertruhe, in der der Künstler mit Hilfe von Elektroschocks Leichen die entscheidenden Augenblicke ihres Lebens »wiederholen« ließ.

Das beste Beispiel von Canterels wissenschaftlich-experimenteller Kunstauffassung war zweifellos der *Riesendiamant,* ein diamantförmiger, zwei Meter hoher und drei Meter breiter Behälter an der sonnigsten Stelle des Anwesens, der mit einer vom Künstler erfundenen Flüssigkeit gefüllt war, dem »Aquamicans« (wörtlich: »funkelndes Wasser«). Diese Flüssigkeit besaß die einzigartige Eigenschaft, daß Menschen und Tiere darin frei atmen konnten. In dem Behälter befanden sich verschiedene bewegliche »Gegenstände«: die Tänzerin Faustine, deren im Wasser weit ausgebreitetes Haar himmlische Musik erzeugte; die kahle siamesische Katze Không-dêk-lèn, die das abgehackte Haupt Dantons durch elektrische Stromstöße zum Reden brachte; sieben kleine kartesianische Taucher, die sinkend und steigend eine historische oder mythologische Szene darstellten; und sieben Seepferdchen, die Kugeln geronnenen Sauternes fortzogen und ein Wettrennen veranstalteten.

Canterels Werke sind verschollen. Aufgrund der detaillierten Berichte einiger Besucher von »Locus solus« über die Funktionsweise und die theoretischen Hintergründe der eigenartigen Apparate kann man Canterel jedoch mit Fug und Recht als einen der wichtigsten Pioniere der modernen Kunst bezeichnen. [MDH]

[Raymond Roussel, *Locus Solus* (dt. *Locus solus*), 1914]

**Carolyn** *tätig in Toronto in den sechziger Jahren des 20. Jahrhunderts*
Carolyn bezeichnete sich selbst als »Textilkünstlerin«. Sie beteiligte sich an der aufsehenerregenden Ausstellung *Vier Für Alle* (siehe auch Jody, Zillah und Elaine Risley). Zu ihren Arbeiten gehörten Flickendecken in phantasievollen Designs. Auf eine waren Kondome, in die (ungebrauchte) Tampons gestopft waren, in Form von Buchstaben geklebt. Sie fügten sich zu dem Satz »Liebe, was ist das?« Eine andere hatte ein Blumenmuster mit einer aufgenähten männerfeindlichen Botschaft. Carolyn machte auch Wandgehänge aus Toilettenpapier, das wie eine Kordel gedreht war, verwoben mit Filmrollen altmodischer Softpornos. Gebrauchtpornos seien besonders geeignet, so die Künstlerin, recycelt zu werden. Welche künstlerischen Wege Carolyn später einschlug, entzieht sich unserer Kenntnis. [KBRA]

[Margaret Atwood, *Cat's Eye* (dt. *Katzenauge*), 1988]

**Carswell, Roy** **England, erste Hälfte des 20. Jahrhunderts*
Bekannt ist der Maler Roy Carswell fast nur durch sein Porträt des englischen Schriftstellers (russischer Herkunft) Sebastian Knight aus dem Jahr 1933. Augen und Gesicht sind so gemalt, daß sie wie ein Spiegelbild in klarem Wasser anmuten. Die Assoziation mit Narziß drängt sich auf. »Ich wollte eigentlich noch hinter oder über ihm die Anwesenheit einer Frau andeuten«, meinte Carswell in einem Gespräch mit Knights mysteriösem Halbbruder, »aber dann hätte ich eine Geschichte erzählt, statt zu malen.« Der Künstler will uns sagen, daß Knight »besonders gut ins Wasser blickte«, mit anderen Worten, daß er ein »Narziß erster Güte« war. Dies beweist, daß Carswell wie wenige das Leben und Werk des jung verstorbenen Autors zu ergründen vermochte. [PJ]

[Vladimir Nabokov, *The Real Life of Sebastian Knight* (dt. *Das wahre Leben des Sebastian Knight*) 1941]

**Castel, Juan Pablo** **Buenos Aires?; tätig bis 1948*
Juan Pablo Castels Talent wurde in den vierziger Jahren des vorigen Jahrhunderts von den Kritikern übereinstimmend

anerkannt. Er selbst hatte einen ausgesprochenen Widerwillen gegen Journalisten und Galeristen und jegliches Vereinswesen.

Castels Bilder stellen eine sterile Welt voller Zerstörung dar. Feste Bestandteile sind zerbrochene Säulen, enthauptete Statuen, ins Nichts führende Treppen, rauchende Ruinen – ein wahres Museum versteinerter Albträume. Auf dem Bild *La Maternidad,* dem letzten, das das argentinische Publikum von dem Künstler zu sehen bekam, drückte er seine Verzweiflung und Einsamkeit ausnahmsweise einmal nur indirekt aus: nicht in der zentralen Mutterfigur mit dem spielenden Kind, sondern in der melancholischen Gestalt, die durch ein Fenster im rechten oberen Bildteil zu sehen ist – eine Frau an einem verlassenen Strand, die auf das Meer hinausstarrt.

Als Castel *La Maternidad* zum ersten Mal ausstellte, sah er auf der Vernissage, wie eine Frau gerade diesen Ausschnitt andächtig betrachtete. Er begriff, daß sein Hilfeschrei Gehör gefunden hatte, aber die Frau war plötzlich verschwunden. Fieberhaft suchte der Maler sie überall in den belebten Straßen von Buenos Aires. Er fand sie schließlich, aber der Liebesbeziehung zwischen ihm und María Iribarne blieb das Glück versagt. Aus krankhafter Eifersucht ermordete er das einzige Wesen, das ihn zumindest in künstlerischer Hinsicht verstanden hatte. Vor der Tat zerstörte Castel alle seine Bilder, einschließlich *La Maternidad.* Der Maler wurde vor Gericht gestellt und verurteilt. Vermutlich malte er im Gefängnis nicht mehr, bekannt ist jedoch, daß er einen Verleger für seine Autobiographie suchte. [FV]

[Ernesto Sábato, *Juan Pablo Castel,* in: *El Túnel* (dt. *Maria oder Die Geschichte eines Verbrechens*), 1948]

**CHASSAGNOL** *tätig in der zweiten Hälfte des 19. Jahrhunderts*
Von Chassagnol ist nicht bekannt, ob er ein Œuvre hinterließ. Sicher ist, daß er in den Kreisen der Kunstkritiker und Kunststudenten aus den Ateliers von Gleyre, Rude und Langibout verkehrte. Vor allem auf Langibouts Schüler – insbesondere auf Naz de Coriolis (siehe dort), aber auch auf Anatole Bazoche (siehe dort) – übte er nachhaltigen Einfluß aus. Er regte Coriolis dazu an, sich zeitgenössischen Motiven

zuzuwenden. Dem Orientalismus wie dem Realismus stand er ablehnend gegenüber. Er plädierte für eine moderne Malerei, wie sie Baudelaire in seinem Essay *Le Peintre de la Vie moderne* (1863) verteidigte. Aus zeitgenössischen Aufzeichnungen von Gesprächen mit Coriolis und anderen geht hervor, daß Chassagnol die Meinung vertrat, der moderne Maler müsse die spezifische Schönheit der eigenen Zeit herausarbeiten. Chassagnol war ein relativ wohlhabender Mann, der sich lange in Italien aufhielt, wo er sein Vermögen verschleuderte und sich in eine hübsche junge Bäuerin verliebte, die ihn jedoch abwies. Daraufhin heiratete er aus Verzweiflung ihre häßliche Schwester und kehrte mit dieser nach Paris zurück. Sie sollte ihm sieben Kinder schenken. [BK]

[Edmond und Jules de Goncourt, *Manette Salomon*, 1867]

**CHENAL, LÉON** *★Frankreich; tätig im 19. Jahrhundert in der Normandie*

Französischer Maler, besonders von Landschaften an der normannischen Küste. Léon Chenal war ein schöner, von den Frauen umschwärmter Mann, der es liebte, als Wandermaler umherzuziehen. Sein einziger Führer war seine eigene Phantasie und das, was seinem Auge gefiel. Ein Bachufer, eine schöne Blume, ein Wirtshausmädchen oder der Geruch von Bratkartoffeln luden ihn zum Verweilen ein. Was er jedoch bei seinen abenteuerlichen Wanderungen am meisten liebte, war das Land, die Wälder, die Sonnenaufgänge.

Einmal verschlug es ihn nach Bénouville, einem Dorf an der Küste zwischen Yport und Étretat, wo die Kreidefelsen senkrecht ins Meer fallen. Abgesehen von einer ältlichen Engländerin, die alle Einwohner zum Protestantismus bekehren wollte, war er der einzige Gast der kleinen Herberge. Die exzentrische und verschlossene Dame, Miss Harriet genannt, faszinierte ihn dermaßen, daß er beschloß, länger zu bleiben. Als er eines Tages mit einer Landschaftsstudie in den Gasthof zurückkehrte, zeigte sich Miss Harriet seltsam von ihr angetan. Der Entwurf, der einen riesigen, von der Sonne beschienenen Felsen und das jadefarbene Meer zeigte, entsprach keineswegs den akademischen Regeln, und niemand sonst in der Herberge konnte etwas damit anfangen. Von diesem Moment an war es, als würden sich Léon und Miss Harriet vollkommen begreifen. Der Maler sprach mit ihr in Fachtermini über Malerei, als spräche er mit einem Kameraden; sie hörte ihm aufmerksam zu. Eines Tages faßte sie sich ein Herz und fragte ihn, ob sie ihn begleiten dürfe. Stundenlang konnte sie den Maler bei der Arbeit betrachten. Wenn er mit einem mit dem Spachtel aufgetragenen Farbfleck eine frappante Wirkung erzielt hatte, stieß sie Schreie des Erstaunens und der Bewunderung aus. Sie empfand eine beinahe religiöse Ehrfurcht vor »dieser menschlichen Wiedergabe eines Ausschnittes aus dem Werke Gottes«. Als Chenal ihr ein Bild schenkte, auf dem eine Schlucht in milchigem Dunst bei Tagesanbruch und ein sich küssendes Paar zu sehen war, stand Miss Harriet eine Weile reglos da und brach dann unvermittelt in Tränen aus, Ausdruck ihrer heimlichen Liebe zu dem Maler. Dieser begriff, daß er besser daran tat, Bénouville zu verlassen. Am nächsten Morgen fand man Miss Harriet tot in der Zisterne.

Die Studie, die den Maler und seine Bewunderin zusammengeführt hatte, wurde fünfzehn Jahre später für viel Geld verkauft. Als der alte Léon Chenal, von dem es hieß, er habe mehr Liebesabenteuer erlebt als der Marschall von Richelieu, auf einer Reise mit Pferd und Wagen in der Nähe von Étretat von seinen Begleitern aufgefordert wurde, die Gesellschaft mit einer Geschichte zu unterhalten, erzählte er diese traurige Begebenheit.

[Guy de Maupassant, *Miss Harriet* (dt. *Miss Harriet*), 1884]

**CHIEN-CAILLOU** *tätig in Paris in der ersten Hälfte des 19. Jahrhunderts*

Französischer Radierer. Erhielt den Beinamen Chien-Caillou, als er noch jung war, niemand weiß, aus welchem Grund, und niemand kennt seinen wahren Namen. Als Kind arbeitete er in einer Gerberei; in seiner Freizeit malte er in der Rue Saint-Jacques Bilder aufs Straßenpflaster. Als sein Vater ihn immer häufiger mißhandelte, flüchtete der zehnjährige Junge und schloß sich einer Gruppe Kleckser an. Er zeichnete so unbefangen, daß seine Kumpane alle seine Arbeiten an die Wände des Ateliers hängten. Seine Radierungen, die in den Augen seiner Kollegen genauso primitiv waren – nämlich deutsch und gotisch – erregten stürmische Heiterkeit. Chien-Caillou, der es überdrüssig war, immer ausgelacht zu werden, mietete sich ein kleines Dachzimmer, in dem er mit seiner einzigen Liebe, einem Kaninchen, wohnte. An der Wand hing nur eine Radierung, *Die Kreuzabnahme* von Rembrandt aus dem Jahr 1633. Dieser echte Probedruck, der sicher zweihundert französische Francs wert war, war der sprechende Beweis für Chien-Caillous Leidenschaft.

Das lange, andächtige Betrachten der Radierung Rembrandts hatte einen außergewöhnlichen Einfluß auf den französischen Künstler. Chien-Caillou war genauso unbefangen wie Dürer, Perugino und andere alte Meister, und es gelang ihm, gefühlsstarke Werke zu schaffen. Der geniale Radierer konnte der bitteren Armut jedoch nicht entrinnen. Sein karges Mahl, holzige Mohrrüben, teilte er mit seinem Kaninchen. Der einzige Abnehmer seiner Werke war ein gewisser Père Samuel, ein ärmlich gekleideter jüdischer Händler, der jungen Künstlern Radierungen, Skizzen und Gemälde abkaufte und im Ruf eines großen Kunstkenners und reichen Wucherers stand. Obwohl Chien-Caillou seine Radierungen manchmal mit Schuhcreme drucken mußte, weil Samuel ihm nur fünf Francs pro Blatt bezahlte, ließ er nichts auf ihn kommen.

Der schlaue Fuchs Samuel hatte sofort das Genie des Radierers und den Wert seiner Arbeiten erkannt. Er gab den Radierungen ein altes Aussehen und verkaufte sie als das Werk eines unbekannten holländischen Meisters aus dem 17. Jahrhundert für zweihundert Francs das Stück einem alten Sammler, der sie einem Rembrandtschüler zuschrieb.

Arm, unwissend, aber glücklich lebte Chien-Caillou mit seinem Kaninchen, bis er sich in seine Nachbarin, das Freudenmädchen Amourette, verliebte. Er träumte davon, mit ihr auf einem Schiff nach Belgien und in die Niederlande zu fahren, überall dorthin, wo es Rembrandts zu sehen gab und wo er seine eigenen Radierungen reichen Kunstliebhabern verkaufen würde. Doch Amourette verließ ihn schon bald, und in einem Anfall geistiger Umnachtung schmetterte der

Künstler das Kaninchen gegen die Wand. Chien-Caillou starb im Irrenhaus. [AF]

[Champfleury (Pseudonym von Jules Husson-Fleury), *Chien-Caillou,* in: *Chien-Caillou. Fantaisies,* 1847]

**CIMETTA** **Orte, Italien; tätig in Orvieto, vermutlich im 20. Jahrhundert*

Italienischer Maler. Cimetta machte sich nur an die Arbeit, wenn er sich voll und ganz inspiriert fühlte. Er malte auf Holztafeln von dreißig mal dreißig Zentimeter und zwar ausschließlich Linien, die er einmal als seine Autobiographie bezeichnete: ein Universum für sich, so aussagekräftig, daß ihm schien, er schreibe ein Buch, den Fortsetzungsroman seines Lebens. War jedoch ein Bild vollendet, dann hatte er dessen Bedeutung bereits nach einer halben Stunde wieder vergessen, und von keinem einzigen seiner Werke ist sie ihm je wieder eingefallen. Cimetta war durchaus bereit, die Bedeutungslosigkeit seiner Kunst einzugestehen. Professor Guastalupi, der den Künstler regelmäßig in seinem Atelier aufsuchte, teilte diese Auffassung. Cimettas Bilder hätten etwas Nokturnes, das sich jedoch der Kritik entziehe, einschließlich seiner eigenen. Im übrigen hüllten sich der Maler und sein Kritiker in Schweigen. Cimetta hatte kaum Kontakt zu Künstlerkreisen; eine von ihm selbst veranstaltete Ausstellung seiner Werke wurde nur von Guastalupi besucht. Der einzige Kunde, der sich je in seinem Atelier einfand, war ein gewisser Del Ferro, der eine Landschaft oder ein Stilleben suchte, zur Not auch eine Landschaft mit Tieren, jedenfalls im Format von hundert mal achtzig Zentimeter. Der unglückliche Cimetta mußte den Kunstliebhaber enttäuschen, er konnte nur mit Miniaturen von dreißig mal dreißig dienen. [SJ]

[Ermano Cavazzoni, *Der Maler Cimetta,* in: *Vite brevi di idioti* (dt. *Kurze Lebensläufe der Idioten: Kalendergeschichten*), 1994]

**COE, WARREN** **Vereinigte Staaten, 1905*

Amerikanischer Maler. Nach dem Besuch einer Militärakademie – die bei dem schüchternen, äußerst sensiblen Coe tiefe Spuren hinterließ – ging er an die Kunstakademie. Bis zu seinem vierzigsten Lebensjahr arbeitete er anschließend als Lehrer an einer Schule für Gestaltung. In dieser Zeit schuf Coe neben einigen realistischen, religiös angehauchten Porträts – die Behandlung von Farbe und Licht nahm direkten Bezug auf den Barock – hauptsächlich Pastelle und Federzeichnungen mit architektonischer Thematik. Der Einfluß Piranesis und Callots ist unverkennbar, obgleich der Künstler nie die Größe seiner Vorbilder erreichte.

Coes künstlerischer Durchbruch begann, als er im Zweiten Weltkrieg nach New Leeds übersiedelte, einer Künstlerkolonie an der Küste Neuenglands, Refugium auch des Schriftstellerehepaars Miles und Martha Murphy (bekannter unter dem Namen ihres zweiten Ehemanns Sinott). Coe, verheiratet mit Jane Carl, der Erbin eines Hustensaftmagnaten, und finanziell unabhängig, suchte nach einem philosophischen und wissenschaftlichen Fundament für seine Kunst. Murphy machte ihn mit den Ideen Kierkegaards, Russells und Whiteheads bekannt, aber den entscheidenden Anstoß zu seinem Lebensprojekt gab ihm sein wissenschaftlich geschulter Schwiegervater und Förderer der ersten Stunde, Mr. Carl. Vom Ende der vierziger Jahre an bemühte sich Coe, die wissenschaftlichen Erkenntnisse des 20. Jahrhunderts, insbesondere die Allgemeine Relativitätstheorie, in der Kunst darzustellen. Als er Anfang der fünfziger Jahre erkannte, daß die visuelle Wiedergabe der vierten Dimension immer nur ein Kunstgriff bleiben würde, geriet er in eine Krise, aus der ihn schließlich die Psychoanalyse rettete. Coe sah ein, daß die uns bekannten Naturgesetze im Kosmos keine Gültigkeit haben. Zu Coes Hauptwerk gehört eine Serie monumentaler Porträts in explosiv-kubistischem Stil, wobei der Porträtierte in dem Moment festgehalten wird, da sein Gehirn durch Kernspaltung zerplatzt – eine graue Rauchfahne symbolisiert die vierte Dimension.

Das Porträt der früh verstorbenen Martha Sinott ist vielleicht Coes stärkste Arbeit, sie inspirierte eine ganze Künstlergeneration. Es ist Miles Murphys Verdienst, die New Yorker Kunstkritik – und somit den Rest der Welt – auf Warren Coe aufmerksam gemacht zu haben. [KV]

[Mary McCarthy, *A Charmed Life* (dt. *Der Zauberkreis*), 1955]

**Colli, Ciro** **Rom, Anfang des 20. Jahrhunderts*
Italienischer Bildhauer, tätig in Rom. Ciro Colli hatte keinerlei künstlerische Ausbildung, besaß aber ein ausgesprochenes Talent: Selbst wenn er achtlos seinen Daumen in den Modellierton drückte, brachte er etwas zustande. Eine gewisse Bekanntheit erlangte er durch den Entwurf für ein Grabmal; es sollte ein in ein Tuch eingewickeltes Skelett darstellen, das »das nackte Leben ergreift« – »ein herrliches Weib«, so meinte er, »das sich sträubt.« Als ihm das Stipendium gestrichen wurde, verbreitete er das Gerücht, er würde Rom verlassen und eine Weltreise unternehmen. In Wirklichkeit tauchte er in der Stadt unter. Er besaß kein Atelier mehr, kleidete sich in Lumpen und ließ sein Talent verkümmern. Sein Freund, der Bildhauer Costantino Pogliani (siehe dort), war der einzige, den er bisweilen sah, allerdings nur, um gegen das Künstlertum zu wettern. So soll er einmal in Poglianis Atelier gesagt haben: »Nimm ein schönes Stück Ton, schmeiß ihn auf den Bock und modelliere mich frischweg, wie ich hier der Länge nach liege. Nenn es *Der Kampf,* und du wirst sehen, daß man es dir sofort für die Galleria Nazionale abkauft.«

Bei Pogliani machte Colli die Bekanntschaft einer feurigen Bewunderin seines oben erwähnten Entwurfs, einer gewissen Signorina Consalvi, die für ihren kurz vor der Hochzeit gestorbenen Verlobten ein ähnliches Grabmal auf dem römischen Friedhof errichten lassen wollte. Sie hatte angenommen, Colli halte sich nicht mehr in Rom auf, und wollte daher Pogliani mit der Arbeit betrauen, aber nun erteilte sie beiden Künstlern den Auftrag. Anfänglich wehrte sich Colli heftig gegen die Vorstellungen der Auftraggeberin, das Grabmal solle das Leben darstellen, das sich in sein Los schickt und sich mit dem Tod vermählt, die Statue des Lebens solle ihre eigenen Züge tragen und bekleidet sein. Für Collis Gefühl hingegen konnte das »Leben« nur nackt dargestellt werden. Die Witwe beharrte jedoch auf dem Standpunkt, daß es nicht um ein Symbol gehe, sondern um eine Person, und schließlich lenkte Colli ein.

Während sich Pogliani der trauernden Witwe annahm und ihr Malunterricht erteilte, arbeitete Colli wie ein Besessener zwei Monate lang ununterbrochen an dem Grabmal, das trotz seiner Größe fein modelliert war. Es hieß, er habe dabei einem auf einer schwarzen Bank aufrecht sitzenden Skelett, dem er seine Papiermütze übergestülpt hatte, seltsame Reden gehalten wie ein Korporal seinem Untergebenen. Colli hatte wie verabredet dem »Leben« die Züge der jungen Witwe gegeben, aber Pogliani, der inzwischen ihr Herz gewonnen hatte, wollte davon auf einmal nichts mehr wissen. Daraufhin soll Colli das Skelett angeschnauzt haben: »Nackt wollen sie es jetzt ... das nackte Leben, nackt und roh, wie es ist, mein Lieber! Sie sind zu meinem ersten Entwurf zurückgekehrt, zum Symbol. Weg mit dem Porträt!« [MJ]

[Luigi Pirandello, *La vita nuda* (dt. *Das nackte Leben*), 1910]

**CONTI** **Guastalla, Italien, erste Hälfte des 18. Jahrhunderts*
Italienischer Maler, dessen ansonsten unauffällige Laufbahn mit dem Drama der Familie Galotti verbunden ist. Am Hochzeitstag des Grafen Appiani brachte Conti dem Herzog von Guastalla, Hettore Gonzaga, nicht nur das bestellte Porträt von dessen Mätresse, der Gräfin Orsina, sondern auch – durch einen schicksalhaften Zufall – das Bildnis einer lokalen bigotten Schönheit, nämlich von Appianis zukünftiger Gattin, Emilia Galotti. Der Anblick des Bildes entflammte die unterschwellige Leidenschaft des Herzogs zu Emilia. Und so nahm das Schicksal seinen Lauf: Auf dem Weg zur Trauung wurde Graf Appiani getötet; Emilia Galotti, die den Verführungskünsten des herzoglichen Schürzenjägers zu erliegen fürchtete, wurde auf ihre inständige Bitte hin vom eigenen Vater erstochen. Für das *Porträt der Gräfin Orsina* und das *Porträt von Emilia Galotti* empfing Conti vom Herzog eine Blankoquittung, auf die er selbst den Preis eintragen konnte. Unbekannt ist, welchen Betrag sich der Künstler für seine Werke auszahlen ließ.

Conti war sich seines künstlerischen Ranges bewußt. Er verkehrte mit seinen Auftraggebern auf gleichem Fuße. Überliefert ist noch, daß er davon träumte, unmittelbar mit den Augen zu malen; denn auf dem langen Weg von den Augen durch den Arm in den Pinsel gehe allzuviel verloren. Conti war der Überzeugung, ein Porträt dürfe zwar keine bewußt schmeichelhafte Darstellung des Originals sein, aber es sei durchaus erlaubt, sämtliche Unvollkommenheiten infolge des Alters oder der »Stofflichkeit der Dinge« zu verschleiern.

[Gotthold Ephraim Lessing, *Emilia Galotti,* 1772]

**CORIOLIS, NAZ DE** **um 1820; tätig in Frankreich Mitte des 19. Jahrhunderts*

Französischer Maler kreolischer Abstammung. Sein Werk stand im Zeichen der beiden wichtigsten Strömungen Frankreichs um 1850, des Orientalismus und des Realismus. Anfänglich orientierte sich Coriolis an Ingres, Tournemine, Beaulieu und vor allem Decamps, in den späten fünfziger Jahren ließ er sich jedoch zum neuen Realismus der jungen Künstler bekehren. Höhepunkt seiner Laufbahn waren die Gemälde *Bain Turc,* das im Salon des Jahres 1853 ausgestellt wurde, und das skandalumwitterte *Un Conseil de Révision.*

Coriolis begann seine Lehrzeit bei dem neoklassizistischen Maler Langibout, der in den frühen vierziger Jahren auch Anatole Bazoche (siehe dort) und Garnotelle (siehe dort) zu seinen Schülern zählte. Nachdem er ein ansehnliches Vermögen geerbt hatte, reiste er um 1844 in den Orient (unter anderem nach Adramiti und Punaisiana). Diesen Reisen in Kleinasien verdankte er seine Vorliebe für orientalische Motive. Eine weitere Erbschaft ließ ihn 1850 nach Paris zurückkehren, wo er zusammen mit Anatole Bazoche ein geräumiges Atelier in der Rue Vaugirard bezog. Seine ersten orientalischen Bilder entstanden 1851 – eine Ansicht von Adramiti, eine Karawane auf der Troja-Route *(Une Caravane sur la Route de Troie)* und die Darstellung eines Nomadenlagers – und wurden, wie es hieß auf Fürsprache von Garnotelle, 1862 im Salon ausgestellt. Die Meinungen waren geteilt. Einerseits lobte man den vorimpressionistischen Stil und die originelle Evokation des südlichen Lichts, andererseits warf man dem Künstler vor, Decamps nachzuahmen. Coriolis rächte sich an der Kritik mit dem im Salon 1853 ausgestellten *Bain Turc.* Der Pariser Kunstmarkt war begeistert. Besonders die in Licht getauchte Figur der badenden Frau erntete von den Kritikern großen Beifall.

Auf dem Höhepunkt seines Ruhms als Schöpfer orientalischer Bilder suchte Coriolis im Frühjahr 1853 wegen einer schweren Lungenentzündung Erholung auf dem Land, in Barbizon, unweit von Paris, wo er den Landschaftsmaler Crescent kennen und schätzen lernte. Die Schönheit der Natur zog ihn zeitweilig in ihren Bann. Obwohl Coriolis in dieser Zeit kaum produktiv war, bedeutete der Aufenthalt in Barbizon eine Wende in seinem Schaffen. Nach seiner Rückkehr nach Paris (Winter 1853/54) distanzierte er sich endgültig von seinem berühmten Zeitgenossen Decamps. Er wandte sich fortan der Darstellung von Straßenszenen in der Art Constantin Guys' zu. Auf langen Streifzügen durch die Pariser Viertel beobachtete und zeichnete er Passanten, die raffinierte Pariserin, die körbeschleppende Wäscherin oder den blinden Bettler. Im Februar 1854 arbeitete er für die Weltausstellung im Mai 1855 an zwei Bildern, *Un Conseil de Révision* und *Un Mariage à l'Église*. Das erste Gemälde zeigt ein für die damalige Zeit seltenes Nebeneinander von nackten und bekleideten Figuren: Es handelt sich um eine Musterungsszene und zeigt einen männlichen Akt, den Rekruten, in heldenhafter Pose auf einem Podium, umringt vom Arzt und Kanzleiangestellten. Trotz ihrer Originalität wurden beide Werke kühl aufgenommen; die Aufmerksamkeit richtete sich ausschließlich auf Ingres, Delacroix und Decamps. Ein tonangebender Kritiker und Verteidiger des Neoklassizismus ließ kein gutes Haar an Coriolis' Bildern: »Wie konnte es dem Urheber dieser zwei armseligen und bedauernswerten Gemälde entgehen, daß große Malerei mit der alltäglichen Vulgarität, der Realität unserer heutigen Zeit, unvereinbar ist? Hat er denn nicht erkannt, daß es geradezu blasphemisch ist, einen nackten Rekruten zu einer göttlichen, geheiligten Aktfigur zu machen? Wer solche Sujets malt, vergeht sich gegen das Wesen der hohen Kunst und zieht sie auf das Niveau der ordinären Photographie herunter. Die Kunst wird immer von Barbaren belagert, vergessen wir dies nie.«

Tief deprimiert durch die feindselige Haltung der Pariser Kunstwelt, schuf Coriolis nur noch zwei Werke von Bedeutung: eine Strandansicht von Trouville, in das Licht eines späten Augustnachmittags getaucht, die mit der Darstellung elegant gekleideter Großstädterinnen inmitten einer herben Meerlandschaft das Wesen der modernen Zeit einzufangen suchte; und ein großformatiges Bild, das einen Skandal verursachte. Von der Komposition her erinnerte es ein wenig an Davids *Paris und Helena*. Die Kritik hatte es besonders auf den schamlosen Kontrast zwischen einer anmutigen jungen Frau und einem häßlichen, gierigen Alten abgesehen, der sie ungestüm begehrt. Die Darstellung der »Schönen und des Ungeheuers« befindet sich heute im Besitz der Erben eines Tuchhändlers.

Ein schicksalhafter Faktor im Leben des Naz de Coriolis war seine Beziehung zu dem Modell Manette Salomon, einem wohlproportionierten Mädchen aus bescheidenen jüdischen Verhältnissen, das Naivität und Reinheit, phlegmatischen Charme und animalische Sensualität in sich vereinte. In der Zeit, da Manette Salomon dem Künstler für die Figur der Badenden in *Bain Turc* Modell stand, steigerte sich die Zuneigung zu ihr trotz ihrer niedrigen Stellung als Grisette und trotz ihrer apathischen, phantasielosen Existenz zur Besessenheit. Nach Coriolis' Erfolg im Salon von 1853 willigte Salomon ein, mit ihm in wilder Ehe zusammenzuleben. Zwei Jahre später, im Frühling des Jahres 1855, gebar sie ihm einen Sohn.

Manette Salomon vertrat Coriolis' geschäftliche Interessen und war zum großen Teil für den Bruch zwischen ihm und seinen Freunden (wie Bazoche) verantwortlich. Sie überredete Coriolis auch dazu, sich allmählich von modernistischen Themen abzuwenden und kommerzielle Auftragsarbeiten anzunehmen. Während eines Aufenthalts in Montpellier fertigte Coriolis etwa zwanzig kleine Bilder mit südfranzösischen Szenen und etwa vierzig Studien mit orientalischen Motiven. Auch nach seiner Rückkehr nach Paris produzierte er modische orientalische Gemälde und Landschaften. Als sein *Un Conseil de Révision* – das er vor seiner Reise nach Montpellier unter großer Anteilnahme der Presse einem obskuren Kunsthändler zu einem Spottpreis verkauft hatte – in alternativen Künstlerkreisen Beifall fand, geriet Coriolis in einen tragischen Zwiespalt. Er verbrannte schließlich alle kommerziellen Arbeiten, die noch in seinem Besitz waren. Obwohl Coriolis um Manettes verhängnisvollen Einfluß auf sein Schaffen wußte, konnte er sich nicht von ihr lösen. Er heiratete sie und akzeptierte ihren Vorschlag, einem belgischen Kunsthändler gegen eine jährliche Rente eine bestimmte Anzahl Bilder zu liefern. Über sein Werk aus dieser Periode ist so gut wie nichts bekannt. [BK]

[Edmond und Jules de Goncourt, *Manette Salomon,* 1867]

**CORNISH, FRANCIS CHEGWIDDEN** **Blairlogie, 1909; † Toronto, 1981*

Weltberühmter Kunstkenner, Restaurator, Sammler und Mäzen. Seine Eltern waren im Holzhandel und in der Hochfinanz zu Reichtum gelangt. Als Kind brachte sich Francis Cornish mit Hilfe eines Buches mit Karikaturen von Harry Furniss das Zeichnen bei, später vervollkommnete er seine Technik, indem er im örtlichen Bestattungsunternehmen Leichname abkonterfeite. Cornish wurde Schüler des bekannten italienischen Restaurators Tancred Saraceni, dem er während seines Studiums in Oxford begegnet war.

Cornish war ein sehr gefragter Experte auf dem Gebiet der manieristischen Malerei des 17. Jahrhunderts. International bekannt wurde er 1938, als er das Hubert van Eyck zugeschriebene Gemälde *Der Höllenschlund* als eine Fälschung des Niederländers Letztpfennig entlarvte. Nach dem Zweiten Weltkrieg wurde Cornish prominentes Mitglied der Expertenkommission, die im Krieg geraubte Kunstwerke ausfindig machen, schätzen und den rechtmäßigen Besitzern zurückgeben sollte. Aufsehen erregte seine Entdeckung zweier grotesker Werke des bis dahin unbekannten »Alchemischen Meisters« aus der Fugger-Sammlung *(Drollig Hansel* und *Hochzeit zu Kanaa).* Nach Cornishs Tod im Jahre 1981 stellte sich heraus, daß beide Bilder, die verschiedene Sachverständige für authentische Werke der Renaissance erklärt hatten, in Wirklichkeit von ihm selbst gemalt worden waren. Im Privatarchiv fanden sich Photos und Skizzen, die als Vorlagen zu einigen Figuren gedient hatten. Aufmerksamkeit erregte vor allem der »mißgestaltete Engel« auf der *Hochzeit zu Kanaa.* Es hieß, es sei die symbolische Darstellung von Cornishs älterem Bruder, der mit einem schweren genetischen

Fehler zur Welt gekommen und auf dem Dachboden des Elternhauses versteckt worden sei. Cornishs Biograph, Simon Darcourt, hielt es für nicht ausgeschlossen, daß der Künstler um diesen Bruder und dessen Geheimnis gewußt hatte.

Bekannt wurde auch, daß Saraceni und der junge Cornish in den späten dreißiger Jahren – zu einer Zeit, da sie auf Schloß Düsterstein angeblich die Kunstsammlung der Gräfin von Ingelheim schätzten und restaurierten – in Wirklichkeit auf ihre Veranlassung hin Fälschungen fabrizierten und auf den Markt brachten. Zudem kam das Gerücht auf, Cornish habe damals in Deutschland für den britischen Geheimdienst gearbeitet. [PAV]

[Robertson Davies, *The Rebel Angels*, 1981; *What's Bred in the Bone*, 1985; *The Lyre of Orpheus*, 1989]

**DAHER, MARTIN** *tätig in Brasilien im 20. Jahrhundert*

Sohn des bekannten österreichisch-brasilianischen Industriellen Rudolf Daher. Als Junge träumte er von einer Karriere als Künstler und eignete sich schon früh eine recht gute Technik an. Vorzugsweise arbeitete er in Öl auf großer Leinwand.

Martin wurde von seinem älteren Bruder Thomas, einem Photographen, regelmäßig in theoretische Gespräche verwickelt, in denen der Maler immer den kürzeren zog. Thomas vertrat die Ansicht, die Photographie habe die Malerei abgelöst. Die gegenständliche Malerei habe ihre Kunst auf das Fundament einer Lüge gestellt, daß nämlich Ausschnitte aus Bewegungsabläufen als Momente der Ruhe erscheinen, als Erstarrungen inmitten der Bewegung. »Man hat den Eindruck, die dargestellte Person selbst hat beschlossen, so stell ich mich jetzt hin und bleib die nächsten hundert Jahre so stehen.« Dafür sei das Werk seines Bruders, etwa dessen figurativer Zyklus über São Paulo, ein aufschlußreiches Beispiel. Der ernsthafte Martin, der sich leicht durch diese Bemerkungen verwirren ließ, versuchte, eine Lehre aus der Kritik zu ziehen. Seine nächsten Gemälde waren deutlich von Photos inspiriert, was Thomas als die totale Ohnmachtserklärung der Malerei verspottete. Der junge Maler wandte ein, es sei ihm nicht um Bildergeschichten gegangen, sondern um die Idee der Geschichte.

Martin Daher hätte vielleicht die Kunst ganz aufgegeben, wenn sich ihm nicht die Gelegenheit geboten hätte, in der »Bar jeder Hoffnung« seines Landsmanns Oswald (siehe dort) auf einen Spiegelschrank ein sogenanntes Spiegelbild zu malen, das das Interieur der Bar täuschend echt wiedergab. Mit einem Schlag hatte er sich von dem Problem des Realismus und dem Problem der Bewegung befreit. Er war nun auch in der Lage, seine Erkenntnisse über die Kunst in Worte zu fassen: »Unser Blick auf die Bewegung klärt sich erst ganz, wenn man aus dem Bild, also aus der Kunst, rausschaut. Deshalb muß die Bewegung auch ganz draußen bleiben. Alle, die sozusagen reinschauen in die Kunst, müßten lernen, aus ihr rauszuschauen. So wie die sinnliche Gewißheit nur eben ein Haus sieht oder einen Baum, kann das Kunstwerk, wenn es die stattfindende Bewegung spiegeln will, in letzter Instanz nur noch wiedergeben, was sich unmittelbar vor ihm befindet, zum Beispiel eben diese Bar. Und das Leben, die Bewegung, die zu nichts mehr führt, weil sie nur noch zurückführt, verbleibt als leerer Wechsel in dieser Distanz zwischen dem Seienden und seiner Abbildung, seinem Zeichen.«

Das *Spiegelbild* bedeutete den Durchbruch für Daher. Endlich hatte er in der Praxis verwirklicht, was ihm kunsttheoretisch schon lange deutlich gewesen war. Er arbeitete unter Pseudonym und entwickelte sich zum wichtigsten modernen Künstler Brasiliens. Doch holte die Bewegung seine Kunst wieder ein: Das *Spiegelbild* wurde nach einigen Jahren vom Museum für Moderne Kunst in São Paulo gekauft. [BM]

[Robert Menasse, *Sinnliche Gewißheit*, 1988]

**Dedov** **Rußland; tätig im 19. Jahrhundert*
Russischer Maler. Dank einer Erbschaft konnte Dedov seinen Beruf als Ingenieur aufgeben und sich ganz seiner Lieblingsbeschäftigung, der Malerei, widmen. In recht fortgeschrittenem Alter wurde er zur Kunstakademie in Petersburg zugelassen. Einer seiner Mitschüler war Rjabinin (siehe dort). Dedov hatte eine gesunde kommerzielle Einstellung; sein Wahlspruch lautete: »Solange du ein Bild malst – bist du ein

Künstler, ein Schöpfer; ist es vollendet – bist du ein Händler.« Kollegen rühmten seine leidenschaftliche Hingabe an die Kunst. Er war in die Schönheit verliebt und konnte nicht akzeptieren, daß andere weniger erhabene Sujets wählten. Er malte, was er sah, ohne über das Wesen des Dargestellten nachzudenken.

Schon früh beschloß Dedov, kein Ikonenmaler zu werden und sich ganz der freien Malerei, insbesondere der Landschaftsmalerei, zu widmen. Am liebsten malte er im Freien; oft verließ er die Stadt, um die Natur in ihrer ursprünglichen Unschuld darzustellen. Zeitgenossen berichteten, er habe stets einen Kasten mit Leinwand, Farben und Pinsel bei sich gehabt. Im Sommer machte er unzählige Skizzen nach der Natur, die er im Winter zu großen Landschaftsbildern ausarbeitete, etwa *Stiller Maimorgen, Winter* oder *Sonnenuntergang.* Seine Landschaften sind scheinbar einfach, jedoch von großer Poesie. Als sein erstes Meisterwerk gilt der *Ruderer,* ein Bild voller Dynamik, das Dedov schon zu Beginn seines Studiums malte.

Nachdem ihm die Akademie ein Stipendium und die goldene Medaille in der Kategorie Landschaften verliehen hatte, reiste er ins Ausland, um sich vier Jahre lang in der Kunst zu vervollkommnen, mit der Aussicht auf eine Professur an seiner ehemaligen Kunstakademie. Dedovs l'art-pour-l'art-Standpunkt hat dazu beigetragen, daß sein Werk das Schicksal vieler ästhetischer Produkte teilt: Es wird weniger seines künstlerischen als seines historischen Wertes wegen geschätzt. [JPVDS]

[Vsevolod M. Garšin, *Chudožniki* (dt. *Die Künstler*), 1879]

## Demetrios

Hellenistischer Bildhauer. Über seine Jugend ist nicht viel mehr bekannt, als daß er alle durch seine körperliche Schönheit betörte. Als sein Ruhm als Bildhauer wuchs, wurde er an den Hof der Ptolemäer in Alexandria berufen, wo er sein erstes Meisterwerk schuf, eine Statue der Aphrodite, die er der Königin nachgebildet hatte. Das Werk erweckte in dieser eine lebenslange Leidenschaft für den Künstler, der jedoch – Perfektionist, der er war – bei seinem Modell die drei feinen Falten in der Leiste vermißte, die seine *Aphrodite* zu einem so vollkommenen Kunstwerk machten. Nach einiger Zeit kehrte Demetrios dem Hof den Rücken.

Die Statue der Aphrodite ist in verschiedenen Beschreibungen überliefert. Sie soll es an Schönheit mit der Venus von Milo haben aufnehmen können. Um ihren Hals schlang sich siebenmal eine kostbare Perlenkette, und in der Hand hielt sie einen Silberspiegel, dessen Griff die Form eines Priapos hatte. Bewunderung erweckte Demetrios in seiner Zeit vor allem durch die technische Fähigkeit, große Gruppen aus einem einzigen Block Marmor zu hauen. Berühmt sind seine überlebensgroßen Pferde; als seine herausragendste Leistung gilt Kennern jedoch die Gruppe der drei Grazien.

Bekannt ist Demetrios natürlich durch seine *Unsterblichkeit,* eine Statue, die eine eigenartige Geschichte hat: Als Modell diente dem Künstler anfänglich eine kurz zuvor gestorbene Frau, an deren Tod er, wie es heißt, eine Mitschuld trug. Seine Gewissensbisse machten jedoch sehr bald der Zufriedenheit darüber Platz, daß dieses Modell so gefügig stillhielt. [JPVDS]

[Pierre Louÿs, *Aphrodite* (dt. *Aphrodite*), 1892/1895]

**DÍAZ, HORACIO** *tätig in der ersten Hälfte des 20. Jahrhunderts*

Sohn eines spanischen Vaters und einer österreichischen Mutter. Der diplomatische Beruf des Vaters führte die Familie nach Oran, Savannah (in den Vereinigten Staaten) und nach Shanghai. Díaz wurde mit dreizehn Jahren Waise und schmachtete in Alicante fünfzehn Jahre lang unter der diktatorischen Vormundschaft seines kleinbürgerlichen Großvaters, der seine Liebe zur Malerei im Keim zu ersticken versuchte. Allerdings vergeblich: Nach dem Tod seines Quälgeistes machte Díaz mit dem ererbten Vermögen in Italien rasch seinen großen Rückstand in Leben und Kunst wett: Nachdem er in Venedig seinen Leidenschaften gefrönt hatte, widmete er sich in Florenz und Rom mit Leib und Seele der Kunst. In Madrid schuf er, von Ehrgeiz erfüllt, ein konventionelles Œuvre von Landschaften, Stilleben und Frauengestalten. Er hatte ein kurzes, leidenschaftliches Verhältnis mit Tristana Reluz, einer von ihrem Vormund mißbrauchten Waisen, die durch den Kontakt mit dem jungen, hübschen Maler ihre Berufung erkannte: die Kunst. Díaz war überrascht von dem starken idealistischen Feuer und den künstlerischen Ambitionen, die seine Geliebte ergriffen hatten. In Villajoyosa, einem Dorf an der spanischen Ostküste, fand er, weit entfernt von Tristana, die ersehnte Ruhe und seine Bestimmung: das angenehme Leben auf dem Land. Diese Entwicklung war jedoch seiner Gemütsruhe förderlicher als seiner Malerei. [MS]

[Benito Pérez Galdós, *Tristana* (dt. *Tristana*), 1892]

**Didas y Lora, Léon** *genannt Mistigris;*
**Roussillon, 1806; † Paris, nach 1845*

Französischer Künstler, entstammte einer alten Adelsfamilie spanischen Ursprungs. Léon Didas y Lora kam um 1822 mit elf Francs in der Tasche nach Paris, wo er zusammen mit Joseph Bridau (siehe dort) Schüler Schinners (siehe dort) wurde, der schon sehr bald sein Talent erkannte. 1829 war er bereits ein angesehener Landschaftsmaler; auf seine Fürsprache hin wurde ein Bild von Pierre Grassou (siehe dort) auf dem Salon ausgestellt. Zusammen mit Stidmann (siehe dort) und Bridau befreite er Wencesclas Steinbock (siehe dort) aus dem Schuldgefängnis. Als er 1843 für zwei Jahre nach Italien reiste, war er der unbestrittene Meister von Landschaften und Seestücken. 1845 stand er auf dem Höhepunkt seiner Laufbahn: Mitglied des Institut de France und Offizier der Ehrenlegion, seine jährliche Rente betrug fast zwanzigtausend Francs, und seine Bilder wurden mit Gold aufgewogen.

Lora war für seine scharfe Zunge, für seine Schlagfertigkeit und Wortspiele bekannt – Caroline de Heurtault nannte ihn »einen der boshaftesten unter den Männern von Geist«. Mit seiner Familie in Südfrankreich hielt er keinen Kontakt, wie das ungläubige Staunen bewies, als diese erfuhr, daß er ein berühmter Maler geworden war. Man hatte ihn für tot gehalten oder geglaubt, er sei nach Südamerika ausgewandert. Die Werke von Léon Didas y Lora befinden sich unter anderem im Schloß von Presles, im Hotel von Esther

Gobseck, im Schloß von d'Arthez und im Apartment von Jenny Cadine. [SH]

[Honoré de Balzac, *Die Komödianten wider ihr Wissen; Ein Lebensbeginn; Die Fischerin im Trüben; Pierre Grassou; Glanz und Elend der Kurtisanen; Honorine; Tante Bette; Béatrix; Die kleinen Nöte des Ehelebens;* in: *Die Menschliche Komödie,* ab 1842]

**DIETRICH** (Meister) **1446?; †1524?*

Meister Dietrich war ein rätselhafter Maler, der Anfang des 16. Jahrhunderts ein zurückgezogenes Leben in Frankfurt am Main führte. Als er sechzig Jahre alt war, erhielt er eines Tages Besuch von dem jungen Raffael von Urbino, der sein Schüler werden wollte. Raffael hatte durch Zufall Dietrichs Gemälde *Christus, der die Kinder tauft* gesehen und erkannt, daß nur Meister Dietrich in ihm den Funken der göttlichen Kunst »zur Blume entfalten« könne.

Es ist in erster Linie der Neugier dieses Schülers zu verdanken, daß wir etwas über die merkwürdigen Eigenheiten von Meister Dietrich wissen. Raffael befremdete es, daß ihn dieser jeden Abend um Schlag elf fast gewaltsam vor die Tür setzte. Eines Tages beschloß er, heimlich zurückzukehren. Kurz nach Mitternacht hörte er einen zarten und wehmütigen Gesang, kurz darauf den alten, lahmen Pudel des Meisters bellen und heulen, und dazwischen das häßliche Lachen des Malers selber. Raffael sah durch einen Spalt der Tür, wie der Meister im Atelier auf und ab ging, während er den Hund, den er auf dem Arm trug, fortwährend zwickte. In einer Ecke des Zimmers saß ein bleiches engelhaftes Mädchen, den Blick zum Himmel gewandt. Von ihren Lippen kam der himmlische Gesang. Raffael verliebte sich auf der Stelle, doch als er dem Meister sein Erlebnis beichtete, erklärte ihm dieser, er werde das Mädchen nie mehr wiedersehen. Der junge Maler erkrankte schwer, und als er wieder genesen war, waren Meister Dietrich und das Mädchen, das seine Tochter war, verschwunden. Es hieß, der Mann habe eigentlich Pietro Perugino geheißen und sei mit seiner damals fünfjährigen Tochter nach Deutschland geflohen, weil er seine untreue Frau und ihren Liebhaber getötet habe.

Der alte Dietrich (oder Perugino) vertrat eine besonders strenge Kunstauffassung. Er verlangte von Raffael Askese und

Verzicht auf weltliche Genüsse. Der Beruf des Künstlers war ihm ein Priesteramt. Man vermutete denn auch, daß dieser schwermütige Sonderling Frankfurt verließ, um sich zusammen mit seiner Tochter in ein Kloster zurückzuziehen. [DP]
[Friedrich Hebbel, *Der Maler,* 1832]

**DINO** **Italien, 1920*
Dino war der Sohn wohlhabender römischer Eltern. Sein Vater war immer wieder für längere Zeit auf Reisen und ertrank unter nie ganz geklärten Umständen. Der Junge wuchs unter dem Faschismus auf. Die Zeit des Bürgerkrieges verbrachte er in einer abgelegenen Villa auf dem Land, wo er zu malen anfing. Dadurch erhoffte er sich Befreiung vom Überdruß, von der Langeweile, unter der er schon seit seiner frühesten Kindheit litt. Er umschrieb diese *noia* als ein Verwelken der Dinge, als das vage Wissen, daß zwischen ihm und der Umwelt keinerlei Beziehung bestand. Zeitweise trug er sich sogar mit dem Gedanken, eine *Storia universale della noia* zu verfassen.

Aus Abneigung gegen den Konformismus der Bourgeoisie beschloß Dino 1947, die ansehnliche Villa seiner Mutter an der Via Appia zu verlassen, ein bescheidenes Studio im Künstlerviertel Roms an der Via Margutta zu beziehen und sich ganz der Malerei zu widmen. In den ersten Jahren malte er hauptsächlich figurative Bilder, später nahmen seine Werke, wie die der meisten seiner Kollegen, abstrakten Charakter an. Die photographisch-realistische Kunst seines Nachbarn Balestrieri lehnte er ab, sie postuliere eine allzu einfache Beziehung zur Realität.

1957 geriet Dino in eine tiefe seelische Krise; die Leinwand, an der er gerade arbeitete, zerschnitt er mit einem Rasiermesser. Er betrachtete sich als einen gescheiterten Künstler, nicht so sehr, weil er seine Bilder für schlecht hielt, sondern weil es ihm nicht gelang, mit seiner Malerei die übermächtige *noia* zu überwinden. Die unberührte Leinwand erschien ihm schließlich als die einzige Möglichkeit, seine Beziehung zur Außenwelt darzustellen. Als künstlerische Versuche wiederholt fehlschlugen, begann er, Kandinskys Notizen über die leere Leinwand vor Augen, die Leere als Endpunkt einer langen inneren Arbeit zu begreifen. In dieser Zeit verliebte er sich in Cecilia Rinaldi, Aktmodell und Geliebte des inzwischen verstorbenen Balestrieri. Ihre Gleichgültigkeit brach seine Verkrustung auf, aber aus Verzweiflung darüber, keinerlei Macht und Kontrolle über sie zu haben, unternahm er einen Selbstmordversuch. Die Zeit der Genesung sollte der Beginn einer neuen schöpferischen Phase werden. [BVDB]

[Alberto Moravia, *La noia* (dt. *La Noia*), 1960]

**Disson, Lothar** **1800/1810; tätig in Österreich; † nach 1835*

Romantischer Maler, spezialisiert auf Landschaften und Porträts. Disson malte unter anderem Naturstudien auf dem Hochschwab und war auch im Kremstal und in der Habenau tätig. »Wie die reine Alpennatur in seine Seele fällt, so breitet er sie himmlisch aus auf seiner Leinwand«, so wurde er von seinem Freund Albrecht (siehe dort) gepriesen. Disson konnte für Wolken, Seen und Berge schwärmen wie für eine Jugendliebe. Er zeichnete jedoch auch prosaischere Sujets, etwa gemeinsam mit Albrecht die Umgebung einer Herberge in Haimbach. Er malte das *Porträt der russischen Fürstin Fodor,* der Zwillingsschwester von Albrechts Frau Angela. 1834 verliebte er sich in eine gewisse Natalie. 1835 faßte er den Plan, sich mit ihr, Albrecht und Angela ein irdisches Paradies am Traunsee zu schaffen. Ob es je dazu gekommen ist, ist unbekannt. [DP]

[Adalbert Stifter, *Feldblumen,* 1840]

**D.J.** *tätig in New York kurz nach dem Zweiten Weltkrieg*

Malerin, vermutlich aus dem Süden der Vereinigten Staaten. Bereits vor ihrem achtzehnten Lebensjahr verschlug es sie in die Kunstszene von Manhattan.

An einem Wintertag versuchte sie, der Garland Gallery ein Gemälde zu verkaufen – an Ausstellungen schien ihr wenig gelegen. Als ihr Vincent Waters, ein Galerieangestellte dreißig Dollar für das Bild bot und nach ihren Personalien fragte, um einen Scheck auszustellen, war sie plötzlich verschwunden. Das Bild war in eine Ausgabe der *New Orleans Times*

*Picayune* eingewickelt; auf einen Block hatte die Malerin nur »D.J. – Y.M.C.A.« gekritzelt. Nachforschungen bei Kunsthändlern und Y.M.C.A.-Hotels nach der geheimnisvollen Frau, die ausgefallen gekleidet war und wie in Trance gesprochen hatte, führten zu nichts.

Vincent Waters hatte das Bild nicht für die Galerie, sondern für sich selbst kaufen wollen; es erschien ihm als eines jener Kunstwerke, die mehr Interesse an ihrem Schöpfer erwecken als an dem, was er geschaffen hat. Es stellte eine in ein mönchartiges Gewand gekleidete Gestalt ohne Kopf dar, an einem schäbigen Artistenkoffer lehnend, in der einen Hand eine räuchernde blaue Kerze, in der andern einen winzigkleinen, goldenen Käfig, der abgeschlagene Kopf lag blutend zu ihren Füßen. Er trug die Züge des Mädchens. Eine weiße Katze mit kristallenen, blitzenden Augen spielte mit den Spitzen der offenen Haare. Ein Falke – auch er ohne Kopf – mit scharlachroter Brust und kupferfarbenen Klauen verhängte mit seinen Flügeln den Hintergrund. Es war ein grelles Bild, die harten, unvermischten Farben waren mit männlicher Grausamkeit aufgetragen. Waters hängte es in sein Apartment zwischen drei Toulouse-Lautrec-Drucke, ein gerahmtes Zirkus-Plakat und Photographien von Rilke, Nijinsky und der Duse. Nachdem er der Künstlerin Monate später zufällig begegnete und eine kurze Affäre mit ihr hatte, zerschnitt er das Bild mit einer Schere. [SJ]

[Truman Capote, *The Headless Hawk* (dt. *Ohne Ziel*), 1946]

**DORMER, NICHOLAS** **England, um 1860; † nach 1890*
Englischer Maler. Als Sohn eines Parlamentsmitglieds schien ihm eine politische Laufbahn vorbestimmt; 1884 wurde er auf Anhieb ins Unterhaus gewählt, nach vorgezogenen Wahlen ein Jahr später verlor er seinen Sitz jedoch wieder. Auf Betreiben seiner Mutter und seiner Verlobten ließ er sich für den darauffolgenden Urnengang als Kandidat für den Distrikt Harsh aufstellen.

Dormers Interesse an der Malerei läßt sich in mehrfacher Hinsicht als Rebellion gegen die familiäre Zwangsjacke verstehen. Er machte kein Geheimnis daraus, daß er von Malerei wenig verstand. Die Bilder in der National Gallery fand er nur abstoßend. Als seine Verlobte ihn beim Malen eines Porträts einer Schauspielerin »ertappte«, nachdem er sich zuvor geweigert hatte, sie selbst auf der Leinwand zu verewigen, beendete sie die Beziehung.

Nach einem kurzen inneren Kampf gab Dormer seinen Sitz im Unterhaus auf und widmete sich von nun an ausschließlich der Kunst. Seine Familie wie seine ehemalige Verlobte versöhnten sich schließlich mit seiner Entscheidung. Zwei Porträts von seiner Hand sind bekannt: das von *Gabriel Nash,* das unvollendet blieb, und das von *Myriam Rooth.* Beim Anblick des letzteren Bildes wunderte sich Peter Sherringham, der Bruder von Dormers Verlobten, darüber, daß Nick ohne jegliche Ausbildung ein so ausdrucksstarkes Porträt habe malen können. Auch dieses hat er jedoch nie vollendet. [SH]

[Henry James, *The Tragic Muse,* 1890]

**Dossi, Sirio** **Rom, um 1900*

Sirio Dossi verlor früh seine Eltern und wuchs bei dem Bildhauer Nono Giuncano auf, der einigen Quellen zufolge sein wirklicher Vater war. Jedenfalls war Giuncano Dossis Mutter in tiefer Zuneigung verbunden. Als er zu bildhauern aufhörte und alle seine Werke zerstörte, war ihr Bildnis das einzige, das er verschonte.

Ausgerechnet der Anblick der zertrümmerten Skulpturen in Giuncanos Atelier brachte Dossi dazu, Bildhauer zu werden. Er vertrat jedoch eine völlig andere Kunstauffassung. Während Giuncano zu der Überzeugung gelangt war, eine Statue töte gerade durch ihre feste Form das Leben, und deshalb seine Kunst aufgegeben hatte, sah Dossi seine Aufgabe darin, das Leben in seiner Bewegung und in all seinen Erscheinungsformen in einem einzigen Bildwerk festzuhalten. Die aus dem Stein gemeißelte Form stelle den Sieg des Lebens über den Tod dar. Folglich wollte Dossi nur eine einzige Plastik schaffen, und zwar eine Diana. In seinem Atelier mit den schwarzen Vorhängen, den schwarzen Teppichen und Möbeln standen an den hohen weißen Wänden symmetrisch aufgestellt Gipsreproduktionen antiker Dianastatuen. Sein konkretes Vorbild war eine Benvenuto Cellini zugeschriebene Bronzestatuette im Museum von Brescia. Dossi kam nur sehr langsam voran. Er erfuhr, daß sein Modell Tuda dem erfolgreichen Porträtisten und Aktmaler Caravani ebenfalls Modell saß, und zwar ebenfalls als Diana. Da er meinte, seine Arbeit könne nur dann ein einmaliges und endgültiges Kunstwerk werden, wenn auch das Modell ausschließlich für diese Statue säße, war er sogar bereit, Tuda zu heiraten. Es kam schließlich zu einem Handgemenge zwischen dem Bildhauer und dem Maler, und als Giuncano den Streit zu schlichten versuchte, verwundete er Dossi tödlich. [BVDB]

[Luigi Pirandello, *Diana e la Tuda* (dt. *Diana und die Tuda*), 1927]

**Doxa, Johan** **Brüssel; tätig Anfang des 20. Jahrhunderts*
Belgischer Maler und Miniaturist. Geboren in der Zespenningenstraat in der Brüsseler Unterstadt als Sohn eines Spielwarenhändlers. Zwischen seinem fünfzehnten und einundzwanzigsten Lebensjahr besuchte er die Kunstakademie. Er wohnte in einem Dachzimmer seines Elternhauses und malte Porträts, Heiligenbilder und kleine Kreuzwegdarstellungen. Nur ungern verkaufte er seine Arbeiten. Doxa war mit dem Literaten, katholischen Pamphletisten und leidenschaftlichen Fürsprecher seines Werkes Lieven Lazare befreundet – man lese Lazares autobiographisches Buch *Spießer,* in dem es von Johan Doxa heißt, er sei »über die vielen Jahre der Ketzerei und der Schande hinweg geradewegs aus dem kindlichen Mittelalter« zu uns gekommen. Nach der Eheschließung von Lazares Tochter Vere mit dem Sproß einer angesehenen Brüsseler Familie öffneten sich Doxa die Türen zu den höheren Kreisen. Er lernte unter anderem den mondänen Bordellmaler Florjan Pacôme kennen, einen gerissenen Plagiator von Félicien Rops, und den volksnahen Bildhauer Simon Peter, bekannt durch seine mutmaßliche Teilnahme an einem antikapitalistischen Bombenanschlag während eines Silvesterballs im Münztheater. Johan Doxa, der »Gotiker«, wie ihn Lazare zu nennen pflegte, fiel in dieser bunten Gesellschaft durch seine Gutherzigkeit und Bescheidenheit auf.

Doxas Meisterwerk ist *Julia,* das Porträt einer Näherin und Johans großer Liebe. Von dem von Blumen umkränzten Gesicht ging eine dunkle Sinnlichkeit aus, der Beweis, so Lazare, daß dem Künstler »die Bluthunde der Leidenschaft« auf den Fersen waren. Einige Zeit wohnte Doxa auf dem Papenvest in der Mansarde des Hauses von Julia und ihrem Mann Firmien, einem Polizisten und Taubenzüchter. Dort entwickelte er eine ernorme Produktivität. Erwähnt seien mehrere Darstellungen turtelnder Tauben in einem Kranz aus Blumen. Nachdem Firmien an einem Schlaganfall gestorben war, heiratete Doxa seine Julia. Aber das gemeinsame Glück währte nur kurz. Nach Julias Tod zog Doxa sich vorübergehend in das Franziskanerkloster in der Miniemenstraat zurück, wo er ein blondes, rosiges Christuskind malte, das auf einem Kissen aus Wiesenblumen sitzt, die eine Hand ruht auf einer blauen Weltkugel, die andere ist segnend erhoben. Das Bild hängt heute links in der Klosterkapelle, gegenüber dem Beichtstuhl. Doxas bescheidener Ruhm beruht nicht nur auf ein paar Gemälden von seiner Hand und auf Lazares Schriften, sondern auch und hauptsächlich auf seinem aufsehenerregenden Selbstmord. Nach einem nächtlichen Trinkgelage war der Künstler in einer Schenke unweit des Südbahnhofs in die Gesellschaft vornehmer Leute geraten; im Morgengrauen erhob er sich plötzlich und jagte sich eine Kugel durch den Kopf. [RH]

[Herman Teirlinck, *Het ivoren aapje* (dt. *Das Elfenbeinäffchen*), 1909; *Johan Doxa*, 1917]

**DUBOIS, ONÉSIME** **Frankreich; tätig im 19. Jahrhundert*
Französischer Gesellschaftsmaler. Onésime Dubois wurde lange von einem reichen Bankier gefördert, bis er eine Frau heiratete, die der Vorstellung seines Mäzens nicht entsprach, und dadurch in Ungnade fiel. Ein weiteres Hindernis für Dubois' Karriere war seine Kunstauffassung, die dem Zeitgeist diametral entgegengesetzt war. Er hatte schon früh entdeckt, daß Schönheit nicht sein Ziel war, für die neuen Wege, die er einschlagen wollte, fand er kein Verständnis. So blieb ihm schließlich nichts anderes übrig, als die Malerei aufzugeben; er wurde Konditor, was manche Kunsthistoriker bedauern. [JPVDS]

[Gustave Flaubert, *Le Château des cœurs* (dt. *Die geraubten Herzen*), 1880]

**ELIHU, EPHRAIM** *tätig in der zweiten Hälfte des 20. Jahrhunderts*
Amateurmaler, der nur sehr unregelmäßig und in längeren Abständen zum Pinsel griff. Er malte in seinem Wohnzimmer. Als er nach vielen Jahren – er war inzwischen siebzig – das Malen wiederaufnahm und über eine Agentur eine gewisse Miss Perry als Aktmodell engagierte, hatte das unangenehme Folgen. Nach einer Stunde kam das junge Modell, selbst Malerin, dahinter, daß sie nicht der Befriedigung des Schaffensdrangs, sondern der eines ganz anderen Drangs dienlich sein sollte. Elihu, Witwer, hatte der Anschuldigung nichts entgegenzusetzen. Miss Perry zwang ihn, sich auszuziehen, und machte eine Skizze von seinem alten Körper. Mit dem Pinsel des Künstlers bemalte sie sein Gesicht mit schwarzer Farbe. Von da an hörte Ephraim Elihu endgültig mit dem Malen auf. [BM]

[Bernard Malamud, *The Model* (dt. *Das Model*), in: *The Stories of Bernard Malamud*, 1983]

**ELLISON** ⋆ *Vereinigte Staaten; tätig Mitte des 19. Jahrhunderts*
Ellison entstammte einer der vornehmsten Familien der Vereinigten Staaten und erbte an seinem einundzwanzigsten Geburtstag die fabelhafte Summe von vierhundertfünfzig Millionen Dollar, und zwar von seinem Vorfahren Seabright Ellison, der in seinem Testament verfügt hatte, sein gesamtes Vermögen solle angelegt werden und nach Ablauf des hundertsten Jahres nach seinem Tode seinem nächsten Blutsverwandten zukommen. Der junge Millionär huldigte vier Prinzipien, um das wahrhafte Glück zu erreichen: Für das wichtigste hielt er Freiluftgymnastik. Die anderen drei waren: die Liebe zu einer Frau, die Verachtung jeglichen Ehrgeizes und das unaufhörliche Streben nach einem Lebensziel, wobei er behauptete, daß, wenn alle anderen Bedingungen gleichermaßen erfüllt seien, die Größe des erreichbaren Glücks von der Spiritualität dieses Zieles abhängig sei.

Beurteilt man Ellison nach seinen eigenen Maßstäben, so ist sein Leben nicht anders als glücklich zu nennen. Er führte eine glückliche Ehe, und sein Lebensziel, das er ungewöhnlich leidenschaftlich verfolgte, atmete sozusagen frei. Die schwierigste Bedingung war die Verachtung jeglichen Ehrgeizes.

Seinen nächsten Angehörigen schenkte Ellison das außergewöhnlich große Vermögen, das er schon vor jener Erbschaft besessen hatte. Mit der Erbschaft selbst verwirklichte er eines der eindrucksvollsten Werke der Kunstgeschichte, weder auf dem Gebiet der Malerei noch auf dem der Bildhauerei. Ellison wendete sein ganzes Vermögen auf, um neue Formen der Schönheit zu schaffen, greifbare Schönheit. Wie ein genialer Landschaftsmaler die großartigsten Elemente der Natur in unvergleichlicher Weise auf der Leinwand kombiniert – besser und schöner als die Natur selbst –, so wollte sich Ellison mit einer Parklandschaft die Natur selber gefügig machen. Jahrelang suchte er einen geeigneten Ort. Er dachte an eine Südseeinsel, aber die Abgeschiedenheit schreckte ihn ab. Voll Bewunderung stand er auf einem Berggipfel, aber der Anblick, meinte er, ermüde und deprimiere auf Dauer.

Nach vier Jahren schließlich fiel seine Wahl auf ein Gebiet, das sich kaum eine Tagesreise von der Stadt befand, in der er wohnte: Arnheim. Das Anwesen erreichte man über einen Fluß, auf dem Besucher zunächst in einem gewöhnlichen Boot, dann in einem elfenbeinernen Kanu befördert wurden. Der sich windende und immer mehr sich verengende Fluß mündete in ein Becken mit glasklarem Wasser, dessen Grund aus einer dicken Schicht weißer Kieselsteine zu bestehen schien. Gäste bezeugten, daß nirgends ein toter Ast, nirgends ein totes Blatt, kein Stück unbedeckter Erde, kein Stein zu sehen war, der dort nicht hingehörte. Schließlich erreichte man ein riesiges goldenes, kunstvoll verziertes Tor, Zugang zu einem von Purpurbergen umgebenen Teich, über dem sich wie schwebend ein großes Gebäude in halb gotischem, halb maurischem Stil erhob: das Paradies von Arnheim.

Ellison vertrat die Ansicht, die Natur habe ursprünglich die Untersterblichkeit des Menschen vorgesehen, aber geologische Umwälzungen hätten zu seiner Sterblichkeit geführt. Trotz der Umwandlung der Natur zu einer himmlischen Landschaft – die weder das Werk Gottes noch eines sterblichen Erdenbewohners, sondern die Schöpfung engelgleicher Wesen schien – entkam auch Ellison nicht dem menschlichen Schicksal. Im Gegenteil, dem Schöpfer der *Domäne von Arnheim* war nur ein kurzes Leben vergönnt. [KBRA]

[Edgar Allan Poe, *The Domain of Arnheim* (dt. *Die Domäne von Arnheim,* 1847]

**ELSTIR** *auch Biche oder Tiche genannt; tätig um 1900 in Frankreich*
Französischer impressionistischer Maler. Eines seiner frühesten Aquarelle, das den Titel *Miss Sacripant* trug, datiert vom Oktober 1872 und stellt eine junge Varieté-Schauspielerin in einer populären Operettenrolle dar. Das Modell – die später berühmte Halbweltdame Odette de Crécy, von der das Gerücht ging, sie sei in jungen Jahren Elstirs Geliebte gewesen – war nicht eigentlich attraktiv, aber ihre travestieartige Erscheinung (das Kopftuch, das aussah wie ein mit einem kirschroten Band umwundener Melonenhut, die brennende Zigarette in der einen Hand ...) ist von prickelnder Zweideutigkeit. Neben ihr steht auf einem Tisch eine Vase mit Rosen, deren meisterhafte Behandlung bereits auf Elstirs spätere Blumenstücke hindeutet. Der Maler hielt dieses Jugendwerk vor seiner Frau ängstlich verborgen.

Bereits als junger Mann war Elstir treuer Gast in dem damals keineswegs erstrangigen Salon der Verdurins in Paris. Monsieur Biche oder Monsieur Tiche, wie er dort bisweilen genannt wurde, pflegte endlose prahlerische Monologe über Malerei zu halten. Fragte ihn jemand nach seiner Meinung über eine Ausstellung, fing er sofort Feuer. »Ich bin ganz nahe herangetreten, um zu sehen, wie es gemacht ist, ich habe mir fast die Nase plattgedrückt. Aber nichts zu machen! Man kann nicht sagen, ob er Kleister, Juwelen, Seife, Bronze, Sonnenstrahlen oder Dreck dazu nimmt! [...] Es riecht gut, steigt einem in den Kopf, es benimmt den Atem, es wird einem heiß und kalt dabei, aber weiß der Teufel, wie es zustande gekommen ist; es ist Hexerei, Betrug, ein Mirakel und – einfach unanständig gut!« Monsieur Tiche war auch nie um einen geschmacklosen Witz verlegen. So entschuldigte er sich eines Abends mit einer Ausrede bei den Verdurins, um dann als Oberkellner im Eßzimmer zu erscheinen und der Baronin Putbus Anzüglichkeiten ins Ohr zu flüstern. Später am Abend ließ er eine Badewanne voll Wasser in den Salon tragen, aus der er splitternackt und fluchend hervorsprang. Bei einer anderen Gelegenheit traten die Gäste des Salons in von ihm entworfenen, prächtig bemalten Kostümen aus Papier auf.

Madame Verdurin scheute keine Mühe, Elstirs Karriere zu fördern. Sie bestellte bei ihm das Porträt von Doktor Cottard, einer anderen Säule ihres Salons. Auch auf Elstirs spätere künstlerische Entwicklung habe sie, wie sie behauptete, entscheidenden Einfluß ausgeübt. Bevor er als Blumenmaler zu den allergrößten gezählt worden sei – größer sogar als Fantin-Latour –, habe sie, Madame Verdurin, ihn mit großer Geduld Blumen zu unterscheiden und anzuordnen gelehrt. Seinerseits zählte Elstir Monsieur Verdurin zu den wenigen, die seine Kunst wirklich zu schätzen wüßten. Der Maler war auch der einzige, der um Verdurins Tod trauerte, obwohl sie schon seit Jahren nicht mehr miteinander umgingen, nachdem Madame Verdurin alles darangesetzt hatte, Elstir und Gabrielle, seine zukünftige Frau, auseinanderzubringen. Obwohl diese von niemandem für sehr attraktiv gehalten wurde, geht aus Elstirs Bildern deutlich hervor, daß sie seinem Idealtyp venezianischer Schönheit entsprach.

Elstirs frühe Porträts waren recht progressiv; ihr gewagtes Kolorit entsprach keineswegs dem bürgerlichen Geschmack. Monsieur und Madame Cottard fanden, daß der Maler wahllos mit Farben um sich werfe, und wenn sie überhaupt eine Form erkennen konnten, hielten sie diese für schwerfällig und unbeholfen. Merkwürdigerweise gab Madame Verdurin Elstir trotzdem den Auftrag für das Porträt der Familie Cottard, das sie später dem Musée du Luxembourg schenkte. Auch die Bilder, die die Herzogin von Guermantes auf Anraten des jüdischen Kunstkenners Swann erwarb – unter anderem ihr eigenes Porträt in Krebsrot –, wurden von ihrer Nichte dem gleichen Museum zum Kauf angeboten.

Nach seiner Heirat zog sich Elstir fast ganz aus dem öffentlichen Leben zurück. Nicht weil er seine Ansichten ungern mit anderen teilte, sondern mangels einer erträglichen Gesellschaft. Elstir war ungewöhnlich intelligent und kultiviert und arbeitete hart. Bei Madame Verdurin war er inzwischen in Ungnade gefallen; sie konnte zwar seinen Fleiß nicht leugnen, bezeichnete ihn aber als einen ansonsten temperamentlosen, zweitrangigen Maler. In Wirklichkeit aber setzte sie alles daran, Elstir, dessen Stern im Aufgehen war, für ihren Salon zurückzugewinnen.

Kunstzeitschriften sprachen damals von zwei aufeinanderfolgenden Stilperioden in Elstirs Werk: einer mythologischen und einer von Japan beeinflußten. Erst später begann er, Landschaften zu malen und auch Stilleben: ein Bund Radieschen, ein Bündel Spargel ... In Balbec, in der Normandie, wo er den Sommer verbrachte, verlegte er sich in der Hauptsache auf Seestücke. In seinem reiferen Werk schien Elstir danach zu streben, sich beim Anblick der Wirklichkeit von allen verstandesmäßigen Begriffen zu lösen und die Dinge nicht so darzustellen, wie sie dem Wissen nach waren, sondern jenen optischen Täuschungen entsprechend, aus denen unser erster Eindruck einer Sache besteht. Diese metaphorische Malweise zeigt sich in den Seestücken vor allem darin, daß sich die Grenzlinie zwischen Erde und Meer auflöst, wie in seinem Bild *Hafen von Carquethuit.* Der große Impressionist interessierte sich nicht nur für die Natur, er begeisterte sich für Pferderennen und Regatten, wie seine Studien von der Rennbahn in der Nähe von Balbec und von hübschen Seglerinnen bezeugen. Er war ein Mann von anspruchsvollem und erlesenem Geschmack, der die großen Couturiers kannte und dezidierte Auffassungen von Damenkleidung und der Einrichtung von Jachten hatte. Bereits vor dem Ersten Weltkrieg war Elstir ein gefeierter Künstler, für dessen Gemälde schwindelerregende Summen bezahlt wurden. Beim deutschen Kaiser Wilhelm fand er allerdings keinen Anklang; auf dessen Befehl wurden alle Bilder Elstirs aus den deutschen Museen entfernt. [CR]

[Marcel Proust, *À la recherche du temps perdu* (dt. *Auf der Suche nach der verlorenen Zeit*), 1913–1927]

**ENGELKEN, MINNA** **Deutschland, 1840; † nach 1871*

Deutsche Malerin von Blumenstücken und Kinderporträts. Minna Engelken, auch Angelika genannt, schien einem geordneten bürgerlichen Leben entgegenzugehen, als ihr Bräutigam kurz vor der Hochzeit beim Baden ertrank. Sie fiel vor Gram in ein Nervenfieber, und als sie wieder genesen war, war sie in jeder Hinsicht eine reizlose Frau geworden – zu alt und zu arm, denn das kleine Familienvermögen war in der Zwischenzeit verlorengegangen. Da sie schon während der Schulzeit gern und viel gezeichnet und gemalt hatte, entschied sie sich für den Künstlerberuf. Zu ihren Vorbildern zählten Jan van Huysum und Rachel Ruysch. Da sie die Malerei nicht als Berufung betrachtete, maß sie ihren Produkten keinen großen Wert bei. Den künstlerischen Ruhm, so meinte sie, sollte er ihr denn zuteil werden, würde sie jederzeit für einen guten Mann und ein paar hübsche Kinder eintauschen. Trotzdem war Minna Engelken sehr selbstkritisch. Egal ob ihr Auftraggeber mit einem Bild zufrieden war oder nicht: Wenn es ihr nicht gefiel, forderte sie es manchmal zurück.

Künstlerheroik war ihre Sache nicht. Sie produzierte ein ätherisches Blumenstück nach dem anderen und war sich auch nicht zu schade, Kinder zu porträtieren, deren Eltern zwar liebende Eltern waren, die aber für die Kunst nicht allzu viel ausgeben wollten. Gemeinsam mit ihrem Nachbarn, dem romantischen Schlachtenmaler Maximilian Rosenbusch (siehe dort), arbeitete sie im Auftrag einer jungen Offizierswitwe am Bildnis deren Mannes, den sie hoch zu Roß, in einem Kranz von Lorbeeren, Zypressen und Passionsblumen darstellten. Rosenbusch übernahm das Pferd, Engelken den Kranz, »damit wir beide in die Kunstgeschichte eingehen, wie Rubens und der Blumenbreughel«. Die Malerin verstand es, sämtliche Freundinnen der trostlosen Witwe dazu zu bringen, ihre toten oder lebendigen Gatten in ähnlicher Weise porträtieren zu lassen.

Wie wenig sie auch von ihrem künstlerischen Talent hielt, im Entdecken, Genießen und Bewundern der Schönheit, so die Malerin, habe sie es zur Meisterschaft gebracht. Sie hatte überhaupt immer jemanden nötig, für den sie schwärmen konnte. Das eine Mal war es der Bildhauer Hans Jansen (siehe dort), das andere Mal dessen spätere Frau Julie. Engelkens *Porträt von Julie* wurde ihr Meisterwerk. »Entweder verstehe ich vom Malen so viel wie eine gebratene Gans, oder dies wird mein bestes Bild und endlich einmal ein wirkliches Kunstwerk.« Sie malte Julie in einem luftigen Kleid aus durchsichtigem schwarzem Stoff, um alles Licht auf dem Gesicht zu sammeln. Hans Jansen hielt dieses Bild für ihre beste Leistung, ein Werk, wie es, so fügte er ganz ernsthaft hinzu, heutzutage nicht allzu oft gelänge. Der Maler und Kunstkenner Eduard Rossel (siehe dort) lobte »Zeichnung, Arrangement, die glückliche Farbenstimmung und den einfachen Lichtgang«. 1871 heiratete Angelika ihren Kollegen Maximilian Rosenbusch. [DP]

[Paul Heyse, *Im Paradiese,* 1874]

**ETHAL, CLAUDIUS** * *Großbritannien; † Paris, 16. Mai 1899*
Britischer Maler und Sammler. Ende des 19. Jahrhunderts war Ethal der begehrteste Porträtist der Londoner Aristokratie; in der mondänen Gesellschaft galt er als *arbiter elegantiarum,* sein Ruf als Maler drang bis nach Paris, Wien und New York. Künstler wie Hogarth, Reynolds, Goya, Rops, Burne-Jones, Khnopff und Toorop zählten zu seinen Vorbildern, am höchsten jedoch schätzte er Gustave Moreau. Mit James Whistler und James Ensor war er persönlich bekannt. Claudius Ethal besaß eine reiche Sammlung von Masken, exotischen Giften, Aphrodisiaka und Rauschgiften, in Künstlerkreisen waren seine privaten Opiumfeste berüchtigt. Er suchte die Gesellschaft von Lesbierinnen und Päderasten, Straßenprostituierten und Kriminellen; die schönsten Blicke fand er in Bettleraugen. Es hieß, er habe ein Gespür für die Sünde gehabt wie das Wildschwein für Trüffel. Ethals dekadente Version des Symbolismus kann als typisch für das Fin de siècle bezeichnet werden: charakteristische Merkmale seiner Porträts sind die ingeniöse Verwendung des Clair-Obscur und ein morbider Hang zum Kränklichen, Absterbenden und Lasziven.

1898 floh Ethal nach einem aufsehenerregenden Prozeß nach Paris. Der Künstler hatte das Porträt der Lady Kerneby gemalt und ihre spröde Anmut dadurch hervorgehoben, daß er ihre Kränklichkeit – sie litt an Tuberkulose – einigermaßen übertrieben hatte. Lord Kerneby weigerte sich zu zahlen und verklagte den Künstler. Es war nicht das erste

Mal, daß Ethals Lust an Mystifikationen ihn in Schwierigkeiten brachte. Dank seiner reichen Kundschaft genoß er eine Art Narrenfreiheit, die er dazu nutzte, ebendiese Kundschaft zu kujonieren und zu verspotten. So soll er Lady Clayvenore in seinem Atelier in Windsor durch eine Geisterbeschwörung einen panischen Schrecken eingejagt haben – auf einem Gemälde schienen ein Zwerg und ein Riese zum Leben erwacht. Die Baronin Desrodes, die Amphibien sammelte, porträtierte er als Froschkönigin im Kreis von Lurchen. Und in seiner Vorliebe für sieches Fleisch soll er nicht davor zurückgeschreckt haben, einige seiner Modelle langsam zu vergiften.

In Paris geriet Ethal in eine künstlerische Sackgasse. Er erklärte, er besitze eine Art Zweites Gesicht, das ihn in jedem Menschen sofort dessen tierisches Ebenbild erblicken lasse, und er sei von der menschlichen Maske zu sehr fasziniert, um noch Porträts malen zu können. Von da an beschränkte er sich auf Landschaften. 1899 gewann er den Prozeß gegen Lord Kerneby, dessen Frau sich inzwischen wegen Ehebruchs von ihm hatte scheiden lassen. Das Porträt wurde der sterbenden Lady zugesprochen. Ethal leistete ihr während ihrer letzten Lebenstage in Nice Gesellschaft, um sie zu überreden, ihm das Bild zurückzugeben. Er versprach sich davon einen künstlerischen Impuls, der ihn wieder befähigen würde, als Porträtist zu arbeiten.

Am 16. Mai 1899 wurde Claudius Ethal tot in seinem Atelier gefunden, umringt von drei seiner eigenen Gemälde, darunter jenes *Porträt der Lady Eddy Kerneby,* und einer Unmenge von Lilien und Hyazinthen. Der Tod, so stellte man fest, war auf die Einnahme von Kurare zurückzuführen, das aus dem hohlen Smaragd eines seiner Ringe stammte. Selbstmord durch Vergiftung lautete die amtliche Schlußfolgerung. In Zeitungen wurde noch eine Weile über Ethals Verhältnis zu dem steinreichen Herzog de Fréneuse alias Monsieur de Phocas spekuliert, einem bekannten Sammler von Edelsteinen. Ethal war in seinem letzten Lebensjahr des öfteren in seiner Gesellschaft gesehen worden. Gemeinsam war beiden Ästheten die Vorliebe für alles Dekadente; auf ihren nächtlichen Streifzügen durch die Pariser Freudenhäuser waren sie unzertrennlich. Kurz nach Ethals Tod verkaufte de Fréneuse seine Besitztümer und ging auf Reisen. Von ihm hat man nie wieder etwas gehört. [RH]

[Jean Lorrain, *Monsieur de Phocas*, 1901]

**FAGEROLLES** *tätig in Paris in der zweiten Hälfte des 19. Jahrhunderts*

Von allen bildenden Künstlern der »Bande« von Claude Lantier (siehe dort) war der Maler Fagerolles der einzige, der wirklich Erfolg hatte. Dies war drei Faktoren zu verdanken: der schamlosen Ausbeutung der malerischen Ideen Lantiers, den Verkaufsstrategien des Kunsthändlers Naudet und den Artikeln des Journalisten Jory. *Un Déjeuner* versetzte das Pariser Publikum in Begeisterung, war aber nichts weiter als eine verkitschte Version des Lantier-Bildes, das Jahre zuvor von dem gleichen Publikum verhöhnt worden war. Während die meisten Mitglieder des Freundeskreises ein kümmerliches Dasein fristeten, wohnte Fagerolles in einer perfekten Imitation eines Renaissancehauses aus Bourges, das mit exotischen Raritäten und Nippes vollgestopft war. Als Fagerolles in der Jury des Salons saß, versuchte er Lantier einen »Gegendienst« zu erweisen, was jedoch nur über die sogenannte Mildtätigkeitsklausel gelang – das Recht eines jeden Jurymitglieds, aus den abgelehnten Bildern *ein* Werk zu »retten«. Auf diese beschämende Weise erhielt ein Meisterwerk von Lantier schließlich doch noch einen (im übrigen sehr ungünstigen) Platz auf dem offiziellen Salon. Fagerolles mochte von Lantiers Ideen parasitieren, er selbst wurde finanziell von seiner Mätresse ausgesaugt, was schließlich zu seinem Ruin führte. [JS]

[Émile Zola, *L'Œuvre* (dt. *Das Werk*), 1886]

**FLITESTONE, JOHN** **Schottland; tätig im 20. Jahrhundert*

Schottischer Maler. Flitestone befreite sich aus dem ärmlichen Milieu der kleinen Industriestadt, in der er geboren wurde, und wurde zu einem Liebling der Reichen. Er verließ sich nicht nur auf seine künstlerische Begabung, sondern auch auf seine ausgesprochen sozialen Fähigkeiten. Sogar seine Schwerhörigkeit verstand er zu seinem Vorteil zu nutzen: die Gesellschaft hörte ihm desto geduldiger und wohlwollender zu. Doch schließlich führte Flitestone das Leben eines Snobs. Nach zahlreichen amourösen Abenteuern heiratete er eine junge Studentin, die es hauptsächlich auf sein Geld abgesehen hatte. Sein Tod war so pittoresk wie sein Leben: er schnitt sich die Kehle durch.

Bestimmend für seine Karriere war der Kontakt zu dem Mäzen George Clark, dem ersten Käufer seiner Bilder. Elf Jahre lang waren beide unzertrennlich, und beide profitierten von dieser Vater-Sohn-Beziehung. Gemeinsame Reisen führten sie unter anderem nach Paris. Die Monographie *Memoir,* die Clark später über den Maler schrieb, gilt noch immer als ein Standardwerk. Wir erfahren daraus, daß Flitestone beim Malen eine krankhafte, fanatische Geduld an den Tag legte. Er habe keinen Künstler gekannt, notierte Clark, der länger an einem Bild gearbeitet habe.

Über die Qualität seiner Bilder gehen die Meinungen heute auseinander. Im allgemeinen gilt Flitestone als ein verdienstvoller, zweitklassiger Maler, der von der Pariser Schule verdorben wurde. Aus diesem Grund lehnte der Staat auch Clarks Angebot einer Schenkung seiner Sammlung von fünfundzwanzig Bildern ab. Clark räumte ein, daß die Phantasie Flitestone gegen Ende seines Lebens im Stich gelassen habe. Die letzten Werke nannte er akademisch, ohne Luft, ohne Leben.

Da Flitestones Bilder sich zum größten Teil in Privatbesitz befinden – merkwürdigerweise in keiner einzigen amerikanischen Sammlung –, sind wir von den Beschreibungen in Clarks *Memoir* abhängig. Zu seinen Hauptwerken rechnet Clark *Gitarrenspielender zylindrischer Akt,* in dem sich deutlich Picassos Einfluß verrate, und das kleine Selbstporträt, mit eingefallenen Wangen, hellblauen Augen und hochgekämmtem, fast weißem Haar, »wie ein Riesenlöwenzahn« (Clark). Frauen malte Flitestone mit kleinen Köpfen und mächtigen Gesäßen, »wie zwei gewaltige rosafarbene Klatschrosen«. Wiederentdeckte Briefe haben in letzter Zeit zu einer Neubewertung der sogenannten Lachsperiode des Künstlers geführt. Aus ihnen geht hervor, daß der riesige Fisch, der auf zehn Zeichnungen und vier Bildern vorkommt – eines hängt heute in der Tate Gallery –, von der äußeren wie der inneren Beschaffenheit seines Mäzens, George Clark, inspiriert ist. [JPVDS]

[V. S. Pritchett, *The Skeleton,* 1969]

**FORD, CHRISTOPHER** *genannt: Kit; *Boston, um 1950*
Sproß der in Boston und Umgebung angesehenen Ford-Familie, die sich auf literarischem und wissenschaftlichem Gebiet auszeichnete und für ihr gesellschaftliches Engagement und ihre Wohltätigkeit bekannt war. Fords Mutter starb im Wochenbett, sein Vater, ein Polarforscher, heiratete erneut, kam einige Zeit später aber unter mysteriösen Umständen ums Leben – bei einem Flugzeugunglück, wie die Familie erklärte, aber hartnäckige Gerüchte sprachen von Selbstmord. Trotz des Familienvermögens kamen die Kinder in ein Waisenhaus, das Home for Little Wanderers in Boston. Der junge Christopher entdeckte dort seine Berufung zum Künstler. Während seines Studiums in Yale (unter anderem bei La Vallière und Trublet) erhielt er den Sterling-Preis. Einige Jahre hielt er sich anschließend in Frankreich auf, wo neben anderen Montrésor sein Lehrer war. Eine erste Ausstellung seiner Werke fand im Jardin des Plantes in Paris statt. Nach Amerika zurückgekehrt, begann Ford eine Laufbahn als Lehrer, zunächst in Cambridge (Mass.), danach als *artist-in-residence* an der kleinen Universität von St.-Ives in New Hampshire.

Fords Werk ist durch verschiedene Techniken und bildnerische Gattungen gekennzeichnet – Aquarelle, Collagen, Öl- und Akrylmalerei; Porträts, Landschaften und abstrakte Bilder. Allen seinen Werken ist jedoch eine Eigenschaft gemeinsam, die zugleich Fords Popularität erklärt: sie sind äußerst dekorativ. Kritiker bezeichneten Ford als sentimental und bombastisch und warfen ihm Effekthascherei vor. Zu seinen bekanntesten Werken zählen: *Death in Crimmitschau, The Wickerwork Woman* und *An Adultery.*

Von dem Zeitpunkt an, da Ford Ende der achtziger Jahre New Hampshire verließ, scheinen keine Bilder mehr entstanden zu sein; wie es heißt, stürzte der Tod seines Modells,

Marina Falieri, mit der er einmal verlobt gewesen war, den Künstler in eine tiefe Krise. [KV]
[Alexander Theroux, *An Adultery,* 1987]

**FRANCESCO** **Italien, um 1490; † 18. Jahrhundert*
Maler aus der Schule Leonardo da Vincis. Ältester Sohn eines Fürsten, der unter anderem der Republik Genua im Kampf gegen algerische Korsaren beistand. Francesco verachtete den Prunk und die Zwänge des Hofes und verzichtete zugunsten seines jüngeren Bruders auf den Thron. Er wurde da Vincis treuer Schüler und half dem alten Maler, manches große Werk zu vollenden. Schon bald erreichte er die Größe des Meisters, wurde berühmt und malte mehrere Altarbilder für Kirchen und Klöster.

Mit dem Tod da Vincis verlor Francesco die Vaterfigur, die ihn immer gegen sich selbst geschützt hatte. Sein angeborener Stolz und sein Übermut gewannen die Oberhand. Er hielt sich für den größten Künstler seiner Zeit, nannte sich den »fürstlichen Maler« und sprach von seinem Lehrmeister nur mehr voll Verachtung. Francesco gab dessen einfache, fromme Malweise auf und schuf sich einen Stil, der durch prahlerischen Farbenglanz und üppige Figuren blendete. Seine Bilder zu Themen der heidnischen griechischen Fabelwelt waren vor allem, was die Sinnlichkeit ihrer Frauengestalten anbetraf, unübertroffen. Für das Inkarnat machte er immer Gebrauch von lebenden Modellen, während er sich, was die Form betraf, von antiken Marmorstatuen inspirieren ließ, insbesondere von einer berühmten Venus. In Rom umgab er sich mit jungen Leuten, die für die (dionysische) griechische Antike schwärmten, die Gebräuche der alten Griechen nachahmten, voller Hingabe heidnische Orgien feierten und das allgegenwärtige Christentum verspotteten.

Francescos Laufbahn erfuhr eine dramatische Wende, als er aus Geldnot den Auftrag eines Kapuzinerklosters in der Nähe Roms annahm, das Bild der heiligen Rosalia zu malen. Anfänglich hatte der Maler den perversen Einfall, die Heilige als nackte Venus darzustellen, was bei seinen Freunden stürmischen Beifall auslöste. Es war jedoch, als ob eine übernatürliche Macht seine Hand lenkte. Aus düsteren Nebeln tauchte ein Engel auf, und aus Angst vor dem himmlischen Strafgericht hüllte der Maler die heilige Rosalia in schöne Gewänder, ja, er fügte, obwohl das Kloster den Auftrag nicht näher spezifiziert hatte, eine Reihe Figuren hinzu, die das Martyrium der Heiligen darstellten. Seine Arbeit führte sozusagen ein Eigenleben und hob ihn über sein sündiges Ich hinaus. Als Francesco nur noch das Gesicht der Heiligen vollenden mußte, erkrankte er. Ein unheimliches Getränk ließ ihn gesunden, weckte jedoch auch wieder die Verderbtheit in ihm. Er begann, der Heiligen die Züge jenes Venusbildes zu geben, und obwohl seine Hand immer wieder zu den primitiven Gesichtern der Männer um sie herum abglitt, lachte ihn schließlich Rosalia mit dem Liebesblick der Venus an, so eindringlich, daß der Maler einer wahnsinnigen Begierde anheimfiel. Linderung verschaffte ihm erst der Besuch einer wunderschönen Frau, die der gemalten Figur täuschend ähnlich sah. Mit ihr feierte er noch in derselben Nacht eine heidnische Hochzeit, und er lebte mit ihr, in sündigen Genüssen schwelgend und seiner Kunst entsagend, lange Zeit. Als seine Frau im ersten Kindbett starb, hieß es, habe sie sich plötzlich in eine gräßliche Hexe verwandelt. Man munkelte, sie habe im Bündnis mit dem Teufel gestanden.

Die Mönche des römischen Klosters verkauften das Gemälde der heiligen Rosalia einem Kapuzinerkloster in Ostpreußen. Francesco floh mit seinem neugeborenen Sohn vor den Häschern des geistlichen Gerichts. In einer Höhle kam ihm eine Vision, er sah die heilige Rosalia den Herrn seinetwillen um Vergebung anflehen. Doch sie wurde nicht erhört: Solange der Stamm, den sein Verbrechen erzeugt habe, in Sünde fortwuchere, werde der Maler keine Ruhe finden. Francesco suchte nun ein gottesfürchtiges Leben. Seine Pläne, in einer Reihe von Bildern die Geschichten der Jungfrau Maria und der heiligen Rosalia darzustellen, scheiterten an seiner Mittellosigkeit. Er malte jedoch noch die Kirche der heiligen Linde in Ostpreußen aus, wie es ihm schien, auf ausdrücklichen Befehl der heiligen Rosalia selber.

Der Legende zufolge irrte Fancesco noch bis ins 18. Jahrhundert auf der Erde umher. In einen violetten Mantel gehüllt, tauchte er des öfteren in der Nähe seines letzten

Nachfahren Medardus auf, eines ostpreußischen Kapuzinermönchs, der in das gleiche Kloster eingetreten war, das seinerzeit Fancescos *Heilige Rosalia* gekauft hatte. In bester Familientradition hatte Medardus vom Elixier des Teufels aus der Reliquienkammer des Klosters gekostet und sich einem Leben voller Mord und Wollust verschrieben. Erst in dem Moment, da Aurelie, die Frau, die er am meisten begehrte, die jedoch seiner Lust immer widerstanden hatte, als Schwester Rosalia ihr Gelübde ablegte, gelang es ihm, seinen inneren Teufel zu besiegen. Die taufrische Himmelsbraut wurde an Ort und Stelle von einem geheimnisvollen Doppelgänger des Medardus ermordet und zur Märtyrerin gekrönt.

Francesco hatte also seine letztliche Erlösung – über Medardus und Aurelie (Rosalia) – der Heiligen zu verdanken, die er einmal gemalt hatte. Ein Nachtrag zu Medardus' Lebensgeschichte – aufbewahrt im Archiv des Klosters – berichtet, daß der Maler ein letztes Mal in der Nacht vor dem Tod seines Nachfahren erschien. »Die Stunde der Erfüllung ist nicht mehr fern«, soll er gesagt haben. Medardus starb am folgenden Mittag, und seitdem hat man auch Francescos umherirrende Gestalt nicht mehr gesehen. [DP]

[E.T.A. Hoffmann, *Die Elixiere des Teufels. Nachgelassene Papiere des Bruders Medardus, eines Kapuziners,* 1815/1816]

**FRANK** **um 1900; tätig in England und Italien*

Sohn eines adligen englischen Obersten. Anfang der zwanziger Jahre studierte Frank an einer britischen Universität, wo er als lebhafter und sportlicher Junge galt. Er war bei seinen Mitstudenten beliebt, aber er verbarg ängstlich, was er nur seinem schüchternen Stubenkameraden Simpson eingestand: daß er ausnehmend gut zeichnete. Frank war immer bereit, an jedem Trinkgelage teilzunehmen, doch gelegentlich schloß er sich in sein Zimmer ein, das dann niemand betreten durfte. Nur Simpson sah, was Frank in den zwei oder drei Tagen übellauniger Absonderung schuf, verbarg oder zerstörte. Nur ein einziges Mal sprach der Künstler mit seinem Freund über seine Kunstauffassung: »Ich glaube, die Kunst, besonders die Malerei, hat etwas Weibisches an sich, etwas Krankhaftes, eines starken Menschen Unwürdiges. Ich bemühe mich, diesen Dämon zu bekämpfen, zumal ich weiß, wie er die Leute ins Verderben führt. Sollte ich mich ihm gänzlich überlassen, erwartete mich kein ruhiges, geregeltes Leben mit einem gewissen Maß an Freuden und Leiden, mit festen Regeln, ohne die jedes Spiel seinen Reiz verliert, sondern das reinste Chaos oder sonstwas. Bis zum Grabe würde ich mich quälen, ich gliche jenen Unglücklichen, die ich in Chelsea getroffen habe, jenen langhaarigen, ehrgeizigen Idioten in Samtjoppen, die, nervös und schwächlich, einzig und allein ihrer verschmierten Palette ergeben sind ...«

Während seiner Studienzeit verliebte sich Frank in Maureen McGore, die junge, dunkelhaarige und sorglos fröhliche Frau eines betagten Kunstkenners und Restaurators alter Gemälde. Ohne seinen Vater ins Vertrauen zu ziehen, folgte Frank dem Ehepaar McGore einen Monat lang durch Italien. In Rom malte er sein einziges bekanntes Meisterwerk, die Kopie eines Frauenporträts von Sebastiano Luciani (besser bekannt unter dem Namen Sebastiano del Piombo) vom Anfang des 16. Jahrhunderts. Es stellt eine venezianische Schönheit im Halbprofil vor einem warmen, schwarzen Hintergrund dar. Die junge Frau auf der Kopie wies jedoch eine ungewöhnliche Ähnlichkeit mit Maureen McGore auf – die Kopie entstand übrigens mit Wissen des alten McGore, der von Franks Talent beeindruckt war. Es gelang McGore, das Frauenporträt als einen echten Sebastiano del Piombo zu einem äußerst satten Preis keinem Geringeren als Franks Vater zu verkaufen, der kurz zuvor seine Leidenschaft für Bilder entdeckt hatte. Als der Oberst dahinterkam, daß sein Sohn ein Verhältnis mit Maureen McGore hatte, und Frank annahm, sein Freund Simpson habe ihn verraten, malte er diesen aus Rache eines Nachts in wenig schmeichelhafter Positur. Am nächsten Morgen waren Frank und Maureen McGore verschwunden. Der Oberst, der seinem Sohn vorgeworfen hatte, er halte sich für ein Genie oder gar für einen Futuristen, soll, als er die ganze Wahrheit erfuhr, äußerst stolz auf seinen Sprößling gewesen sein. Es ist anzunehmen, daß sich das merkwürdige Porträt noch immer im Besitz der Familie befindet. [BE]

[Vladimir Nabokov, *Wenezianka* (dt. *Die Venezianerin*), 1924]

**Franz** **Norddeutschland, Hamburg?, um 1820*
Deutscher Bildhauer. Nach einer Italien- und Griechenlandreise bezog Franz ein Atelier im Haus seiner Mutter, wo er zwischen Abgüssen antiker Bildwerke arbeitete. Aufmerksamkeit erregte ein Jugendwerk des Künstlers, eine in halber Lebensgröße ausgeführte Marmorgruppe, die unter dem Titel *Die Rettung der Psyche* auf der Ausstellung der Kunstakademie zu sehen war. Sie zeigte einen jungen Stromgott, der eine entzückende Mädchengestalt auf seinen Armen ans Ufer trägt. Die *Psyche* war bei alt und jung ein großer Erfolg. Dem zurückgesunkenen Haupt und den geschlossenen Augenlidern des Mädchens zum Trotz traten die Menschen erwartungsvoll an das Marmorbild heran, als könnte es jeden Moment zum Leben erwachen.

Der Bildhauer selbst lehnte jede Erläuterung seines Werks ab, vor allem was das dargestellte Mädchen betraf. Neugierigen erklärte er trocken, er habe sie eines Tages hinter dem wehenden Vorhang des Olymps gesehen. Allerdings konnte er wilde Spekulationen nicht verhindern. So mutmaßte man zu seinem Ärger, daß der Stromgott ein Selbstporträt sei. Aber auch kritische Töne waren zu hören. Man stellte die Frage, warum er nicht den Gott statt als schönen Jüngling als alten Mann dargestellt habe, was doch dezenter gewesen wäre. Manche fanden das Ganze zu wenig stilvoll, insbesondere das Herabhängen des einen Arms der Psyche zu naturalistisch. Eine kluge Dame behauptete, die ungewöhnliche Lebensechtheit habe sicher einen autobiographischen Hintergrund. Die Plastik verewige die Erinnerung an eine verstorbene Geliebte.

Sie hatte nicht ganz unrecht. Franz hatte kurz zuvor ein Mädchen vor dem Ertrinken gerettet und diesem Erlebnis Gestalt gegeben. Nach Vollendung der *Psyche* hatte die Leidenschaft für die Unbekannte ganz von ihm Besitz ergriffen, er war zu keiner künstlerischen Arbeit mehr fähig. Wegen der Aufregung um die Skulptur entschloß er sich, sie von der Ausstellung zurückzuziehen. Als er sie dort ein letztes Mal betrachten wollte – auch, um zu prüfen, wie viel von seinem Geheimnis sie gegen seinen Willen verraten haben könne –, traf er die leibhaftige Psyche, Maria, die ihrem Retter die ganze Zeit ängstlich aus dem Weg gegangen war, als schämte sie sich vor ihm. Kurz darauf verlobten sie sich. Der Künstler fühlte neue Schaffenskraft, auch die nordische Walküre, die in seinem Atelier noch in einem Block Ton schlummerte, aus ihrem Bann zu erlösen. [DP]

[Theodor Storm, *Psyche,* 1875]

**FRECCIA, TEBALDEO** *genannt Tebaldeo;*
** Florenz, 16. Jahrhundert*

Florentinischer Maler, vielleicht Schüler Raffaels. Sein großes Vorbild war neben Raffael der »göttliche Buonarroti«. Tebaldeo hielt sich für einen unbedeutenden Künstler, dessen Liebe zu den schönen Künsten besser in der Versenkung in das Werk anderer als in der aktiven Ausübung seines Metiers zum Ausdruck komme. Bekannt ist, daß er von früher Jugend an stundenlang in den Kirchen seines Geburtsortes die Meisterwerke betrachtete und sich unter den Klängen der Orgel seinen Träumen hingab. Die Musik erschloß ihm den Zugang zur Gedankenwelt der großen Meister. Das Schauen war für Tebaldeo eine fast religiöse Erfahrung: »Ich betrachte die Gestalten auf den Gemälden, die so fromm niederknien, und ich horche, als kämen die Lieder des Chors von ihren halbgeöffneten Lippen. Duftende Weihrauchschwaden ziehen zwischen ihnen und mir vorbei. Ich meine, in ihnen den Ruhm des Künstlers zu sehen; aber es ist auch ein trauriger, süßer Dunst, der nicht mehr als ein trügerischer Duft wäre, wenn er nicht zu Gott aufstiege.«

Kunst sei, so Tebaldeo, die Verwirklichung von Träumen. Ein großer Künstler bringe seine Träume mit all seiner Kraft zum Ausdruck, ohne auch nur das geringste zu verändern: Seine Phantasie sei »ein Baum voller Lebenssäfte«. Die Träume eines mittelmäßigen Künstlers hingegen seien »schwer zu pflegende Pflanzen, die nicht gedeihen, wie sehr er sie auch mit bitteren Tränen begießt«. Sich selbst rechnete er zur letzteren Kategorie, wenn er auch während der Regierungszeit Alessandro de' Medicis einige Bekanntheit erlangte. Sowohl Kardinal Baccio Valori als auch der junge Lorenzo de' Medici und der Herzog selbst bestellten bei ihm ein Porträt. Das Bildnis in antikem Stil, das Tebaldeo von Alessandro machte, im Prunkgewand ohne Kettenpanzer, mit entblößtem Hals, war noch unvollendet, als der Herzog von seinem Vetter Lorenzo ermordet wurde. Dieser fiel selbst kurze Zeit später einem Attentat zum Opfer. Tebaldeos weitere Laufbahn ist in Dunkel gehüllt. [MDH]

[Alfred de Musset, *Lorenzaccio,* 1834]

**FRENHOFER** *† Paris, März 1613*

Deutscher Maler. Schüler von Jan Gossaert, genannt Mabuse, von dem er das Geheimnis der Tiefenwirkung lernte. Anfang des 17. Jahrhunderts freundete er sich mit dem aus Antwerpen stammenden Maler Frans Pourbus d. J. und dem jungen Nicolas Poussin an. Auf Poussin machte Frenhofer einen nachhaltigen Eindruck, als dieser, im Atelier von Pourbus, dessen Gemälde *Maria Egyptiaca* mit einigen wenigen Pinselstrichen virtuos verbesserte. Bekanntheit genoß Frenhofer auch als Kunsttheoretiker. Eine seiner Thesen lautete, daß es nicht Aufgabe der Kunst sei, die Natur zu kopieren, sondern sie auszudrücken. Es genüge nicht, Umrisse und Flächen wiederzugeben. »Wir müssen den Geist, die Seele, die Physiognomie der Dinge und der Menschen erfassen.« Der Maler müsse durch die Außenseite hindurch das Innere sichtbar machen, in die Intimität der Form eindringen. »[...] der menschliche Körper wird nie und nimmer von Linien umrahmt. Darin können die Bildhauer der Wahrheit näher kommen als wir. Die Natur besteht aus einer Reihenfolge von Rundungen, die ineinander übergehen. Streng gesprochen gibt es keine Zeichnung!«

Frenhofer arbeitete zehn Jahre an seinem Meisterwerk *La Belle Noiseuse,* einem Aktbild der *grande courtisane* Catherine Lescault, das er niemandem zeigen wollte, bevor es nicht ganz vollendet sei. Als Pourbus und Poussin es dennoch zu sehen bekamen, waren sie fassungslos. Poussin sah, wie er berichtete, »nur wirr angehäufte Farben, umrissen von einer Fülle wunderlicher Linien, die eine Mauer von Malerei auftürmen«. In einer Ecke des Bildes war die Spitze eines nackten Fußes zu sehen, »die aus diesem Chaos von Farben, Tönen, unbestimmten Nuancen, diesem formlosen Nebel hervorlugte: es war ein wunderbarer, ein lebendiger Fuß!

[...] Der Fuß glich dem Torso irgendeiner Venus aus parischem Marmor, der sich inmitten der Trümmer einer eingeäscherten Stadt erhebt.«

Wahrscheinlich hat die Bestürzung der beiden Maler Frenhofer zutiefst erschüttert und sein Selbstvertrauen ins Wanken gebracht. Er starb in derselben Nacht, nachdem er all seine Gemälde verbrannt hatte.

Obwohl uns kein einziges seiner Werke bekannt ist, hat Frenhofer nachhaltigen Einfluß auf viele Künstler ausgeübt. Cézanne betrachtete ihn als Vorläufer. John Rewald spricht in seiner Biographie von der »spirituellen Ähnlichkeit« zwischen beiden Malern, die so groß gewesen sei, daß man unmöglich ausmachen könne, ob Cézanne in Frenhofer ein Echo seiner eigenen Ideen fand oder diese von ihm entlehnt hat. Auch Picasso bewunderte ihn. Frenhofers unbekanntes Meisterwerk regte ihn mit siebenundachtzig zu zwei Radierungen an. [EB]

[Honoré de Balzac, *Le Chef d'œuvre inconnu* (dt. *Das unbekannte Meisterwerk*), 1831/1837]

**Frescobaldi, Prospero** *genannt Ardinghello; *Florenz, um 1550; †nach 1578*

Florentinischer Maler aus der zweiten Hälfte des 16. Jahrhunderts. Prospero Frescobaldi, genannt Ardinghello, stammte von den Adelsfamilien der Frescobaldi und Albizzi ab. Er war Schüler von Giorgio Vasari, verließ jedoch schon früh seine Vaterstadt und zog nach Venedig, wo er die Werke Tizians studierte und sich mit Paolo Veronese anfreundete. Nach seinen eigenen Angaben suchte er Zuflucht in der Lagunenstadt, um sich »nach den toskanischen Gerippen [...] am venezianischen Fleische zu weiden«. Er verteidigte die venezianische Farbenfülle gegen das florentinische Primat von Zeichnung und Form. »Das Zeichnen ist bloß ein notwendiges Übel [...] die Farbe das Ziel, Anfang und Ende der Kunst«, behauptete der junge Maler. Das Lebendige mit all seinen feinen vermischten Farbtönen und schwindenden Umrissen könne keine bloße Linie fassen. Ardinghello machte in Venedig zahlreiche Studien von Mädchenköpfen, von badenden, laufenden und sich balgenden Knaben sowie von Rücken, Schenkeln und Beinen. Wenige seiner Figuren trugen Kleider, gemäß Ardinghellos Auffassung, daß die Kunst in der Darstellung des Nackten ihre größten Triumphe gefeiert habe.

Zusammen mit dem Venezianer Benedikt, den er vor dem Ertrinken gerettet hatte, reiste Ardinghello nach Sirmio am Gardasee, wo er für die Mutter seines Freundes eine *Flucht nach Ägypten* malte, seine erste Auftragsarbeit. Anscheinend vereinigte das Gemälde so unvergleichlich himmlische Schönheit und betörende Sinnlichkeit, daß Benedikt das religiöse Thema darüber vergaß und die Madonna als eine reizende Frau beschrieb, die ihr erstes Kind in den Armen hält. In Sirmio begann Ardinghello auch mit Porträts von Cäcilia, zu der er eine heimliche Beziehung hatte, und von ihrem Verlobten Mark Anton G. Beim Porträt seiner Geliebten beschränkte sich der Maler auf eine summarische Vorzeichnung; das fertige Bild vereinte Sinnenfreude mit psychologischer Tiefe und zeichnete sich durch außergewöhnliche Lebendigkeit aus. Das *Porträt von Mark Anton* blieb unvollendet, nachdem Ardinghello entdeckt hatte, daß dieser für die Ermordung seines Vaters verantwortlich gewesen war. Am Tag der Hochzeit von Cäcilia und Mark Anton übte er Blutrache und flüchtete nach Genua.

Prospero Frescobaldi hörte schon früh zu malen auf. Er hatte sich davon überzeugt, daß – trotz seiner Bewunderung für Tizian, Veronese und später für Raffael – das eigentliche »Kernleben der Kunst« vorüber war, das von Perikles bis zum Tod Alexanders des Großen gedauert hatte. »Ach, wir sind so weit von der Natur abgewichen und von der wahren Kunst zurück«, klagte er , »daß wir fast insgesamt einen bekleideten Menschen für schöner halten als einen nackten!« Ardinghello verabscheute die »gotische Moral« seiner Zeit, eine Moral, die das universelle Gesetz der Liebe aus dem Auge verliere, die edlen Triebe des Menschen zähme und die Vollkommenheit des nackten menschlichen Körpers verhülle. Bei den alten Griechen hingegen habe die freie, sinnliche Schönheit Triumphe gefeiert in den Gymnasien, in der Liebe und in der Kunst. »Zu der Zeit, wo die Menschen am mehrsten lebten und genossen, war die Kunst am größten.«

Wo Lust und Leben nicht frei dahinströmen könnten, müsse die Kunst den kürzeren ziehen.

Ardinghello betätigte sich nach seiner kurzen künstlerischen Laufbahn auf den verschiedensten Gebieten. Er dichtete, begleitete sich selbst auf der Zither und war ein Meister im Lauten- und Gitarrenspiel. Daneben zeichnete er sich im Kampf und in verschiedenen Sportarten aus. Nachdem Cosimo I., Großherzog der Toskana, 1574 gestorben war, trat Ardinghello in den Dienst von Francesco I. de' Medici als Architekt und Verwalter der Kunstsammlungen. Er beschäftigte sich mit der Einrichtung der Uffizien und drückte dem florentinischen Kultur-, Sport- und Erziehungswesen seinen – recht fortschrittlichen – Stempel auf. Seine dionysische Lebensphilosophie sollte Ardinghello in der Gründung eines utopischen Staates auf den griechischen »glückseligen Inseln« Paros und Naxos verwirklichen, zusammen mit jungen, tapferen Römern, blühenden römischen Grazien – unter ihnen seine Geliebte Fiordimona, »eine Virtuosin in der Kunst der Liebe« – und Künstlern. Theoretisch gründete sich dieses Reich der Sinne auf eine großzügige Mischung aus Naturreligion und antiker Philosophie. In der Praxis herrschten freie Liebe, Gütergemeinschaft, eine elitäre Demokratie und eine eingeschränkte Form der Emanzipation im politischen Entscheidungsprozeß. Ebensowenig wie von Ardinghellos Werk haben sich von diesem neugriechischen Paradies Spuren erhalten. [DP]

[Wilhelm Heinse, *Ardinghello und die glückseligen Inseln,* 1787]

**GACOUGNOL, PÉLOPIDAS-ANARCHIS** *tätig in Frankreich; † 1880*

Französischer Künstler. Gacougnol war Maler, Bildhauer, Zeichner, Dichter, Musiker und Kritiker. Die Fabeln La Fontaines gaben das Thema für mehrere Gemälde und Stoff für ein halbes Dutzend Reliefs. In illustrierten Zeitschriften veröffentlichte er eine Reihe Karikaturen. Gacougnol war der Erfinder der »Büste von Milo«: die Darstellung eines berühmten Mannes in Bronze oder Marmor vom Scheitel bis zum Nabel, aber ohne Arme, was nach Meinung des Künstlers dem Abbild einen Zug großartiger Unerschütterlichkeit gab. Trotz seiner hohen Ideale – »Ich gehöre nur meiner eigenen Schule an. Es ist mein Ehrgeiz, Pélopidas Gacougnol zu sein und kein anderer« – hielt er sich für einen »großen gescheiterten Künstler«. Er verzettelte sich und vergeudete seine wahren Talente durch ein Übermaß an Phantasie. Trotzdem war er nicht ganz ohne Erfolg. Er war bei allen beliebt, in seinem Atelier traf sich regelmäßig eine bunte Gesellschaft, unter ihnen der Maler Lazare Druide, der naturalistische Schriftsteller Folantin, der katholische Pamphletist Marchenoir und der Miniaturenmaler Léopold (siehe dort).

1879 verpflichtete Gacougnol die junge Clothilde Maréchal als Modell für ein Gemälde, das die heilige Philomena von Löwen bedroht darstellen sollte. Clothilde, Tocher einer ehemaligen Prostituierten und eines brutalen Stiefvaters, war trotz aller Entbehrungen und harten Prüfungen ein kindliches, frommes Geschöpf geblieben. Als der Maler sie aufforderte, ihm nackt zu sitzen, weigerte sie sich und brach tränenüberströmt zusammen. Die Unschuld des Mädchens rührte Gacougnol, er nahm sich ihrer an, kleidete sie ein und brachte sie, ohne auf das Gerede der Leute zu achten, in einer Pension unter. Clothilde, deren Leidensfähigkeit noch von ihrem frommen Streben nach der Erlösung in Jesus Christus übertroffen wurde, wurde dem alten Junggesellen immer unentbehrlicher – nicht länger als Modell, sondern als Gesellschaftsdame. Das Glück war jedoch von kurzer Dauer. Nachdem Clothildes satanische Mutter ihre Tochter, unter dem Vorwand, sie liege im Sterben, ins Haus zu locken versuchte, um ihr Geld abzuschwatzen, entschloß sich Gacougnol, sie zur Rede zu stellen, wurde aber vom Stiefvater erstochen. Clothilde, die wenig später Léopold heiratete, pflegte Gacougnols Grab liebevoll. [RH]

[Léon Bloy, *La Femme pauvre* (dt. *Die Armut und die Gier*), 1897]

**Gallens, Geerten** **Belgien, tätig in den dreißiger und vierziger Jahren des 20. Jahrhunderts*

Belgischer Künstler. Wohnte (und arbeitete) in dem malerischen Dorf Wierebeke in den flämischen Ardennen, wo er nebenbei das Wirtshaus »Schampavie« betrieb. Bekannt geworden ist Gallens wohl vor allem durch seine unverblümten

Aussprüche über Kunst und Künstler. Die Moderne habe nur »modische Verrücktheiten« hervorgebracht. Constant Permeke habe einen Eimer Scheiße genommen und sie mit einer Bürste auf die Leinwand geschmiert; Frits van den Berghe habe Mißgeburten geschaffen, schlimmer noch als Picasso: Menschenaffen, Neger und Monstren, Augen und Nasen wirr durcheinander; Gust de Smet habe Gesichter wie nackte Ärsche gemalt; und so weiter.

Gallens war radikaler Traditionalist. In seinem Atelier, dessen breite Fenster das für einen Maler so wesentliche Nordlicht hereinließen und einen großartigen Blick auf die ostflämische Hügellandschaft boten, malte er hauptsächlich Schneelandschaften unter einem grellroten Abendhimmel. Sie zeichnen sich durch die Genauigkeit der Detailwiedergabe aus, wobei Gallens oft mit einfachen Mitteln arbeitete. So strich er etwa mit einem Streichholz etwas Farbe zu einem mustergültigen Baum aus. »Mit den einfachsten Mitteln kommt man am weitesten«, pflegte er zu sagen, »selbstverständlich nur, wenn man seinen Stil kennt.« Zu Unrecht wurde gelegentlich behauptet, er würde mehr im Ausland als in seiner Heimat geschätzt. Manche seiner Werke wurden in der Zeitung *Ons Volk* in Farbe abgedruckt, und *De Gentenaar* sprach von der »stillen Ergriffenheit«, die seine Bilder hervorriefen. Der Kunstkritiker Marnix de Puydt – der »Fürst der westflämischen Literatur« – war stolzer Besitzer einer Schneelandschaft des Künstlers. [BM]

[Hugo Claus, *Het verdriet van Belgie* (dt. *Der Kummer von Flandern*), 1983]

**Gamelin, Évariste** *tätig um 1789*
Französischer Maler, der anfänglich noch ganz im traditionellen Stil seiner Zeit höfische Szenen in der Manier von Watteau und Fragonard malte, diese Malerei jedoch bald unter dem Einfluß des revolutionären Gedankenguts als Ausdruck höfischer Verderbnis ablehnte. Starr und geradlinig wie er war, besaß er auch wenig Talent für erotische Sujets. Nach dem Vorbild seines Meisters David, des Führers der neuen Schule, ließ er sich von den Etruskern und Römern inspirieren und malte antike Allegorien. Sein *Herkules, der die Hydra der Tyrannei zerschmettert* und sein *Tyrann, von den*

*Furien bis in die Unterwelt verfolgt* entbehren nicht einer gewissen Größe, ebensowenig wie *Elektra an Orests Krankenlager,* wohl Gamelins bestes Werk. In der Darstellung des schönen, tragischen Orest, dem seine Schwester Elektra mit rührender Gebärde die wirren Haare aus der Stirn streicht, ist das ungeheure Leid des Muttermörders spürbar.

Gamelin vertrat die Ansicht, auf die Blüte der französischen Malerei, vertreten durch Claude Lorrain und Poussin, sei ein deutlicher Niedergang gefolgt, Ausdruck des allgemeinen sittlichen Verfalls unter der Monarchie. Erst als die Revolution die Académie abschaffte, habe sich eine eines freien Volkes würdige Kunst entwickeln können. Gamelin vermochte sich jedoch nie über den Status eines recht zweifelhaften Malers zu erheben: es fehlte ihm schlichtweg an Geld für Material und Modelle. Für die französische Kunst gab es 1790 keinen Absatzmarkt in Europa, und unter dem Einfluß der ökonomischen und politischen Krise schwand auch in Frankreich selbst das Interesse an der Malerei. Nur Ausnahmetalenten wie Gérard, Regnault oder David glückte es hin und wieder, ein Bild zu verkaufen. Alle ehrgeizigen Projekte des Malers blieben im Stadium des Entwurfs stecken.

Gamelin war Mitglied der Sektion Pont-Neuf, er verehrte Marat und später Robespierre und nahm aktiv teil an den revolutionären Ereignissen. Um den Lebensunterhalt für sich und seine Mutter zu verdienen, entwarf er ein patriotisches Kartenspiel, bei dem er die Könige, Damen und Buben des Ancien régime durch Genien und Gestalten der Freiheit und Gleichheit ersetzte. Der Kunsthändler Jean Blaise versprach sich keinen großen kommerziellen Erfolg und lehnte es ab, die Karten in Kupfer stechen zu lassen. Gamelins Not linderte sich erst, als er zum Geschworenen des Revolutionstribunals ernannt wurde, das zwischen dem Sommer 1793 und 1794 für die Schreckensherrschaft verantwortlich war und etwa vierzigtausend sogenannte Feinde der Revolution und Handlanger des Auslands hinrichten ließ. Gamelin gehörte zu denjenigen, die Königin Marie-Antoinette zum Tod verurteilten; am 16. Oktober 1793 wurde sie schließlich hingerichtet.

Mit der Zeit nahm die Guillotine für Gamelin fast religiöse, mystische Züge an: Man sei den Verbrechern ihre Bestrafung geradezu schuldig, sie ihnen vorzuenthalten sei das eigentliche Verbrechen. »Heilige Guillotine, rette das Vaterland«, lautete seine Devise. Nach der Hinrichtung des letzten Schurken könne sich die ganze befreite Menschheit an der ewig währenden Festtafel niederlassen. Doch die Revolution fraß ihre eigenen Kinder: Danton, Desmoulins, Hébert, Chaumette. Und auch Gamelin. Nachdem er seinen verarmten Nachbarn Brotteaux, seine Gönnerin de Rochemaure und sogar seinen Schwager Chassagne aufs Schafott geschickt hatte – »Aus kindlicher Liebe habe ich das unreine Blut der Feinde meines Vaterlands vergossen« –, wurde er am zehnten Thermidor enthauptet, gleichzeitig mit dem harten Kern der Jakobiner. Am Tag zuvor, nachdem Robespierre und die Seinen im Hôtel de Ville verhaftet worden waren, hatte er einen Selbstmordversuch unternommen, der mißglückte: Das Messer prallte an einer Rippe ab. Gamelins Bilder wurden von einem Trödler gekauft. So konnten sie wenigstens anderen Künstlern noch als Leinwand dienen. [RH]

[Anatole France, *Les Dieux ont soif* (dt. *Die Götter dürsten*), 1912]

**GARAY, ANTÁRTIDO A.** **Argentinien, um 1905*
Während die meisten argentinischen Künstler der zwanziger und dreißiger Jahre des 20. Jahrhunderts krampfhafte Versuche unternahmen, die Formensprache der europäischen Moderne mit den einheimischen Ausdrucksformen zu verbinden, schuf Antártido A. Garay Werke von verblüffender Originalität und Radikalität. Teilweise läßt sich dies vielleicht aus seinem Umgang mit bahnbrechenden Literaten wie Federico Juan Carlos Loomis, Gervasio Montenegro und H. Bustos Domecq erklären.

1929 machte Garay zum ersten Mal durch eine Ausstellung im Salon der Kunstfreunde in Buenos Aires von sich reden, auf der Gipsabgüsse von Blättern, Früchten und Füßen zu sehen waren. Nur wenige verstanden, daß es nicht um die Plastiken selbst ging, sondern um den Raum beziehungsweise die Luft zwischen den Abgüssen. Auf einer späteren Ausstellung verschärfte sich dieses Konzept: Das Ambiente bestand jetzt nur noch aus einem kahlen Raum und einigen Häufchen Abfall, verteilt auf den Fliesen des Parketts. Garay wollte den Raum selbst fühlbar machen, die Häufchen dienten nur der Akzentuierung. Von der Presse aufgestachelte Besucher steckten den Ausstellungsraum in Brand, ein Schock, von dem sich Garay lange Zeit nicht erholen sollte. Erst in den sechziger Jahren trat er wieder an die Öffentlichkeit. Diesmal bestand sein Projekt aus einem an zwei Holzstangen befestigten Plakat mit der Aufschrift »Ausstellung von Skulpturen von Antártido A. Garay« auf einem der belebtesten Plätze von Buenos Aires. Das Werk selbst umfaßte den Raum, der von zwei Gebäuden an einer Kreuzung begrenzt wurde – es endete nicht mit den Dächern, sondern reichte bis in den Himmel. Die Höhe des Eintrittspreises, den ein Mitarbeiter Garays für die Besichtigung dieses immateriellen Kunstwerkes verlangte, löste stürmischen Protest aus und führte zu einer Klage der Sociedad Argentina de Arquitectos gegen den Künstler. Danach hieß es sogar, Garay wolle das gesamte Núñez-Viertel der Hauptstadt ausstellen, aber weder von diesen Plänen noch von Garay selbst hat man jemals wieder etwas gehört. Er hatte sich zum zweiten Mal und diesmal endgültig aus der Kunstwelt zurückgezogen. Sein Todesdatum (sollte er inzwischen gestorben sein) ist ebensowenig bekannt wie sein Geburtsdatum. [SL]

[Jorge Luis Borges und Adolfo Bioy Casares, *Crónicas de Bustos Domecq* (dt. *Chroniken und Neue Geschichten von Bustos Domecq*), 1967]

**Garnotelle** **um 1820 im Departement Rhône*
Französischer Maler. Garnotelle wuchs als Sohn eines Arbeiters in bescheidenen Verhältnissen auf, erhielt seine erste Ausbildung im Atelier von Langibout, wo er Anatole Bazoche (siehe dort) und Naz de Coriolis (siehe dort) kennenlernte. Von seinem Lehrmeister, Nachfolger Davids und Drollings, übernahm er die neoklassizistische Formensprache. Obwohl er ein begabter Zeichner war, blieben seine Komposition, sein Kolorit und seine Darstellungskraft mittelmäßig. Schon zu Lebzeiten betrachtete man ihn als Epigonen Davids. Seinen Erfolg verdankte er ausschließlich seinem Fleiß und seiner Gabe, sich dem herrschenden Geschmack anzupassen.

Garnotelles Laufbahn nahm einen ersten Aufschwung, als ihm die Jury des Prix de Rome 1844 den ersten Preis für Arbeiten zuerkannte, die auf stereotype Weise das Thema jenes Jahres behandelten – die Verteidigung des Kapitols während der Belagerung durch Brennus. Die umstrittene Entscheidung – anfänglich hatte Garnotelle nur auf dem dritten Platz gelegen – war auf Intervention angesehener Persönlichkeiten seiner Heimatprovinz, auf das Renommee Langibouts und auf die Voreingenommenheit der Jury gegen den haushohen Favoriten und Liebling des Pariser Publikums Lamblin zurückzuführen. Ein Aufenthalt in Rom, aber auch die Unterstützung der Société de l'Oignon, eines Klubs ehemaliger Prix de Rome-Sieger, verschafften ihm gesellschaftliche Beziehungen insbesondere zu den orleanistischen Kreisen der Hochfinanz und der Aristokratie. In seinem luxuriösen Atelier im Quartier Saint-Georges spezialisierte er sich, neben den obligatorischen Beiträgen zum jährlichen Salon, hauptsächlich auf Frauenporträts.

Sein Erfolg bei den weiblichen Angehörigen der Pariser Elite rührte von seinen unauffälligen, bescheidenen, aber eleganten Auftritten in den Salons her. Er maßte sich das distinguierte Äußere eines Aristokraten an, profitierte jedoch gleichzeitig von seiner Aura als Künstler: Seine Zerstreutheit im Gespräch wirkte verführerisch. Garnotelle verstand es vortrefflich, sich seine etwas kränkliche, charmante Erscheinung zunutze zu machen. Seine Heirat mit einer moldawischen Prinzessin tat ein Übriges.

1855 bewarb Garnotelle sich erfolgreich um die Aufnahme in das Institut de France. In den darauffolgenden Jahren verkehrte er in den Kreisen des Kultusministeriums, was ihm wichtige staatliche Aufträge eintrug. [BK]

[Edmond und Jules de Goncourt, *Manette Salomon,* 1867]

**Glover, Blanche** *† Putney, London, 26. Juni 1860*
Britische Malerin und Graphikerin. Bekannt wurde Blanche Glover vor allem durch Holzschnitte, die sie als Illustrationen zu Erzählungen der britischen Autorin Christabal LaMotte machte: *Tales for Innocents, Tales told in November* und *Orisons.*

Glover begegnete LaMotte bei einem Vortrag Ruskins. Beide Frauen trafen sich in ihrer Liebe zur Kunst und Literatur und beschlossen, zusammen ein Haus an der Mount Ararat Road in Richmond, Surrey, zu beziehen. Diese Bekanntschaft bewahrte Glover vor dem Schicksal eines Lebens als Gouvernante. Die Literaturwissenschaftlerinnen Leonora Stern und Maud Bailey, die dem Werk von Glover und LaMotte eine Studie widmeten, schließen eine lesbische Beziehung nicht aus. Auf jeden Fall führte die Freundschaft zu einer fruchtbaren künstlerischen Zusammenarbeit, die ein abruptes Ende nahm, als sich zwischen LaMotte und dem verheirateten Dichter Randolph Henry Ash ein Liebesverhältnis entwickelte. Aus Glovers Tagebüchern geht hervor, daß sie sich der Bedrohung durch Ash bewußt war. »Ein Kobold schleicht um unser Haus. Er zerrt an den Läden, er poltert und schnaubt vor der Tür.«

Glovers Leben endete tragisch. Sie hatte Schulden, es gelang ihr nicht, ihre Arbeiten zu verkaufen und sie war zu dem Schluß gelangt, daß ihre künstlerische Zusammenarbeit mit LaMotte keine Zukunft hatte. Am 26. Juni 1860 sprang sie in Putney von der Brücke in die Themse, mit nassen Kleidern und großen Steinen in den Taschen. Sie hinterließ LaMotte siebenundzwanzig Gemälde, unter ihnen *Christabel vor Sir Leoline* und *Merlin und Viviane.*

Über letzteres schrieb LaMotte an Ash: »Wir setzen große Hoffnungen in das Werk – welches aus Andeutungen und der Kraft der Örtlichkeit allein bestehen soll.« Glover selbst war jedoch mit dem Bild nicht ganz zufrieden. »Was bewegt uns dazu, das, was rohe Kraft ausdrücken sollte, als zierlich darzustellen? [...]

Ich male so kraftlos, als wären meine Arbeiten bemaltes Glas, das von rückwärts beleuchtet und belebt werden muß, und doch gibt es dieses Rückwärts nicht. Oh, es mangelt mir an *Kraft.*«

Glovers Bilder sind verschollen. Alles, was von ihrem Schaffen blieb, sind ihre Illustrationen, ihr Tagebuch und ein Abschiedsbrief (im Women's Archive, Lincoln Library, Lincoln University, England). [CF]

[A. S. Byatt, *Possession* (dt. *Besessen*), 1990]

**Gombauld** **um 1890*
Englischer Maler provenzalischer Abstammung. Er wurde einmal beschrieben als »ein schwarzhaariger junger Korsar von etwa dreißig Jahren, mit blendenden Zähnen und leuchtenden großen dunklen Augen«. Gombauld vertrat ausgesprochen vitalistische Auffassungen. »Die Fülle des Lebens, das ist es, was wir brauchen«, meinte er, »ich liebe die wuchernde Vermehrung. Alles müßte wachsen und sich vermehren, soviel es nur kann.« Unfruchtbarkeit erschien ihm als unnatürlich und als Sünde gegen das Leben.

Wie so viele seiner Generation war Gombauld vom Ersten Weltkrieg geprägt, den er bezeichnete als einen »so gründlichen Urlaub von allem gewöhnlichen Anstand und gesunden Menschenverstand, von allen alltäglichen Gefühlen und Beschäftigungen, wie man ihn sich nur wünschen kann«. Kurz nach dem Krieg hielt er sich eine Zeitlang als Gast auf dem Landgut Crome auf, wo er mit verbissener Konzentration täglich sechs oder sieben Stunden in einer leerstehenden Scheune malte.

Vom Kubismus hatte er sich damals bereits verabschiedet. Er hatte zunächst in seinen Bildern die Natur formalisiert, dann war er allmählich zur Welt reiner Formen vorgestoßen, bis er schließlich nur noch seine Gedanken malte, materialisiert in abstrakten geometrischen Formen. Da sich für ihn die abstrakte Malerei als Sackgasse erwies, kehrte er zur figurativen Kunst zurück. Das Werk seines Zeitgenossen Tschuplitski (siehe dort), der zur »reinen Abstraktion« vorgestoßen war und zu malen aufgehört hatte, kommentierte er ironisch, indem er eine Kippe wegwarf, mit dem Fuß darauf trat und sagte: »Tschuplitski ist fertig mit der Malerei. Ich mit meiner Zigarette. Aber ich mache mit der Malerei weiter.«

Obwohl Gombauld dem Kubismus den Rücken gekehrt hatte, übte dieser einen bleibenden Einfluß auf ihn aus; er bewahrte ihn vor einer exzessiven Naturanbetung. Von der Natur übernahm er die reichen, schwierigen, hochentwickelten Formen, aber sein Ziel blieb es, sie zu einem Ganzen zu verbinden, das die erregende Einfachheit und Formelhaftigkeit einer Idee hätte – Wirklichkeitsnähe verbunden mit einer ebenso großartigen Vereinfachung. Die wunderbaren

Leistungen Caravaggios ließen ihn nicht los: eine pulsierende, lebendige Realität, die aus dem Dunkel herauswuchs und sich aufwarf zur leuchtenden Reinheit einer mathematischen Idee. Den Einfluß Caravaggios, insbesondere dessen *Bekehrung Sauls,* bezeugt ein Gemälde von einem Mann, der von seinem Pferd gestürzt ist: ein großer Schimmel füllt die obere Hälfte des Bildes aus, auf dem Boden liegt, in perspektivischer Verkürzung gezeichnet, zwischen den Beinen des Tieres die Gestalt des Mannes, weißes Licht von einer Quelle im rechten Vordergrund sorgt für den Licht-Schatten-Effekt.

In dieser Zeit malte Gombauld auch ein Blumenstilleben, eine kleine Landschaft und das Porträt einer gewissen Anne, die ebenfalls auf Crome zu Gast war. Er malte sie in der Pose, die sie spontan bei der ersten Sitzung eingenommen hatte: seitlich auf dem Stuhl sitzend, den Ellbogen auf die Rückenlehne gestützt, in einer Haltung lässiger Selbstvergessenheit. Auf dem Bild sind die Umrisse ihres Körpers stark betont, die Linien sacken zum Bildmittelpunkt hin ab, die Grazie ihrer Gestalt scheint in eine Art Erschlaffungszustand überzugehen. Die Hand neben dem Knie ist so leblos wie ein Handschuh, das Gesicht ist eine ausdruckslose Maske. Das Bild war zwar, wie der Maler selber fand, ein dem Modell sehr ähnliches Porträt, aber zugleich auch die boshafteste Lüge. [SJ]

[Aldous Huxley, *Crome Yellow* (dt. *Eine Gesellschaft auf dem Lande*), 1921]

**GORDON** * *Vereinigte Staaten?;*
*tätig Anfang des 20. Jahrhunderts*

Bildhauer. Arbeitete zurückgezogen in einem Studio in New Orleans, wo er nur selten Besuch von befreundeten Bildhauern empfing. Sein bekanntestes Werk ist ein Frauentorso aus schwarzem Marmor, von Talliaferro, einem Freund des Künstlers, als Bildnis der Jugend interpretiert, als Verkörperung von »etwas Schönem, Hartem und Reinem in der Welt«, jedoch ohne objektive Bedeutung. Letzterem widersprach Gordon entschieden. Der Torso stelle sein Idealbild einer Frau dar: eine Jungfrau ohne Beine, um ihm davonzulaufen, ohne Arme, um ihn festzuhalten, ohne Kopf, um mit ihm zu reden. Ansonsten waren Diskussionen über Kunst seine Sache nicht. Wiederholte Angebote der achtzehnjährigen Patricia Robyn, die Plastik zu kaufen, lehnte der Künstler ab; als sie nicht lockerließ, versohlte er ihr den Hintern.

Der Reinheit der Form galt Gordons ganze Leidenschaft. Gordons Freunde machten sich wegen seines Einsiedlerlebens Sorgen um ihn und mühten sich redlich, ihn unter Menschen zu bringen. Der Schriftsteller Dawson Fairchild meinte hierzu: »Man kann nicht die ganze Zeit Künstler sein. Da wird man verrückt.« [BB]

[William Faulkner, *Mosquitoes* (dt. *Moskitos*), 1927]

**Goulot, Elvire** *★Maisons-Laffitte; tätig in der ersten Hälfte des 20. Jahrhunderts*

Französische Malerin. Als junges Mädchen lebte Elvire Goulot einige Zeit in Sankt Petersburg, wo sie Zeichnungen von Blumen, Pferden und Ferkeln anfertigte. Sie kolorierte sie und verwendete sie als Briefpapier. Später kehrte sie zurück nach Paris, wo sich gerade radikale Neuerungen in der Kunst vollzogen. Es war die große Zeit von Montmartre und des Café »La Coupole«. Goulot verkehrte in den Kreisen der Avantgarde und hatte Verhältnisse mit verschiedenen männlichen – und weiblichen – Malern, unter ihnen Pablo Canouris (siehe dort), zu dem sie Kontakt suchte, als dieser sich einen Namen zu machen begann. Sie hoffte, von seinem Ruhm zu profitieren. Canouris seinerseits reizte anfänglich vor allem Goulots künstlerische Begabung. Ihr Verhältnis führte zu einer wunderbaren Serie Aktbilder von seiner Hand – und zu einem mißlungenen Selbstmordversuch Goulots.

Die Malerin selbst schätzte ihre künstlerischen Qualitäten niedriger ein, als die Öffentlichkeit es tat. Vor allem ihre Stilleben fanden Anerkennung. Ihr Werk zeichnet sich durch sublime Phantasie und unverkennbare Kraft aus. Ein ausgezeichnetes Beispiel hierfür sind ihre wunderbar gemalten Sträuße schwarzer Margeriten. Berühmte Zeitgenossen haben sich von Goulot verewigen lassen. So schuf sie ein Doppelporträt des Dichter-Malers Anatole de Saintariste und seiner Freundin Corail. Ein Teil ihres Œuvres ist durch ihren unkonventionellen Lebenswandel verlorengegangen, denn die Liebhaber, denen sie ihre Bilder schenkte, rächten sich nach dem Ende der Beziehung an ihren Werken.

Nach 1916 widmete sich Goulot zum ersten Mal ernsthaft und ganz ihrer Karriere, und der Erfolg stellte sich bald ein. Man hat diese künstlerische Blüte auf ihren Entschluß zurückgeführt, sich ihre mormonische Großmutter zum Vorbild zu nehmen und einen umgekehrten Mormonismus zu praktizieren, nämlich sich einen männlichen Harem zu halten. [JPVDS]

[Guillaume Apollinaire, *La Femme assise* (dt. *Die sitzende Frau*), 1920]

**GRANCEY** **vor 1830; tätig in Paris; † nach 1848*
Französischer Maler. Grancey gehörte zu der Armee von Künstlern der Generation von 1830, die sich hinter die gleiche Fahne geschart, von den gleichen Siegen, den gleichen Leidenschaften gelebt und oft unter dem gleichen Dach gewohnt hatten. Diese Zeit lag Grancey sehr am Herzen. Er konnte auf unvergleichliche Art von ihr erzählen, mit dem gleichen Feuer, mit dem er über die glänzenden Zeiten der Romantik sprach. Er schwärmte von den kindlichen Torheiten, den Überzeugungen, der Kameradschaft und von der allgemeinen Begeisterung, von der sie alle entflammt gewesen waren. Und er trauerte um diese Zeiten. Die politischen Ideale der Revolution von 1848 zogen ihn noch einmal in ihren Bann, aber als sie erloschen, wurde er gleichgültig und verlor seine Inspiration.

Grancey hatte einen sanftmütigen und liebenswerten Charakter, aber er war grüblerisch und melancholisch. Seine Trauer war gelassen, leidenschaftslos, fast heiter; sie hatte ihn nicht verbittert. Seine Melancholie verließ ihn nie ganz. Er machte sich Sorgen über seine Zukunft: daß er plötzlich krank werden oder keine Arbeit mehr haben könnte. Viele Freunde, hochbegabte Künstler, hatte das 19. Jahrhundert auf dem Gewissen, wie Gérard de Nerval, der sich erhängte, oder Tony Johannot, für dessen Begräbnis sie alle aufkommen mußten. Grancey war im übrigen der Ansicht, daß der Mensch im allgemeinen dumm sei, da er ständig unerreichbaren Zielen nachjage. Warum könne man nicht einfach wie ein Bürger glücklich sein, den es sonntags aufs Land ziehe, oder wie Camille Corot, der die schönen Farben suchte und fand?

Der Charakter des Malers drückte im Lauf der Zeit auch seinem Werk den Stempel auf. Das strahlende Leben seiner mythologischen Szenen, die triumphierenden Darstellungen von Göttern und Göttinnen mit ihren glänzenden elfenbeinernen, rosafarbenen Gliedern – wohin war all das entschwunden? Eine Wolke schob sich vor die Leinwand. Es war wie die Dämmerung, die lautlos am Ende des Tages in das Atelier eindringt und die Wände, die Geräusche und die klare Form der Dinge verschleiert – indem sie erst einen leichten Schatten wirft und schließlich alles in tiefe Nacht hüllt. Grancey hatte das Licht des Südens durch fahle Himmel ersetzt, durch schwermütige Landschaften, öde Seen, tote Gewässer und bleiche Felsen. In diesem geheimnisvollen nächtlichen Theater der Natur beschworen seine krankhaften Grillen und pechschwarzen Träume unwirkliche Erscheinungen, dunkle Wälder voll fliegender Hexen oder Larven, die ihn heimsuchten wie die Versuchungen des heiligen Antonius. [AF]

[Emond und Jules de Goncourt, *Charles Demailly,* 1860]

**Grassou, Pierre** *genannt Fougères;*
**Fougères, 1792 oder 1793; †Paris, nach 1845*

Französischer Maler, aus Fougères (Bretagne) gebürtig. Sohn eines royalistischen Anhängers der Aufstände der Chouans (ab 1793). Nach Paris geschickt, um als Lehrling bei einem Farbenhändler zu arbeiten, entschloß er sich – nach eigener Aussage aus bretonischer Dickköpfigkeit –, Maler zu werden. Er ging bei Sommervieux (siehe dort) und Schinner (siehe dort) in die Lehre. Sein erstes Bild, das er für den Salon von 1819 einreichte, wurde abgelehnt und später von dem jüdischen Kunsthändler Elie Magus für nur fünfzehn Francs gekauft. Joseph Bridau (siehe dort), mit dem er sich anfreundete, machte ihn auf seine künstlerischen Fehler aufmerksam.

Um 1828 verlegte Grassou sich auf Porträts für die Bourgeoisie; die großen Formate waren seiner Ansicht nach gänzlich aus der Mode. Sein Durchbruch erfolgte im Jahr 1829, als sein Bild *Die letzte Toilette eines 1809 zum Tode verurteilten Chouan* auf Fürsprache von Lora (siehe dort), Schinner und Bridau auf dem Salon gezeigt und vom Hof erworben wurde.

Vom König, der damit ausdrücklich auch Grassous royalistischen Vater ehren wollte, erhielt der Maler das Kreuz der Ehrenlegion. Seitdem war er der erklärte Liebling der Pariser Bourgeoisie. Er malte unter anderem Porträts von den Familien Crevel, Thuillier und von Madame und Monsieur Vervelle, deren Tochter er heiratete. Innerhalb der Kunstwelt wurde er jedoch nie ernst genommen.

Mit seinem Leben ist eine merkwürdige Anekdote verbunden. Grassou entdeckte eines Tages, daß die Gemäldesammlung im Landhaus der Familie Vervelle zur Hälfte aus seinen eigenen Bildern bestand, das heißt aus Kopien nach Rubens, Potter, Mieris, Metsu, Dou und anderen, die Elie Magus Vervelle als Originalwerke zu Wucherpreisen verkauft hatte. [SH]

[Honoré de Balzac, *Pierre Grassou; Die Fischerin im Trüben; Die Börse; Tante Bette; Vetter Pons,* in: *Die Menschliche Komödie,* ab 1842]

**GREEF, JEF DE** **Niederlande, um 1924*
Aufgewachsen als Sohn eines Richters in Groningen, lehnte Jef de Greef sich schon früh gegen das bürgerliche Milieu auf und führte das Leben eines Bohemien. Kurz nach dem Zweiten Weltkrieg kam er nach Paris, wo er auf einem Schiff am Pont Marie wohnte – Schauplatz, so hieß es, zahlloser Orgien.

Eine Ausstellung seiner Bilder in einem kleinen Raum in der Rue de la Seine hatte nicht den erhofften Erfolg. Als am letzten Tag noch kein einziges Bild verkauft worden war, verbrannte der Maler sie alle. De Greef schlug sich als Hilfsarbeiter durch und illustrierte verbotene erotische Bücher.

Ende der vierziger Jahre tauchte er auf der Insel Porquerolles auf, wo er sich auf das Fälschen von Bildern verlegte, unter anderem von van Gogh. Über Philippe de Moricourt – ein Meisterbetrüger, spezialisiert auf alte, wohlhabende Frauen – wurden diese Fälschungen der reichen Engländerin Elien Wilcox für ihre Villa in Fiesole verkauft. Als der ehemalige Gangster Marcel Pacaud Wind von dem Handel bekam und einen Anteil verlangte, sah de Greef keine andere Lösung, als ihn kaltblütig zu ermorden. Nach dreitägigen Ermittlungen wurde er von Polizeikommissar Maigret ver-

haftet. De Greefs Freundin, Anna Bebelmans, nahm sich in der Untersuchungshaft das Leben. Kennern zufolge besaß de Greef ausgesprochenes Talent, er hätte einer der besten Maler seiner Generation werden können. Unumstritten ist, daß er ein ausgezeichneter Schachspieler war. [KBRO]
[Georges Simenon, *Mon ami Maigret* (dt. *Mein Freund Maigret*), 1952]

**GREGORY, DAN** *eigentl. Dan Gregorian; *Moskau, um 1890; † Sidi Barrâni, Ägypten, ca. 7. Dezember 1940*
Amerikanischer Zeichner armenischer Herkunft. Die Frau eines Künstlers namens Beskudnikow, Obergraveur der Kaiserlichen Russischen Münze, bewahrte ihn in Moskau vor einem Leben in der Gosse, ab seinem zehnten Lebensjahr arbeitete er in Beskudnikows Werkstatt. Als er fünfzehn war, waren alle von seinem Genie überzeugt, doch sein Meister wollte ihn nur unter der Bedingung zum Gehilfen befördern, daß er eine scheinbar unlösbare Aufgabe meistere: er müsse von Hand eine Rubelnote malen, die so gut sei, daß sie sogar Markthändler täuschen würde. Nach vielen vergeblichen Versuchen gelang es Gregorian, den Obergraveur übers Ohr zu hauen. Er brüstete sich damit, mit dem gefälschten Rubelschein eine Kiste Zigarren gekauft zu haben. Als Beskudnikow ihn um einen echten Schein bat, um den betrogenen Tabakhändler zu entschädigen, gab ihm Gregorian die perfekt gefälschte Rubelnote, die Beskudnikow ohne Argwohn gegen einen echten Geldschein tauschte. Gregorian hatte den Respekt vor Beskudnikow verloren und wurde Gehilfe bei einem anderen Meister, der sich vor allem auf den Seidensiebdruck spezialisiert hatte und Theaterplakate und Illustrationen für Kinderbücher machte.

1907 emigrierte Gregorian nach Amerika, wo er seinen Namen änderte und als Dan Gregory der wahrscheinlich bestbezahlte Zeichner der amerikanischen Geschichte wurde. Er illustrierte alle wichtigen Kinder- und Jugendbücher, von *Robinson Crusoe* über *Hiawatha* bis *Gullivers Reisen,* und lieferte Illustrationen für alle bedeutenden Zeitschriften seiner Zeit. Er hatte ein florierendes Atelier an der 48th East Street. 1933 nahm er auf Anraten seiner Geliebten Marilee Kemp den jungen Rabo Karabekian (siehe dort) in Dienst. Als

Gesellenprüfung sollte Karabekian zwar keinen Rubelschein fälschen, aber die ihm gestellte Aufgabe war nicht weniger schwierig: er sollte ein Bild vom Studio malen, das man nicht von einer Photographie unterscheiden könne. »Zeichne alles so, wie es in Wirklichkeit ist«, lautete Gregorys Wahlspruch. Ein anderer: »Der Kaiser hat keine Kleider«, wenn jemand etwas Positives über die sogenannte moderne Kunst äußerte. Gregorys tiefe Abneigung gegen die Moderne ging Hand in Hand mit seiner leidenschaftlichen Bewunderung für Mussolini. Zusammen mit Marilee Kemp und seinem Assistenten Fred Jones reiste er nach Italien, wo sie vom Duce wie Helden empfangen wurden. Die beiden Männer erhielten sogar die Genehmigung, in italienischer Uniform die Heldentaten der Soldaten auf der Leinwand zu verewigen. Beide fielen im Dezember 1940 bei Sidi Barrâni einer britischen Kugel zum Opfer. In Lubbock (Texas) befindet sich ein Gregorys Werk gewidmetes Privatmuseum. [KBRA]

[Kurt Vonnegut, *Bluebeard* (dt. *Blaubart*), 1987]

**GRILL, HANS** **Ostpreußen, vermutlich um 1870*

Deutscher Maler. Protegé eines alten Grafen, der sein Talent förderte und seine Karriere finanziell unterstützte. Grill erhielt von dem Grafen den Auftrag, dessen junge, schöne Frau Doralice zu porträtieren. Maler und Modell verliebten sich ineinander. Vom Grafen vor die Tür gesetzt, reisten Grill und seine Geliebte ein Jahr lang durch Italien, bevor sie sich in einem Fischerdorf an der Ostsee niederließen. Hans Grill fuhr in einer stürmischen Herbstnacht zum Fischfang aufs Meer hinaus und kam nicht wieder.

Grills künstlerische Laufbahn begann vielversprechend. Es ist unbekannt, ob er Kontakte zu anderen Malern seiner Zeit hatte, seine expressiven Farbkompositionen verraten jedenfalls den Einfluß von Edvard Munch. In Italien galt sein Hauptinteresse dem Werk Giottos. An der Ostsee stockte seine künstlerische Produktion. Er nahm regen Anteil an der kleinen Gemeinschaft der Fischer und griff nur noch selten zum Pinsel. Konfrontiert mit den ständig wechselnden Farbnuancen des Meeres, begann er an seinen künstlerischen Fähigkeiten zu zweifeln. Seine Unsicherheit hing auch mit den hohen Anforderungen zusammen, die er an sich stellte: Mit jedem Porträt wollte er einen Idealtypus schaffen, in dem alle möglichen Darstellungen enthalten wären, das Meer aber, so der Maler, habe »alle fünf Minuten ein anderes Gesicht«. Nach einer gewissen Zeit überwand er die Angst zu versagen: Er wandte sich von der Landschaftsmalerei ab und fand Befriedigung im Porträtieren der Dorfbevölkerung. Die Bilder verkaufte er mit einigem Erfolg. Aus nachgelassenen Briefen geht hervor, daß Grill die Absicht hatte, in München eine Kunstakademie zu eröffnen. Sein vorzeitiger Tod hat diesen Plan jedoch vereitelt. [IA]

[Eduard von Keyserling, *Wellen*, 1911]

**GUIDO** **Deutschland, um 1800*

Deutscher Maler, der um 1830 in der großen Kapelle eines fürstlichen Jagdschlosses tätig war. Er malte Fresken von betenden Gestalten in reichen, leuchtenden Gewändern. Ob die Wandmalerei seine Spezialität war, ist nicht bekannt, und kein anderes Werk hat sich von ihm erhalten. Guido war zu jener Zeit ein schöner junger Mann, der sich in der Theatergesellschaft zu Hause fühlte, die sich wie er eine ganze Weile in dem Schloß aufhielt. Guido verliebte sich in die Schauspielerin Kordelchen und fühlte sich berufen, ihre Bildungslücken zu schließen. Einige Zeit später tauchte er in Rom auf. Seine Beziehung zu Kordelchen erlitt Schiffbruch, sie lief mit einem Dichter davon. Nachdem ihn der Deutsche Grundling in verschiedenen Bildergalerien herumgeführt und mit einigen ortsansässigen Malern bekannt gemacht hatte, geriet Guido in eine schöpferische Krise. Vor den »übermächtigen« alten Gemälden im Atelier der deutschen Meister erkannte er, daß er noch nichts zustande gebracht hatte. Er zeichnete zwar noch in der Umgebung Roms zwischen Felsen und Ruinen, aber ob er sich zu einem ernsthaften Künstler entwickelt hat, ist unbekannt. [DP]

[Joseph von Eichendorff, *Dichter und ihre Gesellen*, 1834]

**GUIDO** **Turin, um 1910*

Italienischer Maler, gebürtig aus einem Dorf in der Nähe von Turin. In den dreißiger Jahren studierte er an der Kunstakademie der norditalienischen Stadt. Sein Atelier auf einem Dachboden war Treffpunkt von Künstlern und Kommilitonen. Guido fühlte sich in diesem Milieu wie ein Fisch im Wasser und schuf in dieser Zeit durchschnittlich ein Gemälde pro Woche. Als nach dem Ende seines Studiums die Gruppe auseinanderfiel, ließ seine Produktion merklich nach.

Guidos Œuvre besteht hauptsächlich aus Stilleben, Porträts und Landschaften. Seine Bilder zeichnen sich durch fließende Linien und eine intensive Beschäftigung mit den Ausdrucksmitteln Licht und Farbe aus. Daß Guido aus einer Familie von Bauern stammte und den größten Teil seiner Jugend auf dem Land verbracht hatte, ist von grundlegender Bedeutung für seine Malerei. Auf dem Land vermochte er seine besten Werke zu schaffen. Er pflegte zu sagen, daß er als Maler erst dann etwas leisten könne, wenn er auf einem Hügel stehe. Aus diesem Grund auch zog er Landschaftsbilder Frauenporträts vor: Frauen besäßen für ihn selten die Anziehungskraft oder die tiefe Vertrautheit, die von einem Hügel ausgehe. Er sprach von einem Gemälde, das er einmal schaffen wollte; ein Hügel und eine Frau vor einem neutralen, fast abstrakten Hintergrund in vollendeter künstlerischer Synthese. [BVDB]

[Cesare Pavese, *La bella estate* (dt. *Der schöne Sommer*), 1949]

**Gwyon, Wyatt** **Berlin, Connecticut, 1916*
Amerikanischer Maler, Sohn eines Pfarrers. Mit vier Jahren verlor Wyatt Gwyon seine Mutter, die während einer Schiffsreise von Boston nach Spanien an den Folgen einer falsch behandelten Blinddarmentzündung starb. Gwyon kam in die Obhut einer Tante, die ihn mit calvinistischer Strenge erzog und sein künstlerisches Talent im Keim zu ersticken suchte.

In seiner Jugend wurde Gwyon von einer schweren Krankheit geschlagen, und während der Monate der Genesung begann er zu malen. Schon damals zeigte sich seine Begabung, die ihn zur wahren Meisterschaft bringen sollte: seine Kopien alter Meister erlangten einen Grad der Perfektion, wie sie nur von regelrechten Fälschern erreicht wird. Unter anderem arbeitete er an einer Kopie von Hieronymus

Boschs Gemälde *Die sieben Todsünden,* das sein Vater in Spanien einem italienischen Conte abgekauft hatte. Das Studium der Theologie auf einem Priesterseminar brach Gwyon nach einem Jahr ab, um sich in Europa weiter auszubilden. Er finanzierte die Reise, indem er das Bosch-Gemälde gegen die Kopie tauschte und verkaufte, allerdings zu einem Spottpreis. In München studierte er bei Professor Koppel, der, wie sich später herausstellte, eines seiner Bilder als einen wiederentdeckten Memling veräußerte. Gwyon ging nach Paris, wo er von dem bekannten Kunstkritiker Crémer entdeckt wurde, der ihm anbot, gegen zehn Prozent vom Verkauf seiner Bilder für eine hervorragende Presse zu sorgen. Gwyon weigerte sich, erhielt negative Rezensionen und beschloß, der Kunstwelt den Rücken zu kehren.

Ende der vierziger Jahre kehrte Gwyon in die Vereinigten Staaten zurück, heiratete und arbeitete in New York als Bauzeichner und Restaurator alter Bilder. Doch bald darauf gab er seine Stelle wieder auf und trennte sich von seiner Frau. Im Auftrag des New Yorker Kunsthändlers Recktall Brown begann er, Bilder zu fälschen. Neueste Nachforschungen haben ans Licht gebracht, daß Brown eng mit dem angesehenen Kunstkritiker Basil Valentine zusammenarbeitete, der die von Brown bestellten Fälschungen zunächst lautstark anzweifelte, um sie einige Monate später nolens volens für authentisch zu erklären.

Gwyons Spezialität waren die alten flämischen Meister Hubert van Eyck, Dirk Bouts und Hugo van der Goes. Daneben vollendete er ein in seiner Jugend begonnenes Porträt seiner Mutter Camilla, für das ihm die schizophrene Dichterin Esmé Modell saß. Er verwendete es noch einmal in einem *Stabat Mater* und teilweise in dem Bild *Der Tod der Heiligen Jungfrau,* das eine begeisterte Kunstszene Hugo van der Goes zuschrieb. Nach einer schweren Krise verbrannte Gwyon sein *Stabat Mater.*

Versuche, die Machenschaften von Brown und Valentine aufzudecken, mißlangen. Auf einer turbulenten Weihnachtsparty stürzte Recktall Brown betrunken von einer Treppe und brach sich das Genick; Gwyon verletzte Valentine durch Messerstiche schwer. Am gleichen Tag wurde sein Vater in

eine Anstalt eingeliefert. Seitdem fehlt von Gwyon jede Spur. Einer recht gut untermauerten Hypothese zufolge reiste er unter dem Namen Stephan Asche nach Europa. Nach einem Aufenthalt in Madrid und Nordafrika soll er eine Zeitlang als Restaurator in dem Franziskanerkloster Real Monasterio de Nuestra Señora de la Otra Vez gearbeitet haben. [EB]
[William Gaddis, *The Recognitions* (dt. *Die Fälschung der Welt*), 1955]

**HAAKE, PAUL** ★*Schlesien, 1867; † Weinsberg, um 1900*
Schlesischer Bildhauer, tätig in Breslau. Jüngstes von zwölf Kindern einer Arbeiterfamilie, Ausbildung als Stukkateur. Als Paul Haake in sich die Berufung zur Kunst fühlte, besuchte er Gewerbe- und Kunstschulen. Einige Zeit war er als Handwerksbursche auf Wanderschaft. In seiner Jugend hatte der Bildhauer sich für Thorwaldsen begeistert und sich mit den Kunstanschauungen Winckelmanns vertraut gemacht. Er bewunderte Heinrich Danneckers *Ariadne auf dem Panther* (1803–14) und die *Kämpfende Amazone,* die August Kiß 1841 für das Alte Museum in Berlin schuf.

Mit achtundzwanzig Jahren gelang Haake der Durchbruch als bildender Künstler, als sein Lehrmeister Toberentz starb und er den von der Stadt Görlitz bestellten Monumentalbrunnen selbständig vollendete. Wichtige Aufträge folgten: ein Kriegerdenkmal in Gleiwitz und ein Monumentalbrunnen auf dem Platz hinter der Breslauer Universität. Er reiste nach Rom und besuchte in Florenz den berühmten Bildhauer Adolf Hildebrand, dessen klassizistische Grundsätze er jedoch ablehnte. Haake propagierte eine rohe Ursprünglichkeit, die er selbst für michelangeleske Größe hielt.

Die Werke für Breslau und Gleiwitz brachten ihm Anerkennung und Ruhm ein, aber Haakes Stern sank schon bald. Seine Liebe zu Wanda Schiebelhut, einer jungen Bettlerin, die er von der Straße aufgelesen hatte, wurde ihm zum Verhängnis. Er heiratete sie, und sie schenkte ihm ein Kind. Erst Wandas Körper in seiner jungfräulichen Kindhaftigkeit, so der Künstler, habe ihn die »Andacht zur Form« gelehrt. Sie konnte ihn zu »himmlischen Bronzen« inspirieren, aber seine Schaffenskraft erlahmte, als sie ihn (zweimal) verließ, um im Zirkus Flunkert als Kunstreiterin zu arbeiten. Haakes

Bemühungen, sie zurückzugewinnen, warfen ihn völlig aus der Bahn. Seine Trunksucht und seine Verbindung zur Zirkuswelt schadeten seinem Ruf. Um ein Haar wäre die Zusage einer Professur an der Breslauer Kunstakademie zurückgezogen worden, als pikante Details über Haakes Vergangenheit bekannt wurden.

Paul Haake schimpfte gelegentlich auf die Scheinwelt der Kunst und schwärmte für sein früheres Wanderleben. Auf seine Herkunft aus dem Arbeitermilieu wies weniger sein Schaffen hin als die eiserne Arbeitsmoral. »Halt's Maul, arbeite!« lautete seine Devise. Die schwersten Verrichtungen pflegte er selbst auszuführen; er stampfte und knetete selbst den trockenen Ton und formte die manchmal recht umfangreichen Tonmodelle selbst ab. Schließlich unterlag Haake seinem Dämon, wie er die krankhafte Leidenschaft zu Wanda bezeichnete. Seine letzten Tage verbrachte er im Zirkus Flunkert, den Wanda um keinen Preis verlassen wollte. Als er erfuhr, daß nicht er, sondern der Zirkusartist Balduin Flunkert der Vater seines Kindes war, kam es zu einem schrecklichen Kampf. Flunkert überlebte; Paul Haake fand man Tage später irreredend hinter einer Hecke. Er starb wahrscheinlich an einer Gehirnblutung. [DP]

[Gerhart Hauptmann, *Wanda* (zuvor unter dem Titel *Der Dämon*), 1927]

**HACKETT, TOD** *tätig in Kalifornien um 1930*
Amerikanischer Maler, Illustrator und Bühnenbildner. Er studierte an der Yale School of Fine Arts. Auf der Ausstellung der Absolventen fiel er einem Scout der Filmgesellschaft National Films auf, der ihn nach Hollywood einlud. Für eine ganze Reihe von Filmen entwarf Hackett die Dekorationen und Kostüme. Seine Erfahrungen in der Filmbranche und seine Bekanntschaft mit den Losern Hollywoods, den ausgebooteten Schauspielerinnen, den Schwindlern und den abgehalfterten Clowns, mit all den vereinsamten Männern und Frauen, die, so Hackett, nach Kalifornien gekommen waren, um zu sterben, inspirierten ihn zu dem visionären Bild *The Burning of Los Angeles.* Es ist deutlich von Goya, Daumier, Rosa und Guardi beeinflußt und zeigt eine mit Baseballschlägern bewaffnete und Fackeln tragende Men-

schenmenge inmitten der von ihnen verwüsteten, brennenden Stadt. Im Vordergrund erkennt man zwischen fliehenden Menschen den Maler selbst. [EB]

[Nathanael West, *The Day of the Locust* (dt. *Tag der Heuschrecke*), 1939]

**Hallward, Basil** *tätig in London in der zweiten Hälfte des 19. Jahrhunderts*

Der britische Maler Basil Hallward verkehrte zwar in den snobistisch-mondänen Londoner Kreisen, in denen Frivolität und Oberflächlichkeit fröhliche Urständ feierten, aber im Unterschied zu seinen Bekannten war er ein Mann fester Überzeugungen. So war er der Auffassung, es gebe »in der Weltgeschichte nur zwei Epochen von Bedeutung«. »Die erste ist die Erscheinung eines neuen Mediums in der Kunst, und die zweite ist die Erscheinung einer neuen Persönlichkeit, ebenfalls in der Kunst.« Als Beispiele nannte er die Entdeckung der Ölmalerei und das Gesicht des Antinous und dessen Bedeutung für die hellenistische Bildhauerei. Die Persönlichkeit des Modells, so läßt sich hieraus schließen, lag Hallward sehr am Herzen, mehr vielleicht noch als die des Künstlers.

Das ideale Modell fand Hallward in dem unschuldigen jungen Dorian Gray, der ihm für ein lebensgroßes Porträt saß. Lord Henry »Harry« Wotton, ein Dandy, der eine hedonistische Lebensweise propagierte, war zugegen, als der Maler die letzte Hand an sein Meisterwerk legte, und er suchte Dorian Gray mit seinen dekadenten Ideen zu vergiften. Ein echter Künstler sei dazu verurteilt, als Person uninteressant zu sein. Wer all sein Talent in die Kunst stecke, dem bleibe es verwehrt, in der Gesellschaft zu glänzen. Von Wotton angestachelt, erklärte Gray, er sei bereit, seine Seele dafür zu geben, wenn er immer so schön und jugendlich bleibe wie auf dem Porträt.

Das vollendete Gemälde kam in den Besitz des Porträtierten, der an der Hand seines zynischen Mentors Lord Wotton entschlossen auf dem Pfad der Sünde wandelte. Und sein Stoßseufzer wurde erhört: Jedes Verbrechen, das er beging, machte das Porträt häßlicher, während er selbst jung und anmutig blieb.

Als Hallward das Bild auf einer großen Retrospektive in Paris ausstellen wollte, weigerte sich Gray rundheraus, es zur Verfügung zu stellen. Erst Jahre später kam es zu einer erneuten Begegnung zwischen den beiden. Hallward zeigte sich besorgt über den schlechten Leumund seines Modells, allerdings schenkte er den Gerüchten keinen Glauben, war er doch der Überzeugung, ein edles Äußeres sei unmöglich mit einem schlechten Charakter zu vereinbaren. Noch kurz zuvor hatte er einen Porträt-Auftrag abgelehnt, weil ihm die Finger des Modells nicht gefielen: So einer konnte kein guter Mensch sein! Dorian Gray reagierte mit Sarkasmus auf Hallwards Ansichten. Er versprach dem Maler, ihm seine »Seele« zu zeigen und führte ihn in ein geheimes Zimmer. In dem gräßlichen Porträt erkannte Hallward nur mit Mühe die Züge Dorian Grays und seinen eigenen Pinselstrich. Die Enthüllung des Bildes mußte der Maler mit dem Leben bezahlen. Als Dorian Gray auch den letzten Zeugen seiner Taten aus dem Weg räumen wollte – das Abbild seines verfaulenden Ich – und mit demselben Messer, mit dem er den Maler getötet hatte, dessen Meisterwerk durchbohrte, vollzog sich eine umgekehrte Metamorphose: Unter dem Porträt eines wundervollen jugendlichen Menschen lag nun der Leichnam eines abscheulichen Individuums. [JS]

[Oscar Wilde, *The Picture of Dorian Gray* (dt. *Das Bildnis des Dorian Gray*), 1891]

**HART, EMMA** *tätig in Neapel gegen Ende des 18. Jahrhunderts*

Frühe Exponentin der Performance-Kunst. Tochter eines Dorfschmieds. Im Alter von vierzehn Jahren kam sie nach London, wo sie als Hausmädchen arbeitete. Als ans Licht kam, daß der Sohn des Hauses sie verführt hatte, verlor sie ihre Stellung. Sie fand bald darauf eine zweifelhaftere Beschäftigung: halbnackt mußte sie als »Nymphe der Gesundheit« in den Praxisräumen eines Arztes posieren, der behauptete, Impotenz heilen zu können. Dann wurde sie von einem Baronet auf seinen Landsitz gebracht und von ihm hinausgeworfen, als sie schwanger war. Charles, ein Freund des Baronet, nahm sie zu sich. Zusammen mit seinem Neffen,

»Il Cavaliere«, dem britischen Botschafter in Neapel, widmete er sich ihrer Erziehung. Sie wurde in die Gesellschaft eingeführt, und der berühmte Maler Romney porträtierte sie als Priesterin des Bacchus.

Mit einundzwanzig reiste Hart nach Neapel, wo sie im Palast des Cavaliere Aristokraten, Intellektuelle und Künstler kennenlernte. Der Marquis de Sade, Goethe, Tischbein, William Beckford, Lord Nelson und Thomas Jones (siehe dort) waren beeindruckt von ihrer Schönheit. Der russische Botschafter, Graf Skavronsky, schwärmte von ihrer eleganten Erscheinung in einer Depesche an Katharina die Große, woraufhin die Zarin ihn darum bat, ihr ein Bild des Mädchens nach St. Petersburg zu schicken. Emma Hart wurde zu einer Sehenswürdigkeit von internationalem Ruf, wie der Vesuv. Viele hielten um ihre Hand an, allein dem Cavaliere war der Erfolg vergönnt.

Der Palast des britischen Botschafters wurde die Bühne von Harts raffinierten Auftritten, die zum großen Teil auf der Kunst und Literatur der Antike fußten. Anfänglich posierte sie im Innern einer großen, mit Samt ausgeschlagenen Kiste, die nach einer Seite hin offen war, später in einem riesigen Goldrahmen. Doch bald wurde deutlich, daß ihre Kunstfertigkeit Rahmen genug für ihre lebenden Bilder war. In ein antikes Gewand gekleidet, nahm sie ihre Stellung in der Mitte des verdunkelten Salons ein. Als eine Art umgekehrter Pygmalion verwandelte der Cavaliere seine Herzensschöne in eine Statue und dann zurück in eine Frau. Während er das Schauspiel mit einer Fackel beleuchtete, brachten Dienerinnen Emma neben Stoffen und Schals verschiedene Requisiten: eine Urne, ein Parfümdöschen, ein Kelchglas, eine Lyra, ein Tamburin und einen Dolch. Hart besaß die seltene Gabe, bewegungslos zu verharren, die Muskeln in ihrem Gesicht zu absoluter Reglosigkeit erstarren zu lassen. Jede Pose hielt sie gerade so lange, bis die Gäste sie erraten hatten. Eine Pose folgte auf die andere, mindestens zehn oder zwölf, beinahe ohne Pause.

Die Vorbereitung dieser Auftritte nahm viel Zeit in Anspruch. Zunächst mußte das Sujet gewählt werden, wobei Hart sich von Kupferstichen, Gemälden und Statuen aus der erlesenen Sammlung des Cavaliere inspirieren ließ. Dann kam der schwierige Teil – den spezifischen Augenblick zu finden, der das Wesen eines Charakters, einer Geschichte, eines Gefühl zusammenfaßte. Es sei dieselbe schwierige Wahl, wie sie Maler treffen müßten. Sie dachte dabei an Diderots Ausspruch: »Der Maler verfügt nur über einen Augenblick und darf daher ebensowenig zwei Augenblicke gestalten wie zwei Handlungen.« Hart vervollkommnete ihre »Attitüden« ständig, verbesserte die Bühnentechnik und die Dramaturgie. Zuweilen benutzte sie auch menschliche Requisiten. An der Darstellung vom Raub der Sabinerinnen nahm die Tochter einer Gräfin teil, die vor der Revolution geflohen war.

Im Prinzip stellte Emma Hart jede Art von Charakter und Gefühl dar. Aber Nymphen und Musen waren den Verlorenen und Gequälten zahlenmäßig weit unterlegen: Müttern, denen man die Kinder geraubt hat – ihre Niobe; die von unerträglichem Unrecht dazu getrieben werden, sie zu töten – ihre Medea; Mädchen, die von ihren Vätern auf den Opferstein gezerrt werden – ihre Iphigenie; Frauen, die sich nach dem Geliebten sehnen, der sie verschmäht hat – ihre Ariadne; die sich vor lauter Verzweiflung, daß man sie verlassen hat, selbst entleiben wollen – ihre Dido; die für die Schande, vergewaltigt worden zu sein, büßen – ihre Lucretia. Diese Posen ernteten auch am meisten Lob. Kein Geringerer als Goethe rühmte ihre Genialität: »Sie war nicht nur, wie jedermann wissend erklärte, ein Kunstwerk, sondern selber eine Künstlerin. Das Modell als Künstler? Warum nicht.«

Hart inspirierte selbst auch andere. So gab der Cavaliere, der bereits etwa ein Dutzend Porträts von ihr besaß, eine Serie von Zeichnungen von zwölf ihrer Attitüden bei einem ortsansässigen deutschen Künstler in Auftrag. *Zeichnungen, getreu der Natur in Neapel angefertigt,* war ihr Titel. Berühmt ist auch das Porträt, das die reisefreudige Elisabeth Vigée-Lebrun 1790 von ihr malte. Es zeigt Emma Hart als Ariadne, in dem Augenblick, als sie von Theseus, ganz gegen ihren Willen, auf Naxos zurückgelassen wurde. Im September des darauffolgenden Jahres saß sie in London für ein offizielles Porträt von Romney Modell, *Die Botschafterin,* – das erste Mal, daß sie als sie selbst gemalt wurde, nicht als Modell anderer, sondern als Modell ihrer selbst. Romney sagte, sie sei ein Genie, eine Gottheit, sie müsse nur posieren und schon sei das Bild fertig; der Rest sei bloßes Abzeichnen.

Es heißt, daß sie bereits in jungen Jahren zur Fülle neigte. Sie hatte ein Verhältnis mit Lord Nelson, von dem sie ein Kind bekam. Am Ende wandten sich alle von ihr ab; sie starb verarmt in Calais. [SJ]

[Susan Sontag, *The Volcano Lover* (dt. *Der Liebhaber des Vulkans*), 1992]

**HENRIETTA** (Lady) *tätig im 20. Jahrhundert*

Malerin männlicher Akte. Henriettas Werk war stark von Boris Vallejo beeinflußt, dessen Buch *Mirage* sie sehr bewunderte. Sie war eine scharfe Beobachterin ihrer Umgebung, sie interessierte sich für Dinge, die für die Malerei nicht relevant zu sein scheinen, wie Stimme, Bewegung, Konversation und Intelligenz. Ihr Œuvre läßt sich in zwei Gruppen aufteilen: zum einen realistische Aktbilder, die sie für *Playgirl* machte, zum anderen die Werke ihres Zyklus *Optical Illusion Men* (OIM). Ihre künstlerische Anschauung erläuterte Lady Henrietta wie folgt: »Ich habe vollkommene Modelle, die brauche ich für das Magazin, und ich habe unvollkommene Modelle für meine Kunst. Das ist interessanter und intelligenter. Man erkennt damit an, daß das Leben seine Gebrechen hat.«

Das Porträt eines Freundes, des dreißigjährigen Jeremy Acidophilus, gehört zur zweiten Kategorie. Acidophilus, der ein Verhältnis mit Lady Henriettas einziger, elfjähriger Tochter Sara hatte, verdanken wir Hinweise auf das tragische Leben der Künstlerin. Mit zwanzig verlor Lady Henrietta ihren Mann bei einem Unfall mit einem Paraglider. Ihre Tochter Sara erkrankte an einem Gehirntumor und wurde von einem Auto angefahren und tödlich verletzt. Nach einer künstlerischen Pause malte Lady Henrietta ein Doppelporträt von Sara und Acidophilus, wobei sie beide in einer Gestalt zusammenfaßte.

Lady Henrietta leitete ihren Künstlernamen von Lord Henry Wotton her, einer Figur aus Oscar Wildes *Bildnis des Dorian Gray* (1891). Im Vorwort schrieb Wilde, es gebe weder moralische noch unmoralische Bücher, sondern nur

gut oder schlecht geschriebene, ein Diktum, dem die Künstlerin Lady Henrietta zugestimmt haben wird. [CF]
[Amanda Filipacchi, *Nude Men,* 1993]

**HOLGRAVE** *tätig in Massachusetts um 1850*
Der Photograph Holgrave (ein Pseudonym) gehörte zu den Bahnbrechern der Photographie in den Vereinigten Staaten. Im Gegensatz zu Nadar und zahllosen anderen frühen Photographen hat seine Arbeit ihre Wurzeln nicht in der Malerei. Als Sohn armer Eltern und zudem früh verwaist, übte Holgrave in seiner Jugend viele Berufe aus, unter anderem war er Verkäufer und Dorfschullehrer. Während einer Europareise geriet er in den Bann des damals äußerst populären Mesmerismus, demzufolge Krankheiten durch Störungen des magnetischen Systems im Menschen hervorgerufen würden und durch Hypnose geheilt werden könnten. Holgrave soll, so heißt es, seine hypnotischen Kräfte auch auf Tiere angewendet haben, vorzugweise auf Hühner. Ein zweiter wichtiger europäischer Einfluß resultierte aus einem Aufenthalt in einer fourieristischen Kommune. Zurück in der Neuen Welt, verkehrte Holgrave in den Kreisen sozialer Reformer, und auch seine Arbeit als Photograph oder genauer gesagt als Daguerreotypist muß im Zusammenhang mit seinem sozialen Utopismus gesehen werden. Berichte und Artikel, die Holgrave in tonangebenden Literaturzeitschriften Neuenglands veröffentlichte, ermöglichen es uns, uns ein recht genaues Bild von seinen Auffassungen zu machen. Holgrave strebte nach einer sich in fortwährendem Umbruch befindlichen Gesellschaft: »Wenn sich jede Generation ihre eigenen Häuser bauen könnte, ja, wenn es geradezu von ihr erwartet würde, dann würde diese Veränderung, wie unwichtig sie auch erscheinen mag, fast jede Reform einschließen, nach der die Gesellschaft heute schmachtet. Ich bezweifle sogar, daß unsere öffentlichen Gebäude – unsere Parlaments-, unsere Gerichtsgebäude, unsere Rathäuser und Kirchen – aus dauerhaftem Material wie Naturstein oder Backstein erbaut werden sollten. Besser, sie zerfallen alle zwanzig Jahre, als Ansporn für das Volk, die Institutionen, die sie symbolisieren, zu prüfen und zu reformieren.«

Anhänger solcher Ideen gingen sogar so weit, eine Rückkehr des Menschen zum Nomadentum zu proklamieren, freilich unter Zuhilfenahme moderner Transportmittel. Das Photographieren bezeichnete Holgrave als »Bilder aus Sonnenschein machen«. Als Photograph hing Holgrave neben menschheitsbeglückenden Ideen auch okkulten Auffassungen an. Er war davon überzeugt, daß Daguerreotypien im Gegensatz zu Gemälden das wahre Gesicht eines Menschen zeigen. »Es verbirgt sich ein wunderbarer Scharfsinn im vollen und einfachen Sonnenschein. Wir glauben, daß die Sonne nur die Oberfläche abbildet, während sie in Wirklichkeit den geheimen Charakter eines jeden ans Tageslicht bringt, mit einer Wahrhaftigkeit, an die kein Maler sich je wagen würde, wenn er es denn überhaupt könnte.« Leider kann keine einzige Daguerreotypie Holgrave mit Sicherheit zugeschrieben werden, so daß sich nicht feststellen läßt, inwieweit seine Ansichten in seinem Werk zum Ausdruck kamen. Anzunehmen ist, daß seine Porträtphotos für die Dargestellten wenig schmeichelhaft waren; dies wird seiner finanziellen Lage nicht gerade förderlich gewesen sein. 1851 gab Holgrave, erst Anfang Zwanzig, seine künstlerischen Bestrebungen auf und zog sich aus dem öffentlichen Leben zurück. Vermutlich heiratete er und führte, unter seinem richtigen Namen Maule, ein ruhiges Familienleben ohne revolutionäre Anwandlungen. [SL]

[Nathaniel Hawthorne, *The House of the Seven Gables* (dt. *Das Haus mit den sieben Giebeln*), 1851]

**Hollström, Gert** *tätig in Paris in den zwanziger Jahren des 20. Jahrhunderts*
Bildhauerin norwegischer Abstammung. Kurz nach dem Ersten Weltkrieg hielt sich Gert Hollström in Paris auf, wo sie auf dem Montmartre in der Rue Lepic ein Atelier hatte – einen großen rosa getünchten Raum. Hollström schuf kleine Tierplastiken aus Bronze, Marmor und Gips: schüchterne Rehe, hüpfende Känguruhs, wiehernde Füllen. Die Sinnlichkeit und Vitalität der Tiere faszinierten sie; zärtlich strich sie über die Flanken der sich bäumenden Füllen – »meine Pferdchen« –, als lebten und atmeten sie. Hollström fiel

durch ihr sportliches, jungenhaftes Äußere auf, das mit einer Verachtung für ihr eigenes Geschlecht einherging. »Was mit Frauen zusammenhängt, ist uninteressant«, war ein oft gehörtes Diktum, oder knapper: »Weiber sind blöd.« Sie strahlte, so wird bezeugt, »eine große, fröhliche, stolze und neue Leichtsinnigkeit« aus.

In Paris nahm sie an den ausgelassenen Vergnügungen im Künstlermilieu teil. Bezeugt ist, daß sie sich auf dem Künstlerfest »Clo-Clo-Clo« mit ihrem Geliebten Niels prügelte. Nachdem sie zweieinhalb Jahre in Paris gelebt und gearbeitet hatte, wollte sie nach Amerika reisen. Ob sie tatsächlich den großen Teich überquert hat, ist unbekannt. [DP]

[Klaus Mann, *Der fromme Tanz,* 1926]

**Hox, René** **Flandern; tätig in der ersten Hälfte des 20. Jahrhunderts*

Sohn eines Lumpensammlers. Trotz seiner niederen sozialen Abkunft gelang es René Hox, mit der finanziellen Unterstützung des wohlhabenden Joseph Onckeloms, sein Schulexamen glänzend zu bestehen. Eine Laufbahn als Notar schien ihm gesichert, als sein Gönner plötzlich starb. Dessen Bruder, der gleichermaßen brave Door Onckeloms, nahm sich seiner an und förderte seine künstlerischen Neigungen. Hox entwickelte sich rasch zu einem soliden Illustrator. Gedrängt von Onckeloms gründete er, allerdings mit einer gewissen Reserve, einen christlichen Kunstverein für das Volk, *Die Eichel,* der Ausstellungen erbaulicher Kunst organisierte und auch eine Zeitschrift herausgab.

René Hox heiratete Leontine Verstraten, ein Mädchen aus der Mittelschicht Westflanderns, die seine Karriere beeinflussen sollte. Ihrem Einsatz war es zu verdanken, daß – hauptsächlich katholische – Zeitschriften so viele Illustrationen bei ihm bestellten, daß er mit der Lieferung kaum nachkam. Unter seiner Leitung entwickelte sich *Die Eichel* zu einem wichtigen Kulturverein. Hox war innerhalb weniger Jahre ein respektierter Bürger Flanderns geworden.

Hinter dem äußeren Erfolg des Künstlers verbarg sich viel Leid und Unrast. Hox trug anfänglich schwer an seiner sozialen Herkunft, obwohl er seine Eltern sehr liebte. Da aus ihnen nichts geworden sei, könne oder dürfe auch aus ihm nichts werden, war lange Zeit seine Überzeugung. Seine Schwiegereltern verachteten ihn – sogar als sie völlig verarmt und von ihm abhängig waren. Seine Frau Leontine hielt zwar eisern zu ihm, auch gegen ihre eigenen Eltern, ansonsten aber gerieten die Eheleute oft aneinander. Tatsächlich setzte seine Frau alles daran, seine Künstlerseele und damit sein Leben zu beherrschen. Die heftigen Streitereien wußte sie mit ihrer stürmischen Leidenschaft zu besänftigen. Sie war jedoch nicht nur feurig in der Liebe, sondern auch in ihrem Glauben. Auch damit tat sich Hox schwer. Für ihn war der katholische Glaube eine Quelle der Scheinheiligkeit, die alle echten Tugenden vergifte.

Mit zunehmender Verbitterung erwachte ihn ihm der wahre Künstler. In aller Heimlichkeit schuf der gefeierte Illustrator und Karikaturist auf dem Dachboden Bilder, die sein eigentliches Wesen offenbarten: düstere Impressionen, mehr »hingeworfen« als gemalt, frei von allen religiösen Bezügen. Seine Umgebung reagierte schockiert und abweisend. Auf die Frage Onckeloms', wer um Gottes willen ihm all dies Leid zugefügt habe, konnte Hox nur hervorbringen: »Das Leben.« Nach einer ersten Ausstellung kündigten mehrere katholische Blätter ihre Zusammenarbeit auf. Sogar *Die Eichel* distanzierte sich von ihm. Die Kritik jedoch lobte sein Werk. Eine zweite Ausstellung, von dem bekannten Kunsthändler van Kersavond organisiert, schlug ein wie eine Bombe. Über Nacht war Hox in seiner Heimat zu einem gefeierten Künstler geworden.

Die Anerkennung, die ihm zuteil wurde, bedeutete für ihn jedoch keine Läuterung. Dafür war das Leben seiner Ansicht nach viel zu ungerecht.

Ein wenig versöhnlicher stimmte den Misanthropen eine Pilgerfahrt nach Lourdes, wo er erkannte, worin das wahre Glück besteht: im eigenen Nachwuchs. Dieser Augenblick eines intensiven Glücksgefühls wurde mit der Zeugung eines sechsten Kindes besiegelt und, einige Zeit später in Marseille, mit vier Seestücken, die für seine Verhältnisse auffällig frisch und sonnig waren. [BM]

[Gerard Walschap, *Ons geluk,* 1946]

**HUDSON, RODERICK** ⋆ *Virginia, um 1840;*
*† Schweizer Alpen, um 1872*

Amerikanischer Bildhauer. Autodidakt. Hudson wurde von einem Millionär entdeckt, der ihn – teils aus Kunstliebhaberei, teils aus einem Bedürfnis nach Gesellschaft heraus, teils sozusagen als eine Art Investition – protegierte und nach Europa mitnahm. Nach den Zeugnissen befreundeter Künstler verließ Hudson sich zu sehr auf Augenblicke der Inspiration und lernte nicht, die Muse in sich selbst zu finden. Nach einer existentiellen Krise stürzte er sich eine Zeitlang in allerlei Abenteuer und verspielte sein Geld in Baden-Baden. In seinem späteren Werk suchte Hudson sich zwar nicht länger von Eingebungen leiten zu lassen, die Enttäuschung über sich selbst war jedoch so groß, daß er immer wieder von Depressionen heimgesucht wurde. Er fand während eines Unwetters in den Alpen den Tod (wahrscheinlich durch Selbstmord). Zu seinen Werken gehören: *Durst* (seine erste Skulptur, mit der er auf sich aufmerksam machte), *Adam* (die erste Arbeit seiner römischen Zeit), *Eva* (unvollendet), *Prinzessin Casamassima als junges Mädchen* (ihre Ablehnung war mitverantwortlich für seine geistige Krise) und *Mrs. Hudson* (wohl seine letzte Skulptur). [SH]

[Henry James, *Roderick Hudson* (dt. *Roderick Hudson*), 1875]

**HUDSON, THOMAS** *tätig in Paris und auf Bimini in der ersten Hälfte des 20. Jahrhunderts*

Amerikanischer Maler und Weltenbummler. Er bereiste viele Länder der Erde, unter anderem Spanien, Afrika, den Nahen und Mittleren Osten. Relativ lange lebte er in Paris, wo er enge Kontakte zu den Künstlern der Avantgarde unterhielt. Schriftsteller und Maler wie Joyce, Pound, Picasso, Braque, Miró, Masson und Pascin zählten zu seinen Freunden. Aus seiner Pariser Zeit stammen seine bekannten Bilder von den Pferderennen in Longchamps, Auteuil und Saint-Cloud. Der aufmerksame Betrachter wird darauf oft den Hinterkopf der gleichen jungen Frau erkennen – einer gewissen Audrey, die der Maler in Paris kennengelernt hatte und die ihn später auf der Bahama-Insel Bimini besuchte. Seit den dreißiger Jahren bewohnte Hudson dort ein Haus auf der höchsten

Erhebung der schmalen Landzunge zwischen dem Hafen und dem offenen Meer. Er führte ein zurückgezogenes Leben, das ihn, wie er glaubte, für alle Zeit fesseln würde. Wenn er sich nach Paris sehne, genüge es, sich die Stadt zu vergegenwärtigen; genauso gehe es ihm mit ganz Europa und einem großen Teil von Asien und Afrika. Er erinnerte sich an das, was Renoir gesagt hatte, als er hörte, Gauguin sei nach Tahiti aufgebrochen. »Warum muß er so viel Geld für eine so weite Reise ausgeben, um zu malen, wenn man hier in Batignolles so gut malen kann?« Nur selten verließ Hudson die Insel, um sich mit seinem New Yorker Kunsthändler zu treffen, der einmal jährlich seine Bilder ausstellte.

Hudson hatte sich inzwischen als Künstler einen Namen gemacht. Der Ruhm erlaubte ihm, ohne finanziellen Druck zu malen, hinzu kam, daß er regelmäßige Einkünfte aus Bohrkonzessionen auf einem von seinem Großvater geerbten Stück Land hatte. Mit seinem Freund, dem Schriftsteller Roger Davis, mit dem er in Paris zusammengewohnt hatte, führte er oft Gespräche über die Beziehung zwischen Malerei und Literatur. Beide waren sich darin einig, daß es eine Lust sei, gut zu malen, aber eine Qual, gut zu schreiben. Nach Hudson war dies darauf zurückzuführen, daß in der Malerei die Tradition deutlicher sei und es mehr Menschen gebe, die einem helfen könnten. »Auch wenn man in der Malerei mit der Überlieferung bricht, bietet sie noch einen Halt«, behauptete er. Die Sujets seiner Bilder entstammten meist dem Alltag auf der Insel: Schwarze Eingeborene im Wasser, an Land oder in ihren Booten, Schildkrötenfischer, Schwammtaucher, Landschaften mit Gewitterwolken, Wasserhosen, der Bau eines Schoners, Wracks von Schonern … Von Bobby Saunders, Inhaber einer Bar auf der Insel, erhielt er den Auftrag für drei große Bilder: drei Wasserhosen, der Untergang der Titanic und das Ende der Welt, das Hudson zufolge an Hieronymus Bosch gemahnen sollte. Wahrscheinlich hat Hudson nur das erste Bild ausgeführt – drei Wasserhosen und ein Mann in einem kleinen Boot. Es wurde in Saunders' Kneipe aufgehängt, wo einmal ein betrunkener Gast nach einem echten Tornado ein volles Glas Bier gegen das Gemälde warf. Roger Davis war von dem Bild sehr angetan, ebenso wie ein unbekannter Amerikaner, der dafür einen ansehnlichen Betrag bot.

Hudsons Lieblingssujet war ohne Zweifel der Fischfang, dem er selbst leidenschaftlich frönte. Für seinen Sohn David malte er zwei Szenen, die den harten und schließlich vergeblichen Kampf mit einem riesigen Schwertfisch darstellten. Eines der Bilder hält den Augenblick fest, da der Fisch in der Luft hängt, bevor er ins Wasser zurückfällt; das andere stellt den schwimmenden Fisch dar. Als Geschenk für seinen Sohn Andrew malte Hudson den für seine Schnelligkeit berühmten Wahoo mit seinem merkwürdig flachen Kopf und seinem gestreiften, langen aerodynamischen Körper, den Andrew gefangen hatte. Das Bild zeigt den Fisch vor dem Hintergrund eines hohen, auf fragilen Stahlbeinen gebauten Leuchtturms, vor Sommerwolken und dem Grün der Sandbänke.

Nachdem seine Ex-Frau und seine beiden Söhne bei einem Autounfall ums Leben gekommen waren, wurde ihm das Malen zum Therapeutikum. Über sein Spätwerk ist nichts bekannt. Im Zweiten Weltkrieg wohnte Hudson auf Kuba, wo er im Auftrag der amerikanischen Regierung deutsche U-Boote aufspürte. Ansonsten lebte er zurückgezogen mit seinen Katzen und inmitten seiner kleinen Kunstsammlung, die unter anderem Werke von Gris, Klee und Masson umfaßte. Gelegentlich soll er für ein naturhistorisches Museum maritime Tiere und Pflanzen gemalt haben. [SJ]

[Ernest Hemingway, *Islands in the Stream* (dt. *Inseln im Strom*), 1970]

**HUGERSHOFF** ******Deutschland; tätig vor und während des Ersten Weltkriegs; † um 1918*

Deutscher Maler. Hugershoff war ein Mann von umfassender Bildung und vielseitigem politischem Interesse. Seine Lieblingsautoren waren Juvenal, Rabelais, Li-Tai-Pe, Balzac und Huysmans – ein Geschmack, der einmal als die »Freude am Duft des Bösen aus den Urwäldern der Kraft« definiert wurde. Hugershoff war auch ein Kenner der erotischen Literatur, vom Kamasutra und Petronius bis zu Beardsley. Es hieß, er habe es verstanden, auch das abstrakteste Wort in den Bereich der Zote zu ziehen.

Hugershoff war auf einer Romreise vom Ausbruch des Ersten Weltkriegs überrascht worden. Statt auf der Rückfahrt in Genf oder Zürich haltzumachen und, wie so viele Künstler, das Schauspiel aus der Ferne zu betrachten, hatte er sich freiwillig gemeldet: Sein Frontkamerad Fähnrich Sturm formulierte es so: »Aber das ist der große Unterschied zwischen ihnen und uns, daß sie betrachten und schreiben, während wir tätig sind. Sie haben den Anschluß verloren, während in uns der große Rhythmus des Lebens schwingt.« Obwohl Hugershoff seine Entscheidung noch manchesmal verfluchen sollte, entpuppte er sich als ein vorzüglicher Kampfoffizier, der sich mit allen technischen und taktischen Finessen auskannte. Er galt als umgänglich und als jemand, der Widerspruch vertragen konnte, außer wenn es um die Kunst im allgemeinen und seine Arbeit im besonderen ging. Während solcher Diskussionen schichtete er seine Sätze zu einem Gebäude aufeinander, in dem er sich so verschanzte, daß er nicht mehr daraus zu vertreiben war. Nachdem es mit Leutnant Döhring beinahe zu einem Zerwürfnis gekommen war, einigte man sich darauf, nicht mehr über seine Bilder zu sprechen.

Auch während des Krieges malte Hugershoff. Er bezeichnete sich als reinen Koloristen, was insofern zutraf, als man außer der Farbe nichts auf seinen Bildern erkennen konnte. Als inneren Antrieb seines Schaffens nannte er die Ekstase. Gegenüber Sturm, der als Student Kontakt zur Boheme gesucht und für befreundete Maler kleine, von Baudelaire beeinflußte Kunstkritiken geschrieben hatte, äußerte er einmal: »Wenn ich ein weißes Licht brauche, dann schmeiße ich es hin, habe ich keinen Pinsel zur Hand, dann nehme ich das erste, was vor mir liegt, und wenn es ein alter Heringskopf ist. Sieh dir doch einen Rembrandt an, da ist vielleicht eine Schicht Himmel, ein Streifen Wald und ein Wiesengrund davor, das kannst du dir umgekehrt an die Wand hängen, und du hast immer noch einen starken Eindruck davon.« Auch Sturm griff hin und wieder zum Pinsel. In dem Bunker, in dem er sich während der Grabenkämpfe oft aufhielt, malte er einen Fries von Mammuten und Elchen im Stil der Höhlenmenschen von Cro-Magnon, während Hugershoff die unbeholfene Darstellung einer Venus von Willendorf beisteuerte. Bei einem englischen Artilleriefeuer kam Hugershoff ums Leben. [SJ]

[Ernst Jünger, *Sturm*, 1923]

**Huhl, Ulrich** **Deutschland, vermutlich um 1890*
Deutscher Bildhauer. Huhl war im Ersten Weltkrieg drei Jahre lang Infanterist in den Schützengräben Flanderns. Kurz nach dem Krieg ließ er sich mit seiner Jugendliebe Kätta in dem italienischen Dorf Città Morta an der Küste von Sorrent nieder. Einige Monate später brannte Kätta mit einem seiner Freunde durch, einem Philosophen, von dem sie eine Tochter bekam. Danach rührte Huhl keinen Meißel mehr an; er fabrizierte statt dessen Teller für das italienische Bürgertum. Im Dorf stand er im Ruf, ein verschlossener Sonderling zu sein. Die Einheimischen nannten ihn wegen seiner weißen Weste, die er stets trug, »signore panciotto bianco«, die deutschen Immigranten den »gefrorenen Dionysos«, weil er den Eindruck erweckte, seine Vitalität sei auf Eis gelegt. Achtzehn Jahre später wurde er durch einen Zufall wieder mit Kätta vereint. Durch die neu erweckte Liebe zu Kätta und die Begegnung mit ihrer Tochter Ulrike fand er zu seiner alten Schaffenskraft zurück.

Die wenigen Plastiken, die sich von Ulrich Huhl erhalten haben, zeugen von einem expressiven Vitalismus. Es ist bekannt, daß Huhl, der dem Tod auf dem Schlachtfeld nur knapp entkommen war, auf seine Kriegstraumata mit einer unbändigen, fast obsessiven Lebenslust reagierte. Mit seinen Arbeiten – hauptsächlich lebensgroße Statuen und Büsten junger Frauen – suchte er den »Wurzelkräften der menschlichen Natur« Gestalt zu geben. Huhl arbeitete aus dem Bauch heraus. Er vertrat die Auffassung, ein sensibler, »naturverbundener« Künstler brauche das Bildnis nur aus dem Stein zu befreien, in dem es verborgen liege. Legendär sind Huhls heftige Ausfälle gegen die »Geistmenschen«, die Philosophen. Wie ein Freund bezeugte, wetterte Huhl, besonders in betrunkenem Zustand, gegen die »vertrockneten Denkbohnen« und »lahmen Ritter vom Großhirn«, die sich und die anderen bei lebendigem Leibe mumifizierten. Sie seien Sträflinge des Lebens, ohne Kontakt zur menschlichen Natur. Huhls Tiraden richteten sich im besonderen gegen den Idealismus. Er sprach voll Verachtung über Künstler, die von Ideen ausgingen; für ihn zählte einzig die »erlebte Materie« als Inspirationsquelle. Unbekannt ist, ob Ulrich Huhl Anschluß bei den Künstlern gesucht hat, die seine expressionistischen und vitalistischen Auffassungen teilten. [IA]

[Stefan Andres, *Die Liebesschaukel* (vorher unter dem Titel *Der gefrorene Dionysos*), 1942]

**HUTTING, FRANZ** *tätig in den fünfziger bis siebziger Jahren des 20. Jahrhunderts*

Französischer Künstler, der viele Stile der Moderne erprobte. Bekanntheit erlangte Hutting durch die Gemälde aus seiner »Nebelperiode«: Kopien berühmter Bilder (etwa da Vincis *Mona Lisa,* Manets *Frühstück im Freien*), über die er eine graue Nebelschicht anbrachte, wodurch das Sujet nahezu unsichtbar wurde. Die Ausstellungseröffnung in einer Pariser Galerie im Mai 1960 war von einem künstlichen Nebel begleitet, der von den zigarren- oder zigarettenrauchenden Gästen noch verstärkt wurde. Hutting war so klug, die Hälfte dieser »Nebelbilder« nicht zu verkaufen; später erzielten sie exorbitante Preise. In den sechziger Jahren verlegte er sich unter anderem auf die »Mineral Art«. So signierte er eine der Barrikaden aus der Rue Gay-Lussac und verkaufte sie einem Urbanisten aus Urbana, Ullinois. In den siebziger Jahren erreichte sein Ruhm seinen Höhepunkt – auch in New York, wo er ebenfalls ein Atelier besaß. Wie Warhol, wenn auch in gänzlich anderer Malweise, betätigte er sich als Society-Porträtist. Im Verlauf von genau zwei Jahren malte er vierundzwanzig »imaginäre Porträts«, wobei er nicht einfach das Äußere des Auftraggebers abkonterfeite, sondern ihn als »Strukturelement« benutzte. Dessen Identität und Beruf bestimmten unter anderem das Format des Bildes und die vorherrschenden Farben. Nicht weniger absonderlich waren die Titel. So hieß ein Gemälde *Jules Barnavaux bereut, daß er im WC des Ministeriums zu seinem Vorgesetzten »Hoppla, wie geht's« gesagt hat.* Mit diesen (hoch gehandelten) Werken schien Hutting endgültig den Kontakt zu den Kunstbestrebungen seiner Zeit verloren zu haben. Seither wird er totgeschwiegen. [SL]

[Georges Perec, *La vie mode d'emploi* (dt. *Das Leben: Gebrauchsanweisung*), 1978]

**HUYS, PIETER VAN** **Brügge, 1415; † Gent, 1481*
Flämischer Maler. Vermutlich schuf van Huys sein erstes Tafelbild um 1442, nachdem er in Brügge bei den Brüdern van Eyck und in Doornik bei Robert Campin in die Lehre gegangen war. Aus dieser Lehrzeit hat sich kein einziges Werk erhalten. Aus den folgenden zwanzig Jahren gelten als gesichert: *Porträt des Goldschmieds Willem Walhuus* (1448), *Die Familie des Lucas Bremer* (1452), *Jungfrau des Oratoriums* (1455), *Der Geldwechsler von Leuven* (1457), *Porträt des Kaufmanns Matias Conzini und seiner Gattin* (1458) und der *Antwerpener Altar* (1461). 1461 ließ van Huys sich am Ostenburger Hof im französisch-deutschen Grenzgebiet nieder, wo er im Dienst des Herzogs Ferdinand Altenhoffen stand. Der Ostenburger Hof war zu diesem Zeitpunkt in den Krieg zwischen Burgund und Frankreich verwickelt. Ein Jahr später malte van Huys *Ritter und Teufel,* das sich heute im Rijksmuseum in Amsterdam befindet. 1463 nahm er an der Ostenburger Gesandtschaft an den burgundischen Hof teil, wo er bei der Verlobung Ferdinands von Ostenburg mit Beatrix von Burgund, Nichte Karls des Kühnen, zugegen war und die zukünftige Braut porträtierte.

1471, zwei Jahre nach der Ermordung des Ostenburger Ritters Roger Arras, malte van Huys *Das Schachspiel,* ein Tafelbild von siebenundachtzig mal sechzig Zentimetern in der damals neuen Technik der Ölmalerei. Zwei Ritter mittleren Alters sitzen sich an einem Schachbrett gegenüber, während rechts im Hintergrund eine schwarzgekleidete Dame an einem gotischen Fenster sitzt, durch das man eine Landschaft sieht, und in einem Buch liest. Das Bild zeigt jene liebevolle Detailtreue, die für die flämische Schule so charakteristisch ist. Man hat vermutet, daß die Stellung der Schachfiguren einen versteckten Hinweis auf die Ermordung Arras' enthält. Das schreckliche Geheimnis dieses Bildes wurde erst vierhundert Jahre nach seiner Entstehung enthüllt, als eine

Madrider Restauratorin durch Röntgenuntersuchung des Gemäldes die Inschrift »QUIS NECAVIT EQUITEM?« (»Wer tötete den Ritter / das Pferd?«) entdeckte.

Pieter van Huys starb 1481 in Gent, während der Arbeit an einem Triptychon mit der Kreuzabnahme für die St.-Bavo-Kathedrale. [PeV]

[Arturo Pérez-Reverte, *La Tabla de Flandes* (dt. *Das Geheimnis der schwarzen Dame*), 1990]

**HUYSIUM, VAN** ⋆*Brügge, 16. Jahrhundert*
Einer der bekanntesten Holzschnitzer seiner Zeit. Im Auftrag des Genter Schöffen Claës, mit dem ihn eine enge Freundschaft verband und für den er verschiedene Aufträge ausführte, schuf er sein Meisterwerk: *Das Leben des Jacob von Artevelde,* ein Schnitzwerk in massivem Ebenholz, das die Hauptszenen aus dem Leben Arteveldes darstellte, jenes Brauers, der kurze Zeit König von Flandern gewesen war. Die aus sechzig Tafeln bestehende Arbeit zeigte nicht weniger als vierzehnhundert Figuren. Nach dem Aufstand von Gent und vor der Einnahme der Stadt durch die Truppen Kaiser Karls V. (1540) brachte Claës mit anderen Besitztümern auch dieses unschätzbare Werk van Huysiums in Sicherheit. Claës wurde als vermeintlicher Rädelsführer gehenkt. Sein Nachfahre, Balthazar Claës, verkaufte Huysiums Werk 1830, um seine wissenschaftlichen Experimente finanzieren zu können, wie es heißt, an Lord Spencer.

Van Huysium ist das typische Beispiel eines Künstlers, der seine Karriere und seinen Wohlstand der privilegierten Beziehung zu *einem* Mäzen verdankt. Von seinem Schicksal nach 1540 ist nichts bekannt. Zu Anfang des 19. Jahrhunderts wurden für die wenigen noch vorhandenen Werke des Meisters horrende Summen geboten.

[Honoré de Balzac, *La Recherche de l'Absolu* (dt. *Der Stein der Weisen*), in: *Die Menschliche Komödie*, ab 1842]

**IRMSHÖFER, DIETRICH** ⋆*Nürnberg, 15./16. Jahrhundert*
Deutscher Maler. Irmshöfer verbrachte seine Kindheit und Jugend mit Albrecht Dürer. Beide sollten wie ihre ebenfalls eng befreundeten Väter Goldschmied werden, aber schon

früh zeigten die Knaben einen entschiedenen Hang zur Malerei. Da Martin Schön in Colmar, zu dem es insbesondere Irmshöfer hinzog, gerade gestorben war, kamen sie in die Werkstatt Michael Wolgemuts.

Schon bald zeigten sich große Unterschiede zwischen beiden Schülern. War Dürer ruhig, fleißig und fromm, so war Irmshöfer aufbrausend und unberechenbar. Auch ihre Kunstauffassung war denkbar gegensätzlich. Dürer malte vorzugsweise religiöse Sujets nach dem Vorbild der alten deutschen Meister und suchte wie diese den Geist der Kunst zu erfassen. Seine Arbeiten, Frucht gottesfürchtiger Kontemplation, besaßen eine eigentümliche Anziehungskraft und erregten allgemeine Bewunderung. Irmshöfer hingegen entnahm seine Motive der heidnischen Fabelwelt, ja er hatte eine Vorliebe für die Darstellung weltlicher Lust. Er strebte nach der treuesten Nachahmung der sinnlichen Erscheinung. Der diesseitige Charakter seiner Gemälde stieß allgemein auf Ablehnung.

Dürers Erfolg war ihm ein Dorn im Auge, verbittert wandte er sich von seinem Freund ab. Einen neuen Lehrmeister fand Irmshöfer in dem italienischen Maler Solfaterra, der sich gerade in Nürnberg niedergelassen hatte. Solfaterra beeinflußte Irmshöfer nicht nur künstlerisch. Der italienische Maler war ein gewissenloser Schurke, der Irmshöfers Haß auf Dürer teilte und dem jungen Albrecht sogar nach dem Leben getrachtet haben soll. Als Solfaterra und Irmshöfer verschiedener Verbrechen und sogar eines Mordes bezichtigt wurden, verschwanden sie spurlos, zusammen mit der unschuldigen Rosa Im-Hof, einer Nürnberger Patriziertochter, die sich in Dietrich verliebt hatte.

Jahre später fand man Rosa Im-Hof todkrank mit ihrem fünfjährigen Sohn bettelnd auf den Marmorstufen der Kirche des heiligen Januar in Neapel. Irmshöfer hatte Frau und Kind ihrem Schicksal überlassen. Wiederum Jahre später, als Dürer sein Meisterwerk *Die Kreuzigung Christi* im Nürnberger Kaisersaal ausstellte, wurde auch Dietrich Irmshöfer noch einmal in Nürnberg gesehen. Einigen Quellen zufolge soll der satanische Fremdling, der die Stadt in Unruhe versetzte, jedoch niemand anders als Solfaterra gewesen sein.

Über den weiteren Lebensgang und über eventuell später entstandene Werke Irmshöfers ist nichts überliefert. [MP]
[E.T.A. Hoffmann, *Der Feind,* 1822]

**IRNERIO** *★Italien; tätig in den späten siebziger Jahren des 20. Jahrhunderts*
Italienischer Künstler. Irnerio benutzte Bücher als Material für seine Werke. Er fixierte sie mit einer Harzflüssigkeit, wo er sie gerade fand, was seine Freunde nicht immer zu schätzen wußten. Manchmal bearbeitete er sie, etwa indem er Löcher hineinbohrte. Obwohl Irnerio damit prahlte, nie ein Buch zu lesen, war er durchaus wählerisch; manche Exemplare gefielen ihm auf den ersten Blick, andere stießen ihn ab. Sein sicheres Gespür ermöglichte es ihm sogar, besser als alle Kritiker und Literaturwissenschaftler die berüchtigten Erzeugnisse des literarischen Meisterfälschers Ermes Marana zu entlarven.

Schon früh in seiner Karriere erzielte Irnerio im eigenen Land beachtliche Erfolge. Die Kritik würdigte seine Arbeiten als wegweisend, und der Verleger Cavedagna publizierte einen Katalog seiner Werke. Daß Cavedagna einen literarischen Verlag leitete – zu seinen bekanntesten Autoren gehörten Tazio Bazakbal, Italo Calvino, Silas Flannery und Ukko Ahti –, erklärt vielleicht sein Interesse an Irnerio.

Die Arbeitsweise des Künstlers ist trotz der Verwendung literarischer Werke dem *textual turn* diametral entgegengesetzt, den die bildende Kunst in den sechziger und siebziger Jahren nach Ansicht bestimmter Theoretiker vollzogen hat: Der Text wird nicht gelesen, sondern einzig als Teil eines Objekts gewürdigt, das betrachtet, befühlt und beschnuppert werden kann. [SL]
[Italo Calvino, *Se una notte d'inverno un viaggiatore* (dt. *Wenn ein Reisender in einer Winternacht*), 1979]

**IVANOVNA, OLGA** *tätig Ende des 19. Jahrhunderts in Rußland*
Malerin. Frau des Osip Stepanyc Dymov, der als Arzt und Leichenbeschauer in zwei Krankenhäusern arbeitete und sich für die Wissenschaft aufopferte. Olga Ivanovna war eine

Schülerin von Rjabovskij (siehe dort), mit dem sie eine flüchtige Beziehung hatte. Sie war ein ständiges Mitglied der örtlichen Künstlersozietät, und jeden Mittwoch fanden bei ihr kleine Abendgesellschaften statt, bei denen sich die Gäste mit allerhand Künsten unterhielten – ein Schauspieler rezitierte, ein Sänger sang, ein Maler zeichnete etwas, und in den Pausen debattierte man über Literatur und Malerei. Diejenigen, die Olga als berühmt und groß bezeichnete, nahmen sie auf wie eine der Ihrigen und prophezeiten ihr einstimmig, daß aus ihr bei ihren Talenten, ihrem Geschmack und Verstand etwas sehr Gescheites werden würde, wenn sie sich nicht zersplittere. Denn Olga Ivanovna malte nicht nur, sie sang, spielte Klavier und modellierte.

Die Malerei nahm jedoch einen besonderen Platz in ihrem Leben ein. Die Wände ihres Salons waren über und über mit ihren Studien behängt. Täglich, zumindest wenn die Sonne schien, malte sie irgend etwas mit Ölfarben. Ivanovna hatte ein sicheres Gespür für stimmungsvolle Motive. In einem jungen Telegrafisten sah sie sogleich das Modell für einen Normannen. Auf einem Bild, das einen Hochzeitszug von der Kirche zum Haus der Braut darstellte, gab sie die Menschen als verschiedenfarbige Flecken vor einem leuchtendgrünen Hintergrund wieder. Als ihr Ehemann sich mit einer Wundrose angesteckt hatte, band sie ihm ein weißes Tuch um seinen geschorenen Kopf und porträtierte ihn als Beduinen. Rjabovskij war ein strenger Kritiker ihrer Arbeiten, die er oft korrigierte. Beim Anblick einer Landschaft rief er einmal aus: »Ihre Wolke da schreit und der Vordergrund ist irgendwie gequetscht.« [SJ]

[Anton Čechov, *Poprygun'ja* (dt. *Flattergeist*), 1892]

**Iwanowna, Lisaweta** **Rußland, um 1870; † nach 1903*

Die Malerin Lisaweta Iwanowna war russischer Herkunft, lebte aber in Deutschland. Mit Anfang Dreißig hatte sie ein Atelier in einem hohen Mietshaus in der Münchner Schellingstraße. Als der Schriftsteller Tonio Kröger sie dort besuchte, war sie gerade mit einem großen Ölgemälde beschäftigt; auf der mit einem quadratischen Liniennetz überzogenen Leinwand begannen in dem verworrenen und schemenhaften Kohleentwurf die ersten Farbflecken aufzutauchen. Kröger verglich das Bild mit seinem eigenen Gemütszustand: »[...] in meinem Kopf sieht es genau aus wie auf dieser Leinwand. Ein Gerüst, ein blasser, von Korrekturen beschmutzter Entwurf und ein paar Farbflecke [...].«

Lisaweta Iwanowna interessierte sich nicht sonderlich für Kunstbetrachtungen, im Gegensatz zu Kröger, der in ihrer Gegenwart laut über die ewig unerfüllbare Sehnsucht des Künstlers nach dem Leben in seiner verführerischen Banalität, nach den Wonnen der Gewöhnlichkeit sinnierte. Iwanowna fand Krögers Reflexionen eher amüsant und nannte ihn einen »Bürger auf Irrwegen«. Ihre Einstellung zur Kunst war prosaischer: »Ich bin bloß ein dummes malendes Frauenzimmer.« [DP]

[Thomas Mann, *Tonio Kröger,* 1903]

## JACQUES **1819; †1844*

Französischer Bildhauer. Während der Julimonarchie gehörte Jacques in Paris zu den »Wassertrinkern«, einer Gesellschaft von Künstlern und Bohemiens, die eigens gegründet zu sein schien, den berühmten Bund aus der Rue des Quatre-Vents nachzuahmen. Im Unterschied zu den Helden Balzacs erreichten die Wassertrinker ihre hochgesteckten Ziele jedoch nicht. Niemand hat je von ihren Kunstprodukten gehört.

Die Wassertrinker huldigten dem strengen Grundsatz, nie die hohen Gipfel der Kunst zu verlassen, das heißt, keiner von ihnen durfte, in welch elenden Umständen er auch lebte, Konzessionen machen. Ein Dichter, der seine Ideale verriet und einen Geschäftsprospekt oder ein politisches Glaubensbekenntnis verfaßte, hatte bei ihnen verspielt. So sahen es die Wassertrinker auch ungern, daß sich Jacques leidenschaftlich in die Näherin Francine verliebte und aus Not jede Arbeit annahm, die sich ihm bot. Für den Maler Lazare, das kompromißlose Oberhaupt des Kreises, kam dies der Demission als Künstler gleich. Die einzige einem Künstler würdige Geliebte sei die Mona Lisa, sie sei unsterblich und betrüge ihren Geliebten nie. »Für mich bist du kein Bildhauer mehr, für mich bist du ein Gipsfigurenfabrikant. Freilich wirst du nun Wein trinken können, aber wir, die wir nach wie vor unser Wasser trinken und Kommißbrot essen, wir bleiben Künstler.« Als Francine an der Schwindsucht starb und Jacques bei den Wassertrinkern keine Unterstützung fand, brach er mit ihnen. Andere Gefährten – Schaumard (siehe dort) und Marcel (siehe dort) – nahmen sich sein Los dagegen sehr wohl zu Herzen.

Mit einem Marmorschneider am Friedhof Montparnasse traf Jacques ein Abkommen. Für eine schmiedeeiserne Grabeinfassung, ein Steinkreuz und einen Block Pyrenäenmarmor wolle er drei Monate unbezahlt für ihn arbeiten. Für das Grab seiner Geliebten wollte er eine Figur schaffen, einen großen Engel mit ausgebreiteten Flügeln. In diesem Meisterwerk würde Francine weiterleben. Jacques gehörte jedoch zu jener Art von Künstlern, die aus der Leidenschaft ein Werkzeug der Kunst machen. Er suchte sein Leid zu vergessen, indem er Francine auf den Lippen einer anderen küßte. Marie, seine neue Geliebte, war jedoch auf die Dauer nicht bereit, seine Trauer zu teilen. Als sie ihn verließ, ging es zusehends bergab mit ihm, und im März 1844 starb er im Hospital Saint-Louis. Er wurde in einem Armengrab beigesetzt. Das Grabmonument für Francine blieb unvollendet. Jacques lebt nicht in der Kunst fort, wohl aber in den geflügelten Worten, die er an Francines Grab sprach: »O, meine Jugend, du liegst hier begraben.« [RH]

[Henry Murger, *Scènes de la vie de bohème* (dt. *Boheme: Szenen aus dem Pariser Leben*), 1851]

**Jansen, Hans** **Norddeutschland, um 1830; † nach 1871*
Bildhauer. Entstammte einer Bauernfamilie, besuchte nach dem Tod seiner Mutter eine Zeichenschule in Kiel, übersiedelte später nach Hamburg. Als junger Mensch war Jansen kein Kind von Traurigkeit. Er begann sich einen Namen zu machen und heiratete die Schauspielerin Lucie; aus der Ehe ging eine Tochter hervor. In dieser Zeit arbeitete Jansen an den Marmorbüsten eines reichen Reeders und dessen Frau. Nachdem Jansen Lucie bei einem Seitensprung ertappt hatte, zog er 1864 mit seiner Tochter nach München. Versuche, sich scheiden zu lassen, scheiterten, weil Lucie das Sorgerecht

für das Kind beanspruchte. Seine Frau sollte dem Künstler das Leben noch lange schwermachen.

Jansen war ein Autodidakt, der sich mit großer Willenskraft, ohne Förderung durch Lehrer und Mäzene, zum Künstler bildete. Obwohl er am Anfang seiner Laufbahn einiges Aufsehen erregte und auch verschiedene Aufträge erhielt, blieb der große Durchbruch aus, weil er sich dem modernen Kunsttreiben widersetzte. Er wurde zu einem menschenscheuen Künstler, der sogar seinen wenigen näheren Bekannten unzugänglich blieb. Über die Kunst seiner Zeit urteilte er sehr negativ. Das wahre Kunstverständnis sei verlorengegangen, die Kunst das Produkt einer kommerzialisierten Massenkultur. Dilettantische Effekthascherei und leere Professionalität feierten fröhliche Urständ.

Dem Dilemma eines integren Künstlers in einer niveaulosen Welt gab Jansen eine höchst originelle Infrastruktur. Er besaß nämlich in München zwei Ateliers nebeneinander, eines für die Brotarbeit, die er verachtete, und eines, in dem er sich seiner künstlerischen Berufung widmete. Das erstere nannte er seine »Heiligenfabrik«, er arbeitete dort mit mehreren Gesellen. Der Raum war gefüllt mit puppenhaften Madonnen, Heiligenfiguren, Aposteln und Engeln in schwerfälligen Gewändern. »Es gehört etwas dazu, sich zu ermannen, um sich in alle elenden Schnörkel, alle verzwickte Lahmheit und Zahmheit unserer modernen Kultur zu schmiegen«, klagte Jansen seinem Freund Felix, dem jungen Baron von Weiblingen. Sein eigentliches Studio umschrieb er als das »Paradies neben meiner Schneiderwerkstatt«. Im Sommer 1869 arbeitete er dort nach lebendem Modell an einer tanzenden *Bacchantin,* die ein Tamburin in den wild in die Höhe geschleuderten Händen hält. Der Maler Eduard Rossel (siehe dort), Zeuge des Arbeitsprozesses an dieser Skulptur, konstatierte, daß die »griechische« unschuldige Frechheit und die Ausgelassenheit der Skizze einer Grazie, einem Esprit, einer Eleganz in der Form Platz gemacht habe. Dagegen sei Canovas Werk nur armselige Zuckerbäckerei.

Jansens Pièce de résistance aus dieser Periode ist die kolossale Skulptur *Adam und Eva vor dem Sündenfall.* Sie zeigte einen Jüngling von übermenschlicher Größe und Kraft, in natürlicher Anmut auf den Boden hingestreckt. Er schien gerade erst aus dem Schlaf erwacht zu sein, den Kopf ein wenig gehoben, den Oberleib auf den rechten Arm gestützt, den linken hielt er sich an die Stirn, wie um sich die Nebel eines tiefen Traumes von den Brauen zu streichen. Vor ihm ruhte, auf ein Knie niedergelassen, eine junge Frau in einer Gebärde unschuldigen Staunens. Die rohe Urkraft der Figuren wurde durch ihre im wahrsten Sinne des Wortes überlebensgroßen Proportionen noch stärker betont. Mit einer gewissen Bitterkeit meinte der Künstler, die Plastik werde nur einen kleinen Kreis ansprechen, da sie sich nun einmal nicht als Dekoration eigne.

Obwohl er Bildhauer war, sah Jansen in Rubens sein großes Vorbild. Der flämische Meister lasse ihn wie kein anderer all den photographischen Kleinkram, den modischen Schnickschnack und Kunstvereinsjammer seiner Zeit vergessen. In Rubens' Werk erkannte Jansen einen Lobgesang auf die Schöpfung. »All diese unverschleierte Menschlichkeit lebt und webt bloß für sich«, meinte er. Jansen übertrieb seinen vitalistischen Naturkult bisweilen so sehr, daß er sogar bei den größten Meistern das Gleichgewicht zwischen Kunst und Natur vermißte und einen Überschuß der künstlerischen Absicht über das naive Schauen und Fühlen, der Seele über die Sinnenkraft konstatierte.

Um 1871 trat eine Wende in Jansens Leben ein. Er hatte sich nach langem Streit und mancherlei Intrigen von Lucie gelöst und in Julie G. die Frau seines Lebens gefunden. Mit ihr reiste er nach Florenz, wo eine neue Phase in seinem künstlerischen Schaffen begann. Es hieß, um seine Werke hätten sich Engländer und Franzosen gerissen. [DP]

[Paul Heyse, *Im Paradiese,* 1874]

**Jody** *tätig in Toronto in den sechziger Jahren des 20. Jahrhunderts*

Vertreterin einer ausgesprochen feministischen Kunstauffassung. Jody zersägte Schaufensterpuppen in Stücke, klebte sie zu provozierenden Posen zusammen und bearbeitete sie mit Farbe und Collagen; an passenden Stellen befestigte sie Stahlwolle. Sie war Initiatorin der berüchtigten feministischen

Gruppenausstellung *Vier Für Alle* (siehe auch Carolyn, Zillah und Elaine Risley). Sie schrieb den Katalog, der, dem Zeitgeist entsprechend, nur aus einigen vervielfältigten, zusammengehefteten Seiten bestand. Jody war auf der Ausstellung mit einer Reihe ihrer Puppenskulpturen vertreten. Eine hing an einem Fleischerhaken, der in ihrer Magengrube steckte, bei einer anderen war das ganze Gesicht mit Bäumen und Blumen bemalt, als sei es tätowiert. Am Bauch einer dritten waren die Köpfe von sechs oder sieben alten Puppen befestigt. Ein in der Galerie, einem ehemaligen Supermarkt, gefundenes Schild, auf dem »Fleisch, wie Sie es mögen« stand, baute Jody in eine ihrer Konstruktionen ein: die Puppe, nur in Seile und Lederriemen gehüllt, trug den Kopf verkehrt herum unter dem Arm. Von Jody, wie von Carolyn und Zillah, hat die Kunstwelt nach jener aufsehenerregenden Ausstellung nie mehr etwas vernommen. [KBRA]

[Margaret Atwood, *Cat's Eye* (dt. *Katzenauge*), 1988]

**JON** **in der Umgebung von Niagara Falls, Kanada; tätig in der zweiten Hälfte des 20. Jahrhunderts*

Jon nahm um 1955 in Toronto an einem Abendkurs Aktzeichnen bei dem Ungar Josef Hrbik teil, wo er seine spätere Frau, Elaine Risley (siehe dort), kennenlernte. Er war ein äußerst produktiver Künstler, der sehr schnell malte, in gewalttätigen, ins Auge stechenden Acrylfarben, Rot und Pink und Purpur, in hektischen Schleifen und Kurven. Er bekannte sich zur »freien Malerei«: seine Bilder stellten nichts dar, sie waren Momente eines Prozesses, auf Leinwand festgehalten. Später fand er diese »reine Periode« zu romantisch, zu sentimental. Seine Arbeiten bestanden nun aus geraden Linien, vollkommenen Kreisen und flachen Farbblöcken, ohne sichtbares Impasto (*Rätsel: Blau und Rot* oder *Opus 36*). Wenn man sie betrachte, sollten einem die Augen weh tun, so der Künstler. Nach einer Weile gab er die geometrischen Formen auf und malte Bilder, die wie kommerzielle Illustrationen aussahen und mit denen er die »ikonische Banalität seiner Zeit reflektieren« wollte: riesiges Eis am Stiel, gigantische Salz- und Pfefferstreuer, Pfirsichhälften in Sirup, Papierteller voller Pommes frites. In der zweiten Hälfte der sechziger Jahre hörte Jon auf zu malen. Er arbeitete beruflich in einem graphischen Gemeinschaftsatelier; als Künstler stellte er Konstrukte aus Dingen her, die er von Müllhalden oder Schrottplätzen holte, etwa eine Holzkiste mit Fächern, in die er verschiedene Dinge legte: drei Paar übergroße Damenunterhosen in fluoreszierenden Farben, eine Gipshand mit langen falschen Fingernägeln, einen Klistierbeutel, ein Toupet. Er entwarf auch sich bewegende Skulpturen, zum Beispiel einen motorisierten pelzbesetzten Pantoffel, der von ganz allein auf dem Boden herumlief; eine Reihe von Pessaren, die mit Augen und Mündern aus Horrorfilmen und mit Springbeinen ausgestattet waren und um den Tisch hüpften; die Kopie eines schimmeligen Brotlaibs, der mittels eines kleinen Elektromotors ein- und ausatmete. Er zerbrach irgendwelche Gegenstände – Geigen, Glas – und klebte die Stücke wieder zusammen – »Bruchmuster« nannte er diese Arbeiten. Oder er wickelte farbiges Klebeband um Baumstämme und photographierte sie.

Ende der achtziger Jahre machte Jon, um seinen Lebensunterhalt zu verdienen, *Special Effects* für Kinofilme (abgehackte Gliedmaßen, verschrumpelte, verbrannte Haut). Zeit für künstlerische Arbeit hatte er kaum noch. [KBRA]

[Margaret Atwood, *Cat's Eye* (dt. *Katzenauge*), 1988]

**Jonas, Gilbert** **Frankreich; tätig Mitte des 20. Jahrhunderts*

Französischer Maler. Sohn eines angesehenen Verlegers. Über seine Malerei wurde wenig veröffentlicht, desto mehr über seine Karriere. Als ein Dutzend Kritiker sich die Entdeckung des fünfunddreißigjährigen Talents streitig machten, lehnte sich Jonas nicht dagegen auf. Denn schließlich führte er seinen Erfolg nicht auf seine Verdienste zurück, sondern auf seinen »Stern«, auf das Glück. Der Maler schien eine Botschaft zu haben, aber er glaubte nicht, daß es von ihm abhänge, ob sie auch ankomme. In dieser Hinsicht weist sein Leben Ähnlichkeit mit dem seines biblischen Namensvetters auf, der es Gott ankreidete, daß er der sündigen Stadt Ninive erst ihre Verdammnis hatte ankündigen müssen und daß die Strafe dann zurückgenommen wurde.

Jonas war immer bereit, sich den Umständen zu fügen. Er befolgte stets die Ratschläge seines Mäzens, des Architekten Rateau, und fügte sich grundsätzlich den Wünschen seiner Frau, seiner Kinder, seiner Bewunderer und Jünger, wenn es auch den Anschein hatte, sie würden sich ihm anpassen. In seiner Pariser Wohnung aus dem 18. Jahrhundert drängten sich die Schüler und Kunstliebhaber; der Teil, der ihm als Atelier diente, wurde immer kleiner.

Nach einigen Jahren eines beachtlichen Ruhms verschwand Jonas spurlos von der Bildfläche. Er zog sich in seine Wohnung zurück, genauer gesagt auf einen Hängeboden, den er eigenhändig in den hohen Flur gezimmert hatte. In seinem selbstgewählten Exil suchte er nach dem Wesen der Kunst. Als ein Freund den Maler in seinem Verschlag aufsuchte, traf er ihn abgezehrt an. Seine jüngste Produktion bestand aus einem einzigen Werk, einer jungfräulichen Leinwand, auf der in der Mitte ein Wort gemalt war, von dem nur schwer zu sagen war, ob es »solitaire« oder »solidaire« (einsam oder gemeinsam) lautete. Jonas sollte sich von den Strapazen erholen, seine Laufbahn als Künstler aber war zu Ende. [BVDP]

[Albert Camus, *Jonas,* in: *L'Exile et le Royaume* (dt. *Das Exil und das Reich*), 1957]

**Jones, Lorin** *geborene Laura Zimmern;*
**1926 White Plains, New York; † 1969 Key West, Florida*
Diese früh verstorbene Künstlerin war in Vergessenheit geraten, als ihr Werk in der Ausstellung *Drei Amerikanerinnen* (1987, Kurator: Polly Alter) der Öffentlichkeit gezeigt wurde. Seitdem erzielen ihre Bilder bis zu dreißigtausend Dollar.

Lorin Jones wurde als Laura Zimmern in White Plains geboren und wuchs in Larchmont, einer Vorstadt von New York, auf. Schon früh fiel das zeichnerische Talent des intelligenten, verlegenen Mädchens auf, insbesondere ihre Begabung, nach der Natur zu zeichnen. 1945 besuchte sie das angesehene Bennington College, wo sie unter anderem Unterricht von dem Maler Kenneth Foster und dem später gefürchteten Kunstkritiker Garrett Jones erhielt. Vor allem unter dem Einfluß des letzteren wandte sie sich in kürzester Zeit dem abstrakten Expressionismus zu. Obwohl mancher diesen Wechsel bedauerte, gehörte sie schon bald zu den besten ihrer Generation. In ihrem letzten College-Jahr heiratete sie Jones, der ihr Mentor wurde und ihr den Weg ebnete – obwohl sie möglicherweise auch ohne seine Hilfe von Paolo Carducci in dessen damals berühmte Galerie Apollo geholt worden wäre. 1954 und 1955 nahm sie dort an Gruppenausstellungen teil; 1957, 1960 und 1964 hatte sie ihre ersten Einzelausstellungen. In zunehmendem Maße stand sie in dem Ruf einer äußerst schwierigen Person. Hinter ihrer zerbrechlichen, bleichen, Juliette Greco ebenbürtigen Schönheit verbarg sich eine weltfremde, exzentrische Künstlerin, der es sehr schwer fiel, sich von ihren Bildern zu trennen. So nahm sie einen Tag nach der Eröffnung ihrer ersten Einzelausstellung das Bild *Nachbeben* mit nach Hause, und während ihrer Ausstellung von 1964 bearbeitete sie eines ihrer dort aufgehängten Bilder mit Terpentin und Spachtel. Das dem Sammlerehepaar Skelly verkaufte Bild *Geburt, Kopulation und Tod* verlangte sie zurück, weil sie die Käufer nicht ausstehen konnte. Die Skellys weigerten sich und hängten das Bild aus Rache nie auf.

In dieser Zeit kam Lorin nur noch selten nach New York, sie lebte zurückgezogen in einer Villa in Wellfleet, wo sie die pastellfarbene Landschaft auf die Leinwand zu bannen versuchte. Allmählich änderte sich ihre Malweise. Ab 1960 malte sie eine Anzahl halbabstrakter Blumenstücke. Immer öfter nahm sie auch andere figurative Elemente auf, Fische, Vögel, Gesichter und Figuren, wodurch ihr Werk eine gewisse Verwandtschaft mit Odilon Redon aufweist. Sie konnte jedoch so gut wie keine dieser neuen Arbeiten verkaufen, und Carducci beendete die Zusammenarbeit. Die Kunstkritik zeigte kein Interesse mehr an ihr, und Garrett Jones hatte jeden Einfluß auf sie verloren. Nach dem Scheitern ihrer Ehe zog Lorin mit dem Hippie-Dichter Hugh Cameron nach Key West. Wenig ist bekannt über das Schaffen ihrer letzten Jahre. Einige Bilder wurden wiederentdeckt. Darauf hatte sie Wörter oder ganze Sätze aus Camerons Gedichten geschrieben, etwa: »Was ist die Erinnerung an den

Wind unter Wasser?« In dem verloren gewähnten *Nachbeben* klaffte in der Mitte ein Loch, eine Schriftzeile war hinzugefügt worden: »Nie hast du's kommen sehen ... eh daß es fort war.« Auch Lorins Beziehung zu Cameron kühlte ab. Neben ihrer Malerei galt ihre ganze Leidenschaft dem Unterwassersport. Allerdings nahm sie auch Speed, was vielleicht zu ihrem frühen Tod beigetragen hat. 1969 holte sie sich beim Tauchen an einem kalten Februartag eine schwere Lungenentzündung, an deren Folgen sie wenige Tage später starb.

Über den künstlerischen Wert des Œuvres von Lorin Jones gehen die Meinungen auseinander. Niemand bezweifelt heute ihr ungewöhnliches Zeichentalent und ihren ausgeprägten Farbensinn, aber frühere Wegbegleiter und Verwandte vertreten die Auffassung, sie habe künstlerisch einen falschen Weg eingeschlagen. Einerseits, weil sie nicht genug auf Garrett Jones' Ratschläge gehört, andererseits, weil sie sich überhaupt auf die abstrakte Malerei und damit auf Jones eingelassen habe. Gespür für Trends besaß sie offensichtlich nicht. Für Colourfield Painting, Hardedge und Minimal Art und Pop-art fehlte ihr jedes Verständnis. An Happenings hingegen hatte sie eine kindliche Freude. Die enigmatischen Titel ihrer Bilder, über die sich mancher den Kopf zerbrochen hat, stammten in den meisten Fällen aus *Webster's Dictionary.* Sie wollte eine berühmte Malerin werden, aber sie tat wenig, um dieses Ziel zu erreichen – vielleicht aus mangelndem Selbstvertrauen. Kenneth Foster, ihr ehemaliger Lehrer, meinte dazu: »Das einzige, was Laura Zimmern je geliebt hat, war sie selbst und die Malerei, in dieser Reihenfolge.« 1988 fand eine große Retrospektive im Metropolitan Museum of Modern Art statt, im gleichen Jahr erschien ihre Biographie, verfaßt von Polly Alter. [BM]

[Alison Lurie, *The Truth about Lorin Jones* (dt. *Die Wahrheit über Lorin Jones*), 1988]

**JONES, THOMAS** *tätig in Neapel gegen Ende des 18. Jahrhunderts*

Englischer Maler. Freund und Protegé des britischen Botschafters und berühmten Kunstsammlers in Neapel, Il Cavaliere, der mit seiner zweiten Frau, Emma Hart (siehe dort), Gastgeber zahlloser Aristokraten, Künstler und Intellektuellen war, die aus aller Herren Länder nach Neapel kamen, um den Vesuv und die Zeugnisse des klassischen Altertums zu bewundern.

Vor seiner endgültigen Rückkehr nach England arbeitete Jones einige Monate in einem Atelier, das ihm der Botschafter zur Verfügung gestellt hatte. Oft besuchte ihn der Cavaliere morgens und sah Jones zu, wie er kleine, monochrome Leinwände auf seiner schönen Staffelei aus Olivenholz mit dem füllte, was ihm wie Studien der Leere vorkam: die Ecke eines Daches oder eine Reihe Fenster im oberen Stockwerk des gegenüberliegenden Gebäudes. Auf die Frage des Botschafters, was er male, antwortete Thomas Jones: »Momente, in denen alles entgleitet, in denen alles möglich scheint und nichts wirklich einen Sinn hat.« [SJ]

[Susan Sontag, *The Volcano Lover* (dt. *Der Liebhaber des Vulkans*), 1992]

**Julius** **Deutschland, Ende des 18. Jahrhunderts*

Künstler, dessen Œuvre sich parallel zu seiner Liebes- und Lebensphilosophie entwickelte. Als junger Mensch ließ sich Julius allzu sehr von seinen Leidenschaften bestimmen. Er schwankte zwischen lodernder Begeisterung und tiefer Enttäuschung. Die Kunst hatte unter dieser Unbeständigkeit zu leiden. Sein künstlerisches Schaffen blieb weit hinter den großen Worten und brillanten Wunschträumen zurück. Er schwärmte vor seinen Freunden von Projekten, die ihm in seiner jugendlichen Begeisterung bereits vollendet schienen. Die seltenen Anwandlungen der Nüchternheit betäubte er mit Musik. In seinem Hang, die Konzeption über die Ausführung zu stellen – beziehungsweise die beiden miteinander zu verwechseln –, ist er mit dem Künstler Theobald Nolten verwandt (siehe dort).

Julius' Entwicklung nahm eine hoffnungsvolle Wendung durch die Begegnung mit einer Frau, über die kaum mehr bekannt ist, als daß sie eine wahre Göttin für ihn gewesen sein muß. Der Künstler war sich darüber im klaren, daß sie für ihn ewig unerreichbar war, aber gerade durch die Vergötterung seiner fernen Freundin bekam er wieder festen Boden unter den Füßen. Er besann sich seiner künstlerischen Berufung und wurde streng gegen sich selbst. Von nun an nahm sich Julius die Helden der Antike zum Vorbild. Was er in altem Stil schuf, soll groß gedacht gewesen sein, aber von einem abschreckenden Ernst gekennzeichnet. Die Formen neigten zum Kolossalen, die Antike wurde ihm zu einer »harten Manier«, und bei aller unverkennbaren Gründlichkeit und Einsicht blieben seine Gemälde steif und erstarrt, eingezwängt in eine klassizistische Zwangsjacke. Ihre Kälte spiegelte sich in seiner Gemütsverfassung wider. Er war verschlossen, und nur gelegentlich brachen aus seinem Inneren einige geflügelte Worte hervor.

Julius empfand nun eine gewisse Seelenruhe, aber er war spröde und starr wie Stahl. Sein künstlerisches Schaffen schenkte ihm jedoch Selbstvertrauen, er suchte die Menschen wieder auf, und zum ersten Mal wurde er auch von berühmten Zeitgenossen anerkannt.

Seine Kunst erreichte jedoch ihren Höhepunkt erst durch die Begegnung mit der Künstlerin Lucinde (siehe dort). Nun belebten sich seine Bilder, ein Strom von beseelendem Licht schien sich über sie zu ergießen. Das wahre Fleisch blühte in frischer Farbe. Eine intensive Sinnlichkeit äußerte sich in badenden Mädchen, einem Jüngling, der mit heimlicher Lust sein Spiegelbild im Wasser betrachtet, oder in einer holdselig lächelnden Mutter, die ihr geliebtes Kind in den Armen hält. Die Formen entsprachen nicht immer den akademischen Regeln, aber sie bezauberten durch eine gewisse stille Anmut, durch den tiefen Ausdruck eines ruhigen, heiteren Daseins. Nirgends zeigte sich Julius' Talent deutlicher als in den Darstellungen von Umarmungen, die er in unerschöpflichen Variationen auf die Leinwand bannte. Sein Pinsel war ein wahrer Zauberstab. Am verführerischsten waren die Werke, die frei waren von bacchantischer Wut und sich durch eine bescheidene und liebliche Behandlung auszeichneten. Bei ihrem Anblick, so hieß es, habe die jungen Männer und Frauen ein süßes Feuer durchströmt.

Die Liebe war Julius' wichtigste Lehrschule. Dennoch war er nicht einfach ein Hedonist. Die Liebe galt ihm als Religion und die Wollust als heiliges Feuer. »Wenn man sich so liebt wie wir«, schrieb er Lucinde, »kehrt auch die Natur im Menschen zu ihrer ursprünglichen Göttlichkeit zurück.« Die Beziehung zu Lucinde hatte nicht nur seine Kunst zu ungeahnter Blüte geführt, auch das Leben selbst wurde ihm zum Kunstwerk. Diese ideelle Einheit von Kunst und Leben sollte später noch von vielen Künstlern angestrebt werden – und immer vergeblich. [DP]

[Friedrich Schlegel, *Lucinde,* 1799]

**K., BULLIE VAN DER** *tätig in der zweiten Hälfte des 20. Jahrhunderts in den Niederlanden*
Niederländischer Maler und Radierer, Autodidakt. Nach mehreren mißglückten Versuchen, einen bürgerlichen Beruf zu ergreifen – so besuchte er unter anderem eine Gartenbau- und eine Fahrschule und arbeitete eine Zeitlang als Autohändler und Chauffeur fragwürdiger Frachten –, ließ sich Bullie van der K. mit seiner Verlobten Pamphylia als freischaffender Künstler in Friesland nieder. Nach einer blauen Periode, in der er übermannshohe monochrome Bilder in ultramarinen Farbtönen produzierte, verlegte er sich auf figurative Werke. Seine Kunstanschauung ist durchaus als konservativ zu bezeichnen. »Ich male keine Menschen mit einem Stopfpilz statt eines Kopfes, oder mit Händen, die nur zwei oder drei Finger haben.« Als Radierer bevorzugte er Formate, die nicht größer als olympische Briefmarken waren, mit herausfordernden Titeln wie *Porträt einer Feder meiner Ente.*

Nach erstem bescheidenen Erfolg – sein Spirituosenhändler kaufte ein paar seiner Radierungen, für insgesamt dreihundert Gulden – wollte es mit der Kunst nicht mehr so recht vorangehen. Eine steinreiche Dame, die ein Schloß aus dem 14. Jahrhundert erworben hatte, hielt letztlich dreihundert Gulden für ein Gemälde für zuviel. Van der K. mußte mit fünfzig Gulden im Monat, die er von seinem Vater erhielt, auskommen, was, in Anbetracht seines Alkoholkonsums, nicht einfach gewesen wäre, wenn seine Verlobte nicht in einer Keramikfabrik gearbeitet hätte. Mit Pamphylia und seiner innig geliebten Pekingente fristete er ein kummervolles Dasein auf dem Land, ständig von Gläubigern umlagert.

Bei einem Brand am Nikolausabend des Jahres 1962 ging ein Großteil seines Werks in Flammen auf: zweihundertfünfundvierzig Bilder, dreihundert Zeichnungen und Aquarelle und fast zweihundert Radierungen mitsamt den Zinkplatten. Trübsinnig charakterisierte er seine Künstlerexistenz: »Künstlerjahre sind eigentlich Exiljahre.« Zu einigen der wenigen vom Feuer verschonten Arbeiten gehören *Friesische Sommerlandschaft* (Ölbild) und eine Radierung mit dem Titel *Einsamer Dinosaurier auf dem Weg zur Stadt Harlingen.* [PM]

[Gerard Reve, *Nader tot U* (dt. *Näher zu dir*), 1966; *Veertien Etsen van Frans Lodewijk Pannekoek Voor Arbeiders Verklaard,* 1967]

**KARABEKIAN, RABO** **San Ignacio, Kalifornien, 1916; † East Hampton, Long Island, 1988*

Amerikanischer abstrakt-expressionistischer Maler, Sohn armenischer Eltern, die dem Völkermord in der Türkei entkommen waren, und hochdekorierter Kriegsteilnehmer (»Purple Heart«, »Soldier's Medal«).

Karabekians Lehrer erkannten früh sein ungewöhnliches Talent. Anfangs arbeitete er als politischer Cartoonist beim *Luma County Clarion.* 1927 nahm er Kontakt zu dem erfolgreichen armenischen Zeichner und Illustrator Dan Gregory (siehe dort) auf, der ihn erst 1933 – auf Drängen seiner Freundin Marilee Kemp – als Schüler annahm. Drei Jahre später wurde Karabekian vor die Tür gesetzt, weil er – trotz Gregorys ausdrücklichen Verbots – zusammen mit Marilee das Metropolitan Museum of Art besucht hatte. Er verdiente sich eine Zeitlang seinen Lebensunterhalt als Karikaturist im Central Park. Ein armenischer Landsmann war von seinem Talent als Zeichner so beeindruckt, daß er ihm eine Stelle bei der Werbeagentur Leidveld and Moore vermittelte. Aus dieser Zeit, um 1937, stammt das Gemälde *Normandie.* Im Vordergrund steht das schönste Automobil der Welt, ein Cord, aus dem gerade Madeleine Carroll, die schönste Filmschauspielerin der Welt steigt, im Hintergrund erhebt sich das Chrysler Building. Karabekian fand, daß es an der Zeit sei, Unterricht zu nehmen und ein ernsthafter Künstler zu werden, wurde aber von der Arts Students League abgelehnt. Die schwere Wirtschaftskrise trieb ihn der Armee in die

Arme. Seine erste Heldentat war ein Porträt vom Kommandanten des Pionierkorps, Generalmajor Daniel Whitehall, das bei dessen Abschiedszeremonie enthüllt wurde. Karabekian überredete seinen Vorgesetzten, eine Tarnungseinheit von Soldaten mit »künstlerischen Erfahrungen« unter seinem Kommando ins Leben zu rufen. Am 9. Februar 1942 kam er als Leutnant nach Nordafrika und diente später in Sizilien, England, Frankreich und Luxemburg. Bei einem Angriff verlor er das linke Auge und geriet in deutsche Gefangenschaft. Nach der Befreiung durch russische Truppen blieb Karabekian noch ein Jahr in Europa, um für die Armee beschlagnahmte Kunstwerke zu katalogisieren und zu schätzen. In dieser Funktion wurden ihm regelmäßig Kunstwerke von ihren rechtmäßigen Besitzern angeboten, unter anderem eine unsignierte Kohlezeichnung von Cézanne (heute im Besitz der Rhode Island School of Design), ein Matisse und ein (gefälschter) Gauguin. Sie bildeten den Grundstock für seine Kunstsammlung, die sich in den folgenden Jahrzehnten zur bemerkenswertesten der Vereinigten Staaten entwickeln sollte.

Um 1946 heiratete Karabekian Dorothy, eine Krankenschwester am Armeehospital von Fort Benjamin Harrisson (Indianapolis). Er belegte Kurse für Buchhaltung, Betriebswirtschaft und Handelsrecht an der New York University und wurde anschließend Vertreter von Lebensversicherungen für Connecticut General. Seine künstlerische Tätigkeit beschränkte sich auf die großzügige Unterstützung von Künstlern, die sich regelmäßig in der Cedar Tavern trafen, unter anderen Pollock, Hofmann, Kitchen, Gottlieb und Rothko. Karabekian, Pollock und Kitchen waren in den New Yorker Kneipen als die Drei Musketiere bekannt. Um 1950 teilte sich Karabekian mit Terry Kitchen ein Studio am Union Square, zog jedoch wenig später nach East Hampton (Long Island), wo er sich in einer Kartoffelscheune einrichtete. Er fertigte Kompositionen aus farbigen Klebstreifen, die er auf riesigen, monochromen Flächen anbrachte und mit denen er sich eine goldene Nase verdiente. Seine Werke erzielten Preise zwischen fünfzehn- und dreißigtausend Dollar. Das Guggenheim-Museum kaufte seine *Ungarische Rhapsodie*

*Nummer sechs,* ein zweieinhalb Meter großes quadratisches Bild, das aus verschiedenen Klebstreifen auf einem Untergrund von gebranntem, grünlichem Orange bestand. »Wenn ich eine riesige Leinwand mit nur einer einzigen Farbe bedecke, kann ich die ganze Welt verschwinden lassen«, meinte Karabekian. Ein anderes Werk, *Windsor Blue Nummer siebzehn,* das sage und schreibe zweieinhalb mal zweiundzwanzig Meter maß, wurde von der Firma GEFFCo erworben. Durch die unvorhergesehene chemische Reaktion zwischen der Grundierung und der Akrylfarbe (Marke Sateen Dura-Luxe), die Karabekian verwendete, zerfielen seine Gemälde eins nach dem anderen. Diese dramatische Wendung, aber vielleicht auch die Scheidung von Dorothy und Terry Kitchens tragischer Selbstmord, führte ihn zu dem Entschluß, ein für allemal mit dem Malen aufzuhören.

Zwischen 1956 und 1964 lebte Karabekian wie ein Einsiedler in East Hampton. Dann heiratete er seine Vermieterin, die Witwe Edith Taft. 1984 gelangte er wieder in den Besitz von *Windsor Blue Nummer siebzehn.* Er reinigte es, grundierte es neu und nannte das nun wieder jungfräulich weiße Bild *Ich Habe Es Versucht Und Bin Gescheitert, Ich Habe Hinterher Saubergemacht, Und Jetzt Seid Ihr Dran.* Nachdem ein Jahr später seine zweite Frau gestorben war, griff er noch einmal zu Pinsel und Farbrolle. Sechs Monate lang malte er auf der Leinwand seines einst berühmtesten Gemäldes ein wunderschönes grünes Tal im Frühling und fünftausendzweihundertundneunzehn Personen: das Erinnerungsbild seiner Befreiung aus dem Kriegsgefangenenlager am 8. Mai 1945. In der unteren Mitte hat der Künstler sich selbst dargestellt, von hinten gesehen. Er gab dem Werk den neuen Titel *Jetzt sind die Frauen dran.* Karabekians erheblich jüngere Freundin Circe Berman, besser bekannt unter ihrem Schriftstellernamen Polly Madison, überzeugte ihn, die Scheune dem Publikum zu öffnen. Ihr verdanken wir übrigens auch die Autobiographie, die Karabekian 1987 vollendete. *Jetzt sind die Frauen dran* lockt noch heute Scharen von Schaulustigen nach East Hampton. Rabo Karabekian war ein ausgezeichneter Zeichner, aber erst mit diesem Bild gelang es ihm, nach seinen eigenen Worten, »Seele in ein Kunstwerk« zu legen.

»Große Werke stellen immer Geburt und Tod dar«, lautete ein anderer Ausspruch des 1988 gestorbenen Malers. [KBRA]
[Kurt Vonnegut, *Bluebeard* (dt. *Blaubart*), 1987]

**Kern, Theo** **Niederlande, einige Jahre vor dem Ersten Weltkrieg*
Niederländischer Bildhauer und Zeichner. Zum Maler fühlte er sich nicht berufen, da er, wie er selbst sagte, Farben nicht so gerne mochte. Im mittleren Alter ähnelte der kleine, stämmige und joviale Mann mit dem Strahlenkranz ergrauender Haare um den Kopf einem Waldschrat. Er hatte auch etwas von einem Fakir, da er immer und überall barfuß ging, und sogar die scharfen Splitter in seinem Atelier konnten ihm nichts anhaben. Mit seiner Frau Selma, wegen ihrer Leibesfülle »Mutter Erde« genannt, bewohnte er gegen Ende der sechziger Jahre des 20. Jahrhunderts ein Appartement im Schloß »Groot Rechteren« in der Provinz Drenthe, das der Besitzer, Baron Gevers, fünf Familien vermietet hatte. Kern arbeitete in der als Atelier eingerichteten ehemaligen Remise an seinen Werken, üppigen Frauengestalten oder Ornamenten für öffentliche Gebäude im Auftrag der Gemeinde Assen.

Kern war ganz vernarrt in das Baby Quinten Quist (»Kuku«), das in seinem Geburtsjahr 1968 mit seinen Pflegeeltern in Groot Rechteren einzog. Kern sollte den Jungen über viele Jahre immer wieder zeichnen; auf den Blättern wurden die tiefblauen Augen des Jungen immer größer; Kern stellte ihn mit einem Zepter und einem Reichsapfel in den Händen dar oder als Papst mit einer Tiara auf dem Kopf. Zu einer Ausstellung dieser Arbeiten kam es nicht, weil der Künstler sie lieber für sich behielt.

In dem harmonischen Chaos von Kerns Wohnung voller Gewächse, Muscheln, Tonmodelle, Drahtskulpturen und weißer Tauben, die wie in Matiss' Atelier mehr auf als in ihren Käfigen saßen, fühlte sich Kuku ausgesprochen wohl. Als er fünf Jahre alt war, besuchte er den Künstler oft in dessen Atelier; sie unterhielten sich über Moses, Gott, die Bibel, den Teufel und den Papst. Nach Kerns Worten war die Bildhauerei keine Kunst: das könne jeder, man brauche nur den überflüssigen Stein wegzuhauen, wie schon Michelangelo gesagt habe. Das Problem, wie Gott darzustellen sei, den es ja nicht gebe, löste Kuku, indem er Kern vorschlug, er solle auf einem großen Marmorblock so lange herumhacken, bis nichts mehr übrig sei – und den Teufel könne man gestalten, indem man die ganze Welt mit Marmor fülle.

Anfang der achtziger Jahre, nach dem Tod des Barons, geriet die kleine Gemeinschaft in Bedrängnis. Die Mieter erwogen kurz, das Schloß zu kaufen, aber zumal Kern hatte als Künstler weder ein festes Einkommen noch eine Pension. Als sich finstere Gesellen und anderes »Geldgesindel« in den Wohnungen über und unter ihm einnisteten, ging es mit Kerns Gesundheit bergab. Er, der sich selbst einen »einfachen Mann aus dem Volk« nannte, blickte mit einer gewissen Sehnsucht auf die Zeit zurück, da der Adel noch etwas bedeutete. »Der Adel ist natürlich auch Pack, aber die Leute haben wenigstens Stil.« [JS]

[Harry Mulisch, *De Ontdekking van de Hemel* (dt. *Die Entdeckung des Himmels*), 1992]

**KLECKSEL, KUNO** **Deutschland, 19. Jahrhundert*
Deutscher Maler. Schon in der Wiege war Kuno Klecksel von den Lichteffekten einer Kerze fasziniert, als Kind zeigte er großes Zeichentalent. Einige seiner frühen Versuche haben sich erhalten: Gesichter im Profil mit zwei Augen, einen essenden Menschen im Querschnitt, so daß man sehen kann, wie sich die Hafergrütze in seinem Bauch anhäuft. Der Eintritt in die Schule bedeutete jedoch zugleich das Ende dieser »naiven Kunst«. Als der wenig kunstsinnige Herr Bötel Klecksel bei der Arbeit an seinem »unbestellten Porträt« ertappte, benutzte er den jungen Künstler als Schwamm, um die Schultafel zu säubern. Klecksel rächte sich, indem er eines Abends vor des Lehrers Haus einen mit Pulver vollgestopften Kirchenschlüssel zur Explosion brachte und den herausstürzenden Mann mit Tierblut bespritzte. Von der Schule verwiesen, ging Klecksel bei dem Malermeister Quast in die Lehre, der trefflich zu tapezieren und zu marmorieren verstand. Auch zwischen ihnen kam es jedoch zum Bruch, als Klecksel sich die Zeit damit vertrieb, Hunde, die an dem Kasten mit Vesperbrot schnüffelten, unter dem Deckel ein-

zuklemmen und anzumalen. Einen Teckel verwandelte er in einen Leoparden, ein Windspiel in ein Zebra (»nur schlanker, als wie dies gewöhnlich«) und eine Bulldogge in einen Engländer (»grün und gelb«). Quast präsentierte dem Künstler die Quittung für solche Verschwendung von Zeit und Farbe, indem er das Brot alleine aufaß – dann brauchte er auch abends nichts mehr zu kochen. Das schlug dem Faß den Boden aus. Klecksel schlitzte das Deckbett seines schlafenden Arbeitgebers auf und übergoß ihn mit Firnis, so daß sich Quast mit den Daunen panierte und, wie ein großer Vogel, eine von Klecksel errichtete Pyramide aus Töpfen und Stühlen umstieß.

Der junge Mann zog nun in die »Musenstadt«, um sich an der Kunstakademie weiterzubilden. In einem pathetischen Brief an seinen Vater bettelte er um hundert Gulden, die der arme Mann auch zusammenkratzte. Klecksel war der Beste im Anspitzen von Bleistiften, im Radieren und Schraffieren, und der Letzte beim Verlassen seiner Stammkneipe. Wegen seiner Leistungen durfte er bereits zu Ostern im Antikensaal arbeiten, wo er mit schwarzer Kreide die Gipsbilder von Göttern und vor allem von Göttinnen zeichnete. Er fand jedoch auch Zeit, manchen Sommernachmittag in der Kneipe zu verbringen – »mit einer Havanna bei Susanna« –, bis ihm das Geld ausging. Sein Freund, der reiche Dandy Herr von Gnatzel, wußte ihm stets aus dem Wege zu gehen, und so blieb dem Maler nichts anderes übrig, als … zu malen. Zuerst fertigte er für den Kunstverein ein historisches Bild, das Bertold Schwarz darstellte, wie er »vor zwei Sekunden des Pulvers große Kraft erfunden« hat und zu spüren bekommt. Als Klecksel in der Zeitung die Kritik eines gewissen Dr. Hinterstich zu Gesicht bekam, stürmte er in die Redaktion, wo sich die beiden Herren mit den Waffen Feder und Tintenfaß beziehungsweise Schirm und Bleistift (Nr. 5 von Faber) einen homerischen Kampf lieferten. In Mitleidenschaft gerieten: Klecksels Nase und des Kritikers Hintern. Trotz allem verlor Klecksel nicht den Mut, er stürzte sich nun auf die Landschaftsmalerei. In der freien Natur zeichnend, befreite er eines Tages das reiche, etwas ältliche Fräulein von der Ach aus einer bedrängten Lage und fand in ihr eine neue

Bewunderin und Gönnerin. Sie saß ihm als Prinzessin für ein Bild Modell. Doch in der Karnevalszeit entfaltete sich eine Romanze zwischen unserem Künstler und Susel, Kellnerin in besagter Stammkneipe. Sie verbarg sich hinter einem Karton, als Fräulein von der Ach zu einer Sitzung erschien. Als deren Schoßhund das Mädchen witterte (und biß), verließ das Fräulein schockiert das Atelier. Dieser Vorfall bedeutete das endgültige Ende von Klecksels Malerkarriere. Nach dem Tod des Wirts übernahm Kuno die Kneipe und heiratete Susel. Klecksels Lehrmeister, Freunde und Feinde konnte man nun an einem der Stammtische antreffen. [JS]

[Wilhelm Busch, *Maler Klecksel,* 1884]

**Klingsor** *auch Li-Tai-Pe genannt;*
**Schweiz?, 2. Juli 1877; †Sommer oder Herbst 1919*
Legendärer expressionistischer Maler und Lyriker, der sich nach dem von ihm bewunderten chinesischen Dichter von Trinkliedern Li-Tai-Pe nannte. Nach vielen Reisen, die ihn unter anderem nach Asien und in die Südsee führten, zog er sich in eine südliche Gegend Europas zurück, die er schon in früheren Jahren geliebt und oft besucht hatte. In einer abgelegenen Burgruine in der Nähe von Laguno, einer mittelgroßen Stadt am See, malte er wie besessen, verzückt von der Fülle der sommerlichen Landschaft, der Schönheit der Frauen und angeregt durch Gespräche und Wanderungen mit Freunden, die oft in festliche Trinkgelage mündeten.

Hin- und hergerissen zwischen Todesangst beziehungsweise Todesverlangen und einer ekstatischen, manisch anmutenden Vitalität, begann für Klingsor eine neue Phase in seinem Schaffen. Seine Suche nach größeren kosmischen Zusammenhängen führte zu einer freieren Wiedergabe dessen, was er die »Formen der Erscheinungswelt« nannte. Die Landschaften, die in diesem glühenden Sommer 1919 entstanden, waren leuchtende, stille Bilder mit gebeugten Bäumen und pflanzenhaften Häusern. Obwohl seine Palette nur noch wenige, sehr leuchtende Farben zeigte, zogen Kenner diese Bilder denen aus seiner »klassischen« Zeit vor.

Mit seinem Freund Ludwig, den Klingsor Luigi oder Louis den Grausamen nannte, galt er als Erneuerer, als bedeutsamer

Kolorist, der die Malerei vom »Naturalismus der Farbe« befreit habe. Beide Maler hatten jedoch eine tiefe Abneigung gegen das Schubladendenken der Kunstkritiker, insbesondere Ludwig. Der ruhelose Maler war die romantische Verkörperung des nomadischen Menschen. Seine Lieblingsmotive waren typisch expressionistische Sujets der Großstadt wie Karussell und Zirkus, denen er auf visionäre Weise Ausdruck verlieh; sie waren zugleich Sinnbilder des Künstlertums, das er als »wahnsinniges Kinderspiel« abtat, als armseligen Ersatz für versäumtes Leben. Vielsagend ist, wie Klingsor die Bilder seines Freundes und Geistesverwandten einschätzte. Die Bedeutung von Ludwigs Kunst erschloß sich ihm in einem unscheinbaren Detail: Die kleine hellrosa Fahne auf dem Zelt eines nächtlichen Karussellbildes gebe das Leben in all seiner Gegensätzlichkeit wieder, »alles Weh und alle Resignation der Welt, und auch noch alles gute Lachen über Weh und Resignation«.

Wenn Klingsor auch durch die konstruktive Verwendung greller Farben zur Avantgarde zu zählen ist, er selbst hielt seine Kunst für zu konventionell, weil sie der Wirklichkeit noch zu nahe stehe. Nach dem Vorbild seines Freundes wollte Klingsor phantastische, visionäre Bilder schaffen, Bilder von universeller Aussagekraft.

Geburt und Verwesung, Gott und Tod, Geist und Sinnlichkeit: allen Gegensätzen sollte eine kosmische Bedeutung gegeben werden. Er wollte den Kampf mit der Vergänglichkeit aufnehmen; die Farben nannte er Kugeln gegen den Tod. Zweifellos verschlimmerte sich Klingsors Krise durch die allgemeine Untergangsstimmung nach dem Krieg. Die Faszination, die Tod und Untergang auf ihn ausübten, war Ausdruck der allgemeinen Kriegsneurose, die oft mit der Rhetorik einer Neugeburt einherging. Das alte Europa, die alten Werte, die alte Kunst waren zertrümmert; das große Sterben müsse noch weitergehen, damit etwas Neues entstehen könne. Klingsors letztes Bild – End- und Wendepunkt zugleich – war ein großartig deformiertes Selbstbildnis, ein gemaltes Psychogramm, das in seiner Drastik an Porträts von Schiele und Kokoschka erinnert. Klingsor malte es in einer Art Rausch, am Rand des Wahnsinns balancierend, dem

Tod ins Auge sehend. Er fühlte, daß es in diesem Bild nicht um einen individuellen Ausdruck ging, sondern daß sich etwas Universelles vollzog. Mit dieser Vision des Untergangs malte er nicht nur das Schicksal des Menschen – das ewige Werden und Vergehen –, sondern auch das der europäischen Kunst im allgemeinen: »Unsere Kunst ist Selbstmord.«

Ob sich Klingsor in einem Anfall geistiger Umnachtung das Leben genommen hat, bleibt unklar. Daß er in jenem letzten Sommer sehr schwermütig war, geht nicht nur aus seinen Briefen und Äußerungen hervor, sondern auch aus der Tatsache, daß er mehr als sonst Vergessen im Rausch suchte. [ID]

[Hermann Hesse, *Klingsors letzter Sommer,* 1920]

**Kohle, Philipp Emanuel** **Umgebung von Erfurt, 1830/40; † nach 1871*

Schüler von Peter Cornelius. Anklänge an dessen strengen Stil, weniger an die religiöse Thematik, sind im Werk Kohles auffällig. Er war ein asketischer Künstler, der sich die Annehmlichkeiten und Freuden des Lebens versagte, und so sah er auch aus: ein hageres Männchen in schlechten Kleidern – der letzte, der Männern imponieren, geschweige denn Frauen verführen könnte. In der Kunst träumte er sich eine zweite Welt zusammen, die schöner, erhabener und vollkommener war, als die alltägliche um ihn.

Viele fanden sein Werk trocken, gelehrt und verzwickt. So auch eine Komposition, die er 1869 dem Münchener Paradies zeigte, einem Kreis von Künstlern, der sich jeden Monat zusammenfand. Es handelte sich um eine allegorische Darstellung des Wirkens und Waltens der Laster und Leidenschaften, inspiriert von Hölderlins *Hyperions Schicksalslied.* Die Zeichnung stellte einen Berg dar, der in sieben Stufen eingeteilt auf die sieben Todsünden hinwies. Er endete in einem Plateau, auf welchem man, in leichtes Gewölk gehüllt, Göttergestalten ruhen sah, um eine Festtafel gelagert, während andere auf »Flügelsohlen«, einzeln oder Arm in Arm, teils umherwandelten, teils sich mit Tanz und Gesang ergötzten. Unterhalb der olympischen Figuren, durch eine strenge Wolken- und Wetterscheide getrennt, sah man das

Menschengeschlecht in den mannigfachsten und sinnreichsten Gruppen das Schicksal der Sterblichen erleiden. In der Nähe der Götter spielten Kinder und plauderten Liebende, aber weiter unten führten die abschüssigen Pfade zu Szenen der Not und Bedrängnis. Ein feierlicher, starrer Ernst gab der etwas ungefügen Komposition einen gewissen Hauch von Größe. Der Maler und Kunstkenner Eduard Rossel (siehe dort) spottete, daß er nicht Athlet genug sei, um Kohles Intentionen sieben Stockwerke hoch nachzuklettern, ohne vom Schwindel übermannt zu werden. Er warf ihm eine sterile Gelehrsamkeit vor, seine Bilder seien gezeichnete Gedichte. Kohle brach jedoch eine Lanze für die poetische Malerei. »Wenn sich unsereiner einmal einfallen läßt, sich was einfallen zu lassen, was über einen pfeifenden Schusterjungen, eine badende Nymphe oder eine historische Haupt- und Staatsaktion hinausgeht, gleich muß er sich ›Dichter‹ schimpfen hören«, meinte er, und er rückte das Problem zugleich in einen breiteren Zusammenhang: »Heutzutage ist Teilung der Arbeit die Losung, und wenn ein armer Narr von Pinsler oder Zeichner sich was ausdenkt, was allenfalls ein Poet in Verse bringen könnte, gleich kommt man mit Lessings Laokoon gelaufen, den notabene kein Hund mehr liest, und beweist, daß hier eine völlig unerlaubte Grenzüberschreitung begangen sei.«

Der ehemalige Oberleutnant Aloys von Schnetz sah in Kohle einen mittelmäßigen Maler, einen typischen Cornelianer, einen Umrißfanatiker, der die Perspektive vernachlässige. Aber Kohle wurde als ernsthafter und integrer Künstler respektiert. Sein Gegenpol Rossel schlug ihm sogar vor, die Wände seines Eßzimmers in seinem Landhaus in Starnberg zu bemalen, eine Chance, die Kohle mit beiden Händen ergriff. Die Freskomalerei war immer schon das höchste Ziel seiner Sehnsucht und seines Ehrgeizes gewesen, sie galt ihm weit mehr als die in seinen Augen kommerzielle Staffelei- und Ölmalerei.

Der Zyklus von sechs oder acht Szenen sollte die Geschichte der Göttin Venus erzählen, die sich ein paar Jahrtausende in einem Berg von der Welt zurückgezogen hat und gegen 1500 unter die Menschen tritt. Begleitet von Amor sucht sie in einem Kloster Unterschlupf, wird aber wieder vor die Tür gesetzt, als sich ein Pfarrer des Orts in sie verliebt. Sie zieht als Bettlerin umher und kommt in einer Kapelle auf die Idee, sich mit dem Gewand und der Krone der Madonnenfigur zu schmücken, die auf einem hohen Thronsessel sitzt. Sie nimmt deren Platz und schläft ein. Am nächsten Morgen betritt ein junger Mann die Kapelle und sieht die gerade erwachende Madonna/Venus. Es ist niemand anders als der junge Raffael, der den Nachglanz dieser Erscheinung – wie seine Madonnenbilder bezeugen – sein ganzes Leben lang mit sich trägt.

Wenn Kohle sich in seinem Element fühlte, ging er erhobenen Hauptes und mit glänzenden Augen durch den Saal der Paradies-Gesellschaft, brachte einen Toast auf die Kunst, die Resignation, die griechischen Götter aus und deklamierte Hölderlin-Verse. In solch einem Augenblick hielt er sich selbst für eines der »seligen Genien«, die »droben im Licht« wandeln. Aber er war sich auch darüber im klaren, daß sein Werk überholt war. Er sei, so sagte er einmal, jemand, der sich auf dem Irrweg einer längst überwundenen Kunstrichtung dahinschleppe.

Bei Ausbruch des Deutsch-Französischen Kriegs wurde auch Kohle von nationalistischem Patriotismus ergriffen. Er malte die Germania, die die Hexe von dem Loreleyfelsen hinunterstößt und all ihre Söhne mit ihrem Siegesgesang zum Kampf gegen den Feind begeistert. Dieses 1871 entstandene Werk ist das letzte, das uns von Kohle bekannt ist. [DP]

[Paul Heyse, *Im Paradiese,* 1874]

**KOLA** *tätig Mitte des 20. Jahrhunderts in Nigeria*

Nigerianischer Maler. Obwohl Kola ein besessener Künstler war – wann immer sich die Gelegenheit bot, zeichnete er in sein Skizzenbuch, oder er benutzte Servietten oder seine Handfläche als Untergrund –, plagten ihn oft Zweifel. Das war besonders während der fünfzehn Monate dauernden Arbeit an seinem Hauptwerk *Pantheon* der Fall. Kola rang lange mit dem Konzept für sein großes, vielfiguriges Gemälde, das die gesamte Yoruba-Mythologie darstellen sollte. Er entschloß sich, auf die Darstellung der Himmelskörper zu verzichten und sich statt dessen auf fünf große, mythologische Götterfiguren zu beschränken.

Dreien von ihnen gab der Maler die Züge von Menschen aus seiner nächsten Umgebung. So wurde der Gott Erinle, eine Art Tiergeist, von Joe Golder, einem Dozenten für afrikanische Geschichte, verkörpert. Golder, Amerikaner, drei Viertel weiß, litt an Depressionen und brach während der Sitzungen manchmal in fassungsloses Schluchzen aus. Sein Gesicht, das die afrikanische Sonne nicht vertrug, schälte sich oft, und einen Hautfetzen spießte der Maler auf den Pinsel und klatschte ihn auf die Leinwand – ein Auswuchs an Erinles Ohr.

Ogun, Krieger und Schöpfergott, erhielt die Züge von Egbo, einem Beamten im Außenministerium und Enkel des Herrschers von Osa. Egbo übte scharfe Kritik an der in seinen Augen einseitigen Interpretation des Ogun-Mythos. Die Darstellung des Gottes als eines blutrünstigen Fanatikers in einem schwerbewachten Zoo erschien ihm allzu melodramatisch. Für Esumare, den Regenbogen, stand der Sektengründer Lazarus Modell, ein, laut Kola, »mit Religion Handel treibender Albino«. Die Figur von Esumare war die letzte, die Kola auf der Leinwand anbrachte; die Farbe war noch nicht trocken, als das Bild im Foyer des Theaters aufgehängt wurde, in dem Joe Golder als Sänger auftrat. Die Präsentation fiel mit der Eröffnung einer von Kola organisierten Ausstellung des Werks des kurz zuvor verstorbenen Bildhauers Sekoni (siehe dort) zusammen. [SJ]

[Wole Soyinka, *The Interpreters* (dt. *Die Ausleger*), 1965]

**KÜRZ, HEINRICH** *besser bekannt unter dem Pseudonym Humbert Raffke; tätig zu Beginn des 20. Jahrhunderts*

1913 erregte der amerikanische Maler Heinrich Kürz in Pittsburgh großes Aufsehen mit seinem Gemälde der Kunstsammlung Hermann Raffkes, wie Kürz ein Amerikaner deutscher Abstammung. Es lockte zahlreiche Besucher in die große Ausstellung deutsch-amerikanischer Kunst anläßlich des fünfundzwanzigsten Jahrestages der Thronbesteigung Kaiser Wilhelms II. Vor allem das verblüffende Talent von Kürz als Feinmaler erklärte den Andrang des Publikums; stundenlang nahm man die ungefähr drei mal zwei Meter große Leinwand im wahrsten Sinne des Wortes unter die Lupe. Das Bild zeigte Hermann Raffke in seinem Kunstkabinett, wie er in einem Ledersessel sitzend seine mehr als hundert Gemälde betrachtet. Einem Bild im Bilde galt das besondere Interesse der Besucher, einer kleineren Version des nämlichen Bildes, auf dem sich Raffke wiederum an den von Kürz akkurat gemalten Miniaturrepliken seiner Sammlung erfreut, und so weiter: ein Bild im Bilde, scheinbar bis ins Unendliche gespiegelt. Das Publikum war nicht nur von der technischen Geschicklichkeit des Malers fasziniert, sondern auch von den winzigen Veränderungen bei der Wiedergabe der Gemälde. Am 24. Oktober schüttete ein Besucher, verärgert über die lange Wartezeit, den Inhalt einer großen Flasche Tusche auf das Bild, woraufhin es Raffke aus der Ausstellung zurückzog.

Hermann Raffke starb am 2. April 1914, und gemäß seinem Testament wurde er von einem Taxidermisten präpariert und in einer Grabkammer gegenüber Kürz' Bild beigesetzt in exakt der gleichen Haltung wie auf dem Gemälde. 1923 erschien von dem Kunstkritiker Lester K. Nowak *Heinrich Kürz, an American Artist, 1884–1914.* Auch Kürz war nämlich 1914 gestorben, und zwar bei einem Eisenbahnunglück. Aus Nowaks Buch geht hervor, daß Kürz bereits 1912 zu malen aufgehört hatte, kurz nach Vollendung seines aufsehenerregenden *Kunstkabinetts.* Nowak behandelte nicht nur das aus nicht mehr als sechs Gemälden bestehende Werk des Malers, er ging auch ausführlich auf dessen »freiwilliges und selbstzerstörerischen Schweigen« nach der Vollendung seines Meisterwerkes ein und auf die Spannung zwischen Kopie und Original, wie sie aus den kleinen Variationen spreche.

1924 erzielten Werke von Lucas Cranach, Frans Hals, Pisanello und Jan Steen aus der durch Kürz' Bild berühmt gewordenen Sammlung Hermann Raffkes auf einer Versteigerung Rekordpreise. Einige Jahre später erhielten die neuen Besitzer einen Brief von Hermanns Neffen, Humbert Raffke, in dem dieser enthüllte, daß er selbst unter dem Pseudonym Heinrich Kürz das berühmte *Kunstkabinett* sowie die meisten »alten Meister« aus der Sammlung seines Onkels geschaffen habe. Dieser habe sich nämlich an der Kunstwelt rächen wollen, weil man ihm in den ersten Jahren seiner Sammlertätigkeit Fälschungen angedreht hatte. Mit Hilfe seines Neffen und Lester Nowaks habe er die größte Mystifikation der Kunstgeschichte in die Wege geleitet. Der Raffke-Skandal wurde selbstredend von der Kunstwelt in aller Eile unter den Teppich gekehrt. [SL]

[Georges Perec, *Un Cabinet d'amateur* (dt. *Ein Kunstkabinett: Geschichte eines Gemäldes*), 1979]

## Ladislaw, William **England, um 1800*

Englischer Künstler, Enkel eines polnischen Flüchtlings und einer Tochter aus der angesehenen Familie der Casaubons. Die Ladislaws waren von der Erbfolge ausgeschlossen und mußten sich ihren Lebensunterhalt selbst verdienen. Die Zuwendung eines Onkels zweiten Grades, Edward Casaubons, ermöglichte es dem jungen William jedoch, seine künstlerischen Ambitionen zu verwirklichen.

Ende der zwanziger Jahre des 19. Jahrhunderts lernte Ladislaw in Rom den Dänen Thorvaldsen und den Deutschen Naumann kennen, Künstler, die die Ideale der Frühromantik verkörperten und mit ihrem religiös gefärbten Idealismus auf die Präraffaeliten vorausdeuteten. Ladislaws Religiosität war allerdings nicht sehr ausgeprägt – seine symbolischen Bilder behandelten vorwiegend antike und mythologische Themen. Vom Temperament her ein Romantiker, ein Künstler mit Leib und Seele, zweifelte er oft an sich selbst und an seinem Künstlertum.

Eine Liebesbeziehung veranlaßte Ladislaw, nach England zurückzukehren, wo er sich an der politischen Debatte um die Einführung der Reform Bill (1832) beteiligte. Er heiratete Dorothea Casaubon, die Witwe seines Onkels Edward. Sie konnte jedoch keinen Anspruch auf das Casaubon-Vermögen erheben, und so war Ladislaw gezwungen, sich um eine Stellung zu bemühen. Die Zeit des Optimismus und der Aufbruchstimmung nach 1832 bot jungen Politikern wie Ladislaw genügend Chancen, und er eroberte denn auch sehr bald einen Sitz im britischen Unterhaus. [KV]

[George Eliot, *Middlemarch* (dt. *Middlemarch: eine Studie des Provinzlebens*), 1871/72]

**Lafcadio, John Sebastian r.a.** **1845; †1912*
Englischer Maler. Schüler William Pakenhams. Von 1865 bis 1878 lebte er in Italien. Lafcadios erste Ausstellung fand 1871 in der Royal Academy in London statt. 1880 heiratete er Arabella (»Belle«) Theodora, Tochter von Sir John und Lady Reid. Aus der Ehe ging ein Sohn hervor, der 1916 bei Gallipoli fiel. Zu Lafcadios bekanntesten Werken gehören: *Mädchen am Teiche* (National Gallery), *Gruppe im Sonnenschein* (Tate Gallery), *Madame Belle* (Louvre), *Drei junge Männer* (Boston), *Die Heiligen Drei Könige* und *Satirisches Portrait* (beide Yokohama). Vierzig seiner Werke wurden während einer posthumen Ausstellung 1918 in Moskau vernichtet. Der Maler starb 1912 und hinterließ zwölf bis dahin unbekannte Werke. In seinem Testament bestimmte er, daß das erste Bild erst zehn Jahre nach seinem Tod ausgestellt werden dürfe. Danach sollte jedes Jahr ein anderes folgen. Mit dieser sonderbaren Verfügung beabsichtigte Lafcadio, seinem ewigen Rivalen Charles Tanqueray eins auszuwischen, der sich beim breiten Publikum großer Beliebtheit erfreute. Wie Lafcadio in einem Brief an seine Frau schrieb: »Ich habe ihm gesagt, daß ich ihn überleben werde, und wenn ich zu diesem Zweck sterben müßte.« Als das achte Bild ausgestellt wurde, stellte es sich zum Entsetzen der Londoner Kunstszene als Fälschung heraus. Die Täter waren Max Fustian, Lafcadio-Spezialist und Verfasser von acht Büchern über den Maler, und der Künstler Tommy Dacre. Sie gestanden, die vier letzten Bilder von Lafcadio, zu der der Meister keine Zeit mehr gefunden hatte, gefälscht zu haben. Fustians Leben endete tragisch. Er starb geistig verwirrt im Polizeikrankenhaus. Es ist eine Ironie des Schicksals, daß Fustian heute noch gerade durch seine Bücher über Lafcadio bekannt ist: *Die Kunst des John Lafcadio, von einem, der ihn kannte; Leben und Werk von Lafcadio; Die Tragödie von Moskau; Der große Lafcadio* und *Max Fustian und die Kunst – eine kritische Betrachtung der Werke John Lafcadios, von Europas hervorragendstem Kritiker.* Wer wissen möchte, wie Lafcadio aussah, sei auf das berühmte Porträt verwiesen, das Singer Sargent von ihm malte. Zu Recht haben Kritiker auf die Tatsache aufmerksam gemacht, daß Lafcadio auf dem Bild wie der große

Bruder von Frans Hals' *Lachendem Kavalier* aussieht – dieselbe Forschheit, dieselbe heitere Selbstgefälligkeit. Lafcadio war fünfzig, als das Porträt entstand. [CF]

[Margery Allingham, *Death of a Ghost* (dt. *Wenn Geister sterben*), 1934]

**Lantier, Claude** *auch bekannt unter dem Pseudonym Claude; *Plassans, 1842; †Paris, 1870*

Vorläufer des Impressionismus und der Pleinairmalerei. Obwohl von zwei Gemälden abgesehen sein kleines Œuvre der Öffentlichkeit unbekannt blieb, ist Lantier als der Maler in die Geschichte eingegangen, der mit *Plein air* (1863), seinem Beitrag zum »Salon des Refusés«, dem »Salon der abgelehnten Arbeiten«, Monet, Pissarro, Cézanne und Degas den Weg bereitete.

Lantier wuchs vaterlos in einfachen Verhältnissen auf, obwohl er mit dem umstrittenen Innenminister Eugène Rougon und dem Immobilienmakler Aristide »Saccard« Rougon verwandt war. Er verbrachte seine Jugend größtenteils auf der Straße (hauptsächlich im Pariser Arbeiterviertel La Goutte-d'Or), was, wie er selbst meinte, seine Vorliebe für Stadtmotive erklärte. Nach seiner Teilnahme 1863 am Salon der Abgelehnten wurde er von den jungen Pariser Malern als Wunderkind gefeiert. Das breite Publikum und die etablierten Künstler taten *Plein air* – die Darstellung dreier nackter Frauen mit einem bekleideten Herrn auf einer Waldlichtung – jedoch als obszön und geschmacklos ab. Lantier trat als Wortführer der Impressionisten auf, die sich regelmäßig im Café Guerbois trafen. Vor allem mit seinen Beiträgen in der politisch liberalen, künstlerisch jedoch konservativen Zeitschrift *L'Événement* (unter dem äußerst durchsichtigen Pseudonym Claude) nahm er den Kampf gegen Isabey, Bida, Gleyre, Dauzats, Robert-Fleury und Breton auf. 1866 geißelte er in einem berühmten Artikel ihre Malweise, »die Bäume aus Kandiszucker und die Häuser aus Blätterteig, die Männchen aus Gebäck und die Weibchen aus Sahneeis«. Manet hingegen widmete er einen beinahe hagiographischen Artikel. Auch auf dem Gebiet des Städtebaus vertrat Lantier dezidierte Standpunkte. Nahe Freunde, wie der naturalistische Schriftsteller Sandoz (mit dem Lantier im provenzalischen Plassans die Schulbank gedrückt hatte), berichteten, er habe dafür plädiert, dem romantischen Faible für die malerischen Gassen des ersten Arrondissements abzuschwören und sie statt dessen einzuebnen – *pour faire moderne.* Die in seiner Jugend errichteten Markthallen, ein Komplex von Pavillons aus Glas und Stahl, erschienen ihm eine akzeptable Alternative; er pflegte sie ein *Babylone de métal* zu nennen. Finanziell war Lantiers Karriere eine Katastrophe. Auch nach seinem Durchbruch mit *Plain air* mußte er in einem kleinen, unbequemen Studio in der Rue de Douai arbeiten. Trotzdem verbreitete sich sein Ruf als Erneuerer rasch. Sein letztes Werk, eine Stadtansicht mit dem Arbeitstitel *La Cité* wäre sicher, wenn er es vollendet hätte, als Gründungsurkunde des Impressionismus in die Geschichte eingegangen. Lantiers vergebliches Ringen um die Gestaltung seines großen Parisbildes, aber auch die Krise der Beziehung zu seiner Frau Christine Hallegrain – insbesondere nach dem Tod ihres neunjährigen Sohns Jacques-Louis im Jahr 1869 – führten zu seinem Selbstmord. Man fand ihn erhängt in seinem Atelier.

Hauptmotiv in Lantiers Jugendwerk – vorwiegend Skizzen und Aquarelle – ist die Stadt: Freiluftstilleben von aufgehäuftem Gemüse vor den Markthallen, Porträts von Marktfrauen. Ab und zu malte er auch auf dem Land bei Nanterre. In den Jahren 1862 und 1863 arbeitete er ausschließlich an dem Bild, für dessen zentrale nackte Frauenfigur ihm anfänglich Christine Modell saß und das er später *Plein air* nannte; es zeugt von seinem absoluten Streben nach Perfektion: er arbeitete mit verschiedenen Modellen und änderte ständig die Komposition des Bildes. In der Zeit nach 1863 suchte Lantier seine Motive wieder in der Stadt. Wenn er durch Paris ging, entdeckte er überall Gemälde, die ganze Stadt mit ihren Straßen und Brücken entrollte sich vor seinen Augen in riesigen Fresken. Seine Arbeiten in dieser Periode weisen Ähnlichkeiten mit denen Guillaumins auf – Darstellungen des pulsierenden Lebens einer Großstadt: Die *Place du Carrousel* (1866?) in prallem Sonnenlicht, das von den Fassaden zurückgeworfen das Pflaster zur Weißglut erhitzt. *Batignolles* (1865?) zeigt spazierende Bürger unter grellen Kastanienbäumen. Im Gegensatz dazu ist *Hiver* (1864) von einem fast brutalen Realismus: Das Panorama vom Montmartre-Hügel aus zeigt niedrige baufällige Hütten, Fabrikschlote und zerlumpte Straßenkinder. Sein letztes Werk sollte eine beinahe hegelsche Synthese seiner Kunstanschauungen werden: das Stadtmotiv (die Skyline der Cité-Insel) wollte er mit einer zentralen, nackten Frauenfigur (wie in *Plein air*) verbinden. Von 1866 bis zu seinem Tod arbeitete Lantier an seinem Opus magnum, aber über Entwürfe, die die Lichtverhältnisse zu verschiedenen Tageszeiten einfingen, kam er nicht hinaus. Nur einmal gönnte er sich eine Unterbrechung und porträtierte in kleinem Format den Leichnam seines Sohnes (*L'Enfant mort,* 1869?). Es war das zweite und letzte Bild, das den Blicken der Öffentlichkeit preisgegeben wurde.

Daß sich Claude Lantier letztlich mit einem bescheidenen Platz in der Geschichte der Malerei begnügen muß, führen Kunstkritiker (wie auch schon Arnold Ising 1886 in *De Nederlandsche Spectator*) darauf zurück, daß er zeitlebens schwankte zwischen den gegensätzlichen Strömungen, die man im allgemeinen mit Monet und Courbet verbindet, zwischen einem impressionistischen Schönheitsideal (die frühen Studien, *Batignolles* und *Place du Carrousel*) und einem subversiven Naturalismus (*Plein air, Hiver* und *L'Enfant mort*). Einerseits malte er mit einer Heiterkeit der Farben, die seine Freunde in Erstaunen versetzte – so meinte Sandoz, in seinen Schöpfungen sei die Natur zum ersten Mal in ihrem wahren Licht eingefangen –, andererseits war er ständig auf der Suche nach einer thematischen Originalität, die ihn eher zum Naturalisten macht. [BK]

[Émile Zola, *Le ventre de Paris* (dt. *Der Bauch von Paris*), 1873; *L'Assomoir* (dt. *Der Totschläger*), 1877; *L'Œuvre* (dt. *Das Werk*), 1886]

**Lars** **München, um 1865; † in der Isar, um 1900*

Münchner Künstler, hatte sein Atelier in der Schwanthalerstraße. Lars unternahm die traditionelle Reise nach Italien, wo er im Auftrag eines reichen Amerikaners, der den Salon seiner Villa in der Nähe von Sorent schmücken wollte, mit der Arbeit an einem Bilderzyklus der vier Jahreszeiten begann. Er ist Lars' einziges uns bekanntes Werk. Lars vollendete *Frühling* und *Herbst* in Rom, was ihm neue Aufträge einbrachte von der dort ansässigen amerikanischen Kolonie. Die zwei anderen Gemälde vollendete er erst in München.

*Der Frühling* zeigt eine in einem Garten spielende Kinderschar, die von einer jungen, sehnsüchtig in die Ferne blickenden Frau beaufsichtigt wird; *Der Herbst* stellt eine Gruppe römischer Damen und Herren bei einer Landpartie dar; *Der Winter* zeigt Bergbewohner, die mitten in der Heiligen Nacht unter dem Sternenhimmel zu einer einsamen Kapelle ziehen. *Der Sommer* lag Lars besonders am Herzen; die Komposition wurde mehrmals verändert. Eine schöne, blonde Frau liegt am Ufer eines Sees im grellen Sonnenlicht, sie streckt sich nach dem Bad wohlig aus unter der reinen Himmelsglut. Lars hat sie in gewagter perspektivischer Verkürzung von hinten wiedergegeben. Ihr Körper verbirgt sich unter einem sich weich bauschenden roten Kleid, von ihrem Gesicht ist nur ein kleiner Ausschnitt sichtbar – genug, um den Funken ihres glänzenden Auges aufzufangen –, und das reiche, blonde Haar fällt ihr frei auf die nackte Schulter. Ein Fuß wird noch von der silbernen Brandung umspült, während das linke Bein zuückgebogen ist, so daß das rosige Knie sich glänzend vor dem Wasser abzeichnet. Die Frau schlingt ihren Arm mit einer zärtlichen Gebärde um den Leib eines großen, grau-weiß gefleckten Neufundländers, der gravitätisch über den weiten See blickt. Ein Segelboot schaukelt auf dem Wasser, in ihm ein junger Fischer, der verträumt zum Ufer schaut. Das sanfte Lächeln auf dem Gesicht der Frau deutet an, daß sie sich in ihrer stolzen Schönheit sicher fühlt und sich vor keiner Gefahr fürchtet, sollte sich auch der Wind erheben und der Jüngling plötzlich vor ihr stehen. Für das Bild saß Lars' Freundin Nadine Modell, da der Künstler sich, was die Verkürzung der Schulter, des Halses und des Kopfes betraf, auf ihre Schönheit beziehen wollte.

Ob der Künstler sich ausschließlich auf solche recht plakativen Allegorien verlegt hat, läßt sich nicht sagen. Bekannt ist, daß sich nach seinem Tod in seinem Atelier noch einige Aquarelle von Landschaften und Szenen aus dem Landleben fanden. Lars war fünfunddreißig, als er letzte Hand an den *Sommer* legte. Er war ein berühmter Künstler, litt aber damals schon an den Symptomen eines Stars, der seine Augen regelmäßig mit einem dunklen Schleier bedeckte. Ärzte konnten nur feststellen, daß er völlig erblinden werde. Daraufhin beschloß er, sich trotz der vollkommenen gegenseitigen Liebe von Nadine zu trennen. Wenn sie sich auch ein Leben ohne ihn nicht vorstellen konnte, so sollte sie doch nicht Zeugin seines Elends werden. Er fühlte sich wie Tantalus, der inmitten des Überflusses verhungern muß. Lars schrieb Nadine in einem Abschiedsbrief, er werde auf Reisen gehen, und er hinterlasse ihr, für den Fall, daß ihm etwas zustoße, sein Werk. Sein Vermögen vermachte er der Münchener Künstlerkasse. Bevor die verzweifelte Nadine etwas unternehmen konnte, hatte sich der Künstler in die Isar geworfen. [DP]

[Paul Heyse, *Tantalus,* 1899]

**LAWRENCE, HELEN** *bekannt unter dem Pseudonym Graham; *England, 1803*

Britische Malerin. Sie entstammte einer reichen und angesehenen Familie. Nach dem frühen Tod ihrer Mutter wurde Helen Lawrence von einem Onkel und einer Tante erzogen. Wie alle jungen Damen aus gutem Hause bildete sie sich auf den verschiedensten künstlerischen Gebieten aus. Zur Musik hatte sie, wie sie selbst sagte, nur wenig Talent, ihre Lieblingsbeschäftigung war das Zeichnen und das Malen. Ein Bild aus ihrem achtzehnten Lebensjahr zeigt eine sonnenüberflutete Landschaft, im Vordergrund ein Turteltäubchenpaar und ein blondgelocktes Mädchen. Von dem zehn Jahre älteren Arthur Huntington, in den sie sich leidenschaftlich verliebte, fertigte sie ein Miniaturporträt. Ihre überstürzte Ehe mit dem gutaussehenden Charmeur, dem sie einen Sohn gebar, erwies sich schon bald als verhängnisvoller Irrtum. Huntington entpuppte sich als Säufer, Spieler und Weiberheld; das Zusammenleben mit ihm war für die tief religiöse Helen eine Hölle. Nicht länger bereit, hilflose Zeugin seines Verfalls zu sein, und aus Sorge um ihren Sohn schlug sie die Scheidung vor, die Huntington jedoch ablehnte. Er verweigerte ihr jegliche finanzielle Mittel und warf ihre Malutensilien ins Kaminfeuer.

1827 entschloß sich Helen Lawrence, erst vierundzwanzig Jahre alt, zur Flucht. In ihrem Geburtshaus, dem halb verfallenen Landsitz ihres Bruders, Wildfell Hall, fand sie mit ihrem Sohn Arthur und ihrer treuen Haushälterin Rachel Unterschlupf. Unter dem Namen Graham, dem Mädchennamen ihrer Mutter, führte sie ein zurückgezogenes Leben; ihren Unterhalt verdiente sie sich mit dem Malen von Bildern, signiert mit falschen Initialen, die eine Kontaktperson in London verkaufte. Das Porträt, das sie einst als junge Braut von dem damals so bezaubernden Huntington gemalt hatte, vernichtete sie nicht; den Rahmen könne sie noch einmal gebrauchen, sagte sie, und an dem Bild könne sie ablesen, ob ihr Sohn seinem Vater ähnlich sehe.

Helen Grahams Werk umfaßt unter anderem eine Reihe Porträtbilder, wie das eines in traurige Gedanken versunkenen Kindes mit verwelkten Blumen in der Hand vor dem Hintergrund dunkler Hügel und herbstlicher Wiesen unter einem bewölkten Himmel. Ein anderes zeigt ihren jungen Sohn mit Blumen im Schoß im Gras sitzend. Vorwiegend malte die Künstlerin jedoch Landschaften, nach Studien und Skizzen, die sie auf Spaziergängen in der Umgebung von Wildfell Hall anfertigte. Der unmittelbare Genuß der Natur war ihr verwehrt, da sie eine schöne Landschaftspartie nie bewundern konnte, ohne sich sofort damit zu beschäftigen, wie sie diese auf der Leinwand festhalten könnte.

Das beschauliche, ruhige Leben der menschenscheuen, rätselhaften Malerin auf Wildfell Hall war jedoch von kurzer Dauer: Nachbarn stellten sich ein, unter ihnen der junge Gutsherr Gilbert Markham, der in Liebe zu der schönen »Witwe« entflammte. Er gewann ihr Herz, aber tugendhaft wie sie war, kam eine Beziehung für sie nicht in Frage. Als kurz darauf ihr Mann schwer erkrankte, entschloß sie sich zur Rückkehr, um ihre ehelichen Pflichten zu erfüllen und den Leidenden zu pflegen. Nach langem, bitterem Todeskampf starb Arthur Huntington und hinterließ ihr sein gesamtes Vermögen. Nichts stand nun der Verbindung zwischen Helen und dem treuen Gilbert im Wege. Unbekannt ist, ob sich Helen Lawrence auch späterhin noch künstlerisch betätigt hat. [CR]

[Anne Brontë, *The Tenant of Wildfell Hall* (dt. *Die Herrin von Wildfell Hall*), 1848]

**Lee, Heinrich** *genannt: der grüne Heinrich; * Schweiz; tätig in den dreißiger und vierziger Jahren des 19. Jahrhunderts*
Der aus einem kleinen Schweizer Städtchen gebürtige Heinrich Lee hatte es in seiner Jugend schwer, seine künstlerischen Ambitionen als Landschaftsmaler zu verwirklichen. Der junge Heinrich, wegen seiner grünen Kleidung von allen »grüner Heinrich« genannt, hegte eine romantische Verehrung für die Natur. Seine Mutter, eine Witwe, gab ihn jedoch einem Künstler in die Lehre, der mit einer Reihe Gehilfen serienmäßig Radierungen, Lithographien und Gemälde herstellte. Diese schablonenhafte Manier konnte den sensiblen und ehrgeizigen Heinrich unmöglich befriedigen; er suchte sich gerade von eingefahrenen Konventionen zu lösen, um die Natur ungeschminkt wiederzugeben. Der Künstler Römer, der sich nach einem Aufenthalt in Italien wieder in seiner Heimat niedergelassen hatte, bestärkte ihn in seinen Bestrebungen und war bereit, ihn zu unterrichten. In dieser Zeit machte Lee große Fortschritte, aber sein äußerst begabter Meister erwies sich als vollkommen paranoid: Einerseits sah er sich als den heimlichen Herrscher der Welt, andererseits hielt er sich für das Opfer von Komplotten verschiedener Herrscherhäuser. Auch von diesem Lehrer mußte Lee sich lösen. Ende der dreißiger Jahre wagte er den Umzug in die deutsche Kunstmetropole München, wo seine Arbeiten deutlich unter den Einfluß von Caspar David Friedrich und dessen Geistesverwandten gerieten. Er zeichnete und malte eine stilisierte, schematische Natur, die das Geistige anstelle des Materiellen in der Schöpfung betonen sollte. Zu seinen Motiven gehörten allegorische Landschaften, vergeistigte, magere Bäume, nordisch mythologische Wüsteneien, zwischen deren Felsen und knorrigen Eichenhainen man die Meereslinie am Horizont sah, und düstere Heidelandschaften, in denen ein einsames Hünengrab aufragte. Lee hielt sich schlecht und recht über Wasser. Es gelang ihm nicht, eines seiner Bilder zu verkaufen, und er lebte von dem Geld, das ihm seine Mutter schickte. Nur wenige erkannten das Bahnbrechende seiner Arbeiten. Eine große Landschaftszeichnung, die Heinrich mit einem abstrakten Liniennetz überzogen hatte, brachte seinen Malerfreund Erikson zu der

folgenden Prophetie: »Wohlan! du hast dich kurz entschlossen und alles Gegenständliche hinausgeworfen! Diese fleißigen Schraffierungen sind Schraffierungen an sich, in der vollkommensten Freiheit des Schönen schwebend, dies ist der Fleiß, die Zweckmäßigkeit, die Klarheit an sich, in der holdesten, reizendsten Abstraktion! [...] Aus Nichts hat Gott die Welt geschaffen! Sie ist ein krankhafter Abszeß dieses Nichts, ein Abfall Gottes von sich selbst. Das Schöne, das Poetische, das Göttliche besteht eben darin, daß wir uns aus diesem materiellen Geschwür wieder ins Nichts zurückabstrahieren, nur dies kann eine Kunst sein!« Erikson riet Lee, konsequent fortzufahren, und zwar systematisch mit einem Dezimalsystem von Strichen. Lee scheint jedoch diese Richtung (hin zur Abstraktion) nicht weiter verfolgt zu haben. Da er völlig mittellos und nicht in der Lage war, für seinen Lebensunterhalt zu sorgen, machte er sich wieder auf den Weg in seine Geburtsstadt. Der Kunst sagte er Lebewohl. Für einen adligen Mäzen malte er noch zwei realistische Landschaftsbilder. Das Geld, das er dafür und für einige alte Zeichnungen erhielt, sowie eine unverhoffte Erbschaft bewahrten ihn vor der Armut. Zur Kunst kehrte er jedoch nicht zurück.

Obwohl spätere, verkitschte Versionen seiner Lebensgeschichte uns glauben machen wollen, er habe noch lange und glücklich gelebt, läßt die zuverlässigste Quelle keinen Zweifel über das Schicksal des nun wohlhabenden Lee. Als er in seinem Heimatdorf ankam, war seine Mutter gestorben, er selbst starb nicht lang danach, kein Künstler mehr und noch nichts anderes. [SL]

[Gottfried Keller, *Der grüne Heinrich,* 1851–1855]

**Lehsen, Edmund** **Müncheberg, Mitte des 19. Jahrhunderts*

Es würde etwas Großes aus ihm werden, entweder ein großer Künstler oder ein großer Narr, so hatte es Leonhard »Turnhäuser«, ein Freund des Vaters, vorausgesagt, nachdem er dem jungen Lehsen an der Wiege das Horoskop gestellt hatte. Dies erklärt die Bereitwilligkeit, mit der Lehsens Eltern die künstlerischen Ambitionen ihres Sohnes förderten. Sobald

Lehsen sich für Pinsel und Farbe zu interessieren begann, schickte ihn sein Vater nach Berlin, das ihm für einen angehenden Künstler inspirierender erschien als das provinzielle Müncheberg.

In Berlin malte Lehsen hauptsächlich Bilder von Baumgruppen und Landschaften, wobei er nach dem Gleichgewicht zwischen Mimesis (Widerspiegelung der Wirklichkeit) und Phantasie strebte. Aus der naturgetreuen Darstellung müsse zugleich auch der tiefe Eindruck sprechen, den das Original auf den Künstler gemacht habe. »Dichter muß der Landschaftsmaler ebensogut sein als der Geschichtsmaler, sonst bleibt er ewig ein Stümper.«

Lehsen gelang es, sich in der Berliner Kunstszene einen Namen zu machen und seine Arbeiten auf verschiedenen Kunstausstellungen zu zeigen, wo sie vom Publikum beifällig aufgenommen wurden. Kritik mußte er hauptsächlich von Leonhard Turnhäuser einstecken, der ihm einstmals seinen Lebensweg vorhergesagt hatte und der in Berlin sein fachkundiger Mentor geworden war. Lehsen besitze zwar, so Turnhäuser, eine gehörige Portion Talent, eine lebendige Phantasie und eine kühne Kraft des Ausdrucks, aber er müsse sich davor hüten, die altdeutschen Meister allzu knechtisch nachzuahmen, ohne ihren wahren Geist erfaßt zu haben. Turnhäuser war es auch, der Edmund Lehsen in die Geheimnisse der Bereitung und Mischung der Farben einweihte, wie sie nur die altdeutschen Maler gekannt hätten.

Eine Zeitlang wurde die künstlerische Entwicklung des jungen Malers durch seine Liebe zu Albertine Voßwinkel gehemmt, die nicht nur Lehsen, sondern auch noch zwei andere junge Leute sich als Muse und zukünftige Lebensgefährtin erkoren hatten. Um ihren Vater für sich zu gewinnen, malte Lehsen sein Porträt und stellte so die Kunst in den Dienst der Liebe. Das Bildnis Albertines blieb jedoch unvollendet. Daß Lehsen fest entschlossen war, sein Leben mit der geliebten Frau zu teilen, beweist eine Anekdote, derzufolge er einmal in einem Wutanfall einem Rivalen mit wenigen Pinselstrichen einen grünen »Salvator Rosa« auf das Gesicht gemalt habe, eine Kreation, die – gewiß wegen der hervorragenden Qualität der Farbe – kaum abzukriegen war.

Obwohl Lehsen schließlich Albertines Herz gewann, entschloß er sich, Turnhäusers Rat zu folgen: die Hochzeit um ein Jahr zu verschieben und nach Italien zu reisen, auf der Suche nach dem »innersten Wesen« der Kunst. Belegt ist, daß Lehsen nicht nach Berlin zurückkehrte. Über sein weiteres Leben und seine Karriere als Künstler schweigen die Quellen. [MD]

[E.T.A. Hoffmann, *Die Brautwahl,* in: *Die Serapionsbrüder,* 1820]

**Léopold** *† 25. Mai 1887*

Französischer Miniaturenmaler. Er entstammte einem adligen Geschlecht und betrieb schon in seiner frühesten Jugend Zeichenstudien. Nach dem Ende der Beziehung zu einer Halbschwester schloß er sich einer Expedition nach Afrika an, die in einer Katastrophe mündete: In Tanganjaka kamen zweihundert Expeditionsmitglieder unter schrecklichen Umständen ums Leben. Nach Frankreich zurückgekehrt, mußte er feststellen, daß sein elterliches Vermögen aufgezehrt war. Aus Widerwillen gegen die Kunst seiner Zeit wandte er sich der Buchmalerei zu. Er machte sich die ästhetischen Grundsätze der mittelalterlichen Tradition zu eigen, von den einfachen Unzialen merowingischer Mönche bis zu den kunstvollen Bildern eines van Eyck, Cimabue und Orcagna. Immer wieder studierte er in der Bibliothèque Nationale alte Handschriften, Evangeliarien, Sakramentare und Stundenbücher. Er reiste nach Venedig aus keinem anderen Grund, als um das wunderbare *Brevier Grimani* zu sehen, an dem Memling mitgearbeitet haben soll und von dem Dürer sich hatte anregen lassen. Aber Léopold kopierte niemals das Werk seiner mittelalterlichen Vorgänger, er war ein Erneuerer der Buchmalerei.

Mit der Zeit lösten sich seine phantasievollen, originellen Miniaturen von dem Text, den sie illustrieren sollten. Er malte ausschließlich in Gouache und verstärkte die Intensität seines pastosen Farbauftrags durch einen besonderen Lack, den er erfunden hatte und der den Miniaturen den Glanz und die leuchtende Konsistenz von Email gab. In einem Feuilleton, das den Ruf des Malers begründete, sprach Barbey d'Aurevilly von einem »Léopold-Stil«.

Der Künstler freundete sich mit dem katholischen Pamphletisten Marchenoir an, nachdem er einen Artikel gelesen hatte, in dem dieser die härtesten Strafen für ihn forderte, weil er sich anmaße, eine vergessene Kunst wieder aufleben zu lassen, von der Geschäftsleute noch nie etwas gehört hätten. In dem wortgewaltigen, bildhaften Sarkasmus Marchenoirs, des »Großinquisitors«, entdeckte Léopold eine große Verwandtschaft zu seinem eigenen Werk. Wie Léopold war Marchenoir ein Nostalgiker, der in Paris ein Einsiedlerleben führte. Von ihm übernahm der Maler den fanatischen Katholizismus, und er war es auch, der ihn mit der Frau in Kontakt brachte, der er das karge irdische Glück verdanken sollte, das ihm beschieden war. Einige Monate nach Gacougnols (siehe dort) tragischem Tod feierte Léopold Hochzeit mit Clothilde Maréchal. Seine Miniaturen aus dieser Zeit, die letzten, die er schuf, sind viel weniger eckig und farbenprächtig als die aus seiner früheren Periode. Alles löste sich allmählich auf und versank in einer Art pastoser Aquatinta, die von einer strengen Kontur begrenzt war. Wie sich herausstellte, drohte Léopold blind zu werden; er mußte seine Kunst aufgeben. Um diese Zeit starb Marchenoir und wenig später Léopolds einziges Kind Lazare. Dem schwergeprüften Ehepaar, von Katastrophen und Armut verfolgt, blieb nur mehr die Sorge für die Gräber. Léopold kam am 25. Mai 1887 ums Leben, als er Frauen und Kinder aus der brennenden Pariser Oper rettete. Ein Augenzeuge wollte gesehen haben, wie er unbeweglich und mit gekreuzten Armen von den Flammen verzehrt wurde. Clothilde fristete, von allen für geistesgestört gehalten, ihre letzten Lebensjahre als Bettelnonne. »Alles, was geschieht, ist anbetungswürdig«, murmelte sie ununterbrochen. [RH]

[Léon Bloy, *La Femme pauvre* (dt. *Die Armut und die Gier*), 1897]

**Leven, Victor** **Niederlande, 1929*

Niederländischer Künstler und Schriftsteller. Während der deutschen Besatzungszeit befand sich eine deutsche Kaserne in der Nähe seines Elternhauses. Leven veröffentlichte in den sechziger Jahren Gespräche mit SS-Leuten, deutschen Soldaten und mit den Opfern, »kleine Skizzen, die den Leser gerade durch das Fehlen jeglichen zur Schau getragenen Pathos tief berührten«, wie Levens Freund, der Photograph Arthur Daane, meinte. Leven ließ sich in Berlin nieder, er wohnte in Kreuzberg und hatte ein Atelier in der Heerstraße. Seine Plastiken erinnerten an »sakrale Gegenstände eines versunkenen Volks«. Daane, der Leven sehr gut kannte, charakterisierte den Künstler als einen Menschen, in dem eine ganze Gesellschaft unterschiedlichster Persönlichkeiten hinter der Fassade vorgetäuschter Nonchalance zusammenwohne. »Ein Pianist, ein Bergsteiger, ein kühler Beobachter des menschlichen Handelns, ein wagnerianischer Dichter mit Blut und Feldherren, ein Bildhauer und ein Erschaffer äußerst rhetorischer Zeichnungen, die zuweilen nur aus wenigen Strichen bestanden und deren Titel, auch jetzt noch, offensichtlich etwas über den Krieg sagen wollten, der schon so lange vorbei war.« Seine Arbeitsmethode kennzeichnete sich durch eine fast militärische Disziplin. »Sein Wecker rief schrill und gnadenlos, und ihm mußte gehorcht werden. Gymnastik, rasieren, eiskalte Dusche, Kaffee, kein Frühstück, keine Musik, keine Stimmen, anziehen wie um auszugehen, untadelig gekämmt, ins Atelier, sich auf den Stuhl vor das Werkstück setzen, an dem er gerade arbeitete, schauen und damit für mindestens eine Stunde fortfahren, bevor er die erste Bewegung machen würde«, so Daane. [EB]

[Cees Nooteboom, *Allerzielen* (dt. *Allerseelen*), 1998]

**Lippenknabe, Heinrich** *tätig zu Anfang des 20. Jahrhunderts*

Von diesem Künstler sind keine Werke bekannt, wohl aber einige sehr eigenwillige Aussprüche über die Kunst. Als jungen Maler traf man Heinrich Lippenknabe oft in Gesellschaft von Animierdamen in Bars wie dem »Museum zur billigen Erstarrnis« an, wo sich bis in die frühen Morgenstunden begeisterte Reden über die Kunst mit Zechliedern abwechselten. Lippenknabe hatte nichts übrig für das Absolute. »Immer beschäftigte es mich, alles nur vorläufig zu betrachten«, lautet einer seiner Aussprüche, der ihn wohl am besten charakterisiert. Er soll die Ansicht vertreten haben, »daß unsere Meinungen als strenge Umkehr der Tatsachen aufgefaßt werden können. Negation besagt gar nichts, ebensowenig die Bejahung. Das Künstlerische beginnt mit dem Worte *anders*. Künstlerische Formen können sich dermaßen verfestigt haben, über die Dinge hinausgewachsen sein, daß sie einen neuen Gegenstand erschaffen.« Lippenknabe verfocht eine »Formkunst«: »Vielleicht gebiert die Form neue Gegenstände; sie ist von ihrem Ursprünglichen entfernter als der Begriff, und eine Deduktion von ihr ist durchaus von einer begrifflichen unterschieden. Die Anschauung gewinnt in ihr eine Kraft, die vorher dem Begriff allein zugesprochen wurde.«

Seine ausgesprochene Vorliebe für Negation und Destruktion hielt ihn nicht davon ab, selbst seine kommerziellen Interessen zu vertreten. Lippenknabe war ein gewiefter Künstler, der keine Gelegenheit vorbeiziehen ließ, seine Ware an den Mann zu bringen. [KBRA]

[Carl Einstein, *Bebuquin,* 1906–1909]

**LOHNER, PAULUS** **bei Ammergau, zweite Hälfte des 19. Jahrhunderts*

Bildschnitzer aus Ammergau, spezialisiert auf die Herstellung von Kruzifixen in der Tradition der sogenannten Herrgottschnitzer, für die Ammergau auch heute noch bekannt ist. Als junger Künstler (zwischen fünfundzwanzig und dreißig) wurde er von dem fünfzigjährigen Landschaftsmaler Fritz Baumiller (siehe dort) protegiert, der ihm von einem Bauern aus Graswang den Auftrag verschaffte, verschiedene Holzfiguren für die Dorfkirche zu schnitzen.

Lohner brachte dem Graswanger Gastwirt eine Kreuzigungsdarstellung mit – das Kreuzholz schwarz bemalt, darauf der weiße, geschnitzte Christus und ihm zu Füßen die Statuette der klagenden Maria –, die jedoch von der gebräuchlichen Schablone insofern abwich, als die Maria nicht mit gefalteten oder mit an die Brust gepreßten Händen dargestellt war, sondern ihre Arme sich wie zur lauten Klage gen Himmel hoben. Die Mariafigur fiel noch durch eine andere Besonderheit auf, sie sah nämlich Apollonia Höflmeier täuschend ähnlich, der adoptierten Tochter des Wirtes, in die sich Lohner verguckt hatte.

Obwohl »die Loni« ihm auf nicht mißzuverstehende Weise deutlich machte, daß sie weder auf seine Gefühle noch auf seine künstlerische Huldigung Wert legte, vermochte nichts Lohners Liebesglut zu löschen. Wie sehr Baumiller auch auf den Bildschnitzer, in dem er ein vielversprechendes Talent sah, einredete, sich in der Stadt an der Kunstakademie ausbilden zu lassen, Lohner blieb starrsinnig. Ausgerechnet als er sich dann doch einverstanden erklärte, erkannte er, daß Apollonia hinter ihren Gehässigkeiten nur ihre Liebe zu ihm verbarg.

So beschloß der Herrgottschnitzer, die ihm von außen aufgezwungene Karriere fahrenzulassen und das häusliche Glück zu genießen. [DP]

[Ludwig Ganghofer, *Der Herrgottschnitzer von Ammergau,* 1890]

**Lubowski, Wladimir** *19. Jahrhundert?*
Maler. Wer ihn in seinem Atelier in der Parkstraße 17 besuchte, mußte sich buchstäblich durch seine Werke tasten, denn Lubowski rauchte alle seine Bilder. Der Raum war von einem phantastischen Qualm erfüllt, und man konnte von Glück sagen, wenn man durch die Nebel hindurch den Künstler erreichte, der den lieben langen Tag auf einem abgenutzten Ruhebett verbrachte. Besuchern fiel auf, daß es im Atelier ganz und gar nicht nach Terpentin, sondern vielmehr nach Blumen roch.

Der in Rauch gehüllte Lubowski bewirtete seine Gäste mit religiösen Sentenzen, die so neblig waren wie seine Werke. »Die Menschen schauen immer von Gott fort. Sie suchen ihn im Licht, das immer kälter und schärfer wird, oben«, so schwadronierte er. »Und Gott wartet anderswo – wartet – ganz am Grund von Allem. Tief. Wo die Wurzeln sind. Wo es warm ist und dunkel.« Lubowskis Gott war offensichtlich ein Erdgott, eine Art amorphes Wesen, ein unnennbares Prinzip, aus dem alles Leben hervorging und das alles Leben verschlang. Selbstredend stand diese fast schon gottlose »Erdreligion« in engem Zusammenhang mit der formlosen und flüchtigen Kunstpraxis dieser ausgesprochen einsamen Figur. [DP]

[Rainer Maria Rilke, *Wladimir, der Wolkenmaler,* 1899]

**LUCINDE** **Deutschland, Ende des 18. Jahrhunderts*
Wenig ist über diese Malerin von Landschaften und Porträts bekannt, außer daß sie eine leidenschaftliche Beziehung zu dem Maler Julius hatte (siehe dort), dem sie ein Kind schenkte. Lucinde trieb die Malerei mehr aus Lust und Liebe, denn als ernsthaften Beruf. Gefiel ihr auf einer Wanderung eine Aussicht, warf sie sie mit der Feder oder in Wasserfarben aufs Papier. Zum Arbeiten in Öl fehlte es ihr an Geduld und Fleiß.

Die Umrisse ihrer Landschaften waren oft zu unbestimmt, was mangelnde Schulung verriet, aber der Betrachter fühlte immer den lebendigen Hauch wahrer Luft. Sie bildeten immer eine Einheit und sprachen das Gefühl unmittelbar an.

Ihr Geliebter Julius war sich der Beschränkung und des relativen Wertes ihrer Kunst bewußt. Er schätzte jedoch die schöne Wildheit ihrer Landschaften und den Geist, mit dem sie die unergründliche Mannigfaltigkeit und wunderbare Übereinstimmung der menschlichen Gesichtszüge erfaßte. Lucinde malte aber nur selten ein Porträt, nur dann, wenn ein Gesicht sie ganz besonders fesselte. Dann arbeitete sie äußerst gewissenhaft und sorgfältig. Es heißt, sie habe die Pastellfarben mit einer bezaubernden Weichheit zu behandeln gewußt. [DP]

[Friedrich Schlegel, *Lucinde,* 1799]

**LUDOVICO** *tätig in Berlin und Rom im letzten Viertel des 19. Jahrhunderts*
Ostpreußischer Porträtmaler. Ludovico war auf der Berliner Kunstakademie Schüler Anton von Werners, der als Phantast galt. Schon bald ließ der Meister seinen Schüler an seinen Aufträgen teilhaben. Für das Familienporträt eines reichen Fabrikanten malte Ludovico die Ehefrau. Ein gewisser Ignaz von Levkojowitz bestellte daraufhin bei dem jungen Maler ein Porträt seiner Frau Marianne. Levko, wie Ludovico seinen Auftraggeber in dessen Abwesenheit nannte, hatte diese erst zwei Wochen zuvor in einem Panoptikum kennengelernt, wo sie die junge Sultanin in dem lebenden Bild *Haremszauber* dargestellt hatte. Marianne war ein dankbares Modell, da sie fast nie sprach. In ihrem Äußeren ähnelte sie

nach Aussage des Malers der Ehebrecherin auf Tintorettos Gemälde *Christus und die Ehebrecherin* (Dresden); wenn sie lächelte, sei ihm die *Mona Lisa* wie ein Unteroffizier der Heilsarmee vorgekommen.

Die Arbeit an diesem Porträt hatte es in sich. Anfänglich hatte Levko darauf bestanden, der Künstler müsse Marianne im Trikot malen – so wie er sie kennengelernt hatte –, was jenem wider die Kunst ging. Nach langen Debatten einigte man sich auf einen Kompromiß. Sie sollte in einem weißen Morgenkleid in halbliegender Position dargestellt werden, mit entblößten Armen und nackten Füßen. Nach vier Monaten war das Bild fertig – bis auf die Füße, vor ihnen hatte der Künstler eine unerklärliche Angst. Zusammen mit von Werner suchte er den Auftraggeber davon zu überzeugen, daß schwarze Lackstiefeletten künstlerisch gesehen angemessener seien, aber Levko blieb unerbittlich. Da er im Begriff war, mit Marianne nach Italien zu reisen, schlug er dem Maler vor, mitzukommen und das Bild unterwegs zu vollenden. Nach einiger Zeit engagierte Levko den Künstler auch als Privatdetektiv, der ein wachsames Auge auf Marianne haben sollte. Ludovico nahm diesen Auftrag ein wenig zu persönlich. Als er Marianne eines Tages der Untreue bezichtigte, nicht aus Sorge um Levko, sondern aus reiner Eifersucht, ließ das empörte Paar ihn in Palermo zurück und reiste ohne ihn nach Afrika weiter. In der Wohnung fand Ludovico das zerstörte Porträt von Marianne, das er gerade zuvor vollendet hatte.

Mit fünfzig Lire in der Tasche erreichte Ludovico Rom, wo er mindestens zehn Jahre bleiben sollte. In einem Atelier an der Via Flamina malte er für Touristen Tamburin schlagende Knaben und Mädchen und sprach ansonsten tüchtig dem Frascati zu. Es biete, so pflegte er zu sagen, seiner künstlerischen Natur unendlich mehr Anregung, mit unbefangenem Künstlerauge die verschiedenen Menschentypen zu betrachten, als sie zu malen, was seiner Produktivität nicht gerade förderlich war. Er verkaufte Anteilscheine an den Ergebnissen seiner zukünftigen künstlerischen Tätigkeit, was zwangsläufig mit einem Streit endete. Eine Zeitlang fühlte er sich als »Weltauge« und sprach sein eigenes pantheistisches

Idiom oder vertrat wie so mancher Künstler um 1900 theosophische Überzeugungen. Ludovico sprach fast nur in kurzen Sätzen, lapidaren Epigrammen, deren Sinn nicht immer jedem verständlich war. Mit seinem bohrenden Blick und einem an persische Vorbilder gemahnenden dunklen Vollbart hatte er etwas finster Majestätisches.

Als Pantheist glaubte Ludovico, das Schicksal jedes Menschen sei von Ewigkeit an mit Notwendigkeit in sich bedingt. Über sein eigenes Schicksal hatte er eine deutliche Ansicht: es sei Mariannes Schuld, daß er in Rom dahinvegetiere, daß seine Kunst versauere, daß nichts aus ihm geworden sei. Ihre Füße seien die Klippen, an denen sein Leben gescheitert sei. [DP]

[Otto Erich Hartleben, *Der römische Maler,* 1898]

**MAGNUS, ANDREAS** **Deutschland, um 1905; † nach 1925*
Deutscher Maler, Sohn eines Arztes. Er verlor die Mutter in früher Kindheit. Der junge Andreas war ein sprichwörtliches Kind des Ersten Weltkriegs. Er gehörte zu den »Geworfenen«, die in einer zerrütteten Zeit aufwuchsen und aus eigener Kraft einen Weg aus dem Chaos finden mußten. Magnus suchte dabei schon früh Halt in der Kunst. Während der Pubertät machte er zahlreiche Skizzen, die von einer ruhelosen Experimentierfreude zeugten. Es blieben größtenteils unsicher tastende Versuche: tanzende Leiber, bedrohliche Landschaften und widerliche Karikaturen. Ein zum Krassen, Grotesken gesteigerter Naturalismus wechselte sich mit scheuer Romantik ab. In einem großen Bild suchte der junge Magnus verzweifelt seinem Leben und seinen Qualen Gestalt zu geben. Vor einer Mauer tanzt eine Gruppe Kinder seltsam steif und verkrampft, als wänden sie sich in Schmerzen. Ihre Gesichter haben etwas Maskenhaftes, und die Mauer ist wie mit Blut bespritzt, mit hellrotem Kinderblut. In der Mitte des Bildes schaut das Antlitz Gottes aus der Dunkelheit hervor, und weit dahinter zieht sich, übergossen von einem sakralen Abendlicht, ein Gebirge hin. Das Bild fällt durch helle, transparente Farben und verzogene Konturen auf. Der Himmel ist in einem beinahe durchsichtigen Blau gemalt. Das aus Nebeln auftauchende Gesicht Gottes hat unnatür-

lich geweitete, starre Augen. Seine kalte Erscheinung ist wie die Beschwörung einer unendlich fernen Hoffnung. Frank Bischof (siehe dort), ein mit Andreas' Vater befreundeter Maler, lehnte die Versuche des jungen Künstlers ab, und auch Andreas selbst zweifelte, ob es ihm als Maler gelingen werde, der Finsternis Herr zu werden. »Wie grausam, ja wie unverständlich grausam von diesem Gott«, so klagte der gequälte Jüngling, »einem Menschen die nicht zu unterdrückende Sehnsucht danach mitzugeben, ein Kunstwerk zu schaffen, ihn aber unter so unentwirrbar schwierigen Umständen aufwachsen und leben zu lassen, daß er die Kraft nicht findet, aus ihnen heraus etwas zu vollenden.«

Noch vor seinem achtzehnten Lebensjahr verließ Magnus das Elternhaus und zog nach Berlin. Sein Opus magnum hatte er mit einem Tuch verhüllt, als handelte es sich um einen Leichnam. In Berlin verschlug es ihn in das Milieu verkrachter Künstler, Kabaretiers und haltloser Menschen. Er trat im Kabaret *Die Pfütze* auf und verliebte sich in den achtzehnjährigen Niels. Nach einiger Zeit begann Magnus wieder zu malen, über seine Arbeiten ist jedoch nur wenig bekannt. Eine Holzkohlezeichnung, die ihm als Vorlage zu einem Bild dienen sollte, zeigt einen großen, halbnackten, knienden Jungen, der einen Ball in die Luft wirft, zwei lachende Kinder umringen ihn, ein Junge und ein Mädchen. Für den ballwerfenden Jungen hatte ihm Niels Modell gestanden; die beiden Kinden waren seine Schwester Marie-Thérèse und einer ihrer Spielkameraden. Seine theologischen Grübeleien waren einer leichteren Lebensauffassung gewichen. »Es ist nicht viel«, so kommentierte er die Zeichnung, »ehemals wollte ich den lieben Gott abkonterfeien mit wissensstarren Augen. Das sind nur Marie-Thérèse und Peterchen, die mit Niels spielen.« Magnus betonte jedoch, daß diese Körper beseelt seien. Das sei ihr ganzes Geheimnis, »damit fängt alles an, damit hört alles auf«. Eine gläubige Bejahung der Liebe und der Körperlichkeit gab seinem Leben eine Richtung. Andreas verkaufte die Zeichnung seinem Anbeter Dr. Dorfbaum, der ihm regelmäßig Geld zusteckte und als Zeichen der Unterstützung einen verhältnismäßig hohen Preis für das Werk zahlte.

Das letzte, was uns über den jungen Künstler Magnus bekannt ist, steht in einem Brief an Ursula Bischof, die Tochter des Malers. Magnus schrieb ihr, er wolle nach Amerika und in den Fernen Osten reisen, er wolle die ganze Welt sehen und vielleicht die Schönheit der Eindrücke in Bildern festhalten. Aber er äußerte auch seine Zweifel an der Kunst. »Ich mag nicht in die Zukunft schauen. [...] Aber wenn ich mich einmal doch dazu verleiten lasse, sehe ich schwarz, was die Kunst und ihre Lebensberechtigung im Laufe der nächsten Jahrzehnte betrifft. Schwarz sehe ich auch, was den großen und innigen Traum von einer sittlich-freien, tiefsinnig-heiteren Humanität betrifft, den unsere Besten träumen.« Offenbar fürchtete der junge Andreas Magnus damals bereits die schicksalhafte Wende, die die Zeit nehmen sollte, und glaubte, angesichts dieser Tragödie müsse die Kunst ihre Ohnmacht eingestehen. [DP]

[Klaus Mann, *Der fromme Tanz,* 1926]

**MAHOUDEAU** **Plassans, Provence, zweite Hälfte des 19. Jahrhunderts; tätig in Paris*

Französischer Bildhauer. Sohn eines Steinmetzen. Da er in seiner Heimatstadt Erfolg hatte, hoffte er, sich auch in der Metropole einen Namen zu machen. Mit einer Gruppe gleichgesinnter Freunde wollte er während des Zweiten Kaiserreichs Paris erobern. Zu ihnen gehörten sowohl tonangebende Künstler wie der Maler Claude Lantier (siehe dort) und der Schriftsteller Sandoz als auch Schmarotzer wie der Kunstkritiker Jory und der Maler Fagerolles (siehe dort). Mahoudeau fällt weder in die eine noch in die andere Kategorie. Er war kein Genie, aber auch kein Mitläufer; er verstand sich schlichtweg darauf, schöne, etwas schwere, sinnliche Frauengestalten zu schaffen. Paris war jedoch unbarmherzig: als er sein Geld aufgebraucht hatte und der Erfolg ausblieb, geriet er in einen Teufelskreis von Ablehnung und Armut. Auf dem Salon erzielte er zwar mit seiner monumentalen *Weinleserin* (zunächst *Bacchantin* genannt, von seinen weniger akademischen Freunden jedoch unverzüglich umgetauft) noch einen gewissen Erfolg, aber danach ging es mit ihm schnell bergab. Seine vorwiegend großen Plastiken aus Gips oder Ton konnte er nicht in Bronze oder Marmor ausführen, weil er keine Geldgeber fand. Die Gestelle in seinem Atelier bogen sich unter der Last der Skulpturen. Um ihnen ein quälendes Ende zu ersparen, rückte er ihnen von Zeit zu Zeit mit dem Hammer zu Leibe. Die materielle und psychische Talsohle erreichte der Künstler, als seine große tönerne *Badende,* die ein Gerüst aus Besenstielen hatte, da er sich keine Eisenstangen leisten konnte, unter ihrem Gewicht zusammenbrach und ihren Schöpfer unter sich begrub. Wenn ihm nicht ein Bronzehändler den Auftrag gegeben hätte, Statuetten für die Kamine und Konsolen der Spießbürger anzufertigen, wäre er wohl tatsächlich den Hungertod gestorben. Seine Freunde reagierten mit Hohn: »Habt ihr seine letzten Briefbeschwerer gesehen? Er wird noch als Bildhauer von Manschettenknöpfen enden.« Rivalität und Mißgunst spalteten den Freundeskreis, wofür Mahoudeau Claude Lantier verantwortlich machte: Der schließlich habe ihnen allen einen schlechten Ruf eingebracht. Es hinderte ihn nicht daran, als einer von wenigen an Lantiers Begräbnis teilzunehmen. [JS]

[Émile Zola, *L'Œuvre* (dt. *Das Werk*), 1886]

**Mantello, Marley** **Vereinigte Staaten, 1957*

Amerikanischer Maler italienischer Abstammung. Mantellos Vater hatte noch bei Django Reinhardt Geige gespielt. Seine Mutter erkannte früh die Genialität des Kindes, das schon mit acht Jahren eine bemerkenswerte Reihe von Gemälden schuf, die von der Hollywood-Ästhetik geprägt waren. Sie zeigten Kreuzritter, die sich mit Moslems schlagen, und am Himmel leuchtete in großen Lettern das Wort »GOTT«. Nach der Kunstakademie folgte eine wechselvolle Karriere. Im allgemeinen war das Interesse der Öffentlichkeit und der Fachwelt gering, aber dank seiner Mutter ist Mantello der Kunst treu geblieben. Sein Werk findet sich in einigen kleineren Sammlungen, etwa in der von Chuck Dade Dolger.

Wie der erfolgreiche Stashua Stosz (siehe dort) gehörte Mantello zu den Neoheroisten. »Vor hundert Jahren waren die Menschen noch heroischer als heute, ein paar Typen aus der Antike waren aber noch heroischer, und die Menschen in prähistorischer Zeit waren echte Götter. Die Menschen schufen sich selbst durch ihre großen Taten und Leistungen. Aber ich glaube, daß es in Zukunft wieder echte Helden geben wird – Helden wie mich.« Mantello schöpfte technisch wie thematisch aus der frühchristlichen und römischen Kunst, bediente sich jedoch eines amerikanischen Idioms. Seine Wohnung hatte er mit Fresken ausgemalt, die Göttinnen und Nymphen in einer halbtropischen Vegetation darstellten, und den Gott des Baseballs, wie er mit Bacchus Billard spielt. »Ich hätte im alten Rom leben sollen. Ich wäre gern einer jener frühen christlichen Märtyrer gewesen«, lautete ein Ausspruch, den wir ernst nehmen müssen.

Die wahren Ausmaße der Phantasie dieses Künstlers gehen aus seinen nicht verwirklichten Plänen hervor. So beteiligte er sich mit einem gewagten Wurf an der Ausschreibung des Vatikans für eine Kapelle. Das Innere des Bauwerks sollte Jesus Christus als Frau geweiht sein und aus Marmor, Gummi und Glas bestehen. In der Mitte eine riesige Badewanne, eine Art Springbrunnen, aus dem Schwefelsäure fließt. Auch an die Stationen des Leidenswegs hatte der Künstler gedacht: Abwaschen, Windeln wechseln, Selbstkasteiung vor dem Spiegel, Vorbereitung eines Picknicks und so weiter. Der Vatikan hat diesen Entwurf nicht in die engere Wahl aufgenommen. [BM]

[Tama Janovitz, *Slaves of New York* (dt. *Großstadtsklaven*), 1986]

## Marbot, Andrew Gregory Thomas

**Marbot Hall, Northumberland, 4. April 1801; † Montefeltro, vermutlich Ende Februar 1830*

Englischer Kunstkenner und Begründer der psychoanalytisch orientierten Ästhetik. Geboren als ältester Sohn des katholischen Großgrundbesitzers Sir Francis Marbot. Der junge Andrew wurde vom Hauskaplan, dem Jesuitenpater Gerardus von Rossum, erzogen, mit dem ihn eine lebenslange Freundschaft verbinden sollte. Schon früh empfand Marbot eine tiefe Abneigung gegen die Welt seines Vaters, eines »kulturlosen Barbaren«, der sich nur für die Jagd interessierte. Dieses Urteil scheint stark durch Marbots leidenschaftliche Liebe zu seiner Mutter gefärbt zu sein, Lady Catherine, und zu ihrer

Familie, namentlich seinem Großvater, dem Diplomaten und Kunstliebhaber Viscount Glaverton, der eine reiche Kunstsammlung aus Italien mitgebracht hatte und seinen Enkel in die Welt der Malerei einführte. Marbot unternahm wohl selbst einige Malversuche, vernichtete jedoch alles, als er – dank seiner analytischen Begabung – feststellte, daß ihm die wahre Kreativität fehlte. Sein Drang nach Perfektion erlaubte ihm keinerlei Dilettantismus. Diese Erkenntnis der eigenen Unvollkommenheit konfrontierte ihn mit der Frage, der er sein ganzes Leben lang nachgegangen ist: Welche psychischen Faktoren machen einen Menschen zum Künstler, und wie beeinflussen sie sein Werk?

1820 verbrachte Marbot einige Wochen in London, bevor er zu seinem *Grand Tour* auf dem Kontinent aufbrach. Wolfgang Hildesheimer, der Verfasser von Marbots jüngster Biographie, konnte anhand neuer Dokumente nachweisen, daß Marbot in dieser Londoner Zeit eine inzestuöse Beziehung zu seiner Mutter unterhielt. Auf seinem *Grand Tour* (1820 bis 1822) machte sich Marbot Notizen zu den Kunstwerken, die er unterwegs sah; diese wurden nach seinem Tod von Gerald Ross (Pseudonym seines Lehrers Gerardus van Rossum) redigiert und unter dem Titel *Art and Life* 1834 veröffentlicht. 1822 rief die Nachricht vom Tod seines Vaters Marbot nach England zurück. Bis 1825 wohnte er in Marbot Hall, und alles weist darauf hin, daß sich das leidenschaftliche Verhältnis zu seiner Mutter dort fortsetzte. 1825 verließ Marbot England für immer. Er reiste über Deutschland – wo er Goethe kennenlernte und ein kurzes Verhältnis mit dessen Schwiegertochter Ottilie hatte – nach Italien. Schließlich ließ er sich in Urbino nieder. Dort widmete er sich in seinem Studium der Beziehung zwischen den thematischen und formalen Merkmalen des Kunstwerks und der psychischen Konstitution des Künstlers. Er kam zu Einsichten, die ihn zu einem der Begründer der psychoanalytisch orientierten Ästhetik machten.

Ab 1828 brachte ihn sein melancholisches Temperament zunehmend aus dem Gleichgewicht. Seine pessimistische Weltanschauung wurde noch durch die eingehende Beschäftigung mit Leopardi und Schopenhauer verstärkt.

Ende Februar 1830 kehrte er von einem Ausflug in die Berge von Montefeltro nicht zurück. Ein Suchtrupp fand zwar sein Pferd, von ihm jedoch keine Spur. Nachgelassene Notizen lassen nicht den geringsten Zweifel daran, daß er die Absicht hatte, sich das Leben zu nehmen. Sein Biograph Hildesheimer sieht einen deutlichen Zusammenhang zwischen Marbots Einsicht, daß ihm das Schöpferische versagt geblieben war, und seinem Selbstmord. »So stand er niemals wunschlos vor den Meisterwerken, die er verherrlicht hat. Daher müssen wir sein Leben nicht zuletzt als einen permanenten Akt der Verdrängung verstehen und seinen Freitod – nicht ausschließlich, aber zu einem erheblichen Teil – als Konsequenz einer unausweichlichen und endgültigen Einsicht.« [EB]

[Wolfgang Hildesheimer, *Marbot. Eine Biographie,* 1981]

**Marcel** **1818; †1869*

Französischer Maler. Gehörte der Boheme an, der Generation proletarischer Künstler, die sich in den unruhigen vierziger Jahren des 19. Jahrhunderts um Zeitungen wie den *Corsaire-Satan* scharten und zu denen auch Courbet, Nadar und Baudelaire zu zählen sind. Sie wandten sich entschieden gegen den Konformismus der bürgerlichen Kunst und des bürgerlichen Lebensstils. Gemeinsam war ihnen nicht ein festes Programm, sondern ihre Jugend und Armut. Sie verbrachten ihr ungeregeltes Leben in einem fortwährenden Va-et-vient zwischen der Mansarde und dem Café, der Straße und dem Krankenhausbett, dem Redaktionsbüro und dem Ball. Sie wilderten in allen Sparten des Kunstbetriebs, lebten von Trinkgeldern und auf Pump und jagten vom Morgen bis zum Abend das wilde Tier, genannt Fünffrancstück.

Unzertrennliche Gefährten Marcels in seinen Lehrjahren als Künstler waren der Schnorrer, Musiker und Maler Schaunard (siehe dort), der Liebhaber, Dichter und Journalist Rodolphe und der »hyperphysische« Philosoph Colline. Die Freunde, die als die »vier Musketiere« bekannt waren, teilten alles miteinander, ausgenommen ihre Mätressen (»Ich schwöre bei Rubens und meiner Dame!« lautete Marcels Wahlspruch). Mit abgedankten Theaterkulissen verwandelten sie die kleine Behausung, in der sie zusammen wohnten, in einen glänzenden Palast. Spaßvögel waren sie, verliebte und trunkene Luftikusse, aber auch sensible Künstler, deren Herzen höher schlugen, wann immer sie etwas Schönes sahen.

Um sich über Wasser zu halten, malte Marcel auf Bestellung – seine *Schloßruinen* fanden bei Trödlern reißenden Absatz. Er bewunderte Delacroix, den großen Romantiker, dem die Farbe alles war, und widersetzte sich dem Primat der Zeichnung, wie es Ingres verfocht. Historiengemälde waren seine Spezialität. Marcels Werk kann als erster Anstoß zum Realismus betrachtet werden – was wohl auch auf den Einfluß der holländischen Genremalerei zurückzuführen ist, wurde doch während der Julimonarchie Vermeer in Frankreich wiederentdeckt. Sechs Jahre arbeitete Marcel an dem Gemälde *Der Durchzug durchs Rote Meer.* Jedes Jahr reichte er es bei der Jury des Salons ein, und jedes Jahr wurde es abgewiesen. Er ließ sich jedoch nicht entmutigen, er glaubte weiterhin daran, daß er ein Meisterwerk geschaffen hatte, eines Veronese würdig. Um die Examinatoren irrezuführen, änderte er jedesmal das Bild ein wenig, ohne die Gesamtkomposition zu verändern. So kam es einmal als *Übergang über den Rubikon* vor die Jury, allerdings verhüllte Cäsars Mantel den Pharao mehr schlecht als recht. Ein anderes Mal pflanzte Marcel in einer Ecke des Bildes eine Fichte, fügte Schnee hinzu, kleidete die Ägypter als Grenadiere der kaiserlichen Garde und taufte das Bild *Übergang über die Beresina,* aber die Kommission ließ sich auch von dieser List nicht täuschen. Schließlich ging Marcel auf das Angebot von Medici, einem jüdischen Händler, ein, der ihm für das Bild 150 Francs bot und ein üppiges Abendessen für ihn und seine Freunde dazu. Eine Woche später hing das Gemälde als Aushängeschild über einem Delikatessenladen. Es war ein Dampfer hinzugefügt worden, und das Ganze trug nun den Titel *Der Hafen von Marseille.*

Die Existenz als Bohemien stellte Marcel vor die Wahl zwischen der Armut, die ihn zerstören, und dem Luxus, der ihn seinen Idealen entfremden würde – zwischen dem Tod und der Verbürgerlichung. Im Unterschied zu seinem jung gestorbenen Freund Jacques (siehe dort) gelang es Marcel schließlich, auf dem Salon auszustellen und sich Zugang zur Kunstwelt zu verschaffen. Doch sein gesellschaftlicher Erfolg war eine Enttäuschung – wie die Liebesnacht mit einer ehemaligen Geliebten sehr bald als eine schlechte Kopie des originalen Meisterwerks erscheint. [RH]

[Henry Murger, *Scènes de la vie de bohème* (dt. *Boheme: Szenen aus dem Pariser Leben*), 1851]

**MARCH, AMY CURTIS** ⋆*Vereinigte Staaten, um 1850*
Amerikanische Malerin. Sie war die jüngste von vier Töchtern des in transzendentalistischen Kreisen bekannten Pfarrers Dr. March, von denen vor allem die Schriftstellerin und Pädagogin Josephine »Jo« Bhaer heute noch bekannt ist. Sie erhielten in Concord, Massachusetts, eine nonkonformistische Erziehung unter dem Einfluß der Ideen Emersons und Thoreaus. Der Konflikt mit einem Lehrer beendete die Schullaufbahn der zwölfjährigen Amy March. Ihre weitere Ausbildung fand zu Hause statt, vor allem unter Anleitung ihrer älteren Schwester Josephine. Amys künstlerisches Talent wurde früh erkannt und von ihren Eltern gefördert. Ihr Jugendwerk umfaßte Experimente verschiedenster Art: Federzeichnungen, Modellierarbeiten in Ton und Porzellanmalerei. Ein Aufenthalt in Europa im späten Teenageralter inspirierte sie zu ihren besten Arbeiten, markierte aber zugleich das Ende ihrer Künstlerlaufbahn. In Südfrankreich begegnete sie dem Millionärssohn Theodore »Laurie« Laurence wieder, einem alten Familienfreund. Sie heiratete ihn und gab das Malen auf. Es läßt sich nicht sagen, ob sich Amy March unter anderen Umständen zu der talentvollen Malerin entwickelt hätte, die ihr frühes Werk zu versprechen schien. [KV]

[Louisa May Alcott, *Little Women* (dt. *Die vier Schwestern*), 1868–1869]

**MARTELLUS** *tätig um 31920*
Bildhauer. Wurde, ebenso wie Arjillax (siehe dort) mit einem dreieinhalb Fuß langen Bart geboren, den ihm jedoch ein Blitz absengte. Ohne ein Haar auf dem Kinn entpuppte er sich, in seinen eigenen Worten, als »der größte Bildhauer der

letzten zehn Generationen«. Allerdings befriedigte Martellus seine Kunst nicht. Er hatte Büsten von den Alten angefertigt, sie aber verborgen gehalten und schließlich sogar zerstört. Während Arjillax eine realistisch orientierte Formensprache entwickelte, lehnte der deutlich platonisch inspirierte Martellus mit der Zeit die Kunst als solche ab. Seine Enttäuschung über seine eigenen Werke mündete in völlige Desillusionierung. Der Bildhauer könne seine Schöpfungen nicht zum Leben erwecken, ein lebender Alter sei immer noch besser als eine tote Statue. Alles, was lebe, sei im Grunde interessanter als das, was zu leben vorgebe. Obwohl er als Künstler der Wirklichkeit immer näher kam, war er nie zufrieden. Plastiken waren seiner Ansicht nach Idole, und Kunst war Betrug. »Nichts ist letztendlich schön und interessant außer dem Denken, denn das Denken ist das Leben.« [SJ]

[George Bernard Shaw, *Back to Methuselah* (dt. *Zurück zu Methusalem*), 1920]

**MERCHANT, UMEED** *bekannt unter dem Künstlernamen Rai; *Bombay, 1947*

Indischer Photograph, bekannt hauptsächlich als Photoreporter. Seine Mutter starb an einem Gehirntumor, als er achtzehn Jahre alt war, und am gleichen Abend erhängte sich sein Vater. Merchant photographierte beide kurz nach ihrem Tod, was er keineswegs als respektlos ansah. Seine nächsten Photos zeigten die Elendsviertel Bombays und Leichenverbrennungen. Die zufällige Begegnung mit dem bekannten Photographen Henri Hulot, der in seiner Gegenwart das Photo *Erdbeben 1971* schoß, machte ihm seine Berufung bewußt. Hulot riet ihm, waghalsig, schnell und amoralisch zu sein. Umeed nahm sich den Ratschlag zu Herzen. Während einer Reportage stahl er einem von Banditen erhängten Kollegen, der wie er einer großen Betrügerei auf der Spur war, eine belichtete Filmrolle und veröffentlichte die Photos unter seinem eigenen Namen. Sie machten auch international auf ihn aufmerksam. Hulot lud ihn ein, Mitarbeiter der weltberühmten Nebuchadnezzar-Photographen-Agentur zu werden. Anfang der siebziger Jahre zog Merchant nach New York, seinen Lebensunterhalt verdiente er von nun an als Kriegsreporter.

Umeed Merchant führte ein verborgenes Leben. Er hatte ein langjähriges Verhältnis mit Vina Apsara, der er seinen Künstlernamen Rai, ihr Kosename für ihn, verdankte – Rai bedeutet »Fürst«, »Begierde« und »Wille«. 1956 hatte er sich am Strand von Bombay hoffnungslos in den lebensklugen Teenie verliebt. Aber sie heiratete Ormus Cama und gründete mit diesem die legendäre Rockgruppe VTO. Nach dem Erdbeben von 1971 wurden Merchant und Vina Apsara ein Liebespaar, bei ihren seltenen Treffen wahrten sie stets Diskretion. Am Valentinstag 1989 kam Vina bei einem Erdbeben ums Leben.

Rais pathologische Geduld und sein manischer Drang, nicht aufzufallen, waren seiner journalistischen Arbeit sehr förderlich, die wie keine andere Geduld und schnelles Handeln erfordert. »Eine Photographie ist eine moralische Entscheidung, getroffen in einer einhundertachtundzwanzigstel Sekunde. In der Mitte zwischen Voyeur und Augenzeuge, großem Künstler und miesem Abschaum. Ich war immer ein Event-Junkie. Ich habe meine Nase immer gern in die heiße, schweißnasse, aufgebrochene Oberfläche dessen gesteckt, was sich abspielte, mit offenen Augen, saufend, alle anderen Sinne abgeschaltet.« Allmählich wurde Vina Apsara, beziehungsweise ihre Abwesenheit, das Thema seiner privaten Photographie. So photographierte er das Bett, kurz bevor Vina in den Sucher geriet, oder kurz danach. 1991, auf dem Höhepunkt des Personenkults, den Rai nach ihrem Tod um Apsara veranstaltete, stellte er mit den Schnappschüssen, die er von ihr gemacht hatte, in der Orpheum-Galerie die Photo-Ausstellung *Nach Vina* zusammen. Später experimentierte er mit gestellten Photos, wobei er mit Vina-Imitationen, Spiegeln und Puppen arbeitete. [PAV]

[Salman Rushdie, *The Ground Beneath her Feet* (dt. *Der Boden unter ihren Füßen*), 1999]

## MESNILGRAND, CHEVALIER DE *tätig zwischen 1815 und 1830 in Frankreich*

Französischer Maler. Sohn eines Krautjunkers aus der Normandie. Er verzichtete auf seine sämtlichen Adelstitel bis auf den des Chevalier. Mesnilgrand litt an einer Art Rückenmarkschwindsucht, Folge einer Syphilis, die er sich in jungen Jahren zugezogen hatte. Er diente in der kaiserlichen Garde Napoleons, war Hauptmann im zweiten Husarenregiment Chamborands. Mit einer Marketenderin zeugte er einen Sohn, der nur wenige Monate lebte. Er stand im Begriff, Oberst zu werden, als das Kaiserreich zusammenbrach. Nach der Schlacht bei Waterloo und Napoleons Abdankung weigerte er sich 1815, im Heer Ludwigs XVIII. zu dienen, da er mit der Restauration der Monarchie nichts zu tun haben wollte. Er erhielt nur die Hälfte seines Solds und wartete vergeblich auf die Rückkehr des Kaisers. Verbittert kehrte er der Welt den Rücken und stürzte sich in die Malerei, etwas, was seiner Wesensart am allerfernsten lag. Wie sein Zeitgenosse Géricault, mit dem er in Verbindung stand, begann er ohne die geringste Vorbereitung zu malen. Er arbeitete mit der Wut einer Armee, die zum Rückzug bläst. Oft zerriß er die Leinwände, nachdem er sie gemalt hatte, und begann von neuem und malte mit großer Verbissenheit bis in die frühen Morgenstunden; er säbelte mit dem Pinsel auf der Leinwand herum und schuf dabei meist Landschaften, ähnlich denen, die er früher im Krieg verwüstet hatte.

In Paris führte der Chevalier, stets tadellos gekleidet – halb Offizier, halb Künstler –, ein zurückgezogenes Leben. »Ein lebendes Porträt«, hieß es, wenn er einen Salon betrat. Auf die Frauen hätte er die unwiderstehliche Anziehungskraft der Helden Byrons ausüben können, die damals in Mode kamen, wären da nicht seine mephistophelische Beredsamkeit, seine Misanthropie und sein vulkanischer Charakter gewesen. Seine einzige Zerstreuung bestand in spektakulären Soupers, die sein Vater ihm zu Ehren veranstaltete, wenn er sich für einige Monate in der Normandie aufhielt: Zusammenkünfte von Müßiggängern und Atheisten, Gelage, wie sie sich nur der Leibhaftige für seine Günstlinge ausdenken kann. Sie praßten und schlemmten, brüllten und schnaubten, schlürften die Austern, wie sie den Hintern des Satans geküßt hätten, und suchten Vergessenheit in einem Wein, der so herb war wie das Schicksal. [RH]

[Barbey d'Aurevilly, *À un dîner d'athées* (dt. *Ein Atheisten-Diner*), in: *Les Diaboliques* (dt. *Die Teuflischen*), 1874]

**Michailow** **Rußland, Mitte des 19. Jahrhunderts*
Russischer Maler, tätig in Italien. Hauptvertreter der – wie ein Zeitgenosse es formulierte – »Ivanow-Strauß-Renan-Einstellung«, die sich polemisch gegen die religiöse Malerei wandte. Auf dem Bild *Christus vor Pilatus* war Christus auf die Stufe einer bloßen historischen Persönlichkeit gestellt, was unter Michailows Anhängern wie Gegnern heftige Diskussionen auslöste. Er könne, meinte der Künstler, keinen Christus malen, der nicht in seiner Seele vorhanden sei. Kritiker wandten ein, das Bild stelle die Frage: »Ist dies ein Gott oder kein Gott?«, und dieser Zweifel zerstöre die Einheitlichkeit der künstlerischen Wirkung des Bildes. Der Sammler Wronski kaufte zwei andere Werke Michailows, nämlich das Porträt der *Anna Karenina* und *Landschaft mit zwei Knaben*. [SH]

[Leo Tolstoj, *Anna Karenina*, 1875]

**Milan, Étienne** **Lubéron, 1950*
Französischer Photograph. Als Modelle benutzte er fast ausschließlich Schaufensterpuppen von Knaben aus den späten fünfziger Jahren (seiner eigenen Kindheit), die er vor allem in Paris auftrieb. Im Sommer lud er das Auto mit den Puppen voll und fuhr in die Provence, aus der er stammte. Er arrangierte und photographierte sie in der freien Natur. Zwischen der Landschaft und den Puppen finde, so der Künstler, eine »wechselseitige Ansteckung« statt. Die Realität schenke ihnen eine Lebendigkeit, die sie als Schaufensterdekoration niemals gehabt hätten. Aber wichtig sei auch das Umgekehrte: »Meine Puppen stellen die Landschaft in Frage.« Die Leere der Puppen sei expansiv und höhle die Wirklichkeit aus: die Bäume sind nun ein wenig wie aus Papier, die Felsen wie aus Karton, der Himmel wie aus Leintuch.

Für den Künstler war diese Leere eine Möglichkeit, dem Organischen zu entrinnen: »Während die nackte Gestalt des Malers und des Bildhauers auf die Anatomie, auf die Physiologie verweist, weiß man im voraus, daß eine Puppe leer ist. Man seziert keine Puppe.« Die Schaufensterpuppe sei reine Oberfläche, »befreit von allen mehr oder weniger abstoßenden Geheimnissen, die sich unter der Haut der Lebenden verbergen. Das Ideal sozusagen.« Étienne Milan hätte liebend gern einen organlosen Körper gehabt und in einer »Welt aus Gips« gelebt.

Da dies nicht möglich war, ersann er eine andere Strategie: Die Flucht aus der Wirklichkeit nahm die Form eines (erfolgreichen) Angriffs auf die Wirklichkeit an. Schaufensterpuppen photographieren heiße »mit Bildern von Bildern« arbeiten; diese doppelte Künstlichkeit verzaubere die Realität zu einem »wachenden Traumzustand, einer wahrhaften Halluzination«. Mit seinen Photos wollte Milan den Betrachter der Realität entfremden, der Illusion zum Sieg verhelfen. [JS]

[Michel Tournier, *La Goutte d'or* (dt. *Der Goldtropfen*), 1986]

**Moriyama, Seiji** *genannt »der Moderne Utamaro«;* **Japan, tätig in der ersten Hälfte des 20. Jahrhunderts*

Japanischer Maler und Holzschneider. Er lebte und arbeitete mit einem Dutzend Schülern, unter ihnen Masuji Ono (siehe dort), jahrelang in einer großen, baufälligen Villa im Wakaba-Bezirk in Tokyo. Seine Spezialität waren Porträts von Frauen aus dem Amüsierviertel der Stadt.

Moriyama verfolgte kein geringeres Ziel, als die Malkunst, so wie sie in der Hauptstadt praktiziert wurde, von Grund auf zu verändern. In vielen seiner bekannten Werke – etwa in *Nach einem Bad* – versuchte er, die Utamaro-Tradition zu modernisieren (daher sein Beiname). Wie sein leuchtendes Vorbild malte er die Frau vom Rücken gesehen, während sie ihr langes Haar kämmt oder ein Tuch vors Gesicht hält. Gefühle stellte er nicht durch den Gesichtsausdruck dar, sondern durch die Stoffe und Gewebe, die sie am Körper trägt oder in der Hand hält. Zugleich war sein Werk geprägt von europäischen Einflüssen, was die dogmatischen unter den Utamaro-Bewunderern als Gotteslästerung brandmarkten. So verzichtete Moriyama beispielsweise auf die traditionelle dunkle Konturierung und wandte statt dessen eine westliche Malweise an mit gegeneinander abgesetzten Farbflächen, mit Licht und Schatten. Auch seine Vorliebe für gedämpfte Farben geht zweifellos auf europäische, impressionistische Vorbilder zurück. Auf seinen Bildern sind die Frauengestalten in eine melancholische, nächtliche Atmosphäre getaucht. Wie die französischen Impressionisten war Moriyama fasziniert vom Illusorischen und Vergänglichen. Und so wie diese sah er in der Welt nächtlicher Zerstreuungen und Vergnügungen (von ihm die »fließende Welt« genannt) die Verkörperung alles Flüchtigen und Angenehmen. Sein ganzes Leben lang versuchte er, die Schönheit des Nachtlebens einzufangen; er war befreundet mit Sängern, Tänzerinnen und Geishas, die gerne in seiner Villa zu Gast waren. In den zwanziger Jahren spezialisierte er sich darauf, das Wesen des Lichtscheins einzufangen, den eine Laterne verbreitet. Als die japanische Kunst in den dreißiger Jahren einen Feldzug gegen die Dekadenz zu führen begann, wurde sein westlich beeinflußtes Werk als unpatriotisch verurteilt; es wurde immer schwerer für ihn, auszustellen, und er sah sich gezwungen, sein Brot als Illustrator volkstümlicher Magazine zu verdienen. [GB]

[Kazuo Ishiguro, *An Artist of the Floating World* (dt. *Der Maler der fließenden Welt*), 1986]

**MOUEZY-EON** **Frankreich; tätig gegen Ende des 20. Jahrhunderts*

Aquarellist, Bildhauer und Spion. Letztere Tätigkeit macht es wahrscheinlich, daß der Name dieses Künstlers ein Pseudonym ist, möglicherweise aus Raymond Queneaus Roman *Pierrot mon ami,* in dem der fiktive Ortsname Saint-Mouézy-sur-Eon vorkommt. Wegen seiner Spionagetätigkeit hat Mouezy-Eon wenig ausgestellt, nichtsdestoweniger einen sehr eigenen Stil entwickelt, der sich besonders durch die Darstellung von Bewegung auszeichnet. Viele seiner Werke lassen sich als Momentaufnahmen einer ständig fluktuierenden Wirklichkeit charakterisieren. Mouezy-Eon machte keine Bilder für die Wirklichkeit, sondern versuchte ganz im Gegenteil, in Übereinstimmung mit der Kunsttheorie Denis Diderots (vgl. insbesondere dessen *Brief über die Taubstummen* von 1751), ein *tableau mouvant* zu schaffen, das als »kontinuierliches Analogon zur Umgebung« fungierte. Die Wahl von Wasserfarbe und Ton lag dabei nahe: sie erlauben dem Künstler, rasch auf neue Impulse der Außenwelt zu reagieren.

Ein gutes Beispiel dieser Arbeitsweise ist das Aquarell, das Mouezy-Eon während eines Spionageauftrags vom Hotel »Parc Palace du Lac« anfertigte. Sein Kollege Franck Chopin, der ihm beim Malen über die Schulter sah, sah darin anfänglich nichts anderes als eine skizzenhafte Wiedergabe der Hotelfassade. Doch nach zehn Sekunden öffnete der Künstler mit ein paar Pinselstrichen im ersten Stock ein Fenster, auf dessen Scheibe für einen Augenblick sogar ein Lichtschein blitzte. Im Fensterrahmen erschien eine flüchtige, bewegliche Gestalt, »ein kurzer Übergriff des Trickfilms auf das Stilleben«. Der Künstler wechselte die Farbe, und mit drei Strichen war das Fenster wieder geschlossen, die Fassade wieder »zur Aquarellruhe zurückgekehrt«.

Ein nicht weniger bemerkenswertes Beispiel von Mouezy-Eons Spionage-Kunst war eine kleine Plastik im Format eines Zinnsoldaten, die einen selbstbewußt auf seinem Sockel aufgerichteten Menschen darstellte, mit entschlossenem, wenngleich sanftem Gesichtsausdruck. Die schmalen Lippen und die leicht geschlitzten Augen erinnerten sehr an den feindlichen, observierten Generalsekretär Vital Veber. Zuerst bog der Künstler die zu gekrümmte Nase des Individuums zurecht, dann riß er ihm einen Arm aus, den er zu einem Wulst formte. Diesen kleinen Zylinder aus Sprengstoff drückte er in das Schloß der Tür, hinter der sein Kollege Chopin gefangengehalten wurde, und befestigte eine winzige Zündschnur. Nach zwei oder drei mißlungenen Versuchen detonierte die Ladung.

Das letzte überlieferte Kunstwerk von Mouezy-Eon, der zu dem Zeitpunkt als Spion fast das Rentenalter erreicht hatte, besteht aus einer Reihe Bleistiftskizzen, die er während einer Fahrt in einer Limousine durch die Pariser Vorstädte machte. Auch hier geht es um die Flüchtigkeit der Umgebung. Über diese Serie meinte Chopin: »keine Form und kein Hintergrund war scharf, alles war verschwommen«. Als solcher wird Mouezy-Eon in die Ewigkeit eingehen: als Gestalter des Gestaltlosen. [MDH]

[Jean Échenoz, *Lac* (dt. *See*), 1989]

**Mouton** (Meister) ******Picardie, zwischen 1620 und 1650; † Paris, um 1680*
Französischer Tiermaler aus der frühen Regierungszeit Ludwigs XIV., aus der Picardie stammend. Mouton wurde in seiner Jugend sträflich vernachlässigt, von Religion, Mythologie und den großen Werken der französischen Klassik hatte er keinen blassen Schimmer. Er malte grasende oder trinkende Kühe, eine Staubwolken aufwirbelnde Hammelherde und scheuende Pferde. Der Stier galt ihm als Krone der Schöpfung.

Mit seinem zerlöcherten Hut, den Pfeifenstummel zwischen den Zähnen, hemdsärmelig und mit hängenden Strümpfen, sah Meister Mouton wie ein Landstreicher aus. Sein Äußeres stand jedoch keineswegs Aufträgen aus Adelskreisen im Wege. In Anet malte Mouton einen Saal mit Hirschjagden für Louis-Joseph, den Herzog von Vendôme. Auf Einladung Fagons, des Leibarztes Ludwigs XIV., bewohnte Mouton eine Mansarde im botanischen Garten des Königs, die ihm auch als Atelier diente. Fagon berichtete, Mouton habe es durch die Sachlichkeit seines Pinselstrichs und die Ungezwungenheit seiner Malweise verstanden, sogar die niederländischen Meister zu »überholländern«.

In seinem Atelier im königlichen Garten unterrichtete Mouton Julian Boufflers, den Sohn von Louis-François, Herzog von Boufflers, Marschall von Frankreich seit 1693 und Oberbefehlshaber Ludwigs XIV. in mehreren Schlachten. *Ein* Gemälde war eine Gemeinschaftsarbeit von Lehrer und Schüler. Es stellt einen ruhigen Fluß im Abendlicht dar, in dem sich rote Wolken spiegeln, und eine bemooste Brücke. Im Fluß stehen zwei Kühe, die eine saufend, die andere beschaulich blickend, während ihr noch das Wasser aus dem Maul trieft. Der junge Julian Boufflers stand, ohne es zu ahnen, auch an der Wiege des zweifellos einzigen (pseudo-)mythologischen Werkes des Malers. Wahrscheinlich hatte dieser den Knaben Verse Ovids laut übersetzen hören, nämlich die Stelle, in der Pentheus von den Mänaden gejagt wird und Bacchus, um den Flüchtenden ins Verderben zu stürzen, ein Gebirge vor ihm in die Höhe wachsen läßt. In Moutons Version hat Pentheus die Züge des jungen Boufflers; er wird jedoch von alterslosen Weibern verfolgt. Eines dieser Scheusale trägt einen langen Jesuitenhut auf dem geschorenen Schädel und einen Folianten in der Hand. Das Bild zeugt von Moutons visionärer Kraft, denn es sagte das traurige Los des jungen Boufflers voraus. Dieser nur mäßig begabte, gutmütige Knabe besuchte eine Jesuitenschule und mußte dort dafür büßen, daß sein Vater sich den Jesuiten in den Weg gestellt hatte. Julian sollte letztlich an den Quälereien zugrunde gehen.

Mouton wurde stets von einem Pudel begleitet, der auch Mouton hieß und laut Fagon weiser war als sein Herr. Nach dem Tod des Tieres zeigte sein Namensgenosse sehr bald Symptome geistiger Verwirrung. Vor der Staffelei sitzend, plauderte er mit dem Geist des Pudels, zog Hundsgrimassen oder schnappte, ganz in der Art seines verschiedenen Freundes, nach Fliegen. Übermäßiger Alkoholkonsum trug dazu bei, daß der Maler schon bald das Los seines Pudels teilte. Unter einem Baum im botanischen Garten, in dessen Rinde er »II Moutons« geritzt hatte, wurde er direkt neben ihm begraben.

[Conrad Ferdinand Meyer, *Das Leiden eines Knaben*, 1883]

**MUNSTER, CHARLES** ⋆*Salzburg, um 1800*

Salzburger Maler aus der romantischen Schule. Über sein Werk ist nichts bekannt; wir wissen nur, daß er am liebsten in der Natur malte und ein Faible für Ruinen und pittoreske Örtlichkeiten hatte. Für die Kunstgeschichte wichtig sind heute noch Charles Munsters Tagebücher, in denen er uns darüber Aufschluß gibt, warum er bereits in frühem Alter das Malen aufgab. Nach Jahren des Exils – über die Gründe schweigt Munster sich aus – entdeckte er nach seiner Rückkehr in das Erzherzogtum Salzburg, daß seine Geliebte Eulalie, die ihm ewige Treue geschworen hatte, inzwischen mit einem gewissen Spronck verheiratet war. Tief betrübt irrte der Maler umher und suchte die Orte auf, wo er sich früher mit Eulalie getroffen hatte.

Eines Tages war er zufällig Zeuge der Beerdigung einer jungen Frau und begegnete dabei einem besonders zuvorkommenden Herrn, der ihm erzählte, auch er habe einst in jungen Jahren eine Geliebte verloren. Es war niemand anders als Spronck. Er berichtete, daß er Eulalie auf die inständige Bitte ihrer sterbenden Mutter hin geheiratet habe, da man Munster für tot hielt. Die Konfrontation mit dem zurückgekehrten Maler schwächte Sproncks Lebensfreude; als er erkannte, daß er dem Glück zweier Menschen im Wege gestanden hatte, beging er Selbstmord. Eulalie weigerte sich jedoch, aus seinem Tod Profit zu schlagen, und zog sich in ein Kloster zurück. Munster beschloß, ihrem Beispiel zu folgen, kehrte jedoch wieder um und kam, wie einer Nachschrift zu der Veröffentlichung seines Tagebuchs zu entnehmen ist, bei einer Überschwemmung der Donau ums Leben. Ungeklärt bleibt, ob es sich um ein Unglück oder um Selbstmord handelte.

Obwohl Munster wie gesagt die Malerei schon im Alter von dreiundzwanzig Jahren aufgab, weisen seine Aufzeichnungen ihn als echten Künstler aus. Mit etwas gutem Willen läßt sich aus seinen Notizen sogar eine Kunsttheorie ableiten. Munster besaß einen scharfen Blick für die Natur, insbesondere ein sensibles Gespür für die Veränderungen, denen sie ununterbrochen unterworfen ist. Ein und derselbe Ort atmet zu verschiedenen Tages- und Jahreszeiten eine gänzlich andere Atmosphäre. So wie der Künstler selbst es treffend formulierte: »Wie viele Menschen gibt es nicht, die sich über die Monotonie der Natur beklagen, die in ihr nur ein ödes, einschläferndes Schauspiel sehen, ihre unbefriedigende Sinnenfreude jedoch einzig ihrer unzulänglichen Phantasie und ihren unzulänglichen Sinnesorganen zuzuschreiben haben. Der Künstler hingegen leidet unter der Ohnmacht seiner gestalterischen Fähigkeiten und verflucht Leinwand und Palette, wenn er all diese unnachahmlichen Nuancen, die stets sich wandelnden Bilder und den wechselnden Ausdruck des großen Tableaus der herrlichen Schöpfung wahrnimmt. – Und welche Unsicherheit bemächtigt sich seiner, wenn er sieht, wie selbst ein winziger Ausschnitt des Horizonts sich unter dem Einfluß der Jahreszeiten, dem Spiel des Lichts und aller Gefühle in seiner Brust verändert!«

Fest steht, daß Munsters Muse verstummte nach den tragischen Ereignissen, von denen sein Tagebuch berichtet. Aber seiner Entscheidung lag gewiß auch eine künstlerische Unfähigkeit zugrunde, die durch Eulalies Verrat wohl noch verstärkt wurde. Es sollte bis zum 20. Jahrhundert dauern, ehe die Malerei durch Künstler der Bewegung wie Mouezy-Eon (siehe dort) mit dem Einfluß der Zeit auf die Natur umzugehen lernte. [MDH]

[Charles Nodier, *Le Peintre de Saltzbourg,* 1803]

**MUR**

Bildhauer. Nur seine Lehrzeit bei einem älteren Bildhauer ist dokumentiert. Dieser unterwies ihn in der heiligen Kunst, Gärten in den Bauch der Erde zu meißeln. In den Augen von Murs Lehrmeister war sein Handwerk die heiligste unter den Künsten, denn sie war den Toten vorbehalten und den Blicken der Welt entzogen. Er legte weitläufige unterirdische Gärten an, mit Bäumen aus weißem Marmor, von denen goldene Früchte herabhingen, und mit Alabastertieren und mit Brunnen, damit die Toten sich erquicken könnten. Als Schüler beschränkte sich Murs Rolle auf kleinere Aufträge. Über eine solche Arbeit besitzen wir nähere Informationen.

Mur sollte eine Pergola mit Trauben aus dem Fels hauen. Als er fertig war, kam es dem Meister so vor, als fehle noch etwas. Während er das Werk betrachtete, fiel der goldene Widerschein der Sonne auf die Trauben. »Dies, mein Sohn«, murmelte der Meister, »dies müßten wir können.« Nach langem Nachdenken machte Mur einen Vorschlag: »Wenn man Bienen aus Gold auf die Trauben setzte, könnte man dieselbe Wirkung erzielen.« Der Meister schickte Mur in die Stadt, um das nötige Gold zu kaufen. Der Weg dorthin führte durch ein rauhes, unwirtliches Gebiet, und auf dem Rückweg kam Mur an ein einsames Haus, das in einem großen Steinbruch lag. Im selben Augenblick streckte sich ein weißer Frauenarm über ein Fensterbrett und schloß die Läden. Die Geste war so anmutig, daß Mur wie verzaubert war.

Die Arbeit bei seinem Meister gefiel ihm nicht mehr, und er stieg wieder an die Oberfläche hinauf. Er kehrte zu dem Haus zurück und begann nun, Tag für Tag in einer Felswand gegenüber dem Haus erst den Arm, dann die ganze Gestalt der Frau zu meißeln, die sich manchmal in der Türöffnung zeigte. Er hatte entdeckt, daß die Kunst auch dem Leben, der Schönheit und der Liebe dienen kann. Der Meister aber verstieß ihn. Mur arbeitete beharrlich weiter, und als er die Figur der Frau vollendet hatte, fügte er skizzenhaft eine männliche Figur hinzu. Den einen Arm meißelte er in leicht erhobener Haltung, so daß er den der Frau berührte, und vereinigte seine Hand mit der ihren. Als er am anderen Tag zum Haus zurückkehrte, waren die Arme, die die beiden Gestalten vereinten, zertrümmert. Die unbekannte Schöne hatte seine Liebe nicht erhört. Nichts blieb ihm mehr zu tun an jenem Ort, nichts mehr zu erwarten unter den unerbittlich geschlossenen Fenstern des Hauses. Er wollte zurückkehren in das Reich der Toten, dort unter dem steinernen Gewölbe wollte er sein Begehren begraben, im glitzernden Wasser der unterirdischen Brunnen die Enttäuschung ertränken. [FDN]

[Paola Capriolo, *La donna di pietra* (dt. *Die Frau aus Stein*), in: *La grande Eulalia,* 1988]

**MURDOIRE** *tätig zur Zeit der Zweiten Republik*
Berühmter französischer Maler. Er war nicht nur äußerst talentiert, er bediente sich auch eines eigenwilligen und kostbaren Verfahrens, das in der zweiten Hälfte des 19. Jahrhunderts gänzlich unbekannt war. Murdoires so mysteriöse wie eigensinne Technik erklärt allerdings nicht die ungewöhnliche Qualität seiner Werke: die verblüffend lebendigen Darstellungen von Menschen und Tieren, und sogar seine Landschaften, in denen, in den Worten eines Kunstkenners, der Schatten des großen Pan im Blätterwerk auftauche, belegen zur Genüge, daß auch das beste Verfahren nichts ist ohne das Genie des Künstlers.

Murdoire, der das Arbeiten mit Wasser, Öl und Terpentin leid war, griff auf eine Substanz zurück, die er aus dem Innersten seines eigenen Körpers holte. Mit oder ohne Hilfe einer Assistentin fing er diese besondere Essenz, den aromatischen Extrakt, auf, deponierte ihn neben die Farben auf seiner Palette und tunkte ihn in seine Pinsel. Diesem verdünnenden Deckweiß verdanken Murdoires Bilder ihr geheimnisvolles Fluidum, die Lustseufzer der Farben. In den trüben Zwischentönen wird die freizügige, spirituelle Erotik des Künstlers spürbar.

Murdoire starb im Alter von dreißig Jahren, erschöpft von einem bereits umfangreichen Œuvre. [RH]

[Marcel Aymé, *La Jument verte* (dt. *Die grüne Stute*), 1933]

**N.** ⋆*Rußland; tätig in der zweiten Hälfte des 19. Jahrhunderts*
Russischer Landschaftsmaler. N. stellte unter anderem in Moskau aus. Er hielt sich, wie es sich in der damaligen Zeit für einen echten Künstler geziemte, regelmäßig auf dem Lande auf, wo er nach eigener Aussage oft zu anhaltendem Müßiggang verurteilt war. Über sein Werk ist wenig bekannt. Dagegen werfen einige überlieferte Anekdoten ein Licht auf seine komplexe Haltung gesellschaftliches Engagement betreffend. N. gehörte eindeutig nicht zu der jungen Generation, die sich das Los der Arbeiter und Bauern zu Herzen nahm. Im Fortschrittsglauben sah N. nur die Befriedigung materialistischer Sehnsüchte. Er lehnte daher die Gründung von Schulen und Krankenhäusern für das Proletariat ab, plädierte jedoch dafür, die Menschen von zu schwerer körperlicher Arbeit zu befreien, damit sie Zeit hätten, auch an ihre Seele, an Gott zu denken. Wenn alle Menschen, Stadt- und Landbewohner, alle ohne Ausnahme, damit einverstanden wären, die Arbeit unter sich aufzuteilen, so argumentierte er, bliebe für jeden genügend Freizeit übrig. Dann könnte ein neuer Gemeinschaftssinn erwachsen, könnten sich alle den Wissenschaften und Künsten widmen. Der Mensch würde sich von den ständig quälenden, ihn ausbeutenden Schrecken und selbst vom Tod befreien. N. machte jedoch keine Anstalten, dieses Ideal zu verwirklichen; er produzierte lieber eine soundsovielte Landschaft. [BM]

[Anton Čechov, *Das Haus mit dem Zwischenstock*, 1858]

**Nansen, Max Ludwig** ⋆*Glüserup, Deutschland; tätig in der ersten Hälfte des 20. Jahrhunderts*
Deutscher Maler, der sich mit seinen farbenfrohen, mysteriösen und mythisch angehauchten Impressionen seiner hei-

matlichen Umgebung, des schleswig-holsteinischen Wattenmeers, weit über die Grenzen seines Landes hinaus einen Namen gemacht hat. Sein Entdecker, Mäzen und Freund, der Kölner Galerist Teo Busbeck, charakterisierte seine Gemälde einmal als »epische Landschaftsberichte in Farbe«; er hielt Nansen für »einen der größten Dramatiker des Lichts«. Große Bewunderung hegte Nansen denn auch für Turner, dem es nur durch Licht gelungen sei, alles »in der Schwebe« zu lassen. Gegen die französischen Impressionisten hingegen verspürte er eine tiefe Abneigung. Nansens Landschaften und »Spukbilder« gingen über das rein Folkloristische weit hinaus. Vor allem gegen Ende der dreißiger Jahre, als seine künstlerische Freiheit vom Nazi-Regime immer stärker eingeschränkt wurde, entwickelten sie sich zu beeindruckenden Visionen des Terrors und der politischen Unterdrückung.

Nansens vielschichtiges Leben war in gewissem Sinne exemplarisch für das Schicksal einer ganzen Generation deutscher Künstler. Max Ludwig Nansen malte und zeichnete seit früher Jugend. Da eine Ausbildung als Künstler für einen friesischen Bauernsohn unerreichbar war, wurde er zunächst Holzschnitzer. Während er in verschiedenen süd- und westdeutschen Möbelfabriken sein Brot verdiente, besuchte er Abendklassen und bildete sich in Museen fort. Auf einsamen Bergwanderungen zeichnete und aquarellierte er. In dieser Zeit entstanden auch seine ersten Aktstudien. Seine spätere Anstellung als Gewerbelehrer gab er auf, nachdem Ausstellungsleiter seine ersten Bilder wiederholt abgelehnt hatten und ihm auch die Aufnahme in die Akademieklasse verweigert worden war. Wie es bei angehenden Künstlern der Fall zu sein pflegt, machten ihn die zahlreichen Enttäuschungen nur um so hartnäckiger. Nansen entschloß sich, Maler zu werden, er reiste nach Florenz, Wien, Paris und Kopenhagen, kehrte aber notgedrungen jedesmal wieder zum elterlichen Hof zurück, seinem einzigen Zufluchtsort in jenen schwierigen Anfangsjahren. Er lernte die Sängerin Ditte Gosebuch kennen, die bis zu ihrem Tod, kurz nach dem Zweiten Weltkrieg, seine treue Lebensgefährtin bleiben sollte. Vorübergehend hielt sich das Paar in Dresden, Berlin und Köln auf. Nansen, den eine große Naturverbundenheit auszeichnete, kam sich jedoch in den Zentren der Kunst wie ein Verlorener vor.

Wie viele deutsche Künstler und Intellektuelle meldete sich Nansen bei Ausbruch des Ersten Weltkriegs freiwillig. Wie groß seine jugendliche Begeisterung war, geht aus der Tatsache hervor, daß er sich ein Jahr lang enttäuscht in sein Atelier auf dem elterlichen Hof einschloß, weil er aus gesundheitlichen Gründen vom Kriegsdienst befreit worden war. In künstlerischer Hinsicht brachte das Jahr 1914 die Wende. Die Zeitschrift *Wir* veröffentlichte Abbildungen einiger Holzschnitte, in der Galerie Busbeck in Köln wurde unter dem Titel *Mein Meer* eine Serie Seestücke ausgestellt, und der bekannte Kunstkritiker Ludwig von der Goltz schrieb nach Nansens erster Gruppenausstellung in Hannover nicht nur einen Artikel über dessen Radierungen, sondern gab auch einen Band mit farbigen Lithographien heraus. Danach folgte eine Ausstellung der anderen. Bereits 1928 war Nansen ein gefeierter Künstler: Die Universität Göttingen ernannte ihn zum Ehrendoktor, und das Museum of Modern Art in New York erwarb sein Bild *Aufstand der Sonnenblumen*. Nansen lebte nun mit seiner Frau zurückgezogen auf dem großen Anwesen Bleekenwarf bei Rugbüll, dem nördlichsten Punkt Schleswig-Holsteins.

Nansens kurzes Liebäugeln mit dem Nationalsozialismus – er war bereits 1931 Mitglied der NSDAP geworden und hatte die »Machtergreifung« Hitlers 1933 begrüßt – könnte man mit reichlich gutem Willen als Erbe jenes nie ganz erloschenen hysterischen Patriotismus und Fortschrittsglaubens bezeichnen, die schon zum Ersten Weltkrieg geführt hatten und einen zweiten großen Krieg fast unvermeidlich machten. Eine glänzende Laufbahn als Kulturfunktionär der Nationalsozialisten schien Nansen sicher. Er war Anfang der dreißiger Jahre unter anderem Mitglied der Preußischen Akademie der Künste und der Reichskammer der Bildenden Künste, und 1934 hätte er Leiter der Staatlichen Kunstschule werden können. Doch hatte er den Mut, seinen ideologischen Irrtum einzusehen. Legendär ist das Telegramm, mit dem er jene Berufung ablehnte: »Dank für ehrenvolle Berufung stop Leide an Farballergie stop Braun als auslösende Ursache erkannt stop Mit Bedauern in Ergebenheit Nansen Maler.« Dieser folgenschwere Schritt sagt viel über Nansens widersprüchlichen und eigenwilligen Charakter aus. Auch wenn er auf den ersten Blick so gar nicht zu einem Widerstandskämpfer zu taugen schien und sogar ausgesprochen reaktionär war – er hatte einen Widerwillen gegen Pazifisten, verurteilte die Homosexualität, haßte die Stadt und pries die ländliche Heimat –, so zeigte er doch mehr Zivilcourage als mancher progressive oder linke Intellektuelle jener Jahre. Nachdem 1938 mehr als achthundert seiner Gemälde in deutschen Museen von den Nationalsozialisten beschlagnahmt worden waren, trat Nansen aus der NSDAP aus und veröffentlichte zusammen mit Teo Busbeck das Manifest *Farbe und Opposition* (Zürich 1938). Von da an galt Nansen als Staatsfeind. Als Busbecks Galerie zwangsgeräumt und geschlossen wurde, zog der Galerist bei den Nansens ein.

Daß Nansen erst 1943 Malverbot erhielt, ist auf seine internationale Berühmtheit zurückzuführen. Sein Leben wurde fortan durch die nie erlahmende Wachsamkeit Ole Jepsens bestimmt, des Dorfpolizisten von Rugbüll, dem seine Pflichttreue auch über die Kriegszeit hinaus zur Obsession wurde. Auf alle erdenkliche Weise suchte er Nansen am Malen zu hindern. Er machte dabei sogar Gebrauch von seinem elfjährigen, künstlerisch begabten Sohn Siggi, einem großen Bewunderer des Malers. Das Kind erkrankte an Schizophrenie. Nach dem Krieg stahl Siggi Gemälde Nansens aus Museen, um sie »in Sicherheit zu bringen«.

Es gelang Nansen auf unnachahmliche Weise, in dieser schwierigen Situation seine Kreativität zu bewahren. Mit friesischer Dickköpfigkeit arbeitete er weiter. Auf das Berufsverbot reagierte er mit der Zeichnung *Lachmöwen im Dienst,* die eine stürzende, eine brütende und eine schwebend patrouillierende Möwe darstellt, jede trägt eine polizeiliche Dienstmütze und den Hoheitsadler auf der gewölbten Brust, und alle drei ähneln sie Ole Jepsen. Nansen vollendete in dieser Zeit die Serie *Erzählungen einer alten Mühle an der Küste,* für die der bekannte Kunsthändler Malthesius nach dem Krieg eine astronomische Summe bot – ein Angebot, das Nansen ausschlug, weil er Malthesius' frühere Herablassung nicht vergessen hatte. Die in diesem Zyklus dargestellte, verfallene flügellose Mühle, die die norddeutsche Küstenlandschaft dominierte, ist ein Hauptmotiv in Nansens Werk. Wie ein düsteres Gewächs, das seiner letzten Tage harrt, symbolisiert sie das bedrohte Leben in Zeiten des Terrors. Wie auf vielen anderen Bildern taucht auch hier die Figur Balthasars auf, eine Art Alter ego, mit dem Nansen während der Arbeit endlose Gespräche führte. Balthasar, »der Große Freund der Mühle«, ist als ein milder, bärtiger Greis dargestellt, der die Flügel der Mühle wieder in Bewegung bringt, bis sie die Dunkelheit zerschneiden, einen klaren Tag »herausmahlen« und ein besseres Licht. Die Mühle war nicht nur ein Sinnbild der Hoffnung, sie diente Siggi Jepsen auch als Versteck für Nansens Gemälde. In der Mühle saß auch Siggis Schwester Hilke heimlich dem Maler Modell. Daß die Mühle mitsamt den Bildern nach dem Krieg – wahrscheinlich durch Jepsens Schuld – in Flammen aufging, empfand Nansen nicht als Katastrophe. Er hatte sich inzwischen daran gewöhnt, seine Bilder in seinem Kopf zu horten. Mit der Serie *Unsichtbare Bilder,* an denen er während des Kriegs arbeitete, fand er eine perfekte Antwort auf die Zensur. Diese Bilder, auf denen für Außenstehende nichts zu sehen war, waren eine logische Etappe in seiner künstlerischen Suche nach dem Licht, das »alles in der Schwebe« läßt.

Kurz nach dem Krieg feierte Nansen große internationale Erfolge. Er wurde Mitglied der Royal Academy in London. Doch sein Ruhm war nur von kurzer Dauer. In den sechziger Jahren schmähte ihn eine junge Künstlergeneration als altmodischen, bürgerlichen Heimatkünstler. [ID]

[Siegfried Lenz, *Deutschstunde,* 1968]

**NICOLA** **Morimondo, Italien; tätig in der ersten Hälfte des 14. Jahrhunderts*

Italienischer Glasermeister und Benediktinermönch, der um 1327 in einer norditalienischen Abtei tätig war. Nicola äußerte sich pessimistisch über die Möglichkeiten der Künstler seiner Zeit. Daß er den Niedergang seines Handwerks beklagte, mochte mit seiner eigenen Arbeitssituation zusammenhängen. Da das große Werk der Glaskunst, das der

Kirche und dem Hauptgebäude des Klosters Glanz verlieh, bereits vor mindestens zweihundert Jahren vollendet worden war, mußte er sich auf kleinere Arbeiten oder Reparaturen beschränken. Nicola war auch der Ansicht, daß die Farben von einst nicht mehr herzustellen seien. Besonders das Blau der Scheiben im Chor sei von einer solchen Reinheit, daß es die Kirche bei hohem Sonnenstand mit einem geradezu paradiesischen Licht erfülle. Die Fenster im Westteil der Kirche – vermutlich von seiner Hand – erreichten nicht annähernd die gleiche Qualität. Er bezeichnete seine eigene Arbeit als »erbärmliche Pfuscherei« und meinte, daß »wir nicht mehr das Können der Alten (haben), die Zeit der Riesen von einst ist vorbei«.

Ab November 1327 verlegte Nicola seine künstlerische Kreativität auf andere Gebiete. Nachdem der Cellerar Remigius von Varagine vom Inquisitor verhaftet worden war, übernahm Nicola Remigius' Amt. In seine Zuständigkeit fiel auch die Pflege des kostbaren Klosterschatzes in der Krypta der Kirche. Zu dieser Zeit machte ihn der Franziskanermönch William von Baskerville auf die *vitrei ab oculis ad legendum* (Augengläser zum Lesen) aufmerksam, von deren Erfindung Nicola bereits um 1300 gehört hatte. 1327 gelang es ihm, solche *oculi de vitro cum capsula* (Augen aus Glas mit Einfassung) selber herzustellen. [SJ]

[Umberto Eco, *Il nome della Rosa* (dt. *Der Name der Rose*), 1980]

**N. N.** (*Meister der* Florentiner Fresken) *tätig in Florenz Anfang des 16. Jahrhunderts*

Anonymer Florentiner Maler, Zeitgenosse Raffaels. Seiner eigenen Auffassung zufolge war er ebenso talentiert wie seine berühmten Zeitgenossen, doch die Art und Weise, wie Kunsthändler und reiche Patrizier mit Gemälden umgingen, verbitterte ihn. Kunstwerke würden wie Hausrat verkauft, landeten in den Wohnungen der Reichen und Mächtigen, wo sie von Hohlköpfen gepriesen und von Dilettanten kritisiert würden. Er beschloß, dem weltlichen Erfolg aus dem Weg zu gehen und sein Talent ausschließlich der Herstellung von Fresken in Klöstern und Kirchen vorzubehalten: Dort störe kein Geschwätz die andächtige Stille, und der

Rauch der Kerzen verdunkle das auf den feuchten Kalksteinmauern angebrachte Werk, so daß es, zur Zufriedenheit des Schöpfers, innerhalb weniger Jahrzehnte eines sanften Todes sterbe. [EB]

[Robert Browning, *Pictor Ignotus,* in: *Dramatic Romances and Lyrics,* 1845]

**N. N.** (*Meister der* Geburt des Neuen Menschen)
*tätig 1916 in Rußland*
Von diesem russischen Maler ist nur ein einziges Werk bekannt, die *Geburt des Neuen Menschen,* das er in seiner zweiten Lebenshälfte schuf. Das Konzept zu diesem Bild war in Stockholm gereift: der Künstler wollte die Geburt Christi in der Grotte von Bethlehem malen. Es sollte ein unsterbliches Meisterwerk werden, die ganze Menschheit sollte die Offenbarung, die Frohe Botschaft vernehmen und erkennen. Die gesamte Leinwand, die Krippe mit dem Kind, die Mutter Gottes, den Löwen und das Lamm, wollte er mit dem Jubel der Engel und mit der Hoffnung des Lichts erfüllen. Er beschloß, die Szene in Spanien anzusiedeln, dem Land seiner Hochzeitsreise.

Am 24. Dezember 1916 begann er in einem Hotel in einer alten russischen Stadt mit der Arbeit an seinem Bild. Da er wegen des Krieges seine Malutensilien nicht hatte mitnehmen können, kaufte er einen Bogen Zeichenkarton, Buntstifte, Aquarellfarben und eine Kartonpalette. Sein Vorhaben, das Meisterwerk im hellen Mittagslicht zu malen, fiel zunächst einmal ins Wasser, weil ihn der Schlaf übermannte. Er arbeitete nun die ganze Nacht in seinem Hotelzimmer, das er mit Hilfe von Kerzen und Spiegeln notdürftig erleuchtet hatte. Kräftig und sicher setzte er die ersten Striche. In kürzester Zeit war der Karton mit kunterbunten Gebilden überladen, die der ursprünglichen Idee völlig widersprachen. Die erhitzte Phantasie des Malers hatte sich verselbständigt. Er drehte den Karton um, aber es gelang ihm nicht, dasjenige, was ihm so klar vor dem inneren Auge stand, zu gestalten. Anstelle des ewigen Lichts des Himmelreichs, statt der jubilierenden Engel, des glorreichen und triumphierenden Gottvaters, der glückseligen Heiligen Jungfrau und dem strahlenden Kind, erschien eine apokalyptische Vision: Ein wüster blauschwarzer Himmel, rot überstrahlt von Feuersbrünsten, von den blutigen Flammen rauchender, einstürzender Tempel, Paläste und Wohnstätten. Sich schwarz abhebend von diesem glutbeladenen Hintergrund: Folterbänke, Schafotte und Galgen mit Erhängten. Und über allem, diesem ganzen Meer von Feuer und Rauch, ragt erhaben und dämonisch ein mächtiges Kreuz mit dem Schmerzensmann, der, blutüberströmt, weit und ergeben, längs der Querbalken, die Arme ausbreitet. Der Tod in Harnisch, eine gezackte Krone auf dem Schädel, das Totengebiß gebleckt, ist herangesprungen und hat seinen eisernen Dreizack in die Brust des Gekreuzigten gerammt. Unten im Bild sieht man einen wüsten Haufen von Toten und ein grausiges Ineinander von nackten Leibern. Und diese Gesichter, unmenschliche Gesichter mit gefletschten Zähnen und stierenden, aus den Höhlen getretenen Augen, sind so gräßlich und grob, so verzerrt von Haß, Bosheit und der Lust am Brudermord, daß man sie eher für Gesichter von Tieren oder Teufeln halten könnte als für Menschengesichter. [SJ]

[Iwan Bunin, *Der wahnsinnige Künstler,* 1921]

**N. N.** (*Meisterin des* Körpers meiner Mutter)
**Jugoslawien, Anfang der fünfziger Jahre; tätig in den siebziger und achtziger Jahren des 20. Jahrhunderts*
Jugoslawische Bildhauerin. Schuf hauptsächlich Skulpturen aus Holz, Ton oder Terrakotta: große abstrakte Formen in der Farbe der Erde, des Sands oder von verkohltem Holz. Zu ihren wenigen figurativen Werken in Marmor gehört *Der Körper meiner Mutter* – ein liegender Akt von großer Schönheit und Sinnlichkeit, der eine große Rolle im Leben der Künstlerin und in dem ihres (unfreiwilligen) Modells spielte. Als ihre Mutter die Plastik in einer Zeitung abgebildet sah, war sie so verstört, daß sie einen Selbstmordversuch unternahm. Die Schwere und Schroffheit des Werkes offenbarten ihr ihren eigenen Charakter.

Die tieferen Hintergründe der problematischen Beziehung zwischen Mutter und Tochter sind uns in allen Einzelheiten bekannt, denn die Bildhauerin gehört zu jenen Künstlern, die uns außer ihren Werken auch philosophische und psychologische Reflexionen über ihr Handwerk hinterlassen haben. So wissen wir beispielsweise, daß sie die Arbeit an der Steinfigur ihrer Mutter als eine Befreiung der Form aus dem Material betrachtete. »Es ist, als wäre sie bereits im Stein anwesend gewesen, noch ehe ich den Meißel angesetzt hatte«, schrieb sie. Ihre sehr intime Buchführung des Arbeitsprozesses erlaubt uns, Zusammenhänge zwischen den Traumata ihrer Kindheit und Jugend und ihrer bildhauerischen Kreativität herzustellen. Die ambivalente Mutterbindung ist der Schlüssel zum Verständnis ihres Werks. So wählte sie als Material für den *Körper meiner Mutter* bewußt Marmor, um die Unnahbarkeit der Mutter darzustellen, die selbst ihrem Ehemann unzugänglich blieb. Die außerordentlich schöne Frau hatte panische Angst vor körperlicher Unreinheit, insbesondere vor Blut. Dieses gestörte Verhältnis zum eigenen Körper übertrug sie auf ihre Tochter, die ihren Körper nur spürte, wenn er unter den streichelnden Händen eines anderen Menschen gewissermaßen Form annahm, wenn etwa die Mutter die kranke Tochter badete oder wenn sich der Geliebte der Mutter nachts zu der Vierzehnjährigen ins Bett schlich. Ihre eigenen Hände nahm die Künstlerin nicht als Teil ihres Körpers wahr, sondern als etwas von ihm Losgelöstes, Werkzeuge, die die amorphe Masse des Tons zu einer Form kneteten.

Als die Künstlerin ihre inzwischen alt gewordene Mutter pflegte, wurde sie wieder schmerzlich an die Vergangenheit erinnert, aber diese Konfrontation barg auch das Versprechen einer Verbesserung der Beziehung in sich. [JS]

[Slavenka Drakulić, *Mramorna koza*, (dt. *Marmorhaut*), 1991]

**N. N.** (*Meister des* Lebenden Kruzifixes)
Bildhauer, spezialisiert auf Kreuzigungsdarstellungen. Daß der kalte Marmor das Leben und Leiden Christi zur toten Form erstarren ließ, erfuhr er als einen wahren Fluch. Das zentrale künstlerische Problem dieses Meisters lag in der Frage beschlossen, wie Schmerz und Leben aus dem Stein zu meißeln seien.

Letztlich bestand seine Lösung darin, ein Kruzifix nach lebendem Modell anzufertigen. Ein junger Bildhauer, der alles für die Kunst übrig hatte, fand sich bereit und wurde prompt vom Meister ans Kreuz geschlagen. Dieser begann nun, ohne auf die Schmerzensschreie und den (anschließenden) Todeskampf zu achten, den Ausdruck seines Modells zu studieren und nachzubilden. In seiner Brust mußte sozusagen das Herz versteinern, damit er den harten Stein zum Leben erwecken konnte. Nach drei Tagen, genau in dem Moment, da der junge Mann den Geist aufgab, war das Meisterwerk vollendet.

In der Kathedrale der Stadt aufgestellt, übte das Gnadenbild eine unerhörte Wirkung auf die reumütigen Gläubigen aus. Als man den Künstler für seine großartige Leistung ehren wollte, fand man ihn nicht in seinem Atelier, dafür jedoch den bereits übelriechenden Leichnam des Modells.

Der Meister wurde bald ergriffen und seinerseits ans Kreuz geschlagen. Nach der Legende soll er dies nicht als eine Niederlage aufgefaßt haben, er sei zur Hinrichtungsstätte geschritten, als bedeutete sie seine Rettung. Selbst den Kreuzestod sterben galt ihm offensichtlich als die Krönung seines Schaffens. Die letzten Worte des Meisters waren denn auch: »Mein Gott, mein Gott, du hast mich nicht verlassen!« [DP]

[Adelbert von Chamisso, *Das Kruzifix,* 1830]

**N. N.** (*Meister der* Magdalena) **Sizilien, um 1929*
Italienischer Maler. Im Alter von fünfundvierzig Jahren hatte er alles erreicht, was man erreichen konnte: Ruhm, Reichtum und Ruhe. Der Erfolg hatte ihn jedoch zynisch gemacht. So wählte er einmal absichtlich ein häßliches Bild aus, als man ihn zu einer Fernsehsendung einlud, die den schöpferischen Prozeß zum Thema hatte. Er vertrat die Meinung, für das breite Publikum entspreche der Wert eines Bildes der Unterschrift auf einem Scheck. Er phantasierte über eine Ausstellung von Bildern, auf denen nichts als sein Name stehe. Er würde viel Geld dafür verlangen, und dem Galeristen würde er folgenden Slogan vorschlagen: »Mach dein eigenes Gemälde, ein berühmter Maler hat es bereits signiert.« Als man ihn einmal bat, eine einfache Zeichnung zu signieren, fühlte er sich in seinem Zynismus bestätigt. Er spielte mit dem Gedanken, die gleiche Antwort wie Picasso in einer

ähnlichen Situation zu geben: »Nein, mein Guter. Diese Zeichnung ist an sich nichts wert, aber mit meiner Signatur tausend Francs.«

Hinter der zynischen Haltung des Künstlers verbargen sich jedoch verblüffende Theorien über Kunst, Kreativität und Inspiration. Er war der Auffassung, daß die Inspiration eines Künstlers nicht gleichbedeutend mit seiner Inspirationsquelle sei. Es reiche nicht, einen wundervollen Sonnenuntergang zu sehen und Lust zu verspüren, ihn zu malen; das Malerische einer Wirklichkeit genüge nicht als Ausgangspunkt für die Kunst. Diese müsse gerade die Grenzen des Nichtdarstellbaren erkunden. Neben der Inspiration spielten noch andere Faktoren eine wichtige Rolle. Voltaires Ausspruch, die Voraussetzung für gute Gemälde seien warme Füße, war ihm aus der Seele gesprochen. Und tatsächlich verdanken seine besten Bilder diesem Umstand ihre Entstehung.

Durch einen Zufall wurde der Künstler 1974 in ein bizarres Abenteuer verwickelt. Fasziniert von dem Richtungsschild »Hermitage von Zafer 3«, war er von der Schnellstraße abgebogen und im Meditationszentrum eines gewissen Don Gaetano gelandet, wo den Stützen der Gesellschaft – Geistlichen, Politikern, Bankiers und Industriellen – spirituelle Seminare angeboten wurden. In dem ironischen, intelligenten Don Gaetano entdeckte der berühmte Maler eine verwandte Seele. Don Gaetano zeigte ihm ein Gemälde von Rutilio Manetti, das heißt eine Kopie von der Hand eines lokalen Künstlers namens Nicoló Buttafuoco. Es zeigte einen lesenden Heiligen, der von einem Teufel mit einer schwarzen Hornbrille versucht wird – die gleiche Brille, wie sie Don Gaetano trug, der sich offensichtlich mit dem Leibhaftigen identifizierte. Der Guru erkannte sofort die Faszination, die das Unvollkommene auf den Maler ausübte. Als Don Gaetano erfuhr, daß er einmal eine Magdalena gemalt hatte, riet er auf Anhieb, auf welche Weise er sie dargestellt hatte: als eine alte, mißgestaltete, pathetische und grotesk aufgetakelte Hure. Der Maler räumte ein, er bewundere zwar Delvaux, ihm selber aber sei es unmöglich, Frauen als mythische, magische Figuren, verträumt und in Gedanken versunken, darzustellen.

Während seines Aufenthalts im Zentrum wurden drei Morde verübt, um deren Aufklärung sich ein alter Schulfreund des Malers, Inspektor Scalambri, bemühte. Als dieser ihn um eine Skizze bat, wurde durch den Akt des Zeichnens der Kombinationsgeist des Malers freigesetzt, und während der Arbeit an einer häßlichen und konventionellen Aktstudie löste er die komplizierten Mordfälle. Dem Inspektor, der inzwischen eine Menge Fakten zusammengetragen hatte, sollte es nie gelingen, die genauen Zusammenhänge zu entschlüsseln. [MJ]

[Leonardo Sciascia, *Todo modo* (dt. *Todo modo oder Das Spiel um die Macht*), 1974]

**N. N.** (*Meister des* Ovalen Porträts)
Maler. Kurz nach seiner Hochzeit bat der Künstler, der bereits berühmt war, seine junge Frau, ihm für ein Porträt Modell zu sitzen. Das Bild zeigte Kopf und Schultern und war in jener Art gemalt, die man mit dem technischen Ausdruck »Vignettenstil« bezeichnet, etwa im Stil von Thomas Sully. Alle, die das Porträt sahen, sprachen von seiner Ähnlichkeit wie von einem unerklärlichen Wunder. Die Bezauberung des Bildes beruhte auf der lebensechten Wiedergabe der Züge, als betrachte man nicht ein Kunstwerk, sondern das Gesicht einer Frau aus Fleisch und Blut. Als sich die Arbeit ihrem Ende näherte, wurde niemand mehr in das dunkle, hohe Turmzimmer zugelassen, in dem die junge Frau dem Maler geduldig viele Wochen lang Modell saß. Der Künstler wollte nicht wahrhaben, daß die Farben, die er auf die Leinwand auftrug, von den Wangen seiner Frau verschwanden. Als er letzte Hand an das Porträt legte, soll er wie verzückt vor seinem Werk gestanden und dann entsetzt ausgerufen haben: »Das ist ja das Leben selbst!« Und als er sich zu seiner Frau umwandte, war sie tot.

Das nach seiner Form so genannte *Ovale Porträt* wurde von einem verwundeten Reisenden entdeckt, als er zusammen mit seinem Knecht in einem einsamen Schloß in den Appeninen Zuflucht suchte. Das Bild war Teil einer umfangreichen Sammlung moderner Gemälde und hing in einem der kleinsten und am wenigsten prunkvoll möblierten Zimmer. Der Rahmen war reich vergoldet und in maurischem Stil verziert. Der Reisende wollte schwören, er habe das Gesicht einer lebenden jungen Frau gesehen. [KBRA]

[Edgar Allan Poe, *The Oval Portrait* (dt. *Das ovale Porträt*), 1850]

**N. N.** (*Meister der* Pfeilspitzen mit Strichen)
*tätig vom Paläolithikum bis ins 20. Jahrhundert*
Vielseitiger Künstler. Alles, was er schuf, war nutzlos. Während des Paläolithikums malte er Striche auf Pfeilspitzen, die deren Wert in keiner Weise erhöhten. Während die anderen Bisons töteten, zeichnete er sie auf die Wände der Höhlen. Die anderen zeugten Mädchen, die später Frauen mit breiten Hüften wurden, er schuf aus Stein Frauen mit breiten Hüften, mit denen sich niemand aufs Fell legen konnte und die nichts zur Welt brachten. Weil man ihn aus jeder Gemeinschaft verstieß, lernte er, das Älterwerden und sogar den Tod vorzutäuschen, um in einer stets anderen Gestalt zurückzukehren. Inzwischen machte er weiterhin nutzlose Dinge: Unter seiner Leitung und nach seinen Entwürfen wurden Berge zu geometrischen Formen aufgeschüttet und unbewohnbare Paläste errichtet. Weil diese den Menschen nicht gefielen, mußte er übernatürliche Wesen erfinden, die ihre Freude daran hatten. So kam er auf die Idee, Religionen zu stiften, ein anderer wichtiger Aspekt seiner Tätigkeit. Später schuf er Athleten, die sich nicht von der Stelle rührten oder Köpfe aus Holz hatten. Doch immer öfter mußte er neue Wandlungen seiner Identität über sich ergehen lassen. So entstanden die dunklen Jahrhunderte und die Wiedergeburten, die Meister und die Schüler, die klassizistische und die romantische Epoche, die heiligen und die ketzerischen Bücher. So wie alle Teilchen des Universums ein einziges Teilchen bilden, das wie das Schiffchen im Webstuhl der Zeit vor- und zurückschießt, so sind alle Künstlerhände zusammen nur eine einzige Hand gewesen. Im Lauf des 20. Jahrhunderts kam dieser Künstler jedoch ans Ende seiner Kräfte. Als er als alter Mann in einer Salzburger Kneipe ein Bier trank, hielt er den Augenblick für gekommen, den Beruf zu wechseln. [SJ]

[Luis Britto García, *Rajatabla*, 1970]

**N. N.** (*Meister der* Philip-Vincent-Illustrationen)
* *Großbritannien, Ende des 19. Jahrhunderts*
Britischer Maler und Illustrator von Büchern und Zeitschriften, dessen Name in Vergessenheit geraten ist. Erhalten haben sich einige Bemerkungen zum Problem von Modell und Realismus, die auf eine Anekdote aus dem Berufsalltag des Künstlers zurückgehen: Eines Tages erhielt N.N. Besuch von einem gepflegten Paar mittleren Alters, einem gewissen Major Monarch und seiner Frau. Der Illustrator, der noch die Hoffnung hegte, sich als Porträtmaler einen Namen zu machen, nahm an, seine Gäste wollten ein Porträt in Auftrag geben. Das stellte sich jedoch als Mißverständnis heraus: die Monarchs bemühten sich redlich, den äußeren Schein zu wahren, da sie jedoch in Geldnot waren, boten sie sich dem Künstler als Modelle an. Er müsse ja oft Gentlemen und Ladys zeichnen, und da wäre es doch sicher von unschätzbarem Vorteil, wenn er einen echten Gentleman und eine echte Lady zur Verfügung hätte, das »einzig Wahre« mithin. Der Künstler teilte diese Auffassung und heuerte das Ehepaar für einen wichtigen Auftrag an: Für eine geplante illustrierte Luxusausgabe der Romane des von der Kritik gepriesenen Autors Philip Vincent, die sich vorwiegend in den höheren Kreisen abspielten, sollte er Probe-Illustrationen machen. Die Monarchs erwiesen sich allerdings als Reinfall. Sie waren zwar das »einzig Wahre«, aber mehr auch nicht. Das gewohnte Modell des Illustrators, die aus einfachen Verhältnissen stammende Miss Churm, konnte sowohl eine Schäferin darstellen wie eine Dame aus den besseren Kreisen; Lady Monarch hingegen war immer nur das, was sie auch in Wirklichkeit war. Das »einzig Wahre« widersetzte sich hartnäckig jeder ästhetischen Transformation. Der Künstler stellte fest, daß er immer öfter Typen erfand, die dem ihren ähnelten, statt umgekehrt das Modell zum Ausgangspunkt für verschiedene Typen zu nehmen. Einer seiner Freunde, der scharfsinnige Kritiker Jack Hawley, riet ihm unumwunden, die Monarchs zu entlassen. Inzwischen hatte der Künstler einen jungen italienischen Immigranten namens Oronte als Postjungen eingestellt, der sich auch ausgezeichnet als Modell für heroische und adlige Personen eignete. Schließlich saßen

ihm Miss Churm als Lady und Oronte als Gentleman Modell, während Lady Monarch Miss Churms Garderobiere war und der Major den Tee servierte. Die Angestellten waren Modell geworden, die »einzig Wahren« Angestellte. [EB]
[Henry James, *The Real Thing* (dt. *Das einzig Wahre*), 1893]

**N. N.** (*Meister des* Porträts vom lieben Gott)
*vermutlich aktiv um 1900*
Künstlerkollektiv, bestehend aus drei Malern, die einander zufällig in einer alten Stadt begegnet waren. Sie trafen sich regelmäßig in der Hinterstube eines alten Gasthauses und erzählten sich Reiseabenteuer und Erlebnisse verschiedenster Art. Über Kunst sprachen sie nicht. Aber wenn sie abends mit wachem Blick durch die Stadt streiften, waren sie wie ausgewechselt, dann machten sie einander auf malerische Motive aufmerksam: auf eine sanft ansteigende, von wunderbarer, warmer Dämmerung erfüllte Gasse, die eine schöne Perspektive ergab; einen in Mondlicht getauchten Platz, über dessen hell erleuchtetes Pflaster der schwere Schlagschatten eines Brunnen lief.

Ihre Begeisterung war jedoch nicht immer ungetrübt. Die Wirkung des Mondlichts auf einer Fassade erschien ihnen manchmal wie grobe Effekthascherei, oder ein Passant störte die Stille und Einfalt einer Szene und verwandelte das Bild in eine erbärmliche Illustration.

Da die Absichten und Ziele der drei Künstler sehr verwandt waren, gründeten sie einen Verein. Sie zogen aufs Land hinaus und mieteten gemeinsam einen Bauernhof. Erst wollten sie sich draußen den »Stil« aneignen – dieses gewisse Etwas, den sicheren Blick, die sichere Hand und wie alle diese Dinge heißen, ohne welche ein Maler zwar leben, aber nicht malen kann. Helfen sollte ihnen dabei besonders das Ehrenmitglied des Vereins: die Natur. Der Enthusiasmus der Maler war groß, sie gingen ganz in ihrer Kunst auf. Nach einem halben Jahr bezog jeder ein eigenes Haus, aus Platzgründen. Und als das einjährige Bestehen des Vereins gefeiert werden sollte, entschloß sich jeder von ihnen, zu diesem Zweck das Haus der anderen zu malen. Zuerst hielten sie ihre Bilder voreinander geheim, aber als sie sie später durch

Zufall doch zu Gesicht bekamen, erkannte keiner sein Haus wieder. Damit war ihre Freundschaft zu Ende, aber nicht der Verein. Denn er ist bis heute statutengemäß nicht aufgelöst worden und hat sich inzwischen über die ganze Erde verzweigt.

Die drei Künstler entfernten sich so weit wie möglich voneinander, aus Angst, der andere könne ein Stück seines Landes durch seine ruchlose Darstellung entweihen. Und als sie an drei weit voneinander entfernten Punkten der irdischen Peripherie angelangt waren, erschien ihnen Gott. Sie stellten die Staffelei fest in den Boden und griffen zur Palette. Jeder der drei Maler war fest davon überzeugt, daß sich Gott nur ihm offenbart hätte. Und jedesmal, wenn Gott wieder zurück in den Himmel wollte, bat ihn der heilige Lukas, noch eine Weile zu bleiben, bis die drei Maler mit ihren Bildern fertig wären. Es heißt, daß sie noch immer am *Porträt Gottes* malen. Sollten sie noch einmal zusammenkommen – was sehr unwahrscheinlich ist – und einander die Bilder, die sie von Gott gemalt haben, zeigen, dann würde sich wahrscheinlich herausstellen, daß sie sich kaum voneinander unterscheiden. [SJ]

[Rainer Maria Rilke, *Ein Verein, aus einem dringenden Bedürfnis heraus*, in: *Geschichten vom lieben Gott*, 1904]

**N. N.** (*Meisterin des* Porträts der Regine Altenauer)
**Ende des 18. Jahrhunderts; tätig Anfang des 19. Jahrhunderts*
Deutsche Malerin. Besuchte verschiedene Kunstschulen, gab das Studium auf, sobald sie von der Malerei leben konnte. Möglicherweise unter dem Einfluß der frühromantischen Emanzipationsbewegung bestand sie darauf, »Maler« genannt zu werden, die Signatur auf ihren Bildern enthielt ihren Vornamen nur in einer Abkürzung, die ebensowohl einen männlichen wie einen weiblichen Vornamen bedeuten konnte. Sie liebte es, nachts in Männerkleidern durch die Stadt zu streifen. Ihre unweibliche Erscheinung und ihr freizügiges, ungeschliffenes Benehmen standen in merklichem Kontrast zu dem Verhaltenskodex, der für Frauen im allgemeinen und Künstlerinnen im besonderen galt. Tatsächlich war die Malerin der lebende Beweis dafür, daß Erneuerung in der Kunst

mit »wahrer« Weiblichkeit nicht zu vereinbaren ist. Sie sah sich selbst als Exponent der damaligen Avantgarde; sehr geringschätzig äußerte sie sich über die beliebte – auch von Goethe bewunderte – Schweizer Malerin Angelica Kauffmann, eine der ersten Frauen, die historische Szenen in klassizistischem Stil malten.

Die Künstlerin, deren Name uns entfallen ist, wurde von drei einflußreichen Damen protegiert, die sich als kunstverständig gebärdeten und die drei Parzen genannt wurden, weil sie es verstanden, allem, was lebendig und natürlich war, den Lebensfaden abzuschneiden. Sie schwärmten gleichermaßen für die hellenistische Kultur wie für modische Neuerungen. Sie überredeten Regine Altenauer, ein früheres Dienstmädchen von außergewöhnlicher Schönheit, das durch die Heirat mit dem deutsch-amerikanischen Diplomaten Erwin Altenauer in die besseren Kreise aufgestiegen war, ohne Wissen ihres Mannes der jungen Künstlerin Modell zu sitzen. Die überlebensgroße Porträtstudie von Regine Altenauer in der Pose der *Venus von Milo* ist unverwechselbar klassizistisch inspiriert, aber die gewagte Inszenierung banalisiert zugleich das klassisch-harmonische Ideal der weiblichen Schönheit. Mit frechen Pinselstrichen ist Regine Altenauer in einer farbenfrohen, vulgär theatralischen Aufmachung dargestellt – unwiderstehlich und gleichzeitig in der Haltung der berühmten antiken Marmorstatue erstarrt. Auf einem anderen, kleinen Ölgemälde ist Regine als Aphrodite wiedergegeben – das Gesicht unkenntlich, mit entblößtem Oberkörper, aufgestecktem Haar und einem blaßgelben Seidenstoff um die Hüften geschlungen.

Erwin Altenauer, der so seine Vorurteile gegen die Malerei hegte, war indigniert über die »dämonischen« Bildnisse seiner Frau. In diesen despektierlichen Reproduktionen antiker Vorbilder kam seiner Ansicht nach das Verderbliche der Malerei voll zum Ausdruck: Das wehrlose Modell werde nicht zum Leben erweckt, vielmehr zu einem leblosen Objekt der kommerziellen und lüsternen Gier des Künstlers herabgewürdigt. Möglicherweise befürchtete Altenauer, seine Pläne mit Regine könnten durch den Kontakt seiner Gattin mit der Welt der Kunst durchkreuzt werden. Durch eine streng literarische Erziehung hatte er sich bemüht, Regine zu einem Bild deutscher Volksart zu machen – einer Trophäe aus Deutschland für seine Familie in Amerika. Es ist nicht ausgeschlossen, daß der verfremdende Charakter, den Altenauer in dieser respektlosen Porträtkunst entdeckte, nicht so sehr mit den Bildern selbst als mit der von ihnen ausgelösten Erkenntnis zusammenhing. Das Dämonische, das Erwin Altenauer der Malerei zuschrieb, hätte in diesem Fall in der Entzauberung seiner hochgespannten Erziehungsideale, genauer gesagt, seines literarischen »Bildungswerks« gelegen. [ID]

[Gottfried Keller, *Regine*, in: *Das Sinngedicht*, 1881]

**N. N.** (*Meister des* Porträts von Timon)
**Athen, 3. Jahrhundert v. Chr.*
Griechischer Maler. Hauskünstler des Athener Mäzens Timon, der auch einen Dichter und einen Juwelier protegierte. Der Maler war sich mit dem Dichter darin einig, daß Timon seine Beliebtheit ausschließlich seinem Reichtum und seiner Freigebigkeit zu verdanken hatte. Seine Verschwendungssucht brachte Timon zu Fall, was die beiden Künstler allerdings für einen geschickten Schachzug hielten, seine Freunde auf die Probe zu stellen. Sie suchten Timon in seiner neuen Unterkunft, einer Grotte, auf, um ihm ihre Anteilnahme zu bezeugen und zukünftige Aufträge sicherzustellen. Timon hatte ihr Gespräch jedoch belauscht und fing eine Schlägerei mit ihnen an. Alle Augenzeugen haben sich freilich äußerst lobend über das Porträt geäußert, das der Mäzen in Auftrag gegeben hatte. [SH]

[William Shakespeare, *Timon of Athens* (dt. *Timon von Athen*), um 1605]

**N. N.** (*Meister der* Psyche)
**Italien, Anfang des 16. Jahrhunderts*
Im 19. Jahrhundert fand man eines Tages im Garten eines römischen Nonnenklosters beim Ausheben eines Grabes für eine junge Nonne eine Statue in weißem Marmor, die Psyche darstellte, die schöne kretische Königstochter mit den Schmetterlingsflügeln, die die Liebe Amors gewann und unsterblich wurde. Die Statue war die Schöpfung eines armen

jungen Bildhauers aus dem Cinquecento. Es ist das einzige Werk, das uns von diesem Künstler bekannt ist.

Wie die antiken Meister wollte er aus Marmor hauen, was sich aus seinem Herzen zum Unendlichen emporschwang, aber er wußte nicht, wie und in welcher Gestalt. Es heißt, er habe eines Tages im Garten eines Palastes ein Mädchen gesehen, so fein, so leicht, so schön wie die *Psyche* von Raffael. Er formte sie in Ton, und als der Patrizier und seine Tochter das Atelier eines Tages zufällig besuchten, war jener von dem Bild so angetan, daß er dem Künstler den Auftrag gab, es in Marmor auszuführen. Der Bildhauer machte sich an die Arbeit und schuf eine anmutige Psyche mit himmlisch unschuldigem Lächeln. Als er zu dem Patrizier ging, um ihm die Vollendung seines Werkes zu melden, ließ die Tochter des Hauses ihn zu sich bitten, und er gestand ihr feurig seine Liebe. Aber sie rief: »Wahnsinniger! Fort! Hinab!« Ein Freund konnte gerade noch verhindern, daß der Bildhauer die Statue mit einem Hammer zerstörte. Nach wochenlanger Verzweiflung schleppte er sie in den Garten hinaus, senkte sie in einen verfallenen, ausgetrockneten Brunnen und warf Erde darüber. »Fort! Hinab!« lautete seine kurze Grabrede. Von dem jungen Künstler wurde noch erzählt, er habe sein weiteres Leben in einem Kloster gefristet. Vergeblich suchte er sein Heil in der Religion. Als er im Sterben lag, rief er verbittert aus: »Herr, o Herr! sei barmherzig, schenke mir den Glauben! Dein Gnadengeschenk warf ich von mir, meine Mission ließ ich unerfüllt! Mir fehlte die Kraft, du gabst sie mir nicht. Die Unsterblichkeit, die Psyche in meiner Brust – fort, hinab!« Jahre nach seinem Tod grub man sein Skelett aus und stellte es in eine Nische von Menschengebeinen, wie man sie bis auf den heutigen Tag noch gelegentlich in den Grabgewölben von Klöstern antrifft. Nur seine *Psyche* ist unsterblich geworden. [RH]

[Hans Christian Andersen, *Die Psyche,* 1874]

**N. N.** (*Meisterinnen der* Spinnennetze)
*tätig vor oder während des Zweiten Weltkriegs*
Von diesem aus Mutter und Tochter bestehenden Künstlerkollektiv hat sich kein einziges Werk erhalten. Bekannt ist,

daß sie von ihrer Umgebung verspottet und gemieden wurden. Um ihren Lebensunterhalt zu verdienen, hausierten sie mit selbstverfertigten Schals und Tischtüchern. Einem Kunden gelang es, ihr Vertrauen zu gewinnen, so daß sie ihm einen Blick auf ihre geheimen künstlerischen Bemühungen gönnten, die ihrem elenden Dasein Sinn gaben: ein Werk, so subtil, daß es sogar diesem einen »aufgeklärten Liebhaber« beinahe entgangen wäre. Er berichtete, er sei erst nach eingehender Untersuchung zu dem Schluß gekommen, daß die riesigen Netze auf dem Dachboden, die man ihm stolz, aber kommentarlos gezeigt habe, nicht von Spinnen herrührten, sondern von den Künstlerinnen selbst geschaffen worden waren. Dieses Opus magnum war natürlich nicht dauerhafter als ein echtes Spinngewebe, und ohne diesen Augenzeugenbericht hätten wir nie von einem Werk erfahren, das seiner Zeit weit voraus war.

In diesen fragilen Textilskulpturen mag sich so mancher Künstler der siebziger, achtziger und neunziger Jahre wiedererkennen. Sie fanden ihre komplementäre Entsprechung im Werk des Belgiers Michel François, der 1982 auf dem Dachboden der Fondation de la Tapisserie in Doornik die mühselige Webarbeit dreihundert echten Spinnen überließ. [JS]

[Marcel Béalu, *Grand Œuvre,* in: *Plusieurs Enfances,* in: *Mémoires de l'Ombre* (dt. *Erinnerungen aus dem Schatten*), 1959]

**N. N.** (*Meister des* Unendlichen Tigers von Nittur)
**Sind oder Guzerat; tätig vor 1832*
In einer Zelle des Gefängnisses von Nittur befindet sich ein merkwürdiges Fresko, das große Ähnlichkeit mit den Malereien in einem Palast in Mysore aufweist. Fußboden, Wände und Decke sind über und über mit einer Art unendlichem Tiger bedeckt. Der riesige Tiger besteht aus einem Wirrsal von vielen Tigern, er ist durchkreuzt von Tigern, gefurcht von Tigern, er enthält das Meer, die Berge des Himalaya, ganze Heerzüge, in denen man wiederum Tiger erkennen kann. Das Ganze ist in knalligen Farben gemalt, die mit der Zeit verblaßt, aber dadurch subtiler geworden sind. Anzeichen sprechen dafür, daß der Maler, ein mohammedanischer

Fakir aus Sind oder Guzerat, eine Gesamtdarstellung der Welt zeichnen wollte.

Der Gouverneur von Nittur zeigte dieses Fresko Meadows Taylor, dem Verfasser des berühmten Romans *Confessions of a Thug,* der im Dienst des Fürsten von Haiderabad stand. Taylor brachte die Bemalung der Zelle mit der sonderbaren Redewendung in Verbindung, die er um 1832 in einem Vorort von Bhuj gehört hatte: »Wahrlich, er hat den Tiger erblickt«, zur Bezeichnung von Wahnsinn oder Heiligkeit. Man sagte ihm, es handle sich um einen magischen Tiger, der jeden, der ihn erblicke, in den Wahnsinn treibe. Der *Unendliche Tiger von Nittur* jedenfalls wurde seinem Schöpfer zum Verhängnis: der anonym gebliebene Künstler starb in der von ihm ausgemalten Zelle. [SJ]

[Jorge Luis Borges, *El Zahir* (dt. *Der Zahir*), in: *El Aleph*, 1949]

**N. N.** (*Meister der* Venus Urania)
★*Deutschland, 18. Jahrhundert*
Deutscher Maler, der in ziemlicher Armut lebte und unter seiner künstlerischen Berufung litt. Er beklagte sich über das Fehlen wahrer Kunstkenner und erlebte die Notwendigkeit, für wenig kunstverständige Bürger oder engstirnige Klosterbrüder zu arbeiten, als eine persönliche Erniedrigung. Der Auftrag, eine dicke, häßliche, kokett schielende Frau zu porträtieren, erfüllte ihn mit Ekel. Ein anderes Werk hingegen, die *Venus Urania,* verkörperte ganz seine Kunstauffassung. Dem Maler graute es davor, sich von ihr zu trennen, sie irgendeinem Narren zu verkaufen, der allerlei wertlosen Schnickschnack anhäufte. Doch die harte Wirklichkeit war nun einmal, daß es ohne diese ungebildeten »Liebhaber« nichts zu beißen gab. Um Frau und Kinder zu ernähren, mußte er sich die Zumutungen der Auftraggeber gefallen lassen, etwa die Anweisung des besserwisserischen Gemahls jener dicken Dame, die Augen seiner Gattin feuriger, die Nase etwas anders, ihre ganze Erscheinung etwas gefälliger zu malen.

Den Meister der *Venus Urania* ereilte das Los eines jeden Genies: Anerkennung und Ruhm wurden ihm erst posthum zuteil. Sein Meisterwerk kam aus seinem Nachlaß in eine

Kunstgalerie, wo sie ein kunstbegeisterter Fürst für einen Betrag kaufte, wie der Maler ihn zu Lebzeiten nie auch nur gesehen hatte. Die *Venus Urania* entzückte alle, die sie sahen. Es heißt, ein junger Künstler, den sein Meister beauftragt hatte, sie zu kopieren, habe seinen Beruf aufgegeben, weil er die Vollkommenheit dieses Bildes nie hätte erreichen können. [DP]

[Johann Wolfgang Goethe, *Künstlers Erdewallen,* 1773/1774; *Des Künstlers Vergötterung,* 1774; *Künstlers Apotheose,* 1788]

**N. N.** (*Meister der* Wahrheit) *vermutlich tätig um 1900*
Bildhauer. Eines Tages, als der Künstler Lehm knetete, erhielt er Besuch vom lieben Gott, der ihn erst nach langem Suchen in der großen Stadt gefunden hatte. Gottes Augen waren müde geworden von dem vielen Durcheinander, besonders von dem Gewirr der elektrischen Drähte, und so hatte er beschlossen, sich auf ein einziges Hochhaus zu beschränken. Der reiche Kaufmann und dessen Familie, die im ersten Stockwerk wohnten, interessierten ihn nicht, sie bestanden eigentlich fast nur aus Kleidern. Sie waren nicht nur von oben bis unten mit kostbaren Stoffen bedeckt, sondern die Umrisse der Kleidung zeigten an vielen Stellen eine solche Form, daß man den Eindruck bekam, es könne kein Körper mehr darunter sein. In den anderen Stockwerken war es nicht viel besser, nur der ärmlich gekleidete Künstler in seinem schrägen Dachzimmer vermochte Gott zu fesseln. Allerdings war dieser nicht sehr von seinem Kommen beeindruckt, er nahm nicht einmal die Pfeife aus dem Mund, sondern brummte nur, er wäre besser Schuster statt Künstler geworden.

Kurz darauf erhielt der Bildhauer – der sich schon seit vielen Jahren ohne einen einzigen Auftrag abplagte – einen Brief vom Bürgermeister mit der Bitte, eine Statue für den Stadtpark zu schaffen, die die Wahrheit darstellen solle. Der Künstler arbeitete im Atelier Tag und Nacht, und als endlich die Bildsäule im Park aufgestellt werden sollte, gab es einen großen Skandal. Eine Kommission von Stadtvätern, Lehrern und anderen einflußreichen Persönlichkeiten lehnte das Kunstwerk ab, weil die Figur zu nackt sei. Gott verstand dies nicht, bis er ein ganz kleines Häuschen bemerkte mit Menschen darin, die alle sehr wenig anhatten. »Das also ist es«, dachte der liebe Gott, »arm müssen die Menschen sein. Diese hier sind, glaub ich, schon recht arm, aber ich will sie so arm machen, daß sie nicht einmal ein Hemd zum Anziehen haben.« [SJ]

[Rainer Maria Rilke, *Warum der liebe Gott will, daß es arme Leute giebt,* in: *Geschichten vom lieben Gott,* 1904]

**N. N.** (*Meister des Yawning Man*) **Wales; tätig in den Vereinigten Staaten in der zweiten Hälfte des 20. Jahrhunderts*
Über diesen Bildhauer ist wenig bekannt. In New York schuf er in den sechziger Jahren seine berühmte gesichtslose Plastik *Yawning Man,* von der er insgesamt zweitausend Exemplare in allen möglichen Materialien herstellte. Die angesagte Blue Gallery auf der Madison Avenue vertrat seine Interessen. Europa erwärmte sich sehr viel weniger für den *Yawning Man.* Nach einer Ausstellung in Basel ging die Kritik mit dem Künstler ungemein scharf ins Gericht. In dem deutschen Galeristen Rondorfer fand er jedoch einen begeisterten Fürsprecher, der seine Arbeiten sogar in seine umfassende Übersicht über die wichtigsten amerikanischen Bildhauer jener Periode aufnahm.

Ein merkwürdiger Vorfall brachte eine Wende im Schaffen des Meisters. Auf einem Spaziergang wurde der Künstler eines Tages von einem irischen Setter getroffen, der aus dem Fenster eines Apartmenthauses fiel. Von entscheidender Bedeutung war der ungreifbare Ausdruck in den Augen des Hundes, der den Künstler nicht mehr losließ. Später sollte er sagen: »Ein Bild ist nicht immer ein Bild, manchmal ist es eher eine Idee.« Der Vorfall hatte ihn derart erschüttert, daß er sich einem neuen Konzept zuwandte: dem *Falling Dog.* Wie die Kunstwelt auf diese Kursänderung reagierte, entzieht sich unserer Kenntnis. [BM]

[Donald Barthelme, *The Falling Dog,* in: *City Life,* 1970]

**Nolten, Theobald** **Deutschland, um 1800; †vor 1832*
Maler romantischer, poetischer Phantasiestücke. Theobald Nolten wuchs in Neuburg auf. Seine Mutter starb in seiner

Kindheit. Sein Vater, ein Landpfarrer, stand Theobalds frühen künstlerischen Versuchen skeptisch gegenüber. Gegen das Malen als harmlosen Zeitvertreib hätte er nichts einzuwenden gehabt, aber er ärgerte sich über das »Geschmiere« seines Sohns, der, statt an einem Sonntagnachmittag einen ordentlichen Baum oder ein Haus zu malen, seine eigenen Grillen und hexenhafte Karikaturen hinkritzelte.

Die Begegnung mit dem Zigeunermädchen Elisabeth machte dem sechzehnjährigen Theobald seine Berufung bewußt. Elisabeths Einfluß war der Tatsache zuzuschreiben, daß sie dem Porträt einer Zigeunerin täuschend ähnlich sah, das sich im Besitz der Familie befand, eine Arbeit von Theobalds Onkel Friedrich, und Elisabeths Mutter darstellte.

Nach dem Tod des Vaters besuchte Nolten eine Kunstakademie. Die lebensvolle, beseelte Skizze erschien ihm nun als das Nonplusultra der Kunst. Während eines Aufenthalts in Rom ergriff ihn – unter dem Eindruck der überreichen Welt der Schönheit – ein unwiderstehlicher Trieb zur Produktion, der ihm jedoch die nötige Ruhe, Geduld und Beharrlichkeit, um erst die Technik gründlich zu erlernen, raubte, so daß er seine Skizzen nie in Öl ausführte, und wenn er es doch einmal tat, so blieben die Farben trocken und kalt.

Nach Deutschland zurückgekehrt, sah Nolten auf einer Ausstellung zu seiner großen Überraschung ein Gemälde nach einem seiner Entwürfe, gemalt von einem gewissen Tillsen. Tillsen war durch einen ehemaligen Diener Noltens in den Besitz einer Reihe von Skizzen gekommen. Statt ihn des Plagiats zu beschuldigen, begrüßte Nolten den älteren Maler als denjenigen, der ihm seine wahre, »künftige Gestalt« gezeigt habe, und ging bei ihm in die Lehre. Denn Tillsen besaß die Fähigkeit, die Nolten fehlte, nämlich ein Bild zu vollenden. Durch seinen Gönner, Herzog Adolph, Stiefbruder des Königs, wurde Nolten in den kunstliebenden Kreis des Grafen von Zarlin eingeführt, wo er in den Bann von dessen Schwester Constanze geriet. Noltens neue glänzende Stellung in der Gesellschaft stand wiederum einer beharrlichen künstlerischen Arbeit im Wege.

Daß trotzdem drei Phantasiestücke vollendet wurden, ist Tillsen zu verdanken, der sie in Öl ausführte. Eine Komposition zeigt eine Nymphe, die bis zu den Hüften im Wasser stehend die Arme einem schönen Knaben entgegenstreckt, der ihr von einem Satyr in einem Kahn zugeführt wird. Ein zweites Gemälde stellt eine Szene aus der Spielmannsdichtung *König Rother* dar. Das ungewöhnlichste Bild ist jedoch zweifellos das *Nächtliche Geisterkonzert,* eine Versammlung tanzender und musizierender Gespenster auf einem Waldplatz, angeführt von einer geheimnisvollen Dame, die auf einer gotisch verzierten, an Tropfsteinbildungen erinnernden Orgel spielt. Für die Frau soll das Zigeunermädchen Elisabeth Modell gesessen haben.

Man hat Nolten des öfteren eine übertriebene Vorliebe für das Phantastische vorgeworfen. Er sei, so meinte ein Kritiker, »der verdorbenste und gefährlichste Ketzer unter den Malern, einer von den halsbrecherischen Seiltänzern, welche die Kunst auf den Kopf stellen, weil das ordinäre Gehen auf zwei Beinen anfängt, langweilig zu werden«. Noltens fast dämonische Rätselhaftigkeit wurde durch seinen weiteren Lebenslauf noch verstärkt, in dem das Zigeunermädchen Elisabeth eine verhängnisvolle Rolle spielte. Sie hatte ihm nicht nur den Weg des Künstlers gewiesen, sondern war auch für sein tragisches Ende verantwortlich. Schon früh verstand sie es, in Noltens Verlobter Agnes Zweifel über ihre Verbindung zu dem Maler zu säen; Agnes nahm sich schließlich das Leben. Nolten starb kurz darauf, nachdem Elisabeth wieder in seiner Nähe gesehen worden war. Auch diese wurde wenig später tot aufgefunden, und auch Gräfin Constanze sollte die Nachricht von Noltens Schicksal nicht überleben. Die Hauptrolle von Elisabeth in Noltens/Tillsens *Nächtlichem Geisterkonzert* hatte sich somit als bizarre Prophetie erwiesen. [DP]

[Eduard Mörike, *Maler Nolten,* 1832–1877]

**OLE** *tätig Mitte des 20. Jahrhunderts*

Dänischer Maler. Als sich Ole Anfang der fünfziger Jahre auf Island eine Skorbut-Erkrankung zuzog und auch eine verschleppte Tuberkulose diagnostiziert wurde, verbrachte er mehrere Jahre in einem dänischen Sanatorium auf Jylland unweit des Städtchens Harstedt. Dort befreundete er sich mit einem der Begründer der Gruppe CoBrA, dem ebenfalls an Schwindsucht erkrankten Belgier Christian Dotremont. Aus dieser Zeit stammen hauptsächlich abstrakte Zeichnungen, die an Radiogramme von Tbc-Lungen erinnern und von denen Ole einige einem dänischen Bankier verkaufte. Ole erhielt auch die Erlaubnis, im Leichenschauhaus zu malen.

Ole ließ sich oft zu weitschweifigen ästhetischen Betrachtungen über abstrakte und figurative Malerei und über die Schönheit und Häßlichkeit der isländischen Landschaft hinreißen, die seiner Ansicht nach an und für sich schon abstrakt war. »Künstler sind wie Ratten, die das sinkende Schiff verlassen. Ratten haben sensiblere Pfoten als andere Tiere, so wie Künstler sensiblere Hände haben«, verkündete er. Von der amerikanischen Malerei hielt er wenig, sie sei so gut wie inexistent. Nach dem Besuch einer Ausstellung amerikanischer Kunst in Kopenhagen urteilte er, die Amerikaner seien Ratten ohne Pfoten. Ob Ole von der Tuberkulose genas und seine künstlerische Suche fortgesetzt hat, ist nicht bekannt, wohl aber, daß Rotkohl sein Lieblingsgericht war. [RH]

[Christian Dotremont, *La Pierre et l'oreiller,* 1955]

**Ono, Masuji** **Japan, Ende des 19. Jahrhunderts*

Japanischer Maler. Entschied sich gegen den ausdrücklichen Wunsch seines Vaters für die Laufbahn als Maler. Armut, wie seine Eltern befürchteten, sollte er nicht leiden. 1913 ließ er sich in Tokyo nieder, wo er im Furukawa-Distrikt in einer kleinen Dachkammer ohne Elektrizität hauste; nachts arbeitete er beim Schein einer Öllampe, mit gekrümmtem Rücken, weil die Stube so niedrig war. Tagsüber malte er im Atelier des Meisters Takeda zusammen mit anderen am Fließband typisch japanische Bilder für den Export (Geishas, Kirschbäume, schwimmende Karpfen, Tempel). Einen Kollegen, dem es nie gelang, die Deadline einzuhalten, verteidigte er mit den Worten: »Wenn ein Künstler sich weigert, die Qualität zugunsten der Geschwindigkeit zu vernachlässigen, dann sollten wir alle Achtung vor ihm haben.«

Um 1915 verließ Ono aus Unzufriedenheit Takedas Atelier und trat in die Werkstatt des berühmten Malers Seiji Moriyama (siehe dort) ein, dessen erfolgreichster Schüler er werden sollte. Sieben Jahre lang arbeitete er als Maler der »fließenden Welt« und genoß das Bohemienleben in der Villa des Meisters. 1918 bewirkte die Begegnung mit Matsuda eine entscheidende Wende in seinem Schaffen. Matsuda überzeugte ihn von der Notwendigkeit, seinen Elfenbeinturm zu verlassen und sich für die Armen und Unterdrückten einzusetzen. Nur wenn der Kaiser wieder in seine angestammten Rechte als Oberhaupt des Staates eingesetzt würde, die ihm Geschäftsleute und Politiker entrissen hätten, könne, so Matsuda, das Los des Volkes verbessert werden. Onos Kunst müsse diesem neuen japanischen Selbstbewußtsein Ausdruck verleihen. Das unter Matsudas Einfluß gemalte Bild *Selbstgefälligkeit* verbindet zwei kontrastierende Motive: drei in Lumpen gehüllte Jungen mit der trotzigen Miene kampfbereiter Samurais, die ein Tier quälen, und drei fette, gutgekleidete Männer in einer Bar. In der rechten Ecke des Bildes steht in kräftigen Schriftzeichen das Wort »Selbstgefälligkeit«, während links unten in kleineren Schriftzeichen der Satz zu lesen ist: »Aber die Jugend ist bereit, für ihre Würde zu kämpfen.« Onos neuer Stil stieß auf die entschiedene Ablehnung Moriyamas, und im Jahre 1922 verließ er dessen Atelier.

Das ausgesprochen nationalistische und militaristische Regime, das um 1931 auf Befehl des Kaisers der liberalen Politik ein Ende setzte und gegen die Dekadenz zu Felde zog, fand in Ono einen treuen Anhänger. Sein Stil beschränkte sich immer mehr auf das Wesentliche. Vor allem sein Gemälde *Augen zum Horizont* fand großen Beifall: Vor dem Hintergrund des Militärbanners mit der aufgehenden Sonne flankieren zwei ernst blickende Soldaten einen Offizier, der mit seinem Degen nach Westen weist. »Keine Zeit für feiges Geschwätz! Japan muß voranschreiten«, lautet die Unterschrift. Ono war ein loyaler Nationalist, der an der Kampagne für ein neues Japan teilnahm. Er erhielt mehrere Auszeichnungen; 1938 wurde ihm der Preis der Shigeta-Stiftung verliehen. Er war Mitglied des Kulturauschusses des Innenministeriums und offizieller Beirat des Komitees gegen unpatriotische Aktivitäten. In dieser Funktion war er – unbeabsichtigt, wie er behauptete – verantwortlich für die Verhaftung seines

Lieblingsschülers Kuroda. Nach dem Krieg zog sich Ono aus dem Kunstleben zurück. Nachdem er jahrelang nicht mehr gemalt hatte, begann er um 1950 Blumen und Pflanzen zu aquarellieren, ausschließlich zu seinem eigenen Vergnügen, wie er sagte. [GB]

[Kazuo Ishiguro, *An Artist of the Floating World* (dt. *Der Maler der fließenden Welt*), 1986]

**Osmond, Gilbert** **Vereinigte Staaten, um 1926; † Italien, nach 1885*

Amerikanischer Künstler. Osmond, der sich auf Aquarellmalerei spezialisierte, war eher durch sein turbulentes Privatleben bekannt als durch seine künstlerischen Leistungen. Von seiner ehemaligen Geliebten, Mrs. Merle, wurde er 1876 mit der reichen Amerikanerin Isabel Archer verkuppelt, die von einem Onkel siebzigtausend Dollar geerbt hatte. Obwohl Freunde ihr mit aller Entschiedenheit von einer Heirat mit Osmond, der bereits aus einer früheren Ehe ein Kind hatte, abrieten, gab sie ihm das Jawort. Auch als sie erfuhr, daß Osmonds Tochter in Wirklichkeit nicht von seiner ersten Frau, sondern von Mrs. Merle war, blieb sie ihm treu.

Vor seiner Ehe hatte Osmond seine Bilder hauptsächlich amerikanischen Touristen verkauft. Nach der Eheschließung, die ihn zu einem steinreichen Mann machte, produzierte er, der sich inzwischen im Palazzo Roccanera in Rom niedergelassen hatte, nur noch wenige Werke. [SH]

[Henry James, *The Portrait of a Lady* (dt. *Bildnis einer Dame*), 1881]

**Oswald** *tätig in der zweiten Hälfte des 20. Jahrhunderts*

Österreichischer jüdischer Maler. Oswald war als Student der Wiener Kunstakademie verwickelt in den sogenannten Hörsaal-I-Skandal. Er wurde beschuldigt, den Journalisten Nedomansky, der einen hetzerischen Artikel über das in der Kunstakademie veranstaltete berüchtigte Teach-in »Kunst und Revolution« geschrieben hatte, verprügelt zu haben. Tatsache ist, daß Oswald ihn auf einen Müll-Container setzte, photographierte und mit diesem Photo im Siebdruckverfahren ein Plakat produzierte mit der Aufschrift: »Der Journalist Nedomansky auf dem Misthaufen der Geschichte«.

Oswald entzog sich einem drohenden Gerichtsverfahren, indem er sich in Hamburg nach Brasilien einschiffte.

In São Paulo fand er einige Zeit Unterschlupf bei dem österreichischen Industriellen Rudolf Daher, der zwei seiner Bilder kaufte und ihm eine Ausstellung in einer Galerie vermittelte. Später machte Oswald die »Bar jeder Hoffnung« auf, in der vor allem österreichische Emigranten verkehrten. Oswald sollte nur noch ein einziges Mal zum Pinsel greifen. Nach dem Tod eines weiblichen Stammgastes malte er in einer Nacht eine Art Grabbild, einen philosophischen Kommentar zu Klees berühmtem Bild *Angelus Novus,* auf dem der Sturm des Fortschritts den Engel in eine Zukunft treibt, die dieser nicht kennt, da er sein Gesicht der Vergangenheit zuwendet. Oswald drehte das Ganze um. Bei ihm hat der Engel das Ziel der Geschichte erkannt. Das Antlitz auf die Zukunft gerichtet, treibt ihn der Sturm unaufhaltsam in die Vergangenheit zurück ...

Oswald seinerseits unterstützte die Karriere von Dahers Sohn Martin (siehe dort). Er beauftragte ihn, die Spiegel eines Schranks in seiner Bar zu bemalen. [BM]

[Robert Menasse, *Sinnliche Gewißheit,* 1988]

**Otoko, Ueno** *tätig Mitte des 20. Jahrhunderts in Kyoto* Japanische Malerin. Tochter eines Seide- und Wollhändlers aus Tokyo. Mit fünfzehn Jahren hatte sie eine leidenschaftliche Liebesbeziehung zu Oki Toshio, dem erfolgreichen Autor des aufsehenerregenden Romans *Ein Mädchen von sechzehn Jahren.* Otoko wurde schwanger, ihr Kind starb jedoch nach einer Frühgeburt. Von Trauer überwältigt, unternahm Otoko einen Selbstmordversuch. Nachdem sie drei Monate in einer psychiatrischen Klinik verbracht hatte, zog sie mit ihrer Mutter nach Kyoto, wo sie zur Kunst fand. Sie lebte und arbeitete in dem Gästehaus eines Tempels zusammen mit ihrer Schülerin Keiko Sakami (siehe dort). Otokos umfangreiches und vielfältiges Œuvre entstand im großen Wohnzimmer.

Eines ihrer ersten Werke, das die Aufmerksamkeit auf sich zog, war das Bild zweier junger Geishas, die das Fingerspiel »Papier-Schere-Stein« spielen. Es hatte eine Photographie der berühmten Geisha Okayo aus Gion zur Vorlage. Otokos Photomontage zeigte eine doppelte Abbildung der Geisha beim Fingerspiel. Beide Gestalten waren gleich gekleidet. Die eine, die die Finger beider Hände ausstreckt, war fast genau von vorne aufgenommen, während die andere, mit geballten Fäusten, etwas von der Seite wiedergegeben war. Zwischen beiden standen ein viereckiges Kohlebecken aus Holz, ein eiserner Kessel und eine Sakeflasche. Auch das spätere Gemälde, auf dem die Gegenstände weggelassen waren, zeigte dieselbe junge Geisha in doppelter Gestalt, das Fingerspiel spielend. Die vier Hände hoben sich lebendig gegen das dekorative Muster der Kleidung ab. Mit diesem Bild gewann Otoko einen Preis auf einer Ausstellung in Kyoto. Eine Schau ihrer kleineren Werke folgte in einer Galerie in Tokyo.

Ein anderes wichtiges Bild der Künstlerin ist die Studie einer Päonie, die auf einer Gruppenausstellung in Tokyo gezeigt wurde. Die Blume ist in der Vorderansicht und überlebensgroß dargestellt, sie hat nur einige wenige Blätter und eine einzige weiße Knospe. Das Bild wurde von Oki Toshio erworben, der in der unnatürlich großen Blume den Stolz und die Würde der Künstlerin zu erkennen meinte. Er schenkte es dem Schriftstellerklub.

Viele von Ueno Otokos Werken tragen autobiographische Züge. Mit zweiunddreißig schuf sie das Porträt ihrer verstorbenen Mutter; die ersten Entwürfe entstanden nach einem Photo. Während der Arbeit schaute sie von Zeit zu Zeit in den Spiegel, da sie ihrer Mutter sehr ähnelte. Sie erkannte schließlich, daß das Porträt immer mehr einem Selbstporträt glich. Als sie es später mit Nakamura Tsunes berühmtem Porträt seiner alten Mutter verglich, kam ihr das eigene Bild sentimental vor. Otoko hatte eine Vielzahl von Skizzen von ihrem zu früh geborenen Kind gemacht, das sie nie gesehen hatte. Jahrelang trug sie sich mit der Absicht, sie für ein Bild, das sie *Himmelfahrt eines Kindes* nennen wollte, zu nutzen. Inspiration suchte sie in den Cherubinen und Christuskindern der westlichen Kunst, in den Werken der Symbolisten wie Redon oder Chagall und in alten japanischen Darstellungen des heiligen Kobo. Sie hatte nicht die Absicht, ein realistisches Porträt zu malen; sie wollte ein Kind malen, das niemals das Licht der Welt erblickt hat, gewissermaßen den Geist des Kindes. Dieses verträumte Bild eines auf einer fünffarbigen Wolke sitzenden Babys sollte vor allem die Trauer über den Verlust ausdrücken. Otoko spielte auch mit dem Gedanken, ihre Schülerin Keiko Sakami darzustellen. Sie wollte ihren jungen Schützling in klassisch buddhistischem Stil als »Heilige Jungfrau« malen. Es ist nicht bekannt, ob sie diese beiden Gemälde tatsächlich gemalt hat.

Für einen anderen wichtigen Teil ihres Œuvre griff Otoko auf Motive aus der Natur zurück. So machte sie eine Reihe von Studien auf den Teeplantagen von Uji. Die ganze Bildfläche war einzig und allein mit den hintereinander liegenden, sich überlappenden Reihen der weich gerundeten Teebüsche ausgefüllt, die in verschiedenen Licht- und Schattenpartien wiedergegeben sind. An Hand dieser zahlreichen Studien entstand auch ein Gemälde. Neben den Teefeldern von Uji zeichnete Otoko sehr oft den Steingarten des Moos-Tempels in Kyoto. Dieser Garten, einer der ältesten und zweifellos der beeindruckendste, faszinierte Ueno Otoko durch den künstlichen Charakter, den die Natur dort angenommen hatte. [SJ]

[Yasunari Kawabata, *Utsukushia To Kanashimi To* (dt. *Schönheit und Trauer*), 1961]

**OUD, JAN** **Niederlande, tätig im 20. Jahrhundert*

Niederländischer bildender Künstler. Sohn einer jüdischen Mutter und eines nichtjüdischen Schneiders. Ein paar Tage in der Woche unterrichtete er an einer Schule, ansonsten verbrachte er mit seinen Kumpanen, dem Maler Egberdink, dem Bildhauer Rooks und dem Maler und Schriftsteller Jean Louis, seine Zeit in Kneipen.

Oud malte wie besessen bis auf das Skelett ausgehöhlte menschenleere Fabriken – Kompositionen aus lauter Flächen und Quadern. Er betrachtete es als seine Aufgabe, »Spuren zu beseitigen« – eventuelle Vorläufer, die ihn möglicherweise beeinflußt hatten, inbegriffen. Bekannt ist, daß er nur die Kunst liebte, die kein Licht nötig hatte, etwa das Werk von Nolde, Munch oder Klee. Zu seinen charakteristischen Aussprüchen gehören folgende: »Wen die eigenen Arbeiten nicht vom Hocker hauen, ist nichts wert.« Und: »In der Kunst geht es um Visionen, dazu braucht man einen großen Kopf.«

Erfolg hatte Oud mit seinem *Dinkel*-Projekt: er ließ Objekte aus Polyester – Kugeln, Pyramiden, Würfel, Diabolos und Sphäroide – in das Flüßchen Dinkel werfen. Die Objekte wurden bald ans Ufer geschwemmt und rührten sich nicht mehr vom Fleck. Das sei der Sinn des Projekts, erläuterte der Künstler: »Es geht um das Umspielen des Beabsichtigten, um die Spannung zwischen Vorstellung und Verwirklichung und natürlich um den Akt als solchen.« Oud ist auch der Schöpfer einer Bronzefigur, die zunächst vor dem örtlichen Krankenhaus stand, später jedoch nach innen gebracht wurde, weil Vandalen in einer Silvesternacht Autoreifen um die Figur gehängt und in Brand gesteckt hatten. Oud gab eine mögliche Erklärung für diese Schandtat: »Vielleicht störte sie der Pimmel.« Als sein wichtigstes Kunstwerk gilt zweifellos das Wandgemälde in einer Einkaufspassage. Über einem Wasserbecken, in dem ein Akt des Bildhauers Rooks steht, befindet sich im Dach eine große sechseckige Öffnung. In seiner Gesamtheit ähnelt das aus sechs Tafeln bestehende Bild einer aufgeplatzten Blüte, Oud jedoch, ein Mann mit einem, nach eigener Aussage, nicht zu unterschätzenden Mutterkomplex, sah darin hauptsächlich die Ähnlichkeit mit einer Vagina. Das Werk blieb unvollendet; der Künstler mußte während der Arbeit ins Krankenhaus, wo er bald darauf starb. [GW]

[Willem Brakman, *Kind in de buurt,* 1972]

**PALLET** *tätig in London Mitte des 18. Jahrhunderts*
Englischer Maler. Pallet wetteiferte nicht nur mit Rubens, dessen Stil und Bartwuchs er zu imitieren versuchte, sondern auch mit den Alten. Wenn man seinen eigenen Worten Glauben schenken darf, malte er einmal ein Gemälde, dessen illusionistische Wirkung die Weintrauben und Vorhänge eines Parrhasios und Zeuxis in den Schatten stellte: er habe einen gewissen Gegenstand so naturgetreu nachgeschaffen, daß bei dem bloßen Anblick ein ganzer Schweinestall in Aufruhr geraten sei. Sein Opus magnum, das er im vorgerückten Alter schuf, war ein Porträt der *Kleopatra,* für das

seine Frau Modell stand. Pallet hielt es für »ein Meisterwerk in seiner Art, das dem menschlichen Geiste und der Kunst zur Ehre gereichen wird«. Vor Vollendung des Bildes reiste er in Gesellschaft eines jungen Arztes, der zugleich Dichter und ein großer Kenner des klassischen Altertums war, durch Frankreich und die Niederlande, um sich die Meisterwerke der Kunst anzuschauen. Es heißt, Pallet habe sich mit dem Gedanken getragen, eine Vision des Arztes – und zwar seine Begegnung mit Pindar in den blumenreichen Auen am Fuß des Parnasses – zu zeichnen, in Kupfer stechen zu lassen und der nächsten Ausgabe seiner Oden voranzustellen. Ob dieses Vorhaben in die Tat umgesetzt wurde, ist ungewiß.

In der Gemäldegalerie im Palais Royal in Paris trafen die beiden den Abenteurer Peregrine Pickle, mit dem sie ihre Reise fortsetzten. Sie besuchten unter anderem Senlis, Arras, Lille, Kortrijk, Gent, Brüssel, Antwerpen, Den Haag und Amsterdam. Pallets beschränkte Sprachkenntnisse gaben oft Anlaß zu Mißverständnissen. So wurde er wegen öffentlicher Verletzung des Anstands in die Bastille gesperrt. Auch seine Kenntnis der Kunstgeschichte ließ zu wünschen übrig. Ausrufe eines Schweizer Connaisseurs wie »sans prix« oder »un beau morceau« verstand er als die Namen von ihm wohlbekannten Malern (Sangpree und Bomorso). Obwohl er ein großer Bewunderer von Rubens war, war er nicht in der Lage, die Bilder des flämischen Meisters zu erkennen.

Mit dem Arzt führte Pallet heftige Diskussionen über den Rang der antiken Meister, die dem Maler zufolge den Modernen nicht das Wasser reichen könnten, da sie nur drei oder vier Farben hatten und nichts von der Öltechnik verstanden. Keinen einzigen Meister des antiken Griechenlands hielt er für würdig, seinem Rubens auch nur die Pinsel auszuwaschen. Das Vergnügen, das er in Antwerpen vor Rubens' Grab empfand, verglich er mit dem eines Muselmanns in Mekka. Ein Streit über den Rang des flämischen Malers war auch Anlaß eines Duells, das Pallet mit dem Arzt auf der Stadtmauer ausfocht.

Auch über den Wert seiner eigenen Schöpfungen gingen die Meinungen auseinander. Seine *Kleopatra* tat der Arzt als Pfuscharbeit ab, sie habe »gerade soviel vom *to kalon* an sich wie das Original. Wäre es mein, so hängte ich es im Tempel der Cloacina auf als das Gemälde dieser Göttin; denn jedes andere Gemach würde durch dieses Bild verunziert werden.« Pallet suchte Pickle später in London auf und teilte ihm mit, es gebe so viele interessierte Käufer der *Kleopatra,* daß er sich zu einer Lotterie entschlossen habe. Pickle durchschaute sofort, daß dies ein geschicktes Manöver war, ein Bild loszuwerden, das sonst nicht einmal zwanzig Schilling einbringen würde, und kaufte dem Maler sechs Lose ab. Niemand weiß, was aus dem Gemälde geworden ist. [SJ]

[Tobias Smollett, *The Adventures of Peregrine Pickle* (dt. *Die Abenteuer des Peregrine Pickle*), 1751]

**PELLERIN** *tätig Mitte des 19. Jahrhunderts*

Französischer Maler. Typischer Vertreter der ersten Generation Bohemekünstler, die während der Julimonarchie, der Regierungszeit Louis Philippes, von sich reden machten. Er brachte den großen Meistern wie Correggio, Murillo, Callot, Rembrandt, Goya und Michelangelo (den er mit Shakespeare verglich) eine an Vergötterung grenzende Hochachtung entgegen. Pellerin las sämtliche ästhetischen Werke, die er finden konnte, um die richtige Theorie des Schönen zu finden; er war davon überzeugt, daß er, wenn er sie gefunden hätte, Meisterwerke zustande bringen würde. In seinen frühen Jahren schmähte er den Naturalismus – alles stehe und falle mit der Idee: »Ohne Idee gibt es nichts Großes und ohne Größe nichts Schönes!« Im vorgerückten Alter meinte er, man dürfe bei einem Werk nicht so sehr auf seine Schönheit und seine Kohärenz achten als vielmehr auf den Charakter und die Vielfalt der Dinge. »Denn es gibt alles in der Natur, so ist auch alles zulässig und alles plastisch.« Auf der Suche nach Inspiration entfaltete er eine fiebrige Geschäftigkeit, er träumte vom Ruhm, hatte aber, als er fünfzig geworden war, noch nichts als Entwürfe hervorgebracht. Seine Gemälde *Wahnsinn des Nebukadnezar* und *Einäscherung Roms durch Nero* blieben unvollendet. Pellerin verbrachte seine Zeit in Theatern und Kneipen und in den bürgerlichen Salons. Zähneknirschend mußte er immer wieder feststellen, daß ihm die Türen der Reichen verschlossen blieben.

Pellerin war bekannt für seine antibürgerlichen Tiraden. Vor allem die Kunstausstellungen der Akademie im Palais des Beaux-Arts nahm er ins Visier. »Die Alten, die Meisterwerke fertigten, scherten sich nicht ums Geld.« Allerdings hatte er doch einige Beziehungen in der Kunstwelt. Regelmäßig traf er im Büro von Jacques Arnoux, Kunsthändler und Inhaber der Zeitschrift *L'art industriel,* die unterschiedlichsten Künstler, so den Karikaturisten Sombaz, den Bildhauer Vourdat, den Mystiker Lovarias, Anténor Braive, den Porträtisten der französischen Könige, den Maler Jules Burrieu, der die algerischen Kriege durch seine Zeichnungen zu popularisieren begann, den Entdecker der orientalischen Landschaft, den berühmten Dittmer, und sogar Pierre-Paul Meinsius, den letzten Repräsentanten der Malerei des 18. Jahrhunderts. Pellerins Beziehung zu Arnoux war zwiespältig, das eine Mal nannte er ihn einen braven Kerl, das andere Mal einen Gauner. In Arnoux' Auftrag machte er Kopien nach großen Meistern, unter anderem zwei Sopraporten in der Art von Boucher. Als Arnoux zunächst am Kolorit und besonders an der Zeichnung etwas auszusetzen hatte und die Bilder um keinen Preis nehmen wollte, überließ Pellerin sie, durch die Fälligkeit eines Wechsels dazu gezwungen, dem Juden Isaac. Vierzehn Tage später verkaufte Arnoux sie einem Spanier für zweitausend Francs. Pellerin drohte mit dem Gericht, fand sich aber kurz darauf doch wieder zu einem Souper bei Arnoux ein, nachdem dieser Pellerins Porträt, begleitet von übertriebenen Lobesreden, in *L'art industriel* veröffentlicht hatte. Pellerin war Ruhm wichtiger als Geld, und Arnoux liebte den Maler, so sehr er ihn auch ausnützte.

Eine Zeitlang gab Pellerin Frédéric Moreau Unterricht, dem jungen Verehrer von Jacques Arnoux' Ehefrau Marie. Als Moreau durch eine Erbschaft zu Wohlstand kam, warf Pellerin ihm vor, der Kunst abtrünnig geworden zu sein, und vor allem, daß er kein Bild bei ihm bestellt habe. Einer Anregung Moreaus folgend, malte er dann das lebensgroße Porträt von Rosanette, auf die Moreau ein Auge geworfen hatte. Sie ist von vorn dargestellt, mit entblößten Brüsten und offenem Haar. Anfänglich hatte Pellerin die Absicht gehabt, etwas in der Art Tizians zu machen, mit Ornamenten in der Art des Veronese. Aber er änderte wiederholt sein Konzept. Das Gemälde wurde 1848 vom Salon abgelehnt. Pellerin bot es daraufhin Moreau für die Summe von fünftausend Francs an, und als dieser kein Interesse zeigte, stellte er es im Fenster eines Kunsthändlers aus, mit der Unterschrift »Mademoiselle Rose-Annette Bron, Eigentum des Monsieur Frédéric Moreau aus Nogent«. Die Verkaufsstrategie hatte Erfolg.

Während der Revolution von 1848 malte Pellerin ein großes Bild mit dem Titel *Der Genius der Revolution;* es stellte die Republik oder den Fortschritt oder die Zivilisation in der Gestalt Jesu Christi dar, der eine Lokomotive durch einen Urwald steuert. Nach der Machtübernahme Napoleons III. und während der Zweiten Republik schwor Pellerin seiner revolutionären Gesinnung ab und verkündete, das Allergünstigste für die Künste sei eine richtig verstandene Monarchie. Im Herbst seiner Laufbahn verfiel er der Reihe nach dem Fourierismus, der Homöopathie, dem Spiritismus, der Gotik und der menschheitsbeglückenden Malerei und wurde schließlich Photograph. An allen Mauern von Paris sah man ihn im Frack, mit einem winzigen Körper und einem mächtigen Kopf. [RH]

[Gustave Flaubert, *L'Éducation sentimentale* (dt. *Die Erziehung des Herzens*), 1869]

**PHAËTON** **Deutschland, um 1780; † nach 1823*

Deutscher Bildhauer. Phaëton war ein glühender Verehrer der alten Griechen, er rühmte sie wegen ihrer Kindlichkeit, ihrer Jugendlichkeit. »Maß in Fülle, und Fülle in Maß«, darin bestand für ihn das Wesen der Griechen, wie überhaupt das Wesen der Kunst. Bei ihnen sei alles Einheit und Harmonie gewesen. Wahre Schönheit war Phaëton nichts anderes als die Einheit von Form und Geist.

Als junger Bildhauer hatte er in Rom geschworen, sein Leben der heiligen Kunst zu weihen. Nach Deutschland zurückgekehrt, lebte er zunächst einsam in der Nähe eines Schlosses, wo er die Arbeit an einer marmornen Amorstatue vollendete. Auf Wunsch der Gräfin Cäcilie und ihrer Tochter Atalanta wurde sie im Schloßpark vor einem Eros-Tempel aufgestellt. Caton, der Verwalter der Gräfin, meinte, im Werk dieses Künstlers wehe der Geist des göttlichen Volkes, der Griechen. Auch eine andere, ältere Arbeit Phaëtons, eine Homerbüste, bekam einen Platz im Park.

Der Bildhauer fand bei der Gräfin und ihrer Tochter ein neues Zuhause, das seinen Idealen entsprach, denn es war ihm, als stünde er mitten in der Welt der Griechen. Er arbeitete an seiner *Polyxena,* einer Statue der trojanischen Königstochter, wie sie gefaßt dem Opfertod entgegensieht: sie kniet auf dem Grab, mit einer Hand zeigt sie auf ihre nackte Brust, die andere Hand zeigt bedeutsam nach unten. Atalanta saß dem Künstler Modell, und schon bald entbrannten beide in Liebe zueinander. Anfangs erlebten sie eine Zeit ungetrübten Glücks, empfanden sie ihre Liebe doch als Offenbarung der Unsterblichkeit und Göttlichkeit der Seele. Phaëtons Seligkeit kannte keine Grenzen, als er von Caton erfuhr, daß Atalanta eine wirkliche Griechin sei. Der alte Mann, ein Nachkomme der alten Spartaner, war Atalantas Vater.

Das Glück der Liebenden war jedoch von kurzer Dauer. Phaëton erhielt den Auftrag, in der Stadt die Büste der Fürstin auszuarbeiten. Panik erfaßte den Künstler bei der Vorstellung, getrennt von Atalanta unter herzlosen kühlen Menschen zu leben. In der Stadt bewirkte die geringste Berührung mit der prosaischen Umgebung, daß er sich wie ein Autist in sich selbst zurückzog. Sein griechisches Paradies schützte ihn nicht mehr, nur der vermeintliche Gott in ihm selbst konnte ihm noch gegen die unerträgliche Realität helfen. Er war seinen Phantasien ausgeliefert und begann unter Wahnvorstellungen zu leiden. Auf dem Klavier spielte er wilde, schrille Melodien und wollte viele, die ihn kannten, nicht mehr kennen. Mit seiner Kunst beschäftigte er sich nicht mehr, es hätte ein gewisses Maß an Hinwendung zum Gegenständlichen vorausgesetzt. Eine solipsistische Innerlichkeit war ihm immer eigen gewesen. »Nicht der geübte Meißel macht den Künstler«, hatte er einmal gesagt, sondern »der Drang von Innen, der erklingt wie eine Stimme von Gott, die heilig schaffende Kraft ...« Phaëton zeichnete nur noch, und diese Blätter trugen den Stempel seiner Geistesverwirrung: himmelstürmende, auf die Erde zurückgeschleuderte Riesen; entwurzelte Eichenstämme, die über wilde schroffe Felsen in die Tiefe stürzen; engelgleiche Mädchen, die die Hände betend zu Gott heben; abgezehrte, die Hände ringende, auf dem Boden hingestreckte Jünglinge; Kirchhöfe, auf denen bei Mondlicht die Geister über den Gräbern schweben und einsame Menschen um ihre verstorbenen Geliebten trauern. Mehr als hundertmal zeichnete er Atalanta, mit großen Flügeln, auf Wolken schwebend, die Augen zu einem riesigen Auge hebend, das über ihr aus wogendem Licht quoll: das Auge Gottes. Phaëton fügte noch allerlei seltsame Bilder und Zeichen hinzu. Auf seinen letzten Blättern sah man nur noch lauter Figuren ohne Sinn. Der wahnsinnige Phaëton wurde nach einem Jahr einem braven Tischler anvertraut, der im Dorf unweit des Schlosses wohnte. Wie lange er noch lebte, ist unbekannt. [DP]

[Wilhelm Waiblinger, *Phaëton,* 1823]

**Pietro** **Mailand, um 1950*

Italienischer Künstler. Sohn eines reichen Industriellen. Pietro wuchs in einem Villenviertel in der Nähe von Mailand auf, besuchte das angesehene Guiseppe-Parini-Gymnasium und führte in jeder Hinsicht das normale, eintönige Leben eines jungen Mannes seiner sozialen Klasse. Sein Leben erfuhr eine einschneidende Wandlung, als ein Freund der Familie einige Wochen im Haus zu Gast war. Über dessen Identität und über die genauen Umstände, die die Veränderung in Pietros Leben bewirkten, ist wenig bekannt. Wahrscheinlich entwickelte sich zwischen beiden eine starke, erotisch gefärbte Freundschaft. Fest steht auf jeden Fall, daß sie lange Gespräche über Kunst und Literatur führten. Pietro selbst bezeichnete diese Periode als Offenbarung. Die direkt-ungezwungene und mysteriöse Körperlichkeit des jungen Mannes befreite Pietro von den Fesseln althergebrachter Überzeugungen und Sicherheiten, die ihn bisher gefangengehalten hatten. Die Gespräche bedeuteten für Pietro eine Art Erziehung zum Ungehorsam und zur Ablehnung der tradierten bürgerlichen Gesellschaftsordnung. Ein Bild von Wyndham Lewis, das sie zusammen betrachteten, wurde ihm zum Symbol ihres Bundes. Durch die klare Zeichnung und die kräftigen reinen Farben ähnelte Lewis' Bild »einer perfekten Maschine, die die Malerei bis auf die Knochen bloßlegte«.

Die Abreise des Gastes war für Pietro ein schwerer Schlag. Er erkannte jedoch auf einmal sehr deutlich, was ihn von dem sozialen Milieu, in dem er aufgewachsen war, unterschied. Kurze Zeit darauf begann er zu zeichnen und zu malen. In seinen ersten Arbeiten versuchte er, mit konventioneller Technik und klassischer Bildsprache ein Porträt des Gastes zu machen. Unzufrieden mit diesen kindlichen Versuchen experimentierte er mit immer neuen Techniken. Er hatte eine Vorliebe für durchsichtiges Material, vor allen Dingen Glas, aber auch Cellophan, Seidenpapier und Tüll. Seine künstlerische Arbeitsweise schloß nicht nur eine Ablehnung des traditionellen Instrumentariums ein, sondern auch der öffentlichen Rolle des Künstlers. Ihm graute vor jeglichem Eingriff in seine lebensnotwendige Einsamkeit. Mit seinen experimentellen Werken wollte Pietro eine eigene Welt schaffen, nach völlig neuen Regeln, die mit nichts zu vergleichen sei. Nach einer kurzen Periode, in denen er an Zeichnungen von riesigen Formaten arbeitete, die wegen ihrer Größe nur im Garten seines Elternhauses Platz hatten, wandte sich Pietro kleineren Formaten zu. Bei verschiedenen seiner Werke arbeitete Pietro mit bunten Glasscheiben, die er übereinanderlegte und mit ineinanderfließenden Bildern bemalte.

Kurze Zeit darauf zog Pietro in ein Atelier im Zentrum von Mailand. Er kam mit den Künstlern in Kontakt, die sich der Protestbewegung Ende der sechziger Jahre angeschlossen hatten. In diese Periode fallen seine radikalsten Experimente: Mit geschlossenen Augen kippte er wahllos Farbdosen über der Leinwand aus. Diese Arbeiten stellten für Pietro das endgültige Eingeständnis seiner Machtlosigkeit als Künstler dar. [BVDB]

[Pier Paolo Pasolini, *Teorema* (dt. *Teorema oder Die nackten Füße*), 1968]

**PISKARJOW** *tätig in St. Petersburg um 1835*
Russischer Maler, über dessen Werk wenig bekannt ist. Es heißt, er habe sich seiner Kunst mit Freude gewidmet und sei nicht ohne Talent gewesen. Jedenfalls war die menschliche

Gestalt und das Porträt im besonderen seine Spezialität. So erhielt er von dem eitlen Leutnant Pirogow den Auftrag, seine männlichen Züge zu verewigen. Fest steht ebenfalls, daß er für einen Perser, der einen kleinen Laden mit Schals betrieb, im Tausch gegen Opium eine schöne Frau zeichnete. Piskarjow soll zu dem Schlag von Malern gehört haben, die ein altes Bettelweib in ihr Atelier holen und es sechs geschlagene Stunden dahocken lassen, um seine traurigen, gefühllosen Mienen auf die Leinwand zu übertragen. Außerdem soll er Perspektivzeichnungen von seinem Zimmer gemacht haben, in dem allerhand Künstlerrequisiten herumstanden: Gipshände und -füße, die von der Zeit und vom Staub kaffeebraun geworden waren, zerbrochene Staffeleien und weggeworfene Paletten. Die Wände waren mit Farben verschmiert, und durch ein offenes Fenster sah man in der Ferne die blasse Newa schimmern. Das graue, trübe Kolorit – »das untilgbare Siegel des Nordens« – war Piskarjows Handelsmarke.

Obwohl schüchtern veranlagt, liebte es Piskarjow, den Dandy zu spielen, aber seine Gefallsucht war immer eine Spur zu dick aufgetragen. Er war ein Künstler, der einen makellosen Frack über einer verschmierten Weste trug oder eine teure Samtweste über einem Rock voller Farbkleckse. Er sah einem Menschen niemals in die Augen, weil er in dessen Gesicht immer zugleich auch die Züge irgendeines gipsenen Herkules erblickte, der in seinem Atelier stand, oder weil ihm irgendein Bild vor Augen schwebte, das er zu malen gedachte.

Nach der enttäuschenden Begegnung mit einer betörend schönen Frau, die Piskarjow zufällig auf dem Newskijprospekt kennengelernt hatte, beging er Selbstmord. Sein Sarg wurde still, ohne religiöse Zeremonien, zum Friedhof nach Ochta hinausgefahren. [SJ]

[Nikolaj Gogol, *Nevskij prospekt* (dt. *Der Newskijprospekt*) 1835]

**Plasson, Michel** *tätig im 20. Jahrhundert*
Über das Leben dieses Künstlers ist wenig Konkretes überliefert. Er scheint einen ziemlich schwierigen Charakter gehabt zu haben, im Umgang war er kurz angebunden und sar-

kastisch. Auf die Frage einer Freundin, ob er jemals etwas zu Ende bringe, soll er lapidar geantwortet haben: »Ja, unliebsame Unterhaltungen.« Plassons eigentliches Problem war jedoch, daß es ihm nicht gelang, einen Satz auszusprechen, der mehr als acht Wörter umfaßte, ohne dabei die Orientierung zu verlieren. Michel Plasson war ein unangepaßter Künstler, der zu Depressivität und Schwermütigkeit neigte.

Im Schaffen des Künstlers lassen sich zwei Perioden unterscheiden. Zunächst arbeitete er als gefeierter Porträtmaler der mondänen Gesellschaft. Seine Bildnisse waren Statussymbole, mit denen man gern seinen Salon schmückte. Plasson befriedigte diese Popularität auf Dauer jedoch nicht: Eines Tages verließ er die Stadt, weil er es, wie er sagte, leid sei, »Pornographie« zu liefern, und zog sich in die am Meer gelegene Pension Almayer zurück. Es wurden Zweifel laut, ob dies der wahre Grund für sein plötzliches Verschwinden aus der Gesellschaft war. Man hat unter anderem die Vermutung geäußert, die Sehkraft des Malers habe nachgelassen. Die Bilder aus Plassons zweiter und vermutlich letzter Periode sind glücklicherweise durch einen detaillierten Katalog seines Freundes, des Schriftstellers Bartleboom, gut dokumentiert. Plasson hatte nur noch ein Thema: das Meer. Außer einigen Strichen und Linien sind seine Bilder leer. Genauere Untersuchungen ergaben, daß Plasson mit Seewasser gemalt hat.

Der Maler war von der Frage fasziniert, »wie die Dinge anfangen«. Als er noch Porträts malte, fing er prinzipiell bei den Augen an. Wo aber waren die Augen des Meeres? Ob er die Anregung eines Freundes – es seien vielleicht die Schiffe – aufgegriffen hat, geht aus keinem einzigen seiner nachgelassenen Bilder hervor. [FDN]

[Alessandro Baricco, *Oceano Mare* (dt. *Oceano mare: das Märchen vom Wesen des Meeres*), 1993]

**Pogliani, Costantino** **Rom, Anfang des 20. Jahrhunderts*

Italienischer Bildhauer. Costantino Pogliani besuchte zwei Jahre die Kunstakademie. Der junge Bildhauer führte ein äußerst korrektes Leben, wie es sich seiner Meinung nach für einen Künstler geziemte, ganz im Gegensatz zu seinem

Freund und Kollegen Ciro Colli (siehe dort), der zweifellos Talent besaß, aber laut Pogliani »ein Relikt einer vergangenen Zeit« war, »einer Lebensart, die man in Künstlerkreisen schon längst hinter sich gelassen hatte; ungepflegt, ungehobelt, sorglos und faul bis auf die Knochen«.

Costantino Pogliani und Ciro Colli erhielten von einer gewissen Signorina Consalvi den Auftrag, ein Grabmal für ihren kurz vor der Hochzeit verstorbenen Bräutigam zu machen. Die Verhandlungen mit der Auftraggeberin verliefen nicht ohne Schwierigkeiten, und Pogliani mußte sich des öfteren für seinen Kollegen entschuldigen. »Ein einfacher Mensch, wissen Sie. Ein besonderer Schlag.« Schließlich kam man überein, daß das Denkmal aus zwei Figuren bestehen sollte: der Tod, der sich mit dem Leben vermählt. Das Leben sollte der Signorina Consalvi gleichen und bekleidet dargestellt werden.

Als Pogliani die junge Witwe aufsuchte, damit sie ihm für die Skizze des Kopfes Modell sitze, traf er sie hinter einer Staffelei an, damit beschäftigt, nach einem kleinen vergilbten Photo das Porträt ihres Verlobten zu malen. Pogliani ging ihr zur Hand und verstand es, mit einigen gekonnten Bleistiftstrichen ihren Geliebten so wahrheitsgetreu wiederzugeben, daß sich andere Gefühle in ihre Trauer mischten. Pogliani pries ihre künstlerische Begabung und erbot sich, ihr die Kniffe des Fachs beizubringen. Der Unterricht führte alsbald zu einer leidenschaftlichen Beziehung.

In der Zwischenzeit arbeitete Colli im Atelier seines Freundes an dem Grabmal. Als Pogliani den ersten Entwurf von der Figur des Lebens sah – eine wunderbare nackte Gestalt mit dem Gesicht seiner Geliebten –, bekam er einen Wutanfall und schwang sich auf das Tonmodell, um das Meisterwerk zu zertrümmern. Colli, der das »Leben« zwar nackt dargestellt, sich aber ansonsten treu an die Auflagen gehalten hatte, schlug vor, die Statue in Gottes Namen anzukleiden. Pogliani blieb jedoch unerbittlich. Es dürfe keinen Zusammenhang zwischen Signorina Consalvi und der Plastik geben: diese dürfe nichts als ein Symbol sein, ein Symbol des nackten Lebens. [MJ]

[Luigi Pirandello, *La vita nuda* (dt. *Das nackte Leben*), 1910]

**Prédolé** *tätig in Paris in der zweiten Hälfte des 19. Jahrhunderts*

Französischer Bildhauer, der während der Dritten Republik in Mode war. Prédolé war ein grobschlächtiger, verlegener Mann mit dem knochigen Körperbau eines Bauern und den riesigen Händen eines Metzgers. Sobald er jedoch eine fragile Statuette in die Hände nahm, streichelte er sie wie Modellierton und ließ sie mit der Geschicklichkeit eines Jongleurs durch die Finger gleiten. Wer ihn dabei beobachtete, spürte auf einmal, daß dieser äußerlich so klobige Mensch in seinem Herzen und in seinen Händen eine subtile Zärtlichkeit für alles besaß, was klein und elegant war.

Prédolé schien nur für die Kunst zu leben. Zehn Jahre lang war er umhergereist, um die Meisterwerke aus Marmor, Stein, Holz, Gold, Elfenbein und Bronze zu studieren. Seltsam berauscht sprach er über die Wunderwerke der Kunst, die er kennengelernt hatte; begeistert erzählte er, wie Dädalus von Athen die Bildhauerei erfand, aber mehr noch liebte er die Legende von Dibutades, einem Töpfer aus Sikyon, der für seine Tochter einen Abguß des Gesichts ihres Geliebten machte, indem er bei Lampenlicht den Schatten an der Wand nachzog, den Umriß mit Ton füllte und im Feuer brannte. Anläßlich einer Figurengruppe von Falguière sprach Prédolé von der einzigartigen Begabung eines Künstlers, der zugleich Bildhauer und Maler war. Die Reliefs von Lorenzo Ghiberti auf den Baptisteriumstüren in Florenz seien von so dramatischer Kraft, daß sie gemalt zu sein schienen.

Die Eröffnung einer Übersichtsausstellung von Prédolés Werk in der Galerie Varin löste in Paris einen Sturm der Begeisterung aus. Der Künstler hatte sich bereits als Schöpfer anmutiger Figuren einen Namen gemacht, man stellte ihn auf eine Stufe mit anderen Bildhauern seiner Zeit, mit Pradier, Dalou und Rodin. Die Gesamtschau seines Schaffens jedoch wurde für die Kunstkenner zur Offenbarung. Prédolé verstand es vorzüglich, die Geschmeidigkeit des menschlichen Körpers wiederzugeben. Er spezialisierte sich vor allem auf Statuetten von feingliedrigen, spärlich bekleideten Tänzerinnen, die in ihren harmonischen Bewegungen die Schönheit des weiblichen Körpers exemplarisch darstellten. Für

Frauen hatte der Bildhauer ansonsten wenig übrig. Es ginge ihm allein um die »reine« Plastizität. Er betrachtete sie als wertlose Geschöpfe, die keinerlei Kunstverstand und Geschmack besäßen, außer wenn es darum gehe, sich durch Kleidung und Schmuck und ähnliches zur Geltung zu bringen. [AF]

[Guy de Maupassant, *Notre Cœur* (dt. *Unser Herz*), 1890]

## RASKOLNIKOFF *tätig in Deutschland Mitte des 20. Jahrhunderts*

Der Maler Raskolnikoff ist nur unter diesem Künstlernamen bekannt – man nannte ihn so, weil er ständig von Schuld und Sühne sprach. Kurz nach dem Zweiten Weltkrieg war er an der Kunstakademie in Düsseldorf tätig. Er und sein Kollege Ziege malten eine Reihe von Gemälden, für die die Näherin und Muse Ulla und der aus freiem Willen mißgestaltete, bucklige Oscar Matzerath Modell standen. In verschiedenen Haltungen inspirierte dieses Paar die beiden Maler zu Bildern wie *Faun und Nymphe, Die Schöne und das Untier, Kolumbine und Pierrot* und *Die Dame und das Einhorn*. Raskolnikoff fand über diese Arbeiten zum Surrealismus, mit deutlichen Anklängen an Salvador Dalí, etwa jenes Bild, auf dem Matzeraths Gesicht als ein honiggelbes Zifferblatt dargestellt ist, während Rosen aus seinem Buckel wachsen. Zwei Jahre nachdem die Gruppe 47 zum ersten Mal zusammengetroffen war, entstand Raskolnikoffs Meisterwerk, die *Madonna 49*. Es wanderte von einer Ausstellung zur nächsten und wurde schließlich für einen ansehnlichen Betrag von einem rheinischen Industriellen erstanden.

Einblicke in Raskolnikoffs Malpraxis und das Zustandekommen der *Madonna 49* verdanken wir dem Bericht Oscar Matzeraths. Der Maler habe »ohne ihr nahezutreten, intimsten Umgang« mit seinem weiblichen Modell Olga gepflegt. »So ließ er sie auf der Drehscheibe mit weitgeöffneten Beinen posieren, malte jedoch nicht, sondern nahm einige Schrittchen entfernt auf einem Schemel ihrer Scham gegenüber Platz, starrte, von Schuld und Sühne eindringlich flüsternd, in diese Richtung, bis die Scham der Muse feucht wurde, sich öffnete und auch Raskolnikoff durch bloßes

Reden und Hinsehen zum befreienden Ergebnis kam, aufsprang vom Schemel und der *Madonna 49* auf der Staffelei mit grandiosen Pinselhieben zusetzte.« Matzerath saß dem Maler für das Jesuskind Modell, aber dieser war nicht ganz zufrieden. »Von einem Vakuum zwischen meinen Händen sprach er«, so Matzerath. Nachdem der Maler, mit Hilfe seiner surrealistischen Phantasie, einen Gegenstand nach dem andern ausprobiert habe, habe er ihm eine Trommel zwischen die Finger gedrückt, den Gegenstand, der, dem Modell zufolge, »allein bestimmt war, von mir gehalten zu werden«. Als Oscar Matzerath heftig protestierte, weil er jahrelang mit einer Trommel herumgelaufen war, aber sie inzwischen für immer begraben hatte, soll Raskolnikoff ihn mit den Worten bedrängt haben: »Nimm die Trommel, Oscar, ich hab dich erkannt!« Den Protest – »Nie wieder. Das ist vorbei!« – soll Raskolnikoff unnachsichtig beiseite geschoben haben: »Nichts ist vorbei, alles kommt wieder, Schuld, Sühne, abermals Schuld!« Das vollendete Bild zeigt einen nackten, verwachsenen und trommelnden Jesusknaben auf dem linken Oberschenkel der Maria. [DVH]

[Günter Grass, *Die Blechtrommel*, 1959]

**Reinhold** **Deutschland, zwischen 1550 und 1560; † nach 1580*

Deutscher Künstler, der schon in jungen Jahren nach Italien zog, wo er unter der Anleitung der besten Meister sein Talent rasch entwickelte. Seine Bilder wurden in ganz Italien berühmt, und er erhielt eine Anstellung am Florentiner Hof. Von der deutschen Kunst, die er nicht kannte, wollte er nichts wissen. Er sprach viel von der schlechten Zeichnung, der Härte und Trockenheit der Dürer und Cranache. Aber als er eines Tages ein Madonnenbild von dem alten Dürer in der herzoglichen Galerie sah, war er so hingerissen, daß er beschloß, nach Deutschland zurückzukehren.

In Nürnberg fiel sein erster Blick jedoch nicht auf ein Gemälde, sondern auf Rosa, die anmutige Tochter des Küfermeisters Thomas Martin. Da dieser aufgrund einer geheimnisvollen Wahrsagung seine Tochter nur einem tüchtigen Küfermeister zur Frau geben wollte, zog Reinhold nach

Straßburg, um das Handwerk zu erlernen. In der Werkstatt Meister Martins konnte er jedoch seine wahre Art nicht verbergen. Heimlich malte er ein lebensgroßes Bild, auf dem Rosa in ihrer ganzen Anmut abgebildet war. Schließlich entschied sich Reinhold doch für die Kunst und kehrte nach Italien zurück. Rosa überließ er seinem Freund Friedrich, der aus dem gleichen Grund Küfer geworden war, obwohl er sich zum Bronzegießer und Silberschmied berufen fühlte. Die Lehrzeit bei Meister Martin hatte Reinhold klargemacht, daß er zwischen fleißigen Handwerkern und brav verheirateten Bürgern nie gedeihen und daß er seine künstlerische Bestimmung nie aufgeben könne.

Zu Rosas Hochzeit mit Friedrich – der inzwischen ebenfalls zu seiner alten Kunst zurückgekehrt war, nachdem Meister Martin die Prophetie anders gedeutet hatte – fand sich auch Reinhold ein. Als Hochzeitsgeschenk brachte er ein großes Gemälde in einem prächtigen goldnen Rahmen aus Italien mit. Es stellte den Meister Martin in seiner Werkstatt mit seinen Gesellen Reinhold, Friedrich und Konrad dar, wie sie an einem großen Faß arbeiten, und Rosa, die eben hereinkommt. Alle Hochzeitsgäste gerieten in Erstaunen über die Wahrheit und Farbenpracht des Genrebildes. [DP]

[E.T.A. Hoffmann, *Meister Martin der Küfner und seine Gesellen,* in: *Die Serapionsbrüder,* Bd. 2, 1819]

**Richard, Joseph** **Frankreich, zweite Hälfte des 19. Jahrhunderts*

Französischer Maler. Exponent der naturalistischen Schule, zu der auch Cyprien Tibaille (siehe dort) gehörte. Richard lebte in einer Mansarde in Montmartre und unterschied sich in nichts von den Leuten des Volks, unter denen er sein Leben verbrachte. Er malte Porträts von einfachen Frauen, mit denen er kurze Affären hatte. Auf den jährlichen Salons war keines seiner Bilder jemals zu sehen.

Wie Tibaille brach auch Richard radikal mit der traditionellen Landschaftsmalerei – ihm graute vor dem Wald von Fontainebleau, Inspirationsquelle so vieler Maler vor ihm. Seinen Ruf verdankte Richard ausschließlich einem Gemälde, das auf eine Diskussion mit einem Freund zurückging, der ihm deutlich machte, daß weißer Schnee eben nicht weiß sei. Das Bild trug den Titel *Friedhof von Montmartre im Schnee:* Der dämmrige Friedhof liegt verlassen da, Fußspuren führen an zerbrochenen Grabplatten und schiefen Kreuzen vorbei; hinter Taubnesseln erstreckt sich eine von Büschen und Taxushecken umsäumte Weide; im Hintergrund sieht man Häuser, Schuppen, Fabrikschornsteine; links über dem Dächermeer das Armenhaus; dahinter die Moulin de la Galette, über der ein halbes Dutzend Fahnen wehen; inmitten der bleichen Schatten im Vordergrund leuchten die Schneeflächen in irisierenden Pastellfarben, in Farbabstufungen von Rosa, Blau und Gelb. [RH]

[Léon Hennique, *Les Funérailles de Francine Cloarec,* 1881]

**RISLEY, ELAINE** **Toronto, um 1937*
Kanadische Malerin. Risleys Mutter war Hausfrau, ihr Vater war Insektenforscher und ständig mit der Familie unterwegs. Als Elaine Risley acht Jahre alt war, bekam er eine Stelle als Biologieprofessor in Toronto.

Risley besuchte zunächst die Queen Mary Public School, wo sie mit Carol Campbell, Grace Smeath und Cordelia Freundschaft schloß, anschließend die Burnham High-School. Jahrelang verbrachte sie ihre Sonntage bei der Familie Smeath, bei denen dieser Tag immer mit der Messe und dem Katechismus begann. Dieses verhaßte sonntägliche Ritual hinterließ bei ihr einen unauslöschlichen Eindruck, wie zahllose Bilder bezeugen.

Erst in ihrem letzten Schuljahr, während ihrer Biologieprüfungen, beschloß sie, nicht in die Fußstapfen ihres Vaters zu treten, sondern Malerin zu werden, obwohl sie außer Biologiezeichnungen nur wenige Bilder – eine Bierflasche ohne Etikett, einen Sonnenuntergang, der aussah wie Erbrochenes – gemalt hatte. Zunächst studierte sie auf Wunsch ihrer Eltern Kunst und Archäologie und besuchte abends einen Kurs Aktzeichnen bei dem Ungar Josef Hrbik. Obwohl Risley wußte, daß Hrbik in Ungarn eine Frau und zwei Töchter und mit einer anderen Kursistin eine Affäre hatte, erlag auch sie seinem Charme. Nachdem sie ein Verhältnis mit dem Mitstudenten Jon (siehe dort) angefangen hatte, traf sie sich dennoch weiter mit Hrbik. Erst als dessen andere Freundin beinahe an den Folgen einer eigenhändig vorgenommenen Abtreibung gestorben wäre, gab sie ihm den Laufpaß. Damals malte oder zeichnete sie mit Farbstiften Gegenstände aus der Wohnung (einen Küchenhocker, eine Glühlampe). Etwas später gab sie die Ölfarbe auf; blieb ihren Themen jedoch treu. Sie malte mit Tempera Ginger-Ale-Flaschen, Eiswürfel oder die unechten Perlenohrringe ihrer Mutter. Die Wirkung von Glas und anderen Licht reflektierenden Oberflächen faszinierte sie. Sie wollte Bilder malen, »die aus sich selbst heraus zu existieren scheinen«, Objekte, »die Licht ausatmen, eine leuchtende Flachheit«. Risley kombinierte weiterhin Studium und Abendkurse, insbesondere interessierte sie sich für Werbegraphik. Nach dem Universitätsabschluß arbeitete sie für eine Werbeagentur, später in einem Verlag, für den sie Buchumschläge entwarf.

Als Risley ungewollt von Jon schwanger wurde, beschlossen sie zu heiraten. Auch in ihrem Schaffen trat eine Wende ein. Zum ersten Mal malte sie nicht mehr die sichtbaren Dinge, die sie umgaben. Sie begann an der sogenannten Mrs. Smeath-Serie zu arbeiten. Auf einem dieser Bilder sitzt Mrs. Smeath auf einem Sofa, eine Wolldecke ist quer über ihre Oberschenkel drapiert, hinter ihr ragt ein Gummibaum auf. Man sieht ihre weißen dünn behaarten Beine, ihre dicke Taille, ihr Kartoffelgesicht, ihre Augen hinter der stahlgeränderten Brille. Sie lächelt ihr verkniffenes Lächeln, selbstgefällig und anklagend. »Auf ihrem Kopf sitzt wie ein schlecht gepacktes Paket der Filzhut, den sie sonntags immer trug.«

In der zweiten Hälfte der sechziger Jahre schloß Risley sich der feministischen Bewegung an, die auch ihre Kunst beeinflußte. So malte sie die Jungfrau Maria in Blau, zwar mit dem obligatorischen weißen Schleier, aber mit dem Kopf einer Löwin, während Christus in Gestalt eines Löwenjungen in ihrem Schoß liegt. Auf einem anderen Bild, *Unsere Liebe Frau der Immerwährenden Hilfe,* steigt Maria zur Erde herab. Über ihrem blauen Gewand trägt sie einen Wintermantel, und über ihrer Schulter hängt eine Tasche. Sie hat zwei braune Papiertüten mit Lebensmitteln in der Hand. Ein paar Sachen sind herausgefallen: ein Ei, eine Zwiebel, ein Apfel.

Auf Einladung von Jody (siehe dort) nahm Risley mit Jody, Carolyn (siehe dort) und Zillah (siehe dort) an der Gruppenausstellung *Vier für Alle* in einem kleinen ehemaligen Supermarkt in Toronto teil. Zu den dort gezeigten Bildern gehören einige Stilleben wie *Wringmaschine, Toaster, Tödlicher Nachtschatten* und *Drei Hexen,* die Bilder von der Jungfrau Maria und alle Mrs. Smeath-Werke – die Frau als Anti-Pin-up, wie Jody kommentierte. Speziell für diese Ausstellung fertigte Risley auch ein paar Konstruktionen aus Strohhalmen und ungekochten Makkaroni. Bei der Vernissage sorgte das aus vier Tafeln bestehende *Weiße Geschenk* für großes Aufsehen. Es stellte Mrs. Smeath in verschiedener Aufmachung dar, unter anderem in durchhängenden Baumwollunterhosen, unten auf dem Bild stand in Schablonenschrift: »Das Königreich Gottes ist in Dir.« Eine aufgebrachte Besucherin schleuderte ein Tintenfaß gegen das Bild. Die Ausstellung wurde zwar von der Presse kritisch aufgenommen – »Naiver Surrealismus mit einem Schuß feministischer Zitrone« –, aber der Skandal sorgte für unerwartete Publizität. »Federn stieben bei Feministinnen-Spektakel« titelte eine Lokalzeitung. Risley wurde zur Galionsfigur der feministischen Kunst.

Bedingt durch eine Krise in der Beziehung zu ihrem Mann, der verschiedene Affären hatte, kam sie nicht mehr zum Malen. Sie unternahm einen Selbstmordversuch, trennte sich von ihrem Mann und übersiedelte mit ihrer Tochter Sarah nach Vancouver. Eine Weile lebte sie von einem Stipendium, später renovierte sie für einen Antiquitätenhändler Möbel. Mit ihrer Kunst ging es wieder bergauf; sie wurde regelmäßig aufgefordert, sich an Gruppenausstellungen von Künstlerinnen zu beteiligen, auch wenn sie inzwischen dem Feminismus skeptischer gegenüberstand. Sie verkaufte Bilder zu höheren Preisen und nahm an einer von der kanadischen Regierung organisierten Gruppenausstellung in New York teil. Einige Zeit später lernte sie Ben kennen, einen ehemaligen Immobilienmakler, der ein kleines Reisebüro besaß. Sie heirateten und bekamen eine Tochter, Anne.

Ende der achtziger Jahre war der Künstlerin zum ersten Mal eine Retrospektive gewidmet, in der Galerie Sub-Versions in ihrer Geburtsstadt Toronto. Risley zeigte dort nicht nur Arbeiten aus ihrer frühen und mittleren Periode, sondern auch fünf Bilder, die sie in jenem Jahr gemalt hatte – *Pikosekunden, Drei Musen, Ein Flügel, Einheitliche Feldtheorie* und *Katzenauge,* eine Art Selbstporträt: Hinter ihrem halb wiedergegebenen Gesicht, in der Mitte des Bildes, hängt ein konvexer Spiegel in einem reichverzierten Rahmen, in dem ein Teil ihres Hinterkopfs sichtbar ist, aber mit anderem, jüngerem Haar. In der Ferne, durch die Wölbung des Spiegels verkürzt, stehen drei kleine Gestalten in Winterkleidung, wie sie Mädchen vierzig Jahre zuvor trugen; sie gehen auf den Betrachter zu, ihre Gesichter im Schatten, vor einem schneebedeckten Feld. Wie bei Risleys anderen Arbeiten ist auch hier eine feministische Interpretation weniger am Platz als eine autobiographische. Elaine Risley hat zeit ihres Lebens versucht, ihren Erinnerungen Gestalt zu geben, der Beziehung zu ihrer Freundin Cordelia, zu ihren inzwischen gestorbenen Eltern und zu ihrem Bruder, der bei einer Flugzeugentführung umgekommen war. Die zeitgenössische Kritik hatte dafür kein Gespür. Man sprach von ihren »bissigen und gewollt provokativen Bemerkungen über die heutige Frau« und stempelte ihr Werk als eklektisch und postfeministisch ab. »Heutzutage ist alles *post,* als wären wir nicht viel mehr als eine Fußnote zu etwas Früherem, das real genug war, um einen Namen zu haben«, lautete der resignierte Kommentar der Künstlerin. [KBRA]

[Margaret Atwood, *Cat's Eye* (dt. *Katzenauge*), 1988]

**Rjabinin** * *Rußland, tätig in der ersten Hälfte des 19. Jahrhunderts*

Russischer Maler. Galt während seiner Studienzeit an der Kunstakademie in Sankt Petersburg als vielversprechendes Talent – so prophezeite der Kritiker V. S.: »Aus Rjabinin wird etwas.« Seine Bilder waren begehrt, wenn es auch Stimmen gab, die seine Technik bemängelten. Seinem großen Talent stand mangelnde Tatkraft gegenüber, ganz anders als bei seinem Mitschüler Dedov (siehe dort). Im Grunde zweifelte Rjabinin am Sinn der Kunst.

Rjabinin hatte eine Vorliebe für realistische Sujets wie Bastschuhe, Fußlappen und Pelzjacken. Diese Abwendung vom herrschenden Schönheitsideal wurde zu seiner Zeit nicht verstanden. Man war der Ansicht, Rjabinin habe die Kunst in den Dienst der arbeitenden Klasse gestellt. Höhepunkt und zugleich Endpunkt seines Schaffens war das Gemälde *Der Auerhahn,* auf dem das Leben der Arbeiter in all seiner grausamen Wirklichkeit dargestellt ist. Ein »Auerhahn« war die Bezeichnung für einen Arbeiter, der in einer Fabrik bei der Produktion großer gußeiserner Kessel assistierte; er mußte in den Kessel kriechen, mit einer Zange die Niete halten, gegen die er seine Brust mit ganzer Kraft stemmte, während der Meister mit dem Hammer von außen auf die Niete schlug. Rjabinins Freund Dedov lobte die ausgezeichnete Komposition, die plastische Modellierung und die phantastischen und zugleich wirklichkeitstreuen Lichtverhältnisse, aber andere kritisierten, die Kunst würde »unwürdigen und verschwommenen Ideen« dienstbar gemacht. *Der Auerhahn,* der nach Moskau verkauft wurde, sorgte für eine Krise im Leben des Künstlers. Dessen soziales Engagement gewann die Oberhand, er hängte den Malerkittel an den Nagel und wurde Lehrer in der Provinz. Es heißt, seine neue Existenz habe ihm wenig Glück gebracht. [JPVDS]

[Vsevolod M. Garšin, *Chudožniki* (dt. *Die Künstler*), 1879]

**Rjabovskij** *tätig Ende des 19. Jahrhunderts in Rußland*
Russischer Genre-, Tier- und Landschaftsmaler. Er war ein schöner Mann mit langen blonden Locken und blauen Augen. Bereits mit fünfundzwanzig Jahren hatte Rjabovskij auf Ausstellungen Erfolg; eines seiner Bilder verkaufte er für fünfhundert Rubel. Er war innerhalb einer Gruppe gleichgesinnter Maler eine Art Mentor und der Mittelpunkt der Abendgesellschaft, die sich regelmäßig um Olga Ivanovna (siehe dort) versammelte. Mit ihr hatte er während einer mehrmonatigen Fahrt von Künstlern auf der Wolga ein kurzes Liebesverhältnis.

Trotz seines Erfolges zweifelte Rjabovskij manchmal an sich selbst. Er bezeichnete die Malerei als die allerundankbarste und die allerlangweiligste Kunst, behauptete, er sei kein Künstler und nur Dummköpfe dächten, er habe Talent. Eine seiner allerbesten Studien zerfetzte er mit einem Messer.

Während des erwähnten Ausflugs gelang es ihm nicht, eine sonnige Landschaft zu vollenden, weil die Sonne nicht schien, und auch eine Studie mit bedecktem Himmel, rechts im Vordergrund Wald, links Gänse und eine Kuhherde, beendete er nicht. Trotz seiner gelegentlichen Unsicherheit und mancher Rückschläge ging es mit seiner Karriere voran. Im Winter jenes Jahres arbeitete er für eine Ausstellung an einem großartigen Gemälde, einer Mischung von Landschafts- und Genremalerei im Geschmack von Polenov, das alle, die sein Atelier besuchten, begeisterte. Olga Ivanovna meinte, so etwas habe er noch nie gemalt, man erschrecke geradezu. [SJ]

[Anton Čechov, *Flattergeist,* 1892]

**ROCA, JUAN** (Don) **Spanien, tätig Mitte des 17. Jahrhunderts*

Spanischer Maler. Er hatte Zugang zu den höchsten Kreisen des spanischen Hofs, was nicht ungewöhnlich war zu einer Zeit, da der Adel die Mäzenatenrolle spielte. Juan Roca erlangte nie die Berühmtheit seiner Landsleute und Zeitgenossen Velázquez oder Zurbarán, doch muß er als bedeutender Erneuerer angesehen werden – als erster Bodypainter der Kunstgeschichte. Er gehört zu jenen Künstlern, die unverstanden ihrer Zeit vorauseilen und daher lange nicht in ihrer vollen Bedeutung gewürdigt werden. Seitdem Roca zu dem Schluß gekommen war, es sei unmöglich, wahre, natürliche Schönheit nachzubilden, da die Hand des Künstlers zum Häßlichen neige, befriedigte ihn seine Karriere als Porträtist nicht mehr. Schuld an diesem radikalen Bruch in seinem Œuvre war seine Frau Serafina, die auch sein Modell war. Das einzige namentlich bekannte Werk aus der neuen Periode des Künstlers trägt den Titel *El pintor de su deshonra (Der Maler seiner Schmach).* Es besteht aus einem leibhaftigen frisch gemeuchelten Paar, das den Ehebruch darstellt. Dem Prinzen und Auftraggeber fiel es allem Anschein nach nicht schwer, den künstlerischen Wert des Experiments zu erkennen, und er stellte Don Juan Roca ein schnelles Roß zur Verfügung, damit er sich aus dem Staub machen konnte. Aus naheliegenden Gründen hat man später nie mehr etwas von diesem ruhelosen Künstler vernommen. Das Kunstwerk ging verloren, das Los aller Arbeiten dieser heutzutage so aktuellen Strömung. [BVDP]

[Pedro Calderón de la Barca, *El pintor de su deshonra* (dt. *Der Maler seiner Schmach*), zwischen 1645 und 1651]

**Roderer, Friedrich** **Wien, tätig im 19. Jahrhundert*
Österreichischer Landschaftsmaler. Roderer besuchte zunächst die Lateinschule und anschließend die Zeichenschule einer Benediktiner-Abtei. Er streifte durch die Umgebung der Abtei und zeichnete mit schwarzer Kreide oder malte mit Wasserfarben auf weißes oder blaues Papier die grünen Hügel, die blauen Berge, die goldenen Getreidefelder und die rauschenden Wasser.

Sehr bald entwickelte der junge Friedrich ein manisches Verhältnis zu seinen Sujets. So war er besessen darauf, den Dachstein »so treu und schön zu malen, als er ist«. Zu diesem Zweck wollte er sich am Ufer des Gosausees ein Häuschen mit einer großen Glaswand gegen den Berg bauen und den Ort nicht eher verlassen, bis es ihm gelungen sei, den Dachstein so zu malen, daß man den gemalten und den wirklichen nicht mehr zu unterscheiden vermöge. So weit kam es jedoch nicht, und da Friedrich seine Dachsteinmalereien alle als mißlungen betrachtete, verbrannte er sie. Bald darauf nahm er die Darstellung des Lüpfinger Tals mit seinem Moor in Angriff. Er malte das Moor, den daranstoßenden einfarbigen Fichtenwald, die gegenüberliegenden Weidehügel, den dahinter liegenden, ebenfalls einfarbigen Fichtenwald und die am Horizont emporragenden blaugrauen Berge. Auf verschiedenen Blättern legte er das Moor im Morgenlicht, im Vormittagslicht, im Mittags- und im Nachmittagslicht fest, auch das Moor bei Regen. Über das Moor im Nebel hatte er noch nicht nachgedacht. Alle Studien waren Entwürfe für *ein* großes Gemälde, an dem er während der übrigen – grauen und regenlosen – Tage arbeitete. Auch dieses Mal war er fest entschlossen, »die wirkliche Wirklichkeit« darzustellen. Nach einiger Zeit ließ Friedrich Roderer ein Blockhaus auf dem Lüpfhügel bauen, eine offene Seite dem Moor zugekehrt, um sich vollständig dem Bild an sich zu widmen.

In dieser Zeit lernte der Maler einen Mann kennen, der das nahe gelegene Schloß Firnberg gekauft hatte und das Moor trockenzulegen begann – Friedrich malte sozusagen gegen das Verschwinden des Moors. Der Mann, der Peter Roderer hieß, sagte Friedrich voraus, er werde sein künstlerisches Projekt aufgeben. Er erinnere ihn nämlich an seine eigenen Verwandten, nicht nur durch sein Äußeres, sondern auch durch sein Verhalten. Alle seine Familienmitglieder, so meinte Peter Roderer, hätten sich mit Leidenschaft einer Sache verschrieben, sie dann aber wieder aufgegeben. Friedrich setzte seine Arbeit fort und verschwieg ängstlich seinen Nachnamen. Als er Peter Roderers Tochter Susanna kennenlernte, ließ sein Eifer nach. Einmal warf er, als er sie in der Ferne sah, sogleich Pinsel und Palette weg.

Susanna und Friedrich gestanden einander ihre Liebe. Nach der Verlobung setzte er die Arbeit an dem Gemälde mit neuer Begeisterung fort, und oft kam es ihm vor, als würden der unnachahmliche Duft und die unerreichbare Farbe der Natur auf seiner Leinwand erscheinen. Aber kurz vor Vollendung des Bildes wurde ihm klar, daß es die Düsterkeit, die Einfachheit und Erhabenheit des Moores niemals würde vermitteln können. Er sei, sagte sein zukünftiger Schwiegervater Peter Roderer, zu Höherem berufen, womit er die Heirat und die Fortsetzung des Geschlechtes meinte. Denn Nachforschungen hatten ergeben, daß beide Männer Sprosse desselben Stammes waren. Das Moorgemälde samt allen Entwürfen ebenso wie seine Malutensilien hat Friedrich Roderer fachgerecht verkohlt, was erklärt, warum es von seinem Kunstschaffen keinerlei Zeugnisse gibt. [DP]

[Adalbert Stifter, *Nachkommenschaften,* 1863]

**ROLAND** **Österreich, zwischen 1800 und 1820*
Restaurator, Zeichner und visionärer Landschaftsmaler. Der junge Roland arbeitete zusammen mit seinem Bruder Eustach in der Schreinerei des Asperhofes, eines Landguts in der Nähe von Rohrberg an der Nordseite der österreichischen Alpen. Der Besitzer, Freiherr Gustav von Risach, bewahrte dort Sammlungen alter Gemälde auf, Kupferstiche, Marmor und kostbare Gegenstände; er hatte es sich zum Ziel gesetzt, alte

Geräte und Kunstgegenstände zu restaurieren und zu rekonstruieren. Roland war oft auf Wanderschaft, um Beispiele des alten Kulturerbes abzuzeichnen, etwa Holzornamente an Gebäuden. Die Skizzen dienten den Schreinern des Asperhofes als Vorlage. Was Rolands eigenes künstlerisches Schaffen betrifft, so wissen wir nur Näheres über ein ehrgeiziges Jugendwerk. Es handelte sich um ein großformatiges Bild, das eine öde, unwirtliche Landschaft darstellte, mit starren Felsen, die hier und da schief in der Erde staken und wie zufällig als Blöcke emporragten. Darüber schwebten Wolken in einem heißen und südlichen Himmel. Baron von Risach war der Ansicht, Roland habe es sich zur Aufgabe gemacht, etwas zu malen, das er sich nur vorstellte. »Ich bin nicht auf irgend etwas Besonderes ausgegangen«, meinte der Künstler selbst, »sondern habe nur so Gestaltungen, wie sie sich in dem Gemüte finden, entfaltet.« Er verwendete Pinsel mit ungewöhnlich langen Stielen, so daß er beim Malen genügend Abstand zur Leinwand hatte.

Möglicherweise fiel diese leidenschaftliche Unternehmung in der statischen Welt des Asperhofes ein wenig aus dem Rahmen. Alles diente dort dem Zweck, Schönheit zu bewahren. Auch Rolands feuriges Temperament kontrastierte mit dem bedächtigen, kultivierten und schöngeistigen Charakter eines Risach oder Heinrich Drendorf, eines Naturforschers, der oft im Asperhof zu Gast war und sich gelegentlich mit der Landschafts- und Porträtmalerei beschäftigte. Daher machte sich Risach Sorgen um den Schöpfer jener unheilschwangeren Landschaft, er befürchtete, der Künstler könne von dem Feuer, das er der Kunst entgegenbringe, verzehrt werden. Als Roland das Bild vollendet hatte, mußte es, um transportiert werden zu können, seiner Größe wegen zusammengerollt und der Goldrahmen zerlegt werden. Risach versprach sich gleichwohl viel von dem Maler, er meinte, eine Reise würde dessen ruheloser Natur guttun, und ermöglichte es ihm, seine Studien in Rom fortzusetzen. Roland seinerseits war voller Zuversicht, er fühlte, daß er einmal Großes vollbringen werde. Inwieweit sich diese Hoffnungen erfüllt haben, bleibt bis auf den heutigen Tag eine offene Frage. [DP]

[Adalbert Stifter, *Der Nachsommer,* 1857]

**Romanov, Vsevolod** **Rußland, Anfang des 20. Jahrhunderts*
Russischer Maler. Er flüchtete nach der Russischen Revolution von 1917 aus seinem Vaterland nach Berlin, wo er in den Kreisen der russischen Emigranten verkehrte. Romanov wurde schon sehr früh für ein außergewöhnliches Talent gehalten, manche sahen in ihm den Begründer einer neonaturalistischen Schule. Über die »Prüfungen des Modernismus« (mit den Worten des Dichters Fëdor Godunov-Cerdyncev, der sich durch die Biographie des Schriftsteller-Aktivisten Nikolaj G. Cernyševskij einen Namen gemacht hat) erreichte er eine erzählende Bildsprache. Ein bekanntes Gemälde aus dieser frühen Periode ist *Vier Bürger fangen einen Kanarienvogel.*

Romanovs Stil kam zu voller Reife, und verschiedene deutsche Museen kauften seine späteren Bilder, die sich durch eine expressive harmonische Linienführung auszeichneten, jedoch stets figurativ blieben. So stellt *Der Fußballer* einen Spieler dar, der in vollem Lauf auf das Tor schießt. Das Linienspiel der Arme und Beine vor einem Hintergrund aus Regen und Schneeflocken verstärkt den Eindruck physischer Kraft. [PJ]

[Vladimir Nabokov, *The Gift* (dt. *Die Gabe*), 1937/1963]

**Romer, Ovidio** **1920 in Rom*
Italienischer Maler. Geboren im Sternbild des Skorpions, war sich Ovidio Romer schon sehr früh seines ausgesprochenen Talents für Täuschungen und Verschleierungen bewußt. Als sein Vater ihn fragte, ob er das Malen wirklich so liebe, bejahte er dies sofort. Gegen seine Überzeugung wahrte er den Schein, ein geborener Maler zu sein. Zwischen 1938 und 1940 besuchte Romer die Kunstakademie in Rom, wo er schon bald mit seinem Lehrer aneinandergeriet, weil er sich nicht an dessen Anweisungen hielt. So gab er einem Aktmodell den Kopf eines Raubvogels, womit er seine Aversion gegen den menschlichen Körper zum Ausdruck brachte. In dieser Zeit fand auch seine erste Ausstellung einer Serie von sechzehn Bildern statt, auf denen Skorpione dargestellt sind, die zwischen ihren Scheren ein menschliches Auge halten.

Die Ausstellung stieß auf heftige Ablehnung und wurde auf Anordnung des faschistischen Stadtpräfekten geschlossen. Die Mutter des Malers meinte, die Bilder riefen Unruhe hervor: »Sie tragen einen Todesgedanken in sich, einen Friedhofsgedanken.« Sie sah jedoch den Erfolg ihres Sohnes voraus, »weil es viele gibt, die der Faszination des Negativen erliegen«.

1942 diente Romer als Soldat in Nordafrika, das ihn von Kindheit an gefesselt hatte – ein Buch mit Photographien über Luxor hatte ihn zu vielen Kinderzeichnungen inspiriert. Der von Menschenhand bearbeitete Stein blieb ein Lieblingsthema seiner »archäologischen« Malerei, die die Vergangenheit beschwören und die Zukunft vorhersagen sollte. So malte Romer in den sechziger Jahren zur Erinnerung an die Schrecken des Krieges eine Reihe von Gemälden, auf denen verwitterte Steinbüsten, Beine oder Arme aus dem Sand der Wüste ragen.

Obwohl Romer dazu neigte, sich in seiner fiktiven Welt zu verschanzen, vertrat er sehr dezidierte Meinungen über die reale Welt, in der Chaos und Zufall herrrschten und sich alles mit einer ungeheuren Monotonie wiederhole. Die heutige Zeit, von der sein Werk zeuge, so der Maler, sei die des Großen Übergangs. Auf sie folge, im nächsten Jahrtausend, die Ära des »unbeschwerten Chaos«, in der man keine Versuche mehr unternehmen werde, die Natur zu erklären, in der die Dialektik zugunsten der Kontiguität aufgegeben werde.

Ovidio Romer schuf stets Bilder in Serien, da es ihm ein inneres Bedürfnis war, jedes Werk in einen größeren Zusammenhang zu stellen. Beispiele hierfür sind die Serien mit großen Eiern, die Serie »Versteinerter Wald« oder die Serie mit stark vergrößerten Insekten, in die von ihm erfundene, mysteriös klingende Namen von Medikamenten eingraviert sind. Romer verstand es – vor allem in der Zeit seines internationalen Erfolgs –, die Medien mit abstrusen Theorien zu füttern. So sprach er etwa von dem »hologrammatischen Grundprinzip«, nach dem ein Quadratzentimeter irgendeines seiner Bilder die Informationen über seine gesamte Malerei enthalte. Als Romer zur Erkenntnis gelangte, daß in seinem Werk und in seinem Leben Falschheit die Oberhand gewonnen hatte, zog er sich in die Schweizer Berge zurück, wo er autobiographische Notizen niederschrieb, die diesen Ausführungen größtenteils zugrunde liegen. [LJ-B]

[Luigi Malerba, *Le pietre volanti* (dt. *Die fliegenden Steine*), 1992]

**Rosalbino** **Florenz, tätig in der Umgebung von Siena im 14. Jahrhundert*

Italienischer Maler. Rosalbino reiste als junger Mann nach Neapel, um ein wunderbares Bild des berühmten Piazetto zu studieren. Er wollte dem Maler sein Geheimnis abgucken und ihn wenn möglich zu übertreffen versuchen. Unterwegs begegnete er der Hirtin Aurilla, die sich im Kloster der Heiligen Ursula aufhielt. Er lehrte sie zeichnen, trennte sich jedoch schon bald von ihr. Aurilla bezeugte später, die ganze Natur habe durch seinen Unterricht eine andere Gestalt angenommen. Der Maler soll sich in dieser Zeit auch bei einem Brand in einem Dorf ausgezeichnet haben. Er rettete mehrere Leute vor dem Feuertod und zeichnete, tief ergriffen von dem Geschehen, einige der armen Überlebenden. Die Tränen fielen ihm auf das Blatt, er habe nicht geglaubt, meinte der Künstler, daß die unbedeutenden Gesichter der Bauern eines solchen Ausdrucks des Schmerzes fähig wären. Solche Leidenschaften habe er noch auf keiner Bühne gesehen.

In Siena lernte er Catharina kennen, die bereits in derselben Nacht ihr Porträt von der Hand des Künstlers in ihrem Schlafzimmer fand. Sie verliebten sich ineinander, aber der Standesunterschied stand einer Ehe im Wege. Zudem war Catharina Don Trufalo versprochen, einem Adligen aus einem der besten Häuser Sienas. Sie beschloß, ihr Leben Gott zu weihen, und flüchtete in die Berge, zur großen Bestürzung des Malers, der ihren Spuren folgte. Überzeugt, sie sei ums Leben gekommen, zeichnete er die Gegend – den geweihten und verfluchten Ort, an dem sie vielleicht vorbeigekommen oder wo sie gestorben war. In dem Moment erschien Catharina aus einer Grotte. Die Quellen legen den Schluß nahe, daß Rosalbino ihr schließlich entsagt hat. Er soll

der Meinung gewesen sein, daß er sie niemals stärker lieben könne, als wenn er sie *nicht* besitze. Rosalbino war ein Vollblutkünstler, die Kunst war seine eigentliche Geliebte. [DP]
[Jakob Michael Reinhold Lenz, *Catharina von Siena (Fragment)*, 1776]

**Rosenbusch, Maximilian** **Umgebung von München, 5. August 1839; † nach 1871*
Deutscher Schlachtenmaler, tätig in München. In der Phase seiner künstlerischen Entwicklung, die Maximilian »Röschen« Rosenbusch selbstironisch als seine »klassische« bezeichnete, schuf er Iphigenien und Abschiedsszenen Hektors im Stil von David. Mit dreißig wandte er sich ganz der Darstellung von Schlachten zu. Sein großes Vorbild war der Niederländer Philips Wouwerman. Das wichtigste Werk dieser Periode ist *Die Schlacht bei Lützen.*

Rosenbusch trug während der Arbeit stets einen schwedischen Waffenrock, um, wie er sagte, die rechte historische Inspiration zu bekommen. Seine Thematik rührte von seiner Abneigung gegen die sentimentale bürgerliche Malerei her, die seinerzeit Erfolge feierte. Das Malen von Schlachten erlebte Rosenbusch, als würde er sich selbst ins Kampfgetümmel stürzen. »Die Kunst ist Tat, Leidenschaft, Aufregung, ein Kampf auf Leben und Tod«, so nahm ihm eine kunstliebende Gräfin die Worte aus dem Mund. Nach Vollendung der *Schlacht bei Lützen* plante Rosenbusch die Darstellung des Einzugs Gustav Adolfs in München, ein Thema, für das er sogar den verstaubten Münchener Kunstverein zu interessieren hoffte.

Rosenbusch spielte ausgezeichnet Flöte und war ein passabler Dichter und Epiker. Er brütete über einem Epos, das die erstaunlichen und erbärmlichen Liebesabenteuer des schwedischen Hauptmanns mit Gustel von Blasewitz behandeln sollte. Viele seiner Gelegenheitsgedichte waren lebendige, humoristische Kommentare zum Kunstmarkt und zum elenden Künstlerleben. Eines, das er für seinen Freundeskreis verfaßte, illustrierte er mit einer Zeichnung, auf der er sich selbst abkonterfeit hatte, auf einem dürren Klepper reitend, dem zwei Flederwische statt der Pegasus-Flügel aus den Flanken wuchsen; er selbst hielt eine Reißfeder statt des Schwerts, eine Palette statt des Schilds in den Händen; auf dieser war ein entblätterter Rosenbusch als Wappenzeichen zu erkennen. Das störrische Tier wurde von zwei Männern zur Tür eines Hauses gezogen, über der die Inschrift stand »Redaktion der Fliegenden Blätter« – das Journal, für das Rosenbusch, um sich sein Brot zu verdienen, Illustrationen lieferte.

Der Künstler haßte es, für Geld zu arbeiten. Für ein Reiterbildnis, das er mit seiner Nachbarin und Kollegin Minna Engelken (siehe dort) malte, wollte er anfänglich keine Bezahlung, obwohl er sich nicht einmal Kohlen für seinen Ofen leisten konnte. Als Angelika, wie Minna Engelken genannt wurde, ihm den Auftrag für die Darstellung der Beschießung von Kissingen verschaffen wollte, lehnte er ab. Die moderne wissenschaftliche Kriegskunst sei nicht mit der Malerei zu vereinbaren. Er war wohl der letzte Romantiker unter den Schlachtenmalern, der letzte Vertreter einer überschwenglichen »Gefühlsromantik«.

1870 nahm er als Sanitäter am Deutsch-Französischen Krieg teil. »Mein frohes Künstlerblut / Geläutert in der Kampfesglut«, so reimte er und hoffte, von der Front zurückzukehren. Auf dem Schlachtfeld fand er Motive zu tausend Bildern. Den realen Krieg vor Augen, kamen ihm jedoch auch Zweifel an seinen historischen Kriegsszenen. Trotzdem erschien ihm der Krieg als der Schlüssel zur künstlerischen Gestaltung moderner Kämpfe. Massenszenen und taktische Finessen müsse man vermeiden. Es gelte, in einer einzigen Episode den »Grundcharakter so einer ganzen Bataille« zusammenzufassen. 1871 verkündete Röschen ironisch, seine dritte Periode sei nun angebrochen, er werde fortan dem allermodernsten Realismus anhängen. Wouwerman würde sich im Grab umdrehen, so kommentierte er diese Entwicklung, vermutlich tauschte er die romantisch-historisierende Kulisse gegen eine moderne ein. In Maximilian Rosenbuschs Werken ging es stets blutig zu, Pardon wurde nicht gegeben; der Maler selber war jedoch ein äußerst warmherziger Mensch. Nachdem er sich viele Jahre von einer unglücklichen Liebe zur nächsten geschleppt hatte, heiratete er 1871 seine Nachbarin und Kollegin Minna Engelken. [DP]

[Paul Heyse, *Im Paradiese,* 1874]

**Rossel, Eduard** **Passau, zwischen 1830 und 1845; † nach 1871*

Deutscher Maler. Wohlhabend, weshalb er sein von vielen bezeugtes unleugbares Talent brachliegen ließ. Rossel war eher ein Hedonist und Kunstkenner als ein praktizierender Künstler. »Der Dicke«, wie er liebevoll genannt wurde, brachte die geistreiche Faulheit und den virtuosen Kunstgenuß in ein System. Sein Atelier sah mehr wie ein Museum als eine wirkliche Künstlerwerkstatt aus. Wie er selbst sagte, wäre er nur allzugern als ein Raffael ohne Hände auf die Welt gekommen. Seine künstlerische Untätigkeit trug er mit Fassung: »Wenn ich auf dem Rücken liege und in den Rauch meiner Zigarre Bilder hineinkomponiere, oder mir die Werke betrachte, die große schöpferische Menschen vorzeiten zustande gebracht haben, verwerte ich den in mir begrabenen Schatz auf meine Weise...« Die Decke der Sixtinischen Kapelle fand er schon deshalb beeindruckend, weil man sie nur auf dem Rücken liegend recht genießen könne. Hin und wieder ergriff ihn ein plötzlicher Tatendrang, aber nach höchstens einer Woche warf er die Resultate seines Paroxysmus »zu anderen Embryonen unsterblicher Taten« in ein dunkles Zimmer.

Wie viele seiner Freunde hielt Rossel seine eigene Zeit für degeneriert. Arnold Böcklin galt ihm noch als einer der wenigen, die nicht nur schöne Träume hätten, sondern auch den Mut, sie zu erzählen, »gleichviel, ob die nüchterne Menschheit, die jetzt die breiten Stiefel des Realismus täglich platter tritt, den Kopf dazu schüttelt und von überwundenen Standpunkten spricht«. Als Kunstkenner wurde Eduard Rossel nicht nur geschätzt, man empfand es geradezu als Genuß, ihn ein Bild betrachten zu sehen. Sein Blick schien sich dann an der Form festzusaugen oder vielmehr sie einzuschlürfen, alle Muskeln seines Gesichts belebten sich. Seine Kunstauffassung war anti-intellektualistisch. »Es lebe die Kunst, bei der uns die Gedanken vergehen!« lautete sein Wahlspruch. Die literarische Malerei seines Kollegen Emanuel Kohle (siehe dort) verurteilte er als »Gedankenmalerei«. Eine einzige ganz gedankenlose Tizianische Venus wiege einen ganzen Olymp voll geistreicher Motive auf.

Wahre Kunst müsse wie eine höhere Natur auf den Menschen wirken, ohne poetische Anzüglichkeiten und philosophische Finessen. »Zum Exempel bei so einem daliegenden schönen Weibe, oder einem stattlichen alten Senator, oder einer Anbetung der Könige – was kann man sich da viel Kluges denken? Es sagt entweder nichts, oder etwas Verschollenes oder gar etwas Unkluges. Und doch entzückt es uns, schon über die Breite eines ganzen Saales hinweg, durch die bloße Silhouette, die Farbenherrlichkeit, die einfältige und doch königliche Sinnlichkeit, die in der Natur sich nur selten oder nie ohne gemeinen Beisatz findet.« In *einer* Hinsicht war Rossel ausgesprochen modern: Er war ein eingefleischter Stadtmensch. Die Naturromantik hatte seiner Ansicht nach den Verfall der Künste auf dem Gewissen. Landschafts-, Tier- und Bauernmaler seien eine Abart des Künstlertums.

Nach dem Deutsch-Französischen Krieg von 1870 konnte sich Eduard Rossel seinen Müßiggang nicht mehr leisten. Das Geschäft seines Bruders, in das er all sein Vermögen gesteckt hatte, war infolge des Krieges bankrott gegangen. Und Rossel begann wahrhaftig zu malen. In einem unansehnlichen Haus in der Schwanthalerstraße war nichts mehr von den kostbaren Gobelins, schönen Gegenständen und glänzenden Renaissancemöbeln zu sehen, nur ein Bild von Böcklin hatte er behalten. Obwohl Rossel seine künstlerischen Versuche wertlos fand, priesen seine Freunde die Klarheit und Einfachheit der Farbe und Form. Trotz seiner Verarmung war ihm doch ein gewisses Glück beschieden. 1871 heiratete er Crescentia, ein Mädchen, das dem Bildhauer Hans Jansen (siehe dort) Modell gestanden hatte und das er lange vergeblich umworben hatte. [DP]

[Paul Heyse, *Im Paradiese,* 1874]

**RUBIN** *tätig in den siebziger Jahren des 20. Jahrhunderts*
Amerikanischer Bildhauer. Unterrichtete an der New Yorker Kunstakademie, wo ihm im Kellergeschoß auch ein Studio zur Verfügung stand. Anfänglich schuf er Kompositionen aus Treibholz. Eine Ausstellung dieser Werke in einer kleinen Galerie – die einzige zu seinen Lebzeiten – lockte nur wenige Betrachter an und blieb auch von der Presse un-

beachtet, vielleicht weil sich Rubin eine Vernissage verbeten hatte. Enttäuscht kehrte er daraufhin für längere Zeit der Kunst den Rücken. Erst etwa sieben Jahre später ließ er wieder von sich hören. Aus zusammengeschweißtem Schrott fertigte er aus Dreiecken bestehende Skulpturen. Noch später sammelte er Fragmente von Gartenstatuen und -ornamenten, zwischen denen er Blumen aus Eisen plazierte, die nach dem Tageslicht zu dürsten schienen. Auffällig ist Rubins Hinwendung zur figurativen Kunst; qualitativ blieb sein Werk jedoch drittklassig. Über den Durchschnitt erhob er sich nur mit der Skulptur eines Zwergbaums, die wohl seine Erkenntnis ausdrücken sollte, als Künstler gescheitert zu sein.

Rubin war ein leicht zu kränkender Mensch. Als ein Kollege an der Akademie zu ihm sagte, die Kopfbedeckung, die er trage, erinnere ihn an die Mütze auf einem Selbstporträt Rembrandts, sprach Rubin jahrelang kein Wort mehr mit ihm. Der Vergleich stimmte nämlich nicht: Während Rembrandt einen weißen Turban trug, bevorzugte Rubin eine Art Kochmütze. [BM]

[Bernard Malamud, *Rembrandt's Hat* (dt. *Rembrandts Hut*), in: *The Stories of Bernard Malamud,* 1983]

**Ryder, Charles** **England, um 1902; † nach 1945*
Englischer Architekturmaler. Seine Mutter war im Ersten Weltkrieg als Krankenschwester in Serbien an Erschöpfung gestorben, sein Vater wurde zum Einsiedler. Während seines Universitätsstudiums in Oxford freundete sich Ryder mit Sebastian Flyte an, einem Kommilitonen, der seinen Weltschmerz in Alkohol ertränkte und ihn bei seiner katholischen Adelsfamilie einführte. In Brideshead Castle, wo Sebastians Mutter das Zepter schwang, lernte Charles Sebastians älteren Bruder, Lord Marchmain, und seine Schwestern Cordelia und Julia kennen. Sebastians Vater, Lord Brideshead, lebte mit seiner Geliebten ein zurückgezogenes Leben in Venedig. In Brideshead entstand Ryders erstes Werk, eine Zeichnung der Terrasse vor dem Herrenhaus – im Stil von Piranesi, wie er selbst sagte. Ryder brach nach zwei Jahren sein Studium ab und ging, um Maler zu werden, nach Paris, wo er die Kunstakademie besuchte. Trotz großer Unzufriedenheit –

seine Lehrer standen noch unter dem Einfluß der Malerei Delacroix', seine Mitschüler schwärmten für Francis Picabia, und monatlich lancierten die Zeitschriften eine neue Mode – beendete er das Studium. Er verlegte sich nun erfolgreich auf die Architekturmalerei. Der Durchbruch gelang ihm mit vier Gemälden von Marchmain House, der Londoner Flyte-Residenz, die abgerissen werden sollte; sie brachte ihn auf die Idee, vom Verschwinden bedrohte Gebäude zu malen.

Von seinen Arbeiten wurden mit großem Erfolg drei Mappen herausgegeben: *Ryder's Country Seats, Ryder's English Homes, Ryder's Village and Provincial Architecture* (mit einer Auflage von tausend Exemplaren zu fünf Guineas). Im Lauf der Zeit erkannte Ryder jedoch, daß er nur noch Routinearbeiten ablieferte und daß die Augenblicke der Inspiration, wie er sie früher gekannt hatte, immer seltener wurden. Aus einer Reise durch Lateinamerika ging *Ryder's Latin America* hervor, sein endgültiger Durchbruch, der mit dem Ende seiner Ehe und dem Beginn der Verbindung mit Julia Flyte, Sebastians Schwester, zusammenfiel. Die Beziehung scheiterte jedoch an den unterschiedlichen religiösen Auffassungen der Liebenden. Im Zweiten Weltkrieg war Charles Ryder mit seinem Regiment in Brideshead Castle stationiert, wo er seine Memoiren schrieb. [SH]

[Evelyn Waugh, *Brideshead Revisited – The Sacred and Profane Memoires of Captain Charles Ryder* (dt. *Wiedersehen mit Brideshead. Die heiligen und profanen Erinnerungen des Hauptmanns Charles Ryder*), 1945]

## SABINA *★Böhmen, tätig in der zweiten Hälfte des 20. Jahrhunderts*

Sabina wuchs in einer böhmischen Kleinstadt in der ehemaligen kommunistischen Tschechoslowakei auf und studierte an der Kunstakademie von Prag. Ihr Vater hatte sie gezwungen, dem kommunistischen Jugendverband beizutreten, und als Studentin mußte sie die Ferien wie alle anderen in einer sogenannten Jugend-Baubrigade verbringen. Sie lehnte sich schon bald innerlich gegen den Kommunismus auf, nicht so sehr aus politisch-ethischen als vielmehr aus ästhetischen Motiven. Was Sabina am Kommunismus störte, war seine institutionalisierte Häßlichkeit, das, was sie den »totalitären

Kitsch« nannte: die Idylle, die von oben auferlegt wurde, die im Kern grundhäßlich, weil unaufrichtig war und in den Maikundgebungen ihren Tiefpunkt erreichte.

Wenn Sabina sich kurze Zeit zur katholischen Liturgie hingezogen fühlte – sie wohnte zufällig auf dem Land einem Gottesdienst bei –, so geschah dies gleichfalls aus ästhetischen Gründen. Schönheit sei eine »verratene Welt«. Man kann nur darauf stoßen, wenn ihre Verfolger sie aus Versehen irgendwo vergessen haben. Die Schönheit verbirgt sich hinter den Kulissen. Um sie zu finden, muß man die Kulisse zerreißen. Diese Entlarvung falscher Idyllen strebte Sabina auch als Malerin an. Das Hauptthema ihrer Werke war die Begegnung zweier Welten, der des Kitsches (dessen Quelle das kategorische Einverständnis mit dem Sein ist) und der der Wahrheit der Kunst (der Schönheit des Verratenen).

Nachdem sie ihr ästhetisches Programm formuliert hatte, wurde für Sabina das Leben zu einem »langen Weg von Verrat zu Verrat«. Zuerst verleugnete sie ihre kommunistische Jugend, dann verriet sie ihren Mann Tomas und verließ 1968 nach dem Prager Frühling ihr Land. Nachdem sie vier Jahre in Genf gelebt hatte, ließ sie sich in Paris nieder. Aber auch dort wurde sie von Melancholie heimgesucht. Ihre Ausstellungen blieben ohne großen Erfolg. Auch in der Liebe folgte ein Verrat dem anderen. Sie zog weiter, reiste in die Vereinigten Staaten, wo sie der Kitsch des amerikanischen Traums abschreckte. Aber in New York fand sie, zumindest vorläufig, was sie suchte. Diese Stadt, Brennpunkt alles Heterogenen, Unversöhnlichen, verkörperte auf vollkommene Weise ihre Ästhetik. Die Schönheit von New York, meinte die Künstlerin, sei eine nicht-intentionale Schönheit. »Bevor die Schönheit endgültig aus der Welt verschwindet, wird sie noch eine Zeitlang aus Irrtum existieren.«

Aber auch New York erwies sich nur als Zwischenstation. Sie zog weiter nach Westen, immer weiter weg von Böhmen. Weiter als Kalifornien kam sie jedoch nicht. In ihrem Testament bestimmte sie, daß ihr Leichnam verbrannt und die Asche in alle Winde verstreut werden sollte. [PeV]

[Milan Kundera, *Nesnesitelná lehkost bytí* (dt. *Die unerträgliche Leichtigkeit des Seins*), 1984]

**Sakami, Keiko** *tätig in Japan Mitte des 20. Jahrhunderts*
Japanische Malerin, aus Tokyo gebürtig. Nach dem Besuch einer Ausstellung der Werke von Ueno Otoko (siehe dort) geriet Keiko Sakami in den Bann dieser berühmten Malerin aus Kyoto. Sie wurde ihre Schülerin, ihr Schützling und ihre Geliebte.

Otokos Einfluß auf die Ästhetik und das Werk von Sakami ist unstreitig. Ihre Thematik weist starke Parallelen mit der ihrer Meisterin auf. Stilistisch gelang es Sakami jedoch, eigene Wege zu gehen. Sie entwickelte einen abstrakteren Stil, den Otoko als »ziemlich verrückt« bezeichnete, was allerdings nicht abschätzig gemeint war.

Der Unterschied zwischen dem Stil beider Künstlerinnen läßt sich am deutlichsten an Hand von thematisch ähnlichen Werken illustrieren. Wie Otoko malte Sakami eine Teeplantage in Uji. Während das rhythmische Muster der runden, wogenden Teesträucher bei beiden das gleiche ist, ist das Kolorit völlig unterschiedlich. Otoko hatte die Farbintensität gemildert, um alle Bildteile aufeinander abzustimmen; auf Sakamis Bild war auch Grün der dominierende Farbton, aber Sakami hatte Tupfer in vielerlei Farben aufgesetzt. Das Bild, das Sakami selbst »realistisch« nannte, war genauso feurig wie ihre Emotionen und wurde einmal als »ein Herz, das in Flammen steht« charakterisiert. Die Künstlerin schenkte es in einem einfachen Rahmen aus unbehandeltem Holz dem berühmten Romancier Oki Toshio. Sie riet ihm, es abends bei Dunkelheit zu betrachten. Dann verschwinde das Grün des Teefeldes, und alle anderen Farben würden sichtbar.

Ein anderes Motiv, das Sakami von ihrer Lehrmeisterin übernahm, war der Steingarten des Moos-Tempels in Kyoto, den sie selbst mit Cézannes Bild von der Felsenküste von L'Estaque verglich. Sakamis flüchtige Tuschezeichnung des Steingartens war, laut Otoko, von einer Qualität, die ihrem früheren Werk fehlte.

Zwei andere ihrer besseren Bilder schenkte die Künstlerin Oki Toshios Sohn Taichiro, einem Kenner der mittelalterlichen japanischen Literatur. Das eine mit dem Titel *Pflaumenbaum* zeigte keinen Baum mit Stamm und Ästen, sondern nur eine große Blüte mit roten und weißen Blütenblättern.

Ihre Form war nicht allzu sehr stilisiert, das Bild war wie von einem seltsamen Geist beseelt. Während vor allem die roten Blütenblätter in wunderbaren Nuancen von Dunkelrot bis Hellrot gemalt waren, erweckte der Hintergrund den Eindruck von aufeinanderliegenden dicken Eisschollen oder schneebedeckten Bergen. Der Schnee war nicht einheitlich weiß, viele Farben schienen in ihm harmonisch vereint zu sein. Das Gefühl der Erhabenheit, welches das Bild dem Betrachter vermittelte, hing gewiß mit der Harmonie zwischen der kalten Farbe des Schnees und der warmen Farbe der Blume zusammen. Oki Toshio interpretierte das Werk als Ausdruck der jugendlichen Empfindungen der Malerin, glaubte jedoch auch eine persönliche Botschaft der Meisterin Otoko zu erkennen. Er erinnerte sich, daß er ihr vor langer Zeit viel über einen alten, bemerkenswerten Pflaumenbaum in seinem Garten erzählt hatte.

Das zweite Gemälde heißt *Ohne Titel* und ist abstrakter. Die Farben sind vielfältiger und kräftiger als die des anderen, das Bild war aus zahlreichen horizontalen Linien aufgebaut. Die Malerin hatte auch Mineralfarben verwendet, die sie von der Bildmitte aus ein wenig nach links und nach unten dick auf die Aquarellfarben aufgetragen hatte. Dieser Bildausschnitt ähnelte einem geheimnisvollen hellen Fenster. Für ein im traditionellen japanischen Stil gemaltes Bild strahlte es eine ungewöhnliche Leidenschaftlichkeit aus. Auch dieses Bild interpretierte Oki Toshio als indirekten Ausdruck von Ueno Otokos Liebe zu ihrer Schülerin. [SJ]

[Yasunari Kawabata, *Utsukushia To Kanashimi To* (dt. *Schönheit und Trauer*), 1961]

**SÁNCHEZ, ABEL**

Spanischer Maler. Abel Sánchez räumte einem Jugendfreund gegenüber ein, er betrachte die Malerei schlichtweg als »einen Beruf mit Perspektiven«. Er sollte, was ihn selbst betraf, recht behalten, denn schon bald wurde er weit über die Grenzen seiner Heimat hinaus berühmt. Auf sich aufmerksam machte Sánchez mit dem *Porträt der Helena Puig,* die seine Frau werden sollte. Mit den zahlreichen Porträts, die folgten, erwarb er sich den Ruf, den Dargestellten etwas zu geben, was sie selbst nicht besaßen: das ewige Leben. Großen Beifall erntete auch *Kain erschlägt Abel,* das der Künstler als »zwei Aktstudien« charakterisierte: Er wollte sowohl die Nacktheit des Körpers wie die der Seele darstellen. In einer legendären Festrede wurde das Gemälde »eine Tat der Liebe« genannt, da Sánchez' Kain im Betrachter tiefes Mitgefühl erwecke. Diesem Ausspruch schließt sich die Überzeugung des Künstlers an, jeder Mensch kehre alles nach außen, was er in sich trage.

Sein eigener Sohn urteilte jedoch sehr streng über ihn, er habe eigentlich kein Gefühl für die Malerei, er male wie eine Maschine, sei egoistisch und nur versessen auf Ruhm und Erfolg. Ähnliche Äußerungen sind von dem oben erwähnten Freund überliefert, der Sánchez als »kalt und hart« bezeichnete, als einen »akademischen Maler«. Wie dem auch sei, gegen Ende seines Lebens kannte Sánchez kein größeres Vergnügen, als für seinen Enkel Zeichnungen von allen möglichen Tieren und von Menschen zu machen. »Das ist Kunst«, so rief er aus, von selbstloser Liebe und Freude erfüllt, »diese Zeichnungen, die unser Enkel in einer halben Stunde wieder zerrissen hat.« [MS]

[Miguel de Unamuno, *Abel Sánchez* (dt. *Abel Sanchez. Die Geschichte einer Leidenschaft*), 1917]

**SARRASINE, ERNEST-JEAN** **Frankreich, 1736; † Rom, 1758*

Französischer Bildhauer. Sarrasine wuchs in der Franche-Comté auf. Nachdem er der Jesuitenschule verwiesen worden war, weil er sich nur fürs Zeichnen und Schnitzen interessierte, flüchtete er nach Paris. Mit sechzehn wurde er in Boucherons Atelier aufgenommen. 1758 gewann er den Marigny-Preis. Er übersiedelte nach Rom, wo seine Karriere und sein Leben ein dramatisches Ende fanden. Er verliebte sich in die Sängerin Zambinella und ließ sich weder durch die Warnung, der Kardinal Cicognara sei ihr Protektor, noch durch die Versicherung des Mädchens, ein gemeinsames Glück sei ihnen verwehrt, davon abbringen, ihr den Hof zu machen. Als Sarrasine entdeckte, daß Zambinella in Wirklichkeit ein Kastrat war – was er eigentlich hätte wissen müssen, da zu jener Zeit in Rom Frauen auf der Bühne nicht geduldet wurden –, schlug seine Liebe in bitteren Haß um. Am Ende fiel er Meuchelmördern zum Opfer, die von Kardinal Cicognara gedungenen wurden. [SH]

[Honoré de Balzac, *Sarrasine,* in: *Die Menschliche Komödie,* ab 1842]

**SAVERNAKE, HENRIETTA** *tätig in der ersten Hälfte des 20. Jahrhunderts*

Britische Bildhauerin. Henrietta Savernake hatte in ihrem Leben viele stürmische Liebesbeziehungen, aber keine konnte es mit der Stärke der Leidenschaft aufnehmen, die sie für die Kunst empfand. Ihr Werk läßt sich am besten als eine Art typologischer Realismus umschreiben, der davor zurückschreckt, gänzlich abstrakt zu werden. Zu ihren wichtigsten Arbeiten gehört zweifellos *Nausicaa,* eine nach einem Modell angefertigte Plastik, die jedoch – so jedenfalls bezeugten es Freunde der Künstlerin, die den mühseligen Entstehungsprozeß miterlebt hatten – nur wenig Ähnlichkeit mit der jungen Frau aufwies, die Modell gesessen hatte. Dieses Urteil sagt tatsächlich mehr über Savernakes Werk aus, als daß es von der künstlerischen Naivität seiner Betrachter zeugte. Von zentraler Bedeutung in ihrer Kunstauffassung war die innere Anschauung. Das Kunstwerk korrespondiere mit der Wirklichkeit, wie sie sich in *in the mind's eye* abspiele, und nicht mit der banalen Wirklichkeit, die ein jeder wahrnehmen könne.

*The Worshipper,* das aus verschiedenen Materialien besteht (hauptsächlich Bronze und Holz), ist ein herausragendes Beispiel aus späterer Zeit, unterscheidet sich jedoch nicht wesentlich von dem typologischen, bisweilen allegorischen Tenor ihres Frühwerks. Den entscheidenden Schritt zur Abstraktion wagte Henrietta Savernake nicht. Zwar ist *The Worshipper* viel weniger realistisch als ihre früheren Arbeiten, die Plastik einer gesichtslosen Frau behält jedoch die Ähnlichkeit (und in gewissem Sinne auch die Eindeutigkeit) der Skulpturen aus Savernakes Anfangsjahren. Das macht das Werk dieser Künstlerin übrigens nicht weniger interessant. [JP]

[Agatha Christie, *The Hollow* (dt. *Das Eulenhaus*), 1946]

**Sawwitsch, Jegor** **Rußland, Mitte des 19. Jahrhunderts*

Russischer Maler, der in engem Kontakt zu berühmten Zeitgenossen stand, wie dem Landschaftsmaler Ukleikin und dem Historienmaler Kostyljow, der sich einmal mit dem Gedanken trug, Nero, Herodes oder einen anderen römischen Schurken zu malen und ihn mit der Idee des Christentums zu kontrastieren, um auf diese Weise »den Geist darzustellen«.

Von Jegor Sawwitsch ist nur ein einziges, zudem unvollendetes Bild bekannt: *Mädchen am Fenster nach dem Abschied von ihrem Geliebten,* entstanden während dreier Sitzungen im Haus einer Offizierswitwe. Die Dargestellte ähnelte Katja, der Tochter der Witwe; die junge Frau sitzt an einem offenen Fenster, durch das man einen Zaun und den lilafarbenen Horizont sieht. Ukleikin, der den ganzen Sommer über im Kostromi-Distrikt zahlreiche Studien angefertigt hatte, war von dem Bild nicht sehr angetan, wenn er auch die Atmosphäre und den Ausdruck und die Fernenwirkung lobte. Besonders an den schreienden Farben eines Strauches ließ er kein gutes Haar.

Jegor Sawwitsch träumte von Ruhm und von einer Reise ins Ausland. Katjas Heiratsantrag lehnte er ab. Für einen Maler, ja für jeden, der für die Kunst lebe, komme die Ehe nicht in Betracht. »Ein Künstler muß ein freier Mensch sein«, meinte er. [SJ]

[Anton Čechov, *Talent,* 1886]

**Sax, Klara** *geborene Klara Sachs; *Vereinigte Staaten, 1920*

Amerikanische Künstlerin. Tochter eines osteuropäischen Immigranten. Autodidaktin und Spätentwicklerin. Klara Sax arbeitete Anfang der fünfziger Jahre als Zeichenlehrerin in einem Community Center in der New Yorker Bronx und brachte sich in dieser Zeit selbst die Maltechnik bei. Nach der Scheidung von ihrem Mann, dem italienischen Immigranten Albert Bronzini, widmete sie sich ausschließlich ihrer Kunst. Sie spezialisierte sich mehr und mehr auf *junkart* (Abfallkunst). In den sechziger Jahren war sie in den Kreisen der New Yorker Avantgarde als *The Bag Lady* bekannt, weil sie in ihren Kompositionen die verschiedensten Abfälle verarbeitete – Sardinenbüchsen, Shampooflaschen und sogar Matratzen. Unter dem Einfluß von Louise Nevelson dämpfte sie die Farbigkeit ihrer Bilder. Sie malte fortan mit Teer und verarbeitete Jute und Taue. Nachdem sie zum dritten Mal geheiratet hatte, und zwar den bekannten Kunstsammler Carlo Strasser, schaffte sie auch kommerziell den Durchbruch.

Große Aufmerksamkeit der Medien erregte ihr Projekt Long Tall Sally (1992). In der Wüste von Nevada bemalte sie zusammen mit einer großen Gruppe Mitarbeiter und Studenten um die zweihundertdreißig ausgemusterte B-52-Bomber, die vorwiegend in Vietnam zum Einsatz gekommen waren. Verglichen mit ihrem früheren Werk fiel bei diesem Projekt vor allem die überschwengliche Verwendung ekstatischer und stark kontrastierender Farben auf. Sax knüpfte bewußt an die Graffitikunst an und verwies zugleich auf die Angewohnheit der Flugzeugcrew, die Nasen ihrer Bomber mit farbenfrohen Abbildungen üppiger Frauenfiguren zu schmücken. In Interviews bezeichnete Sax das Projekt, für das sie von der Air Force, dem Kongreß und der National Endowment for the Arts finanzielle und logistische Unterstützung erhielt, als eine Aneignung der Waffensysteme durch den Überlebensinstinkt und eine Bejahung von Individualität, Lebensfreude und Sinnlichkeit. [EB]

[Don DeLillo, *Underworld* (dt. *Unterwelt*), 1997]

**SCHATT, OSCARKE** *tätig in der ersten Hälfte des 20. Jahrhunderts*

Belgischer Bildhauer. Oscarke Schatt wuchs in einer verarmten Kleinbürgerfamilie im Weiler Ter-Muren auf, in der Nähe eines ostflämischen Industriestädtchens. Er besuchte die Kunstschule, wo er zwei erste Preise in den Fächern Modellieren und Torso gewann. Schatt träumte von einer Zukunft als Bildhauer. Eines Tages würde er den Kopf der kleinen Ondine, die er heiraten wollte, in Stein verewigen, damit den Prix de Rome gewinnen und ein Atelier beziehen, so groß wie ein Theatersaal. In Wirklichkeit arbeitete Schatt in Brüssel als Steinmetz, er mußte Marmorkamine aufstellen, eine Türschwelle aus Quaderstein hauen oder auf dem Friedhof verdreckte Grabsteine säubern.

Nach dem Ersten Weltkrieg witterte Schatt seine Chance. In Brüssel wurde ein Kriegerdenkmal nach dem anderen errichtet. Es war eine Zeit sozialer Unruhen, die dem zaghaften Sozialisten ungeahnte Möglichkeiten bot. Während seine Kollegen an einem Streik teilnahmen, meißelte er auf der Place Malou das Gesicht eines Helden und verdiente sich damit eine Beförderung. Der örtliche Unternehmer Derenancourt gab ihm kurz darauf den Auftrag, Blumengirlanden für einen Balkon zu meißeln und einen Springbrunnen für seinen Garten anzufertigen.

Gekrönt wurden Schatts Anstrengungen von dem von ihm entworfenen Denkmal für die gefallenen Helden von Ter-Muren, das am Ende der Kapellekensbaan aufgestellt wurde. Es bestand aus einem Obelisken mit dem Text »Unseren Toten« und einem Helm (im Volksmund »der Pißpott« genannt) an seinem Fuß. Madame Ondine veranlaßte, daß ihr Mann in die Gewerkschaft Bauwesen, Berufsgruppe Bildhauer, aufgenommen wurde. Für einen Kunsthändler fertigte er nach dem Original eines sehr bekannten Künstlers eine Skulpturengruppe von vier nackten Männern an, die in einem Park aufgestellt werden sollte. Es waren Figuren mit einfacher, sprechender Linienführung. Zur Ausstellung der Statuen kam auch der bekannte Bildhauer und setzte seinen eigenen Namen darunter, was Schatt verständlicherweise etwas verstimmte.

Es sollte Schatts letzte künstlerische Tat sein. Im übrigen schnitzte und meißelte er Ornamente oder Blumen für Schränke und Betten. Aber er erhielt immer weniger Aufträge. Verzierungen an Gebäuden und Möbeln kamen aus der Mode. »Gerade Linienführung« hieß die neue Losung. Handwerker wie Schatt wurden nicht mehr gebraucht, alles konnte mit Maschinen hergestellt werden. Die Serienprodukte waren zwar plump und häßlich, aber sie hatten ihre Vorteile. Es saß kein Staub mehr in Kringeln und Schnörkeln wie früher. [RH]

[Louis Paul Boon, *De Kapellekensbaan* (dt. *Eine Straße in Ter-Muren*), 1953; *Zomer te Ter-Muren* (dt. *Sommer in Ter-Muren*, 1956]

**Schaunard, Alexandre** **1823; †1887*
Französischer Musiker und Maler. Er war befreundet mit den Bohemiens Marcel (siehe dort), Rodolphe und Colline, zusammen die »Vier Musketiere« genannt. Alexandre entwickelte ein ingeniöses System, um auf Pump zu leben: Seine »schwebende Schuld« verteilte er über ein stets wachsendes Netzwerk von Gläubigern, so daß er diese gegeneinander ausspielen konnte und zu jeder Zeit kreditwürdig blieb. Bekannt wurde er durch ein Gemälde, betitelt *Wonnen der Freundschaft,* das eine weite Ebene darstellte, auf der ein roter und ein blauer Baum sich kräftig die Zweige drücken. [RH]

[Henry Murger, *Scènes de la vie de bohème* (dt. *Boheme: Szenen aus dem Pariser Leben*), 1851]

**Schinner, Hippolyte** (Baron) **Paris, 1794; †nach 1845*
Französischer Maler. Schinner machte sich bereits 1815 mit zwei Deckengemälden im Louvre einen Namen, für die er dreißigtausend Francs erhielt. Obwohl er sich selbst nicht als Porträtisten betrachtete – er lehnte aus diesem Grund einen Auftrag des Grafen de Kergarouët ab –, gibt es von seiner Hand ein Porträt des Kapitäns de Rouville (um 1815) und ein Porträt des Prinzen Gandolphini (um 1825).

Schinner hatte seit 1816 eine eigene Werkstatt, in der unter anderen Joseph Bridau (siehe dort) und Pierre Grassou (siehe dort) in die Lehre gingen. Bridau vermittelte er vor allem Aufträge; Grassou machte er auf Fehler auf einem 1819 vom Salon abgelehnten Gemälde aufmerksam, setzte sich aber dafür ein, daß der Salon zehn Jahre später ein Bild des Malers ausstellte. Schinner ist das Schulbeispiel eines erfolgreichen Künstlers, wohlhabend und respektiert Mitglied des Institut de France 1832; in den Adelsstand erhoben kurz vor 1845). Er führte ein ausgesprochen glückliches Eheleben. Es ist hauptsächlich seine meisterhafte Farbbehandlung, wodurch sein Werk auch heute noch anspricht. [SH]

[Honoré de Balzac, *Die Börse; Die Fischerin im Trüben; Pierre Grassou; Ein Lebensbeginn; Die Beamten; Modeste Mignon; Albert Savarus; Glanz und Elend der Kurtisanen; Die Komödianten wider ihr Wissen; Die kleinen Nöte des Ehelebens,* in: *Die Menschliche Komödie,* ab 1842]

**Schwarz, Walter** **Deutschland, zwischen 1850 und 1870; † um 1895*
Der deutsche Porträtist Walter Schwarz malte zu Beginn seiner Karriere hauptsächlich Damen, die er mit oder ohne Begleitung ihrer Ehegatten in seinem Atelier empfing. Er malte unter anderem das Porträt einer Tänzerin, ein Brustbild der Verlobten des Chefredakteurs Schön und ein Porträt von Lulu, der Frau von Doktor Goll, einem Arzt im Staatsdienst. In dessen Auftrag stellte Schwarz Lulu auf recht ungewöhnliche Weise dar: Lulu mußte ihm in einem weißen Pierrot-Kostüm sitzen, einen langen Schäferstab in der Hand, das linke Hosenbein bis übers Knie hochgerollt. Schwarz wurde im Lauf der Sitzungen immer stärker in den Bann seines Modells gezogen. Trotz der wohlgemeinten Ratschläge des Chefredakteurs Schön, der den Maler von der Notwendigkeit innerer Distanz zu überzeugen suchte – »Behandeln Sie sie als Stilleben! Malen Sie Schnee auf Eis.« –, wurde Schwarz während einer der Sitzungen von Leidenschaft überwältigt. Seine Avancen hatten unverhofft Erfolg, und Lulu gab sich ihm hin. Als Lulus nicht mehr ganz junger Ehemann sie in flagranti ertappte und prompt von einem Schlaganfall dahingerafft wurde, stand der Heirat des Malers mit der taufrischen Witwe nichts mehr im Wege. Anfangs war dies seiner Karriere durchaus förderlich. Ein Porträt von Lulu als Samaquecatänzerin wurde in Paris für fünfzigtausend Mark gekauft.

Für seine Frau beziehungsweise sein Modell hegte Schwarz eine blinde, wenn auch nicht allzu galante Verehrung. Seine unmännliche Adoration – er habe Angst vor Frauen, meinte Lulu – wurde dem Maler schon bald zum Verhängnis. Als Schön ihm die »niedrige« Vergangenheit seiner Frau enthüllte, zerplatzte das idyllische Traumbild; er beging Selbstmord. Von Schwarz' Werken hat sich nichts erhalten – die Porträtbüste, an der er in Schöns Auftrag arbeitete, war einem erotischen Kampf zwischen Lulu und dem Maler zum Opfer gefallen. Schwarz brach eine Lanze für den Impressionismus, dem es zu verdanken sei, daß sich die moderne Kunst den alten Meistern ohne Erröten an die Seite stellen dürfe. Seine Begeisterung für das Varieté und für Tänzerinnen erinnert an das Werk Degas'. Die Frage, ob diese thematische Verwandtschaft mit dem Franzosen (oder mit dem von ihm bewunderten Impressionismus) auch stilistisch in seinem Werk ihren Niederschlag gefunden hat, muß auf Grund der spärlichen Quellen unbeantwortet bleiben. [DP]

[Frank Wedekind, *Erdgeist,* 1895]

**Scott, David** *tätig im 20. Jahrhundert*
Amerikanischer Maler. David Scott hatte ein gespanntes Verhältnis zu seiner Umwelt, was man auf seine unruhige Jugend zurückgeführt hat – der Vater verließ die Familie, als David neun Jahre alt war, und die Mutter kümmerte sich wenig um ihn. Er wuchs bei seinen Großeltern auf. Nach dem Schulabschluß wollte er Maler werden, verdingte sich jedoch zunächst, um seinen Lebensunterhalt zu verdienen, im Büro einer mexikanischen Silbermine. Die Umgebung mag vielleicht zu seiner kargen Farbpalette beigetragen haben, in der Grau, Braun, Ocker, Dunkelblau und viel Weiß vorherrschten. Auch seine Kleidung – schwarz und weiß – entsprach seiner Vorliebe.

Scott war als Künstler deutlich von der kubanischen und mexikanischen Volkskunst beeinflußt. Mit siebenundzwanzig unternahm er eine Schiffsreise nach Europa, die auf seine künstlerische Entwicklung entscheidenden Einfluß haben sollte. Zusammen mit seiner Freundin und Malerkollegin Jenny Brown (siehe dort) lernte er auf Reisen den Charakter der verschiedensten Nationen kennen. Am stärksten fesselte ihn Spanien. Scott malte zahlreiche Bilder mit den für ihn so typischen Ölbäumen in einer südlichen Landschaft. Bekannt ist auch seine Serie Porträts einfacher Spanier, deren Gesichter wie von feinem spanischen Leder sind. Man hat Scotts äußerst detailgetreue Malweise gelegentlich auf seine Kurzsichtigkeit zurückgeführt. [JPVDS]

[Katherine Ann Porter, *Ship of Fools* (dt. *Das Narrenschiff*), 1962]

**Seikichi** **Japan; tätig während der Edo-Zeit, 1600 bis 1668*
Dem Tätowierungskünstler Seikichi war ein gewisser Sadismus nicht fremd: Das Hervorquellen des Bluts erfüllte ihn bei seiner Arbeit jedesmal mit Freude. Mancher Kunde, der

bei den zahllosen Stichen in Schluchzen ausbrach oder im heißen Bad, das die Leuchtkraft der Farben erhöhte, vor Schmerzen aufschrie, mußte sich die sardonische Bemerkung anhören: »Ach, es tut also tatsächlich richtig weh?«

Der älter gewordene Künstler träumte jahrelang davon, »einmal auf der frischen, weißen Haut einer Frau sozusagen seine Seele in einer Tätowierung auszudrücken«. Nachdem er die geeignete Schöne endlich gefunden hatte, entpuppte sich der »Ausdruck seiner Seele« als eine riesige Spinne, die den Rücken der jungen Frau umspannte und durch ihre Atemzüge zum Leben erweckt zu werden schien. Als die Frau aus der Betäubung erwachte, sollen ihre ersten Worte gewesen sein: »Meister, Sie selbst sollen mein erstes Opfer werden!« Über Seikichis Ende ist uns jedoch nichts bekannt. [JS]

[Junichiro Tanizaki, *Shisei* (dt. *Tätowierung*), 1910]

**SEKONI** *tätig Mitte des 20. Jahrhunderts in Nigeria*
Nigerianischer Ingenieur, der erst spät zur Kunst fand. Sekoni war ein Künstler, der sich viel Zeit genommen hatte, zu sich selbst zu finden. Nach einer Reise begann er mit einer erstaunlichen Sicherheit zu bildhauern. Seine erste Plastik, eine Holzskulptur, an der er mehr als einen Monat arbeitete, stellte einen Ringer dar, dessen fast qualvoll gestraffte Sehnen Elastizität und Kraft ausdrücken. Gesicht und Gestalt erinnerten an Bandele, einen Dozenten an der Universität. *Der Ringer* machte einen starken Eindruck auf den Maler Kola (siehe dort), der für Sekoni einen Verschlag an sein eigenes Atelier hatte anbauen lassen. Sekonis überragendes Talent brachte Kola so aus dem Gleichgewicht, daß die Arbeit an seinem großen Gemälde *Pantheon* nicht mehr recht voranging. Joe Golder, ein amerikanischer Dozent für afrikanische Geschichte, zeigte wiederholt Interesse an dem *Ringer.* Nach dem plötzlichen Tod des Bildhauers organisierte Kola eine Retrospektive, deren Eröffnung mit Palmwein und geröstetem Fleisch gefeiert wurde. Der Erlös aus den verkauften Werken kam der Witwe des Künstlers zugute. [SJ]

[Wole Soyinka, *The Interpreters* (dt. *Die Ausleger*), 1965]

**Servin** **Paris, 1775; † nach 1845*
Französischer Künstler, der seinen Lebensunterhalt unter anderem als Zeichenlehrer verdiente. Servin war der erste, der in Paris Atelierkurse für junge Damen einrichtete. Das Verhältnis zwischen den beiden Gruppen seiner Kundschaft – zu der einen gehörten Töchter von Bankiers, Notaren und Kaufleuten, zu der anderen Mädchen aus der Aristokratie – war stets äußerst fragil, der Friede immer bedroht. Nachdem Servin einem politischen Flüchtling in seinem Atelier Unterschlupf gewährt hatte, verlor er eine Schülerin nach der anderen. Pikantes Detail: Im Jahre 1845 zeigte sich Camusot de Marville erstaunt darüber, daß seine Frau, obwohl einst Servins beste Schülerin, den Namen Watteau noch nie gehört hatte.

Während des Kaiserreichs genoß Servin hohes Ansehen, da seine Kunsterziehung den Erwartungen des Großbürgertums entsprach: Eine junge Dame, die Unterricht bei Servin genommen hatte, konnte die Bilder im Museum beurteilen, ein gehöriges Porträt fertigen, ein Gemälde kopieren und ein Genrebild malen. [SH]

[Honoré de Balzac, *La Vendetta; Pierre Grassou; Vetter Pons,* in: *Die Menschliche Komödie,* ab 1842]

**Silvert, Jacques** **Paris, 19. Jahrhundert*
Von diesem französischen Maler ist ein frühes Werk bekannt: es zeigt eine Landschaft mit einem flächig gemalten Himmel; auf einer knallgrünen Wiese stehen um die fünf hölzerne, ungelenk gemalte Schafe – die Gesetze der Perspektive sind so eigenwillig angewandt, daß es scheint, als hätten zwei der Tiere fünf Füße. Jacques Silvert war fünfundzwanzig, als er von der jungen, schönen, steinreichen und unverheirateten Raoule de Vénérande »entdeckt« wurde. Sie lernten sich in der Dachwohnung des Künstlers kennen, die er mit seiner Schwester Marie teilte, einer ehemaligen Prostituierten, die sich als Blumenstickerin ihr Brot verdiente. Raoule wollte sich von ihr Flußpflanzen, Seerosen, Pfeilkraut, Entengrütze und gelbe Teichrosen auf ihr Ballkleid nähen lassen. Da Marie krank war, bot Jacques seine Dienste an. Eine prächtige Rose aus Satin, die im Zimmer lag, bezeugte zur Genüge

sein Talent. Als Raoule erfuhr, daß Jacques Maler war, überredete sie ihre bigotte Tante Elisabeth, in deren Haus sie wohnte, dem Künstler ein Atelier zur Verfügung zu stellen, damit er ungestört seine Talente entfalten könne.

Jacques' Bilder interessierten Raoule herzlich wenig, desto mehr sein geschmeidiger Körper, seine weiche, makellose Haut und sein rotes Haar. Das Atelier war nichts anderes als ein goldener Käfig: Silvert wurde mit Aufmerksamkeiten überhäuft, für seine Schönheit verehrt, aber zu absolutem Gehorsam gezwungen. Raoule wollte den jungen Mann lieben, wie ein Mann eine Frau liebt. Und Jacques fand schon bald Gefallen daran: Wenn Raoule fort war, vertrieb er sich die Zeit mit Lesen und dem Malen kraftloser Blumenstücke, ansonsten führte er das müßige Leben einer Haremsfrau, die nichts anderes kennt als die Liebe. Schließlich bekam Raoule genug von der heimlichen Beziehung. Der Architekt Martin Durand übernahm mit Begeisterung die Aufgabe, Jacques anläßlich eines großen Festes im Haus Vénérande offiziell in die Gesellschaft einzuführen. »Dieser Junge ist das schönste Porträt, das mir jemals begegnet ist; er hat im übrigen nicht das geringste Talent … Aber er kann von mir etwas lernen. Künstler haben im allgemeinen die sonderbare Marotte, daß sie von der Hautevolee nicht wegen ihrer Leistungen, sondern wegen ihrer schlechten Manieren bewundert werden wollen; sie wollen dadurch Schule machen, daß sie anderen das beibringen, wovon sie selber keine Ahnung haben«, soll Durand gesagt haben.

Kurz darauf gab Raoule ihre Hochzeit mit Jacques bekannt. Sie ließ sich das Haar kurz schneiden und zog für die Hochzeitsnacht Männerkleider an. Jacques hatte sich inzwischen so sehr mit der Frauenrolle identifiziert, daß er es bedauerte, daß Raoule nicht tatsächlich ein Mann war. Eines Abends drang er in Frauenkleidern in das Schlafzimmer des Barons de Raittolbe, in der Hoffnung, endlich von einem richtigen Mann geliebt zu werden. Rasend vor Eifersucht, obwohl der Baron Jacques abgewiesen hatte, arrangierte Raoule ein Duell zwischen den beiden Männern. Jacques ließ sie im Glauben, das Ganze sei nur ein Spiel, Raittolbe dagegen gab sie Anweisungen, die an Deutlichkeit nichts zu wünschen übrigließen: »Weg mit ihm!« Der Künstler, der vom Fechten wenig verstand, wurde tödlich verwundet.

Raoule de Vénérande bewahrte in ihrem Pariser Haus eine merkwürdige Skulptur auf. Auf dem Ehebett in ihrem Schlafzimmer, das nach dem Hinscheiden des Hausherrn, von einer Geheimtür abgesehen, gänzlich zugemauert war, lag eine Wachsfigur, die Jacques täuschend ähnlich sah, mit echtem roten Haar, blonden Wimpern und goldfarbenen Brusthaaren auf der Gummihaut; auch Zähne und Nägel stammten von dem Verstorbenen. Es hieß, die Witwe habe in manchen Nächten bewundernd vor dem Bild gekniet, es umarmt und ihm Küsse auf die Lippen gedrückt, die sich mittels einer Feder bewegen ließen. Das anatomische Meisterwerk soll die Arbeit eines Deutschen gewesen sein. [CR]

[Rachilde (Pseudonym von Marguerite Eymery), *Monsieur Vénus*, 1889]

**Sixt** (Meister) **zwischen 1450 und 1475; † nach 1518*
Niederländischer Maler, der um 1500 in Straßburg und im schwäbischen Waiblingen tätig war. In seinen frühen Jahren war er Begleiter einer Gräfin, die in Waiblingen Wandteppiche herstellte. Aus finanziellen Gründen ließ er sich eine Zeitlang in Straßburg nieder, wo er vor allem Porträts malte. Anfangs neigte Sixt dazu, die charakteristischen Züge seiner Modelle getreu wiederzugeben, da das Resultat aber oft wenig schmeichelhaft war, sah er sich gezwungen, seine Malweise idealistischer zu gestalten. In späteren Jahren griff er noch einmal auf seinen früheren schonungslosen Realismus zurück, auf ausdrücklichen Wunsch des Auftraggebers Berthold, des ehemaligen Bürgermeisters von Waiblingen und Sohn der Gräfin. Berthold fühlte sein Ende nahen und glaubte, »um so williger sterben zu können, wenn seine Leiche ihm schon im Abbild des Lebenden entgegenfriere«. Er erschrak dennoch vor dem gräßlichen Resultat. Sixt hatte Berthold von der Seite gemalt, so daß der lebendige Blick, das Friedliche und die Milde des Ausdrucks um den Mund, der ihm eigen war, gänzlich fehlten. Dem Bürgermeister graute es vor sich selbst, es schien ihm, als könnte er als verwesender Körper nicht übler aussehen als auf diesem Gemälde.

Wenig später erhielt Sixt jedoch einen weiteren Auftrag von Berthold, der sich in der Zwischenzeit durch eine Bluttransfusion verjüngt hatte. Er wünschte sich ein Familienbild von sich selbst, seiner Verlobten Anna, ihrer Mutter Apollonia und seiner Pflegemutter Hildegard. Sixt plazierte die Gruppe vor einen Brunnen, Berthold als Paris, der Anna den Apfel reicht. Da die drei Frauen die Göttinnen des bekannten Mythos darstellten, stattete er sie mit den zugehörigen Attributen aus, der Eule, der Taube und dem Pfau. Sixt hatte seine undiplomatische Manier noch nicht ganz verlernt – Apollonia hat einen bösartigen Ausdruck, Hildegard schlichtweg etwas Vulgäres, nur Anna sieht reizend aus. Was Sixt nicht entzückte, machte ihn heimtückisch. Im übrigen war schon die Wahl des Paris-Motivs nicht sehr taktvoll, denn während ein Familienbild doch der Inbegriff der Harmonie sein sollte, handelt jene Fabel gerade von Eifersucht und Zwietracht.

Sixt hatte keine gequälte Künstlerseele, er war ein bürgerlicher Maler, der seinen Lebensunterhalt mit Aufträgen verdiente. Allerdings war mit ihm auch nicht gut Kirschen essen, seinen Schüler Anton von Stock (siehe dort) soll er äußerst schlecht behandelt haben. Auf seinen Zeitgenossen Albrecht Dürer war er nicht gut zu sprechen. Ihm mißfielen, wie er sich ausdrückte, dessen ausgemergelte Gestalten. Er hatte die vollen sinnlichen Figuren seiner niederländischen Meister im Kopf, und so malte er auch seine Heiligen. In ihnen müsse sich der ganze Mensch manifestieren, der Mensch, der auch den Stoff zur Sünde in sich trage, aber in seinem Ausdruck die Bändigung der Lust, die Unterwerfung des blinden Triebs unter einen höheren Zweck zeige. Nur so werde deutlich, daß das Martyrium kein toter Zwang des Gesetzes sei, sondern ein Drang seiner Seele, ein feuriger Wille, das, was gewöhnlich Glaube genannt werde. [DP]

[Achim von Arnim, *Die Kronenwächter,* 1817/54]

**SLICK, HENRY** *tätig in Dog Solitude, USA*

Amerikanischer Künstler, der sich in Dog Solitude der Underground-Szene um *The Factory* anschloß. Von einem *angry young man* entwickelte er sich mit den Jahren zu einem arrivierten Künstler. Er spezialisierte sich auf große Roboter-Skulpturen, die er aus Industrieabfall zusammenbastelte und von denen *The Judge,* obwohl unvollendet, zweifellos die bekannteste ist. Es handelt sich um eine vier Meter hohe, motorisierte Metallkonstruktion, die mittels Joystick gesteuert werden kann. Merkwürdigerweise bediente sich Slick für den Antrieb keiner gängigen Energiequelle; er experimentierte mit Preßluft und neuartigen Verbrennungsmotoren. Elektrizität, so pflegte er zu sagen, sei ihm nicht physisch genug. Zu seinen bekannteren Werken gehören *Investigators, Corpsegrinder* und *Witch.* Hin und wieder ließ Slick seine Roboter, wie um sie zu testen, auch miteinander kämpfen, und er scheute sich nicht, sich mit ihrer Hilfe die Polizei vom Halse zu halten.

Slick hegte eine fast physische Abneigung gegen seine Schöpfungen. Es verschaffte ihm eine gewisse Befriedigung, etwa *The Judge* konstruiert zu haben – sei es nur, um diesen Einfall los zu sein –, aber das bedeute nicht, so insistierte er, daß er an seinen Kunstwerken hänge. Slicks Roboterkunst, die auf einige seiner Freunde einen etwas willkürlichen Eindruck machte, war seiner Ansicht nach die Entsprechung dessen, was sich im Inneren des Künstlers abspielt, etwas, das der Künstler selbst sonst nicht zu fassen bekommt. In diesem Sinne war Henry Slicks Werk ganz und gar nicht willkürlich. [BB]

[William Gibson, *Mona Lisa Overdrive* (dt. *Mona Lisa Overdrive. Dritter Roman der Neuromancer-Trilogie*), 1988]

**Sommervieux, Théodore Baron de** **Paris, Ende des 18. Jahrhunderts; † Anfang des 19. Jahrhunderts*

Französischer Maler, hauptsächlich von Porträts. Gewann 1804 den Grand Prix de Rome und 1811 den Grand Prix du Salon. Seine herausragendste Leistung war das Porträt von *Augustine Guillaume,* das er aus dem Gedächtnis malte. Als die Dargestellte sich auf der Ausstellung in dem Bild erkannte, erklärte der Maler ihr seine Liebe. Einige Zeit später, zum Baron erhoben und zum Ritter der Ehrenlegion ernannt, heiratete Sommervieux Augustine. Die Ehe zwischen den beiden unvereinbaren Charakteren – Augustine war nach übereinstimmenden Quellen ziemlich spießbürgerlich – war nicht glücklich. In einem Wutanfall zerstörte der Künstler das Porträt seiner Frau. Mit Bestürzung mußten Augustines Eltern feststellen, daß ihr Schwiegersohn Aktbilder malte und Affären mit verschiedenen Frauen hatte, so mit der Herzogin von Carigliano und mit Madame Marmus, die ihm einen Sohn schenkte. Einer seiner Schüler war Pierre Grassou (siehe dort), dem es jedoch nicht gelang, sich die Kühnheit der Komposition seines Lehrmeisters zu eigen zu machen. [SH]

[Honoré de Balzac, *Das Haus »Zum ballspielenden Kater«; César Birotteau; Pierre Grassou; Modeste Mignon*, in: *Die Menschliche Komödie*, ab 1842]

**Steinbock, Wenceslas Graf** **Polen, 1809; †nach 1845*

Französischer Bildhauer polnischer Abstammung. Ursprünglich Lehrer an einem Warschauer Gymnasium. Steinbock floh nach dem Polnischen Aufstand (1830) aus seiner Heimat und kam zu Fuß über Deutschland nach Paris. Nach einem ersten Selbstmordversuch – ein zweiter, ebenso vergeblicher sollte folgen – wurde er Lehrling in der Werkstatt von Florent & Chanor, Bronzegießer und Goldschmiede, wo er Stidmann (siehe dort) kennenlernte. Sein erstes Werk, die Bronzegruppe *Samson zerreißt einen Löwen* (1838), wurde sogleich als Meisterwerk anerkannt. Das Samson-Thema wiederholte der Künstler mit *Samson und Dalila.* Das *Reiterstandbild des Marschalls Montcornet* wurde weniger günstig aufgenommen. Nach 1843 war er nicht mehr als bildender Künstler, sondern als Kunstkritiker tätig.

Steinbock war mindestens ebenso für seine künstlerischen Mißerfolge wie für seine Erfolge bekannt. Perioden der Kreativität und solche der Lethargie wechselten einander ab. Seine vielen amourösen Abenteuer brachten ihn des öfteren in Schwierigkeiten – so wurde er einmal von einer abgewiesenen Frau denunziert und kam ins Schuldgefängnis, aus dem ihn Stidmann (siehe dort), Bridau (siehe dort) und Didas y Lora (siehe dort) befreiten. [SH]

[Honoré de Balzac, *Tante Bette; Die falsche Geliebte,* in: *Die Menschliche Komödie,* ab 1842]

**Stermaria, Antoine de** **Berlin, 1920*

Sproß eines Geschlechts bretonischer Hugenotten, die sich im 18. Jahrhundert in Königsberg niedergelassen hatten. Sein Vater starb, als Antoine noch sehr jung war; von seiner deutsch-russischen Mutter erhielt der Junge eine typisch mitteleuropäische Erziehung. Während eines vierjährigen Aufenthalts in Prag entschloß sich Stermaria, Maler zu werden. Er nahm Zeichenunterricht bei Natacha Hissel, die ihn auch in die Mysterien des Eros und des Thanatos einweihte. Während des Zweiten Weltkriegs wohnte Stermaria in Nizza, wo er der Résistance angehörte. Eine enge Freundschaft verband ihn mit dem spanischen Bühnenautor Juan Larrea.

In Nizza und ab 1945 in seinen Ateliers in Antibes und Saint-Césaire malte Stermaria abstrakte, imaginäre Landschaften, meist in dunkelroten und rußfarbenen Tönen. Auf einer Ausstellung seiner Bilder und Lithographien in einer römischen Galerie bei der Bucca di Ripetta lernte er 1965 die Mailänderin Franca Castellani kennen, die seine Frau werden sollte. Zum ersten Mal schuf er Aktbilder, wie *Akt auf ein Fenster zugehend* und *Akt von hinten*. Auf seine rote folgte eine blaue Periode, stark inspiriert von einem neunmonatigen Aufenthalt in Venedig.

Später ließ sich Stermaria in Freneuse, im Seine-Tal, nieder. Es folgten Ausstellungen in Toledo (Ohio) und Amsterdam (1981). Er nahm an einer großen Retrospektive französischer Malerei im Metropolitan Museum of Modern Art in New York teil; eine umfangreiche Monographie über sein Werk erschien.

1982 veranstaltete Stermaria in seinem Landhaus in Freneuse ein Treffen mit Juan Larrea und dem tschechischen Theaterregisseur Karel Kepela, das tragisch endete. Die Erinnerung an die Internierung im KZ Buchenwald trieb Larrea in den Tod. [PEV]

[Jorge Semprún, *La Montagne blanche* (dt. *Der weiße Berg*), 1986]

**Sternbald, Franz** **Deutschland, zwischen 1495 und 1500; †nach 1525*

Deutscher Renaissancemaler. Sternbald wuchs bei Pflegeeltern in einem Dorf an der Tauber auf. Im Alter von zwölf

Jahren ging er nach Nürnberg in die Lehre bei Albrecht Dürer. Mit Anfang Zwanzig verließ er das Atelier seines geliebten Meisters und reiste in die Niederlande und nach Italien, um sich zu vervollkommnen und als vollendeter Meister seines Handwerks zurückzukehren. Auf dem Weg nach Holland besuchte er seinen Geburtsort, wo er für die Kirche eine *Verkündigung der Geburt Christi an die Hirten* malte. Sternbald verwendete hier auf geistreiche Weise zwei Lichtquellen. Zwei Engel schreiten im bleichroten Schein der untergegangenen Sonne durch ein Kornfeld und erleuchten mit ihrem göttlichen Glanz die Landschaft. Dürers lobende Beschreibung dieses Werkes läßt auf eine merkwürdige Verbindung von religiöser Thematik und mystischem Naturgefühl schließen.

In Leiden besuchte Sternbald Lucas van Leyden. Einige Zeit hielt er sich in Antwerpen auf, wo er die Tochter des Kaufmanns Vansen porträtierte. In Straßburg malte er eine *Heilige Familie.* Der Muttergottes gab er die Züge Maries, eines weiblichen Idealbilds, das auf eine Begegnung in seiner Kindheit zurückging und ihm während seiner ganzen Reise vor Augen stand.

Sternbald hatte sich unter Dürers Anleitung zu einem frommen Künstler entwickelt, der sich zu Luther bekannte, die Bibel las und für den »die Andacht der höchste und reinste Kunstgenuß« war. Künstlertum sei Gnade, und das Höchste, was der Künstler erreichen könne, sei die Offenbarung des Göttlichen in der Kunst. Daher verbitterte ihn der engstirnige Materialismus der Städter, die, wie er glaubte, in der Kunst nur einen nutzlosen Zeitvertreib sahen. Wenn alle Menschen Künstler wären, so träumte Sternbald, oder zumindest die Kunst liebten, so wären gewiß alle um vieles glücklicher.

Für die Natur, die dem Menschen die »Ahndung der Gottheit« gebe, empfand Sternbald tiefe Ehrfurcht. Als er auf dem Weg nach Italien den alten Maler Anselm (siehe dort) besuchte, identifizierte er sich mit dessen mystischer Auffassung der Natur als einer göttlichen Hieroglyphenschrift. Den »harmonischen Orgelgesang«, der aus der Natur aufsteige, konnte er zutiefst empfinden, und in solchen Augenblicken wurde ihm schmerzlich bewußt, wie unzulänglich das kindliche Gelalle der Kunst sei. Seine größte Unzulänglichkeit war jedoch, daß es ihm nie gelang, die intensiven Momente der Hingabe an Gott oder an die Natur festzuhalten. Sternbald fehlte die Beharrlichkeit und die ruhige Schaffenskraft seines Meisters. Er besaß einen leicht erregbaren Geist und ließ sich zu rasch von neuen Eindrücken mitreißen, um zu schöpferischer Arbeit imstande zu sein. »Ich möchte gern alles leisten, und darüber werde ich am Ende gar nichts tun können«, seufzte dieser ruhelose Wanderer. Er hatte die Angewohnheit, sich Gemälde in der Phantasie auszumalen, was ihn so absorbierte, daß er sich bisweilen nicht sicher war, ob nicht auch die Wirklichkeit ein eingebildetes Gemälde sei. So phantasierte er etwa über den Morgen oder über das verwandte Thema des ewigen Frühlings, Motive, die das Werk Philipp Otto Runges in Erinnerung rufen, der nachweislich von Sternbald beeindruckt war. Beide teilten die Überzeugung, gute Künstler seien wie Kinder, rein und gesegnet mit einem unbefangenen Blick, wie das Licht der Morgenröte.

Franz Sternbald sollte auf seiner Reise in den Süden eine gewisse Entwicklung durchmachen und, ohne seine Herkunft zu verleugnen, seinen »deutschen« Ernst und seine Demut mit etwas italienischer Lebensfreude würzen. Seine Bekanntschaft mit Florentiner Malern wie Andrea del Sarto, Baccio Bandinelli und Giovan Francesco Rustici spielte hierbei eine wichtige Rolle, ebenso wie die Gesellschaft seines sinnesfrohen Freundes Rudolf Florestan, eines Italieners, der ihn auf einem großen Teil der Reise begleitete. Florestan war der Auffassung, die Darstellung des freien unverhüllten Körpers sei der höchste Triumph der Kunst. Hiermit antizipierte er den Florentiner Prospero Frescobaldi (siehe dort), der ein halbes Jahrhundert später ganz auf die Malerei verzichten sollte zugunsten eines dionysischen Lebens. In Italien entdeckte Sternbald auch das Werk Tizians und Correggios. Der Genuß, den Correggios Bilder ihm bereiteten, wurde für ihn zu einer »hohen Schule der Liebe«, Worte, die aus dem Mund eines treuen Dürerschülers recht ungewöhnlich klingen.

Sternbalds Reise endete, soweit wir wissen, in Rom, wo er Michelangelo bewunderte und – was vielleicht noch wichtiger war – Marie begegnete, der Frau, von der er geglaubt hatte, sie inspiriere ihn gerade durch ihre Unerreichbarkeit. Ob diese Begegnung auch das Ende seines Künstlertums bedeutete, darüber geben die Quellen keinen Aufschluß. [DP]

[Ludwig Tieck, *Franz Sternbalds Wanderungen,* 1798]

**STIDMANN** **Paris; † nach 1845*

Französischer dekorativer Bildhauer. Machte zum ersten Mal mit einer in Gold gravierten Jagdszene auf einem Reitpeitschengriff (1829) auf sich aufmerksam. Der russische Auftraggeber konnte die Arbeit jedoch nicht bezahlen; später kaufte sie Ernest de La Brière als Geschenk für seine zukünftige Frau, Modeste Mignon. 1833 arbeitete Stidmann bei Florent & Chanor, Bronzegießer und Goldschmiede, wo Steinbock (siehe dort) sein Lehrling war. Er sollte diesen später aus dem Schuldgefängnis freikaufen und Trauzeuge bei seiner Hochzeit sein.

Zu Stidmanns bekanntesten Werken gehören die Bildhauerarbeiten im Apartment von Jenny Cadine, eine Kaminumrahmung in der Wohnung von Mademoiselle Marneffe und zwei Grabdenkmäler auf dem Friedhof Père Lachaise (für die Familien Marsay und Keller). Stidmann wurde 1845 Mitglied des Institut de France. [SH]

[Honoré de Balzac, *Modeste Mignon; Tante Bette; Vetter Pons; Die Komödianten wider ihr Wissen,* in: *Die Menschliche Komödie,* ab 1842]

**STOCK, ANTON VON** **Süddeutschland, 1480/95; † nach 1531*

Süddeutscher Maler, entstammte einem Grafengeschlecht, das auf die Hohenstaufer zurückging. Anton von Stock war der Sohn des Grafen Rappolt und Mathildes von Amorbach und verbrachte seine Kindheit zusammen mit seinem Zwillingsbruder Konrad auf Schloß Hohenstock. Beide Knaben wurden sehr jung von den sogenannten Kronenwächtern, die von der Wiederherstellung der deutschen Einheit träumten, auf die Kronenburg entführt. Als sie Anton eines Tages den Befehl gaben, Kaiser Maximilian zu töten, täuschte er sie und verschonte den Kaiser. Sein eifersüchtiger Bruder, der hoffte, Anton von der Kronenburg wegzulocken, machte ihm weis, der Betrug sei entdeckt, und Anton ergriff die Flucht. In Waiblingen ging er bei dem Maler Meister Sixt (siehe dort) in die Lehre, der lange Zeit für seinen Vater gehalten wurde. Obwohl Anton wie ein wahrer Herkules aussah, verprügelte ihn Sixt regelmäßig – allerdings nur im Schlaf – und gab ihm kaum etwas zu essen.

Stocks erstes bekanntes Werk war die Restauration einer Madonna am Giebel der Weberei des Waiblinger Bürgermeisters Berthold. Der Maria gab er die Züge Annas, Bertholds Frau, und dem Christuskind seine eigenen. Als Anna kurz darauf einen Sohn gebar, der Anton (und somit dem Christuskind) ähnlich sah, zerrissen sich die Dorfbewohner das Maul. Von Ehebruch konnte jedoch keine Rede sein, die Ähnlichkeit war Folge einer Bluttransfusion, die einst zwischen Anton und Berthold stattgefunden hatte: nur dadurch hatte Bertholds Kind tatsächlich Antons Blut in den Adern. Anna drängte ihn jedoch, das Bild zu übermalen. Als es dem Künstler nach manchen Gebeten gelang, prangte ein Bild von erdenfreier Reinheit auf dem Giebel: sein erstes, wirklich beseeltes Werk. Der Maler erkannte seine Berufung und sprach von seiner Verehrung für Dürer.

Nach Bertholds Tod vermählte sich Anton von Stock mit Anna und malte für die Kirche einen *Christophorus, der das Christuskind über das Wasser trägt* – in gewissem Sinn eine Vorwegnahme seines Auftrags als Kronenwächter – und einen *St. Sebastian* und *St. Petrus*. Es heißt, der Maler sei selbst darüber erstaunt gewesen, daß er, der wie ein lustiger Landsknecht aussah, solche frommen stillen Gesichter hervorbringen konnte. Er führte dies auf den Einfluß seiner Frau zurück, die bei aller Härte gegen ihn doch immer ein sehr mildes heiliges Gesicht bewahrt habe und fleißig bete. Der Maler verehrte sie als Quelle seiner Inspiration und war fest davon überzeugt, daß seine Darstellungen heiliger Frauen ihr zu verdanken waren.

Der Bildersturm bedrohte Stocks Existenz, und er spielte eine Weile mit dem Gedanken, Schmied zu werden. Das Verhältnis zu seiner Frau litt unter seinem Hang zum Fressen und Saufen, und schließlich schloß sich Stock einem Trupp Landsknechte an. Auf seinen Irrfahrten begegnete er seinem leiblichen Vater Rappolt, der ihm mehr über seine Vorherbestimmung als Wächter der Stauferkrone – Symbol des deutschen Einheitstraums – erzählte. In jener Zeit malte er ein *In Memoriam* für ein totes Eichhörnchen, das auf zwei gekreuzten Knochen sitzt und an einem Schädel, wie an einer Nuß, nagt. Ein alter Mann, der das Bild sah, glaubte, das Tier sei wieder zum Leben erwacht, was auf Stocks Gabe hinweist, nach der Natur zu malen. Für seine als Schildknappe verkleidete Gefährtin Susanna, die er in einer Herberge in Augsburg kennengelernt hatte, fertigte er ein Selbstporträt auf einem kleinen runden Holztäfelchen, das sie um den Hals tragen konnte. Als Spiegel benutzte Stock ein Gefäß mit Wasser, was ihn auf die Idee brachte, sein Bild ganz wie im Spiegel eines hellen Wassers abzubilden, durch seine Locken ließ er ein paar Fische spielen, eine Taube saß an der Seite und trank aus dem Becken. Als Susanna bemängelte, die Augen hätten nicht genug Feuer, soll der Maler seinen in Weiß getauchten Pinsel gegen das Bild geworfen haben, woraufhin wunderbarerweise ein weißer Punkt auf dem Auge den gewünschten Effekt erzielte.

Nach Waiblingen zurückgekehrt, zerstörte Anton von Stock in der Kirche seine eigenen Arbeiten, sie galten ihm nichts mehr verglichen mit einem kleinen Bild, das er einmal von der schlafenden Susanna gemalt hatte und das so viel Heiligkeit und Leben ausstrahlte. Auch konnte er den Gedanken nicht ertragen, daß die früheren Werke seinen Namen trugen, einen Namen, dem so große Geschicke anvertraut waren.

Wahrscheinlich übernahm Anton später tatsächlich eine Zeitlang die Wache bei der Krone, doch schon bald soll er wieder in die Welt hinabgestiegen sein und Albrecht Dürer und Lucas Cranach aufgesucht haben. Er wurde Protestant – schon früher hatte er sich mit dem Gedanken getragen, ein Porträt Luthers zu malen. Es heißt, Anton von Stock habe schließlich die Kronenburg zerstört. Er war wohl doch zu sehr Bürger und Künstler der Renaissance, um derartigen Rittermärchen noch Glauben schenken zu können. In seiner

Tat kann man jedoch auch einen Fingerzeig sehen, daß die Krone Deutschlands nicht durch Krieg und Gewalt, sondern nur durch geistige Bildung errungen werden kann. Nach der Legende feierte Anton von Stock gegen Ende seines Lebens seine Vermählung mit Susanna; auf der gläsernen Säule, in der die Krone verwahrt wurde, soll ihr Ehebett gestanden haben. Anton von Stock entsagte allem Irdischen, selbst die Luft wurde ihm zu schwer. Er starb im vollsten Vertrauen auf die Krone. [DP]

[Achim von Arnim, *Die Kronenwächter,* 1817/54]

**STOSZ, STASHUA** *tätig ab 1980 in New York*
Amerikanischer Maler italienisch-polnischer Abstammung. Stashua Stosz erhielt eine ausgesprochen katholische Erziehung. Ab den achtziger Jahren wohnte und arbeitete er in Greenwich Village (New York). Wie so viele andere Künstler seiner Zeit empfand er die populäre Massenkultur als außerordentlich erfrischend. Es ging ihm aber nicht um eine reine Kopie ihrer Manifestationen, wie es etwa bei Warhol und Lichtenstein zwanzig Jahre zuvor der Fall gewesen war, sondern um die »Manipulation« eines Universums des Konsums, in dem alles mit allem zusammenhängt. Stosz gab auf diese Weise der fortwährend durch die Massenmedien stimulierten Gesellschaft Ausdruck. Und nicht ohne Erfolg. 1986 wurde er zu dem *Dinner der 40 berühmtesten Künstler der Welt* eingeladen – tatsächlich handelte es sich um Künstler, deren Bereitschaft geehrt wurde, in einem Nachtklub die Gestaltung der Einrichtung zu übernehmen.

Seinen Erfolg verdankt Stosz hauptsächlich den Kreationen von Cartoonfiguren wie Bullwinkle, der Elch, Quick Draw MacGraw und Babalooey (wie auf dem Bild *Urteil Salomons,* auf dem Quick Draw MacGraw und Babalooey ein Eskimobaby zersägen). Aber er arbeitete auch mit Micky Maus und anderen Comicfiguren.

Seine neoheroischen Darstellungen fanden jedoch wenig Anklang. Ein Kritiker tat seine Bilder als »hirnlose Krakeleien eines Neandertalers« ab, ein Urteil, unter dem der Maler sehr gelitten hat. [BM]

[Tama Janovitz, *Slaves of New York* (dt. *Großstadtsklaven*), 1986]

**Stubbs, William** **England, zweite Hälfte des 18. Jahrhunderts*
Englischer Maler. Stubbs arbeitete im Auftrag von Sir Hercules, dem vierten Baronet von Lapith, einem exzentrischen und äußerst belesenen Mäzen. Da Sir Hercules nur einen Meter und zwei Zentimenter groß war, hatte er sein Landgut Crome auf seine Bedürfnisse ausgerichtet – sogar die Bediensteten waren Zwerge. Daß ein Mann von normalem Wuchs, wie Stubbs, eingeladen wurde, auf Crome zu arbeiten, unterstreicht die Wertschätzung, die Sir Hercules seiner Kunst entgegenbrachte. Stubbs schuf auf dem Landsitz zwei Werke, die beide den Auftraggeber mit seiner aus Venedig stammenden, neunzig Zentimeter großen Gemahlin Filomela darstellen. Auf dem einen Gemälde sehen wir ein imposantes Jagdgefolge – eine Meute schwarzer und brauner Möpse, auf Exmoor-Ponys reitende Grooms in purpurner Livree, während Gebieter und Gebieterin in grünem Jagdkostüm folgen.

Das andere Gemälde zeigt die Eheleute in einer von vier Shetland-Ponys gezogenen grün lackierten Kalesche sitzend. Sir Hercules trägt einen pflaumenblauen Samtmantel und eine weiße Kniehose, Filomena ein Kleid aus geblümtem Musselin und einen großen Hut mit rosa Federn. Die beiden Figuren in ihrer prächtigen Equipage heben sich scharf gegen den dunklen Hintergrund von Bäumen ab, doch auf der linken Bildseite fehlen die Blätter, so daß die vier schwarzen Ponys vor einem fahlen, unheimlichen Himmel stehen, der die goldbraune Farbe von in der Sonne aufleuchtenden Gewitterwolken hat. [SJ]

[Aldous Huxley, *Crome Yellow* (dt. *Eine Gesellschaft auf dem Lande*), 1921]

**Tafas, José Enrique** *† Claromecó, 12. Oktober 1964*
Der jung verstorbene argentinische Maler José Enrique Tafas war muslimischer Abstammung – sein Vater war, in einen Orientteppich gewickelt, in Südamerika angekommen. Zwar legte Tafas das islamische Bilderverbot sehr eigenwillig aus, trotzdem muß sein Werk im Kontext der Kunst des 20. Jahrhunderts beurteilt werden. Seine Schöpfungen sind von internationalem Format, und seine geringe Bekanntheit steht

wohl auch damit in Zusammenhang, daß er zum Zeitpunkt seines tragischen Tods durch Ertrinken gerade erst die Aufmerksamkeit im eigenen Land auf sich gezogen hatte.

Tafas' Œuvre besteht aus naturgetreu gezeichneten oder gemalten – die Meinungen hierüber gehen auseinander – Ansichten von Buenos Aires, die er anschließend mit Hilfe von Brotkrumen und Leitungswasser völlig auslöschte und mit Teer bestrich. Diese schwarzen Teerbilder trugen gewöhnliche Titel wie *Café Tortoni,* und ihre Preise richteten sich nach der Beliebtheit des betreffenden Motivs und der Qualität des (getilgten) Werks. Tafas' mystische Kunst lebt von der Spannung zwischen der Banalität der verschwundenen Stadtansichten und dem schwarzen Nichts der Teeroberfläche. Der nächste Geistesverwandte dieses Einzelgängers scheint der Österreicher Arnulf Rainer zu sein, dessen *Übermalungen* ebenfalls die mystische Zerstörung der Dinge implizieren. Manche von Rainers Werken kommen einem Plagiat recht nahe, und daher kann man auch darüber spekulieren, ob die Investitionen westlicher Galerien und Museen in Rainers Bilder nicht das Ihre dazu beigetragen haben, daß Tafas nicht die ihm gebührende Anerkennung zuteil wurde. [SL]

[Jorge Luis Borges und Adolfo Bioy Casares, *Cronicas de Bustos Domecq* (dt. *Chroniken und Neue Geschichten von Bustos Domecq*), 1967]

**TARR, FREDERICK** *tätig zu Beginn des 20. Jahrhunderts* Britischer Maler. Ließ sich schon früh in Paris nieder, wo er in der internationalen Künstlerkolonie Bekanntheit genoß. Frederick Tarr galt als Impressionist, sympathisierte jedoch auch mit dem Kubismus, der gerade en vogue war. Tarr malte hauptsächlich Porträts, oft in hellenisierender Weise. Seine individualistische, asketische Kunstauffassung basierte auf dem absoluten Gegensatz zwischen Kunst und Leben. »Kunst muß zuallererst tot sein, und in zweiter Linie seelenlos, in der menschlichen und sentimentalen Bedeutung des Wortes. Gute Kunst hat keine Innenseite«, meinte der Maler. Die gleichen hohen Anforderungen stellte er auch an den Künstler. Täglich focht er mit sich selbst einen Kampf aus, um seine Verlobte Bertha nicht aufzusuchen. »Hingabe an eine Frau ist eine Art Selbstmord des Künstlers.« Tarr wollte alle Geisteskraft, alle Kreativität, die der *homme sensuel* im Liebesleben verschleudere, für die Kunst aufbewahren. Es gelang ihm nur teilweise: In dem Jahr seiner Verlobung mit Bertha fristete seine Kunst aufgrund verschiedener amouröser Komplikationen ein kümmerliches Dasein. Eine Hauptrolle hierbei spielte der Deutsche Otto Kreisler, ein ständig in Geldnot lebender mittelmäßiger Maler und Bohemien. Kreisler malte archaische Aktfiguren, für die ihm auch Bertha Modell saß. Nach Tarr war Kreisler ein *homme sensuel* par excellence: Eine Zeitlang habe sich Kreisler eingebildet, ein Maler zu sein, und dann »wollte er wieder zum Sex zurück«, zur Kunstform des Pöbels. Nicht lange nach Kreislers Selbstmord – grundlos hatte er einen polnischen Kunsthändler zum Duell gefordert und getötet – heiratete Tarr Bertha, die von Kreisler ein Kind erwartete. Die Ehe hatte kaum drei Jahre Bestand. [RH]

[Wyndham Lewis, *Tarr* (dt. *Tarr*), 1918/1928]

**TATE, NAT** **vermutlich in Union Beach, New Jersey, 7. März 1928; † zwischen Manhattan und New Jersey, 12. Januar 1960*

Amerikanischer Künstler. Sein Vater, den er nie gekannt hat, ein Fischer, ertrank im Meer. Nachdem auch seine Mutter 1936 bei einem Verkehrsunfall ums Leben gekommen war, wurde der junge Nat von dem sehr reichen, kinderlosen Ehepaar Peter und Irinia Barkasian adoptiert, bei dem seine Mutter als Haushaltshilfe gearbeitet hatte. Die Barkasians wohnten auf Long Island in einer stattlichen Villa, einer freien Kopie des Petit Trianon in Versailles. Auf dem College war Nat außer im Malen und Zeichnen kein As; von 1947 bis 1951 nahm er an der legendären Summer School Hans Hofmanns teil, wo er sich mit dessen Theorien über die »Integrität der flachen Bildebene« auseinandersetzte. Das restliche Jahr über arbeitete er in einem als Atelier eingerichteten Gebäude auf dem Landgut der Barkasians. Peter Barkasian unterstützte die künstlerischen Pläne seines Adoptivsohns rückhaltlos; enge Vertraute sprachen sogar von einer wachsenden Zuneigung, die nichts mehr mit väterlichen Gefühlen zu tun gehabt habe.

1950 begann Tate mit seiner berühmtesten Serie Zeichnungen *The Bridge,* die jedoch – wie der Künstler selbst – heute nahezu vergessen ist. Angeregt durch Hart Cranes gleichnamiges, 1930 veröffentlichtes Epos, sollte sie schließlich über zweihundert Blätter umfassen. Auf jeder Zeichnung ist im oberen Teil eine schematisch angedeutete Brücke zu sehen, der untere Teil, die Hälfte bis zwei Drittel der Leinwand, ist mit einem Wirrwarr von Strichen gefüllt, manchmal mit halbfigurativen Darstellungen, obszön grafittiartig oder fein und genau gezeichnet, manchmal mit an Schwitters erinnernden Collagen. »Ich liebe Brücken«, sagte Tate, »sie sind so stark, so einfach – aber was alles darunter, im Fluß, strömt!« Einige der *Bridge*-Zeichnungen wurden 1952 in einer Provinzgalerie von der New Yorker Galeristin Janet Felzer und dem Dichter und Kritiker Frank O'Hara entdeckt. Felzer zeigte Tates Arbeiten auf einer Ausstellung, auf der auch Gottlieb, Krasner und Newman vertreten waren. Der einflußreiche Kunstkritiker Clement Greenberg sprach von »einigen vielversprechenden, seltsam beunruhigenden Zeichnungen von Nat Tate«, suggerierte jedoch zu Unrecht, Tate sei stark von De Kooning beeinflußt. In den nächsten Jahren stieg Tates Stern unaufhaltsam, und obwohl Peter Barkasian wie ehedem den größten Teil der Arbeiten seines Adoptivsohnes kaufte, fanden einige ihren Weg auch in andere Sammlungen – merkwürdigerweise nicht in die Peggy Guggenheims, die eine flüchtige Affäre mit Tate hatte und ihn als Liebhaber auf eine Stufe mit Samuel Beckett stellte. Zu diesem Zeitpunkt begann Tates sogenannte *Third Panel Tryptich*-Periode. Er malte Triptychen, deren erste Tafel ziemlich realistisch, die zweite eine abstraktere Version der ersten und die dritte völlig abstrakt war. Nur jeweils das letzte Bild behielt Tate, die beiden anderen zerstörte er, um den Ursprung des Werkes zu verschleiern.

Tates Erfolg ging mit schweren Alkoholproblemen einher, und die Verwicklungen um den Brüsseler Kunsthändler Didier van Taller beeinträchtigten auch seine geistige Verfassung. Tate, der seiner Galeristin Janet Felzer treu war und im übrigen der Kommerzialisierung der modernen Kunst kritisch gegenüberstand, warf Barkasian vor, Bilder aus seiner

Sammlung an van Taller zu verkaufen. Um Tate wieder ins Lot zu bringen, fuhr Barkasian mit ihm im Herbst 1959 nach Europa, wo sie unter anderem Picasso und Braque besuchten. Die Begegnung mit letzterem warf Tate völlig aus der Bahn: Er war dermaßen von der enormen Kreativität und Überlegenheit des alten Meisters beeindruckt, daß er nach seiner Rückkehr seine Bilder von Freunden und Sammlern zurückkaufte, um sie, wie er sagte, zu überarbeiten, so wie dies auch Braque getan hatte. Tate mochte diese Absicht gehabt haben, aber er hat die Bilder schließlich alle vernichtet. Anfang Januar 1960 verbrannte er zudem alle Werke aus dem Besitz von Peter Barkasian. Nur etwa ein Dutzend Zeichnungen und Gemälde haben Tates destruktiven Drang überlebt. Trotz der mit großer Spannung erwarteten Vorstellung der Biographie des Künstlers von William Boyd am 1. April 1998 im Atelier von Jeff Koons – der ihm zustehende Rang in der Kunstgeschichte wird Nat Tate wohl verwehrt bleiben. Angesichts seines Widerwillens gegen die zunehmende Reduzierung der Kunst zur Handelsware wird er einen solchen auch nicht gewollt haben. »Er hatte die Zukunft gesehen, und die stank«, meinte Boyd. Am 12. Januar 1960 sprang Nat Tate auf dem Weg nach New Jersey von einer Fähre ins eiskalte Wasser. So wie einst der von ihm so bewunderte Hart Crane und wie sein Vater wurde er von den Fluten verschlungen, aufgenommen von dem Banalen und Unförmigen, das unter den Brücken strömt. [SL]

[William Boyd, *Nat Tate – An American Artist 1928–1960*, 1998]

**Théorème** **Paris; † Saint-Ouen*
Französischer Maler. Die hohe Meinung, die Théorème von der Kunst hatte, ließ es nicht zu, daß er malte, ohne daß eine Eingebung ihn dazu zwang. Seine künstlerische Sensibilität kultivierte er in den Cafés von Montmartre, und seinen kritischen Sinn verfeinerte er, indem er seinen Freunden beim Malen zusah. Wenn ihn jemand nach seiner eigenen Arbeit fragte, antwortete er mit sorgenvoller Miene: »Ich suche mich selbst.« In Montmartre erregte er mit seinen Holzschuhen, seiner weiten Samthose und seiner Mütze aus Kaninchenfell nicht nur großes Aufsehen, er stand auch im

Ruf, ein äußerst begabter Künstler zu sein. Selbst die Böswilligsten mußten anerkennen, daß er das Zeug zu einem großen Maler hatte.

Théorème lebte von einer kleinen Rente, die ihm ein Onkel in Limoges ausgesetzt hatte, und von dem Geld, das ihm seine Geliebte, Sabine, manchmal zusteckte. Er war der Meinung, ein Künstler könne sich keine dummen Vorurteile leisten. »Ich kann mir nicht das Recht anmaßen, persönliche Rücksichten zu nehmen, die mich hindern könnten, das Werk eines Greco oder Velázquez zu realisieren.« Als Sabine mit ihrer spießbürgerlichen Sehnsucht nach häuslichem Glück – sie träumte davon, mit Théorème ein Lebensmittelgeschäft zu eröffnen – das grandiose Werk, das still und zart in ihm keimte, zu verhindern drohte, brach er mit ihr. Seitdem erhielt er, ohne zu wissen, von wem, monatlich aus England einen Scheck über zwanzigtausend Francs. Von allen materiellen Sorgen befreit, hätte er sich ganz der Kunst widmen können, doch eine jeder künstlerischen Arbeit abträgliche Überempfindlichkeit ließ es ihm ratsam erscheinen, sich ein Jahr Ruhe zu gönnen. Er suchte Entspannung in den Bars am Montparnasse und in den Nachtklubs der Champs-Élysées. Théorèmes Wohlstand erregte den Neid seiner Malerfreunde; sie scheuten sich jedoch nicht, weidlich davon zu profitieren und mit Genugtuung die Ansicht zu verbreiten, er sei für die Kunst verloren. Als die monatlichen Zuwendungen aus England abrupt aufhörten, verfiel Théorème in Depression. Er redete sich ein, seine ehemalige Geliebte besitze die Gabe der Allgegenwärtigkeit. Hatte sie nicht die Ferien mit ihrem Mann Antoine Lemurier an einem See in der Auvergne verbracht und zur gleichen Zeit mit ihm, Théorème, an einem bretonischen Strand? War sie nicht gleichzeitig mit einem französischen Beamten und einem britischen Grafen verheiratet? Mittellos und überzeugt, geisteskrank zu sein, flüchtete Théorème vor der Gesellschaft der Freudenmädchen und Zecher in sein Atelier in der Rue du Chevalier-de-la-Barre, unweit des Friedhofs von Montmartre, und begann wie ein Besessener zu malen. Nach sechs Monaten hingebungsvoller Arbeit hatte er sich selbst gefunden und schuf nur noch unsterbliche Meisterwerke. Hinzuweisen ist auf sein Bild *Frau mit neun Köpfen,* das großes Aufsehen erregte, sowie sein »vollendetes und doch so verwirrendes« Bild *Voltaires Lehnstuhl.* Kunstkritiker schrieben feinsinnige Dinge über die Vergeistigung seiner Gemälde.

Auf dem Höhepunkt seines Ruhms wurde Théorèmes Leichnam aus der Seine gefischt, festgebunden an einer Frau, die Sabine täuschend ähnlich sah, aber als eine gewisse Louise Mégnin identifiziert wurde, wohnhaft im Elendsviertel Saint-Ouen. Es stellte sich heraus, daß Louise Mégnin die Doppelgängerin von Cunégonde war, der Nichte eines Akademiemitglieds, die ihrerseits Doppelgängerin von siebenundsechzigtausend anderen über die ganze Welt verstreuten Frauen war, die alle am gleichen Tag gestorben waren. [RH]

[Marcel Aymé, *Les Sabines,* in: *Le Passe-muraille* (dt. *Die Sabinen,* in: *Meistererzählungen*), 1943]

**THOMAS** *tätig in Paris im 19. Jahrhundert*
Französischer Radierer. Thomas war von seiner Kunst und der kleinen Schauspielerin Marie besessen. Doch die harte Arbeit und die Tatsache, daß er nicht genug verdiente, um sie heiraten zu können, brachten ihn allmählich zur Verzweiflung. Er suchte Trost im Alkohol und irrte nächtelang durch Paris. Als die Mutter seiner Geliebten ihm schließlich endgültig die Tür wies, wurde er wahnsinnig. Eines Nachts glaubte er, im Garten Leute zu hören, die Marie ermordet hatten. Er konnte sich jedoch zunächst nicht rühren, weil sein Zimmer mit Ätzwasser gefüllt war. Als es ihm schließlich gelungen war, hinauszugehen, begann er auf der Suche nach dem Leichnam seiner Geliebten den Garten umzugraben. Die springlebendige Marie kam vorbei, aber er erkannte sie nicht und stieß sie grob von sich. Kurz danach starb Thomas allein und mittellos. Aus den Platten seiner *Les Amours de la Nuit et de la Seine* machte sein Vermieter sechs Kupferpfannen.

Für Thomas war die Nacht die »Königin der Radierungen«, weil sie alle Dinge schwarz mache. Gern nahm er Freunde und Bekannte auf seinen Streifzügen durch das geheimnisvolle nächtliche Paris mit. Nachts könne man sehen, wie gewaltig die Seine sei und wie Paris mit den Füßen im Wasser stehe. Es gebe nur Schatten, die zerplatzt seien wie eine Gaswolke, in verschiedenen Tönen von Blau, Schwarz, Violett und Gold. Es sei, als hätte ein Spiegel Finsternis und Blitze durcheinandergeworfen, man sehe Tintenkleckse mit blassen Grautönen wie auf den Flügeln einer Fledermaus. Auf seinen nächtlichen Wanderungen kostete Thomas nicht nur das visuelle Spektakel aus, er suchte auch stets seine traurigen Gefühle in malerische Eindrücke umzusetzen. Das Thema der Frau beschäftigte ihn immer wieder. Ihre Augen seien wie Mondstrahlen; es gebe Frauenaugen, behauptete er, und Saphire, die entstünden unter dem Einfluß der Sterne. Diese Augen vertrieben das Schwarz der Nacht und die Fledermäuse, die sein Blut tropfenweise schlürften. Wenn diese Augen ihn ansähen, sei es, als nehme Rembrandt ihn an der Hand und führe ihn in das göttliche Clair-obscur seiner Radierungen. Thomas meinte, eine Frau habe keine Gesichtszüge, ihr Gesicht bestehe aus einem Lichtschein, und der habe keine Linien. Jedes Frauenantlitz sei eine Skizze, aus der das Licht ihres Mienenspiels ein vollkommenes Gemälde mache, das der Skizze dann nicht mehr ähnele. Es gebe Frauen, deren Nase man nie sehe, weil sie sie mit dem Blick verbergen. Daher seien Photos, meinte Thomas, der reinste Betrug. [AF]

[Edmond und Jules de Goncourt, *Un Aqua-fortiste,* in: *Quelques créatures de ce temps,* 1885]

**TIBAILLE, CYPRIEN** **Frankreich, zweite Hälfte des 19. Jahrhunderts*

Französischer Maler. Cyprien Tibaille begann seine Malerlaufbahn als Lehrling der Hofmaler Cabanel und Gérôme, gab ihre akademischen Formprinzipien jedoch schon bald auf und versuchte sich als Landschaftsmaler. Die Vertreter dieses Genres stießen Entsetzensschreie aus, wenn er seine Theorien darlegte. Tibaille war nach seinen eigenen Worten auf der Suche nach einer Jodtinktur, mit der man das Geschwulst der Romantik in Künstlerhirnen behandeln könne; erst dann würde die moderne Schönheit in ihrer ganzen Pracht sichtbar werden. »Wir sind durchtränkt von Gemeinplätzen und

Formeln. Wir brauchen anscheinend das Malerische, Mondschein, Berge und Wälder... Als ob die Gare du Nord weniger schön sei als Notre-Dame! Der Giebel der ersteren ist zumindest mit einer Uhr geschmückt!« Eine Landschaft bekomme wahre Plastizität erst durch Fabrikschlote, die die Bäume überragen und den rußigen Qualm in den Himmel blasen. Tibaille suchte nun seine Sujets in den ärmlichen Pariser Vororten, »dem Leprosorium der Natur«. Als er eines Tages erklärte, er halte die Traurigkeit einer vertrockneten Nelke in einer schäbigen Vase für interessanter als das sonnige Lächeln eines Rosenbeets, verschlossen sich ihm die Ateliers der anständigen Zunftgenossen für immer. Während seiner weiteren Laufbahn hatte Tibaille kaum Kontakte im Künstlermilieu, obwohl er in Joseph Richard (siehe dort) einen Mitkämpfer fand und freundschaftliche Beziehungen zu dem naturalistischen Schriftsteller André unterhielt. Seine Kunstauffassung läßt sich als die Übertragung des literarischen Naturalismus auf die Malerei charakterisieren. Ein Künstler dürfe nur das wiedergeben, was er sehe, womit er zu tun habe – und da er fast ausschließlich mit Prostituierten, mit den Mädchen und Frauen aus dem Volk zu tun hatte, beschränkte er sich zunehmend auf das Frauenporträt.

Seine labile Natur verhinderte den großen Wurf, wenn er auch hin und wieder kühne Werke schuf. Manche seiner Bildnisse, die die Frauen ohne jede Aufmachung zeigen, in dem desillusionierten Zustand, in dem er sie antraf, besitzen eine große Suggestionskraft und Intensität. Mit seiner Vorliebe für starke Kontraste und expressive Deformation des Objekts erwies er sich als Nachfolger von Goya, Courbet und Daumier. Die provozierenden Stellungen seiner Modelle, die verwelkten Körper, die gequälte Mattigkeit gab er mit harten Pinselstrichen wieder, mit impressionistisch kontrastierenden Farben, die das Werk eines Toulouse-Lautrec, eines van Gogh oder eines Gauguin ankündigten. Das moderne Schönheitsideal sei nicht, meinte der Maler, die so bewunderte *Venus de Medici,* sondern die aufreizenden Mädchen, die auf der Straße herumschlendern, die Arbeiterinnen und Hutmacherinnen, die Dirnen mit ihren frechen Blicken, geschminkten Gesichtern, wiegenden Hüften.

Tibaille verkörperte das charakteristische Paradox eines Künstlers: aus bürgerlichem Milieu stammend, haßte er das Bürgertum. Er verschleuderte die jährliche Zuwendung seiner Familie mit Huren und Schauspielerinnen unter dem Vorwand, sie dadurch besser malen zu können. Seine Bilder wurden Jahr für Jahr vom Salon abgelehnt; die Kritik griff sein Werk mit scharfen Worten an, wenn sie überhaupt von ihm Notiz nahm; er verkaufte so gut wie nichts. Schließlich weigerte sich seine Familie, weiterhin für seinen Lebensunterhalt aufzukommen. Als Bürger zweiter Klasse lebte er nun in Armut – in der gleichen Armut, die er auf der Leinwand festgehalten hatte.

Tibaille sah sich gezwungen, Brotarbeit zu suchen. Er malte für einen Apotheker Etiketten, aquarellierte für einen Arzt im Pariser Saint-Louis-Hospital Hautkrankheiten und entwarf abstrakte, rautenförmige Muster für einen Tapetenfabrikanten. Glück fand er in seinem Privatleben, als er mit einer älteren Frau zusammenzog, die ihn mütterlich umsorgte. Als er erkannte, daß er auf diese behagliche Zweisamkeit nicht mehr verzichten konnte, nahm er von der Malerei Abschied. Er habe nun das Recht, »respektiert zu werden und dumm zu sein«. Über seine früheren künstlerischen Ambitionen faßte er sich kurz: »Malen? Wenn man im Bett liegt und nicht einschlafen kann, ist es manchmal sehr angenehm, an die Bilder zu denken, die man nie ausführen wird.« [RH]

[Joris-Karl Huysmans, *Les Sœurs Vatard,* 1879; *En Ménage,* 1881]

**TIPPETOTJE** *tätig in Belgien nach dem Zweiten Weltkrieg*
Über das Leben dieser belgischen Malerin steht uns ein Schatz an Dokumenten zur Verfügung, unter anderem ihre Briefe an den Schriftsteller Boontje, Aufzeichnungen ihrer Gespräche mit dem Journalisten Johan Janssens und mit Herrn Colson, Beamter.

Tippetotje beabsichtigte nicht, in der Malerei neue Wege einzuschlagen, die Avantgarde war ihr durchaus suspekt. Sie war die Malerin des unbewachten Bahnübergangs, der Betonplatten neben der Deckenfabrik, der schmutzigen Häuser im Winter und der sonnenübergossenen Innenhöfe. »Ich bin kein Surrealist, ich bin Tippetotje, und ich muß ein Thema nehmen, das mir angemessener ist: eine Reihe Arbeiterhäuser, die sehr realistisch wiedergegeben werden, obwohl sie sozusagen in einer Traumsphäre schweben, unter einem Himmel, der dunkel und geschlossen und etwas rötlich ist, doch von einer Helligkeit erleuchtet, die gewissermaßen aus dem Bild selbst kommt, die gewissermaßen jener, übrigens sehr realistisch gesehenen Reihe Arbeiterhäuser entströmt: und an der Haustür des ersten Arbeiterhauses steht der gottverflucht schöne Traum eines nackten Mädchens ... sie ist ganz nackt, trägt jedoch einen roten Pullover ... sie ist nackt bis zur Taille, so daß ihr den Traum ihrer Beine und Schenkel seht und die Teufelshaare ihres Geschlechts, darüber jedoch trägt sie einen roten handgestrickten Pullover«, schrieb Tippetotje in einem Brief.

Tippetotje zog mehrmals von Ter-Muren, einem Weiler in der Nähe eines ostflämischen Industriestädtchens, in die Millionenstadt Brüssel und wieder zurück. Sie verdiente sich ihren Lebensunterhalt, indem sie Häuserfassaden bemalte, die graphische Gestaltung einer linken Tageszeitung betreute, Porträts malte (»Visagen von Neureichen, von Kriegsgewinnlern, von achtbaren Damen, von Herren, die ziemlich viel geleistet haben«) oder Wände und Decken mit Engelköpfen bemalte. In ihrer letzten Lebensphase ließ sie sich von einem steinreichen und etwas verrückten Baron aushalten. Er richtete ihr ein Atelier ein und besuchte sie ab und zu. Tippetotje war endlich frei, das zu malen, was sie am liebsten malte: Ratten. »Ich stelle mir ein zerstörtes Haus vor, ein Haus, dessen Vorderseite weggerissen ist. Und du siehst die Höhlungen der Räume, in denen diese merkwürdigen und längst ausgestorbenen Wesen, die Menschen, gelebt und geliebt und ihre seltsamen Sorgen gehegt haben. Und in diesen schwarzen Wunden, auf diesen vermoderten Balken, ausgehöhlten Decken und zerbröckelten Mauern, da spielen die Ratten. Sie sitzen auf den Balken mit ihren klugen Perlenaugen, mit ihrer brutalen Schnauze und lassen ihren widerlichen Schwanz über den Balken hängen. Und andere Ratten hangeln sich an diesen Schwänzen in die Höhe. Sie scharren und nagen und schauen um sich, grausam und klug. Siehst du, das ist es, was ich, Tippetotje, am liebsten in meinem Atelier malen möchte.« Ihre Freunde aus Ter-Muren warfen ihr jedoch Fahnenflucht und Protzerei vor, und man erinnerte sich, daß man sie in ihrer Jugend »das Schiff mit Lügen« genannt hatte. Tippetotje überließ denn auch schließlich ihren Baron seinem Schicksal und erbte nach seinem Tod keinen Pfennig. Ihr Traum sollte nicht in Erfüllung gehen: »die Stelle auf der Welt zu entdecken, wo die Sonne nicht mehr untergeht, wo die Berge aus Schokolade sind, wo Geld etwas ist, das man nicht kennt, und wo man abends in dem Buch liest – in *dem* Buch –, in dem beschrieben wird, warum alles so ist, wie es ist.« [RH]

[Louis Paul Boon, *De Kapellekensbaan* (dt. *Eine Straße in Ter-Muren*), 1953; *Zomer te Ter-Muren* (dt. *Sommer in Ter-Muren*), 1956]

**TITORELLI** *tätig in Mitteleuropa Anfang des 20. Jahrhunderts*
Mit Tizian, Tintoretto und Botticelli hatte dieser mitteleuropäische Maler nur den wohlklingenden Namen gemein, der übrigens ein Künstlername war. Der Gewährsleuten zufolge lügnerische und geschwätzige Bettelmaler wohnte und arbeitete im ärmlichen Teil einer Vorstadt in einer elenden kleinen Dachkammer, die ihm die Gerichtsbehörde zur Verfügung gestellt hatte. Er war nämlich Gerichtsmaler, eine Stelle, die er von seinem Vater geerbt hatte. Seine Hauptaufgabe bestand darin, nicht sehr hohe Richter, die sich gerne vorteilhaft in einer Toga auf einem hohen Thronsessel abbilden ließen, hauptsächlich in Ölfarbe zu porträtieren. Charakteristisch für Titorellis Werke ist die eigenartige Haltung der Dargestellten. Die Richter sind nie ruhig und würdig wiedergegeben, sondern stets im Begriff, sich drohend aus dem Sessel zu erheben, als wollten sie ein hartes Urteil fällen. Die seltenen Variationen dieses Themas haben mit dem Material oder bestimmten dekorativen Elementen zu tun, wie die Auftraggeber es wünschten. So malte Titorelli einmal das Porträt eines Richters in Pastellfarben, auf der Rückenlehne des Throns war eine seltsame Gestalt abgebildet – sie stellte Justitia dar, aber in vollem Lauf und mit Flügeln an den Fersen. Einem gewissen Josef K., der sich mit Titorelli besprach, als dieser an dem Bild arbeitete, erklärte er: »Ich habe

weder die Figur noch den Thronsessel gesehen, das alles ist Erfindung, aber es wurde mir angegeben, was ich zu malen habe.« Er hatte den Auftrag erhalten, die Gerechtigkeit und die Siegesgöttin in einem zu malen, obwohl das Resultat eher an die Göttin der Jagd erinnerte.

Durch seine regelmäßigen Kontakte mit verschiedenen Gerichtsdienern war Titorelli ein Vertrauensmann des Gerichts geworden. Josef K. hatte sich an ihn gewandt, um ihn wegen seines Prozesses um Rat zu fragen, da er, wie er sagte, vollkommen unschuldig sei. Titorelli erklärte ihm in allen Einzelheiten den Unterschied zwischen wirklicher Freisprechung, scheinbarer Freisprechung und Verschleppung. In seiner typischen Mischung aus Juristen- und Malerjargon machte er dem Bittsteller deutlich, daß das Gericht fest von der Schuld jedes Angeklagten überzeugt und es daher unmöglich sei, das Gegenteil zu beweisen: »Niemals ist das Gericht davon abzubringen. Wenn ich hier alle Richter nebeneinander auf eine Leinwand male und Sie werden sich vor dieser Leinwand verteidigen, so werden Sie mehr Erfolg haben als vor dem wirklichen Gericht.« Daß Titorelli fast wie ein Jurist sprach, kam durch den ununterbrochenen Verkehr mit den Herren vom Gericht, wovon er natürlich viel Gewinn habe, wie er Josef K. anvertraute; »aber«, fügte er hinzu, »der künstlerische Schwung geht zum großen Teil verloren«. Neben seinen beruflichen Schöpfungen bestand sein Werk ausschließlich aus Heidelandschaften, deren Hauptmerkmal ihre verblüffende Ähnlichkeit war: in einer düsteren Szenerie zwei magere Bäume, weit voneinander entfernt in dunklem Gras, im Hintergrund ein vielfarbiger Sonnenuntergang. Titorelli überließ Josef K. mindestens fünf dieser fast identischen Bilder. Ob er je sein Geld dafür erhalten hat, ist unbekannt. [DVH]

[Franz Kafka, *Der Prozeß,* 1925]

**Traugott** **17. Jahrhundert?*

Deutscher Maler, Schüler von Godefredus Berklinger (siehe dort). Als junger Mann arbeitete Traugott als Händler an der Danziger Börse im Artushof, einem Saal aus dem 15. Jahrhundert. Durch das Doppelporträt eines Bürgermeisters und eines Pagen auf einem Wandbild, das dort hing, entdeckte er seine Berufung als Maler. Als Berklingers Schüler, der übrigens große Ähnlichkeiten mit dem Bürgermeister des Doppelporträts aufwies, machte er bemerkenswerte Fortschritte. Er knüpfte auch – von Berklinger nur widerwillig geduldet – Freundschaftsbande zu dessen Sohn an, der seinerseits dem Pagen auf jenem Bild auffällig ähnelte. Als Traugott eines Tages Berklingers Porträt seiner stets abwesenden Tochter Felizitas sah, verlor er sein Herz an sie. Seine zufällige Entlarvung von Berklingers Sohn als die unerreichbar gewähnte Felizitas führte zum Bruch und zum plötzlichen Verschwinden von Vater und Tochter. Auf seiner jahrelangen Suche nach seiner großen Liebe kam Traugott auch nach Italien, wo er sich in Rom in den Kreisen der deutschen Künstler aufhielt und sich leidenschaftlich der Malerei widmete. Sein Hauptmotiv war die idealisierte Felizitas. Traugott arbeitete auch eine Zeitlang in Neapel und Sorrent. Seine Liebe zu der Italienerin Dorina, Felizitas' Ebenbild, und die ernüchternde Wiederbegegnung mit seiner Traumfrau, die inzwischen verheiratet war und ein bürgerliches Leben führte, bedeuteten das Ende seiner verzweifelten Suche: Dorina wurde seine Frau fürs Leben und Felizitas die Muse seiner Kunst.

Traugotts einzige bekannte Werke datieren aus der Zeit vor seiner bewußten Hinwendung zur Kunst. In den Quellen ist von zwei Skizzen die Rede, eine aus seiner frühen Kindheit, die andere aus seiner Periode als Händler. Beide sind Variationen über das gleiche Thema: zwei Gestalten aus dem Artushof, ein Bürgermeister und sein Page, oder Berklinger und sein Sohn beziehungsweise seine Tochter. [MP]

[E.T.A. Hoffmann, *Der Artushof,* in: *Die Serapionsbrüder,* Bd. 1, 1819]

**Tschartkow, Andrej Petrowitsch** ★*St. Petersburg, Anfang des 19. Jahrhunderts*

Russischer Maler. Alle seine finanziellen Probleme zu Beginn seiner Laufbahn waren mit einem Schlag gelöst, als Tschartkow nach einem prophetischen Traum ein Päckchen mit tausend Golddukaten im Rahmen eines gekauften Gemäldes fand. Das Bild, das Porträt eines Wucherers, war das Werk des Petersburger Malers B. (siehe dort). Tschartkow nahm sich vor, sich von dem Geld drei ganze Jahre lang ausschließlich der Malerei zu widmen. Aber der Reichtum wurde ihm zum Verhängnis: Er öffnete ihm die Türen zur Petersburger Gesellschaft, deren gefeierter Porträtist er sehr bald wurde.

Als ihn die Akademie der Künste Jahre später um das Urteil über das Werk eines Kollegen bat, der sich in Rom in zäher Arbeit seinem Werk gewidmet hatte, wurde ihm zu seinem Schreck bewußt, wie erstarrt seine eigene Malweise war. »Der Pinsel wandte sich unwillkürlich den erprobten Formen zu: die Hände fügten sich nach der einen gelernten Manier zusammen, der Kopf wagte keine einzige ungewöhnliche Drehung zu machen, sogar die Falten der Gewänder gelangen nur auf die einstudierte Weise und wollten sich der ungewohnten Körperhaltung nicht fügen und anpassen.« Nach einem mißglückten Versuch, seinem kommerziellen Stil abzuschwören, gab er verbittert sein ganzes Vermögen dafür aus, Meisterwerke aufzukaufen, um sie mit sardonischem Vergnügen zu vernichten. Er verfiel dem Wahnsinn und starb bald darauf.

Tschartkows größter Fehler war seine Ungeduld, worauf ihn bereits sein Lehrmeister aufmerksam gemacht hatte. Bis zu seiner Krise war er davon überzeugt, daß die alten Meister überschätzt würden; sie alle – außer Raffael – hätten keine Figuren, sondern Heringe gemalt, selbst Raffael habe nicht immer schön gemalt, und Michelangelo sei ein Aufschneider, der kein bißchen Anmut besitze, das neunzehnte Jahrhundert habe sie in mancherlei Hinsicht überholt, und die Nachahmung der Natur sei heute kräftiger, lebendiger, treuer geworden. Auf dem Höhepunkt seines Ruhms galt seine Vorliebe jedoch wieder Raffael und den alten Meistern, allerdings weniger aus Überzeugung, als vielmehr, um sie der neuen Generation junger Künstler als leuchtende Beispiele vorzuhalten. [SH]

[Nikolaj Gogol, *Portret* (dt. *Das Porträt*), 1842]

**Tschuplitski** *tätig in Paris um die Zeit des Ersten Weltkriegs*

Pionier der abstrakten Malerei. Sein Werk galt zu seiner Zeit als »furchtbar abstrakt« und »furchtbar intellektuell«. Eines seiner Bilder füllen ein paar Rechtecke, ganz flächig und in reinen Grundfarben gemalt. Um 1920 wurde sein Werk noch abstrakter. Nachdem er die dritte Dimension vollkommen aufgegeben hatte, war er drauf und dran, auch auf die zweite zu verzichten. »Bald«, so sagte er, »wird es nur noch die weiße Leinwand geben. Das ist die logische Konsequenz. Die vollkommene Abstraktion.« Sobald er die reine Abstraktion erreicht hätte, wollte er sich auf die Architektur verlegen – eine Kunst, die er für intellektueller als die Malerei hielt. So weit kam es jedoch nicht. Da für ihn die Malerei ihr Endstadium erreicht hatte, setzte er auch seinem Leben ein Ende. [SJ]

[Aldous Huxley, *Crome Yellow* (dt. *Eine Gesellschaft auf dem Lande*), 1921]

**TURNER, MARIA** **Holyoke, Massachusetts, 1953*
Amerikanische Künstlerin. Maria Turner studierte einige Monate an einer Kunstschule in New York. Anschließend reiste sie quer durch die USA – sie blieb jeweils genau zwei Wochen in jedem Bundesstaat. In dieser Zeit verlegte sie sich auf die Photographie. Ihr Vater überwies ihr jeden Monat tausend Dollar, unter der Bedingung, daß sie die Photographie nicht aufgab. Maria Turner ließ sich in New York nieder, wo sie eine Reihe von Projekten in Angriff nahm, bei denen Zufall, selbstauferlegte Beschränkungen, Zwangsläufigkeit und Risiko eine Schlüsselrolle spielten. So folgte sie zeitweilig jeden Tag einem willkürlich ausgewählten Passanten durch die Stadt und legte abends ein Dossier mit Photos und einem imaginären Lebenslauf an. Sie engagierte einen Privatdetektiv, der sich einige Tage an ihre Fersen heftete und sie photographierte. Oder sie arbeitete als Zimmermädchen in einem Hotel und sammelte Informationen über die Gäste aufgrund der Gegenstände in ihrem Zimmer – ein Fahrschein, ein zerrissener Strumpf, ein Hemd mit einem Blutfleck: eine Archäologie der Gegenwart, der Versuch, auf der Grundlage von Fragmenten etwas Wesentliches einzufangen. Sie unterwarf sich einige Wochen lang einer chromatischen Diät, wobei sie an einem bestimmten Tag nur Nahrung von derselben Farbe zu sich nahm. Jedes Jahr veranstaltete sie ein Geburtstagsfest, zu dem sie so viele Gäste wie die Anzahl

ihrer Lebensjahre einlud. Eines ihrer Langzeitprojekte war *Dressing Mr. L.*: einem Bekannten, den sie sehr anziehend fand, der sich aber ihrer Meinung nach immer äußerst geschmacklos kleidete, schickte sie zu bestimmten Zeiten anonym ein Geschenk (eine Krawatte, ein Hemd, einen Pullover). Begegnete sie ihm, photographierte sie die dramatische Veränderung seiner Garderobe. Für das Projekt *Thursday with Ben* verabredete sie sich jeden Donnerstag mit dem Schriftsteller Benjamin Sachs. Den Ablauf des Tages, der dem Zufall überlassen war, hielt sie photographisch in allen Einzelheiten fest.

Turners Werk ist eng mit dem der französischen Künstlerin Sophie Calle verwandt, mit der sie übrigens befreundet war. Sie brachte Calle mit dem Schriftsteller Paul Auster in Kontakt; Auster und Calle konzipierten gemeinsam ein Projekt unter dem Titel *Double Game*, aus dem eine Reihe von sieben Büchern hervorging, deren letztes *The Gotham Handbook* ist. [EB]

[Paul Auster, *Leviathan* (dt. *Leviathan*), 1992]

## Usher, Roderick **nach 1775*

Maler, Musiker und Dichter. Roderick Usher war der letzte männliche Nachkomme eines berühmten Geschlechts, aus dem zahlreiche Künstler hervorgegangen sind. Zusammen mit Zwillingsschwester Lady Madeline, mit der Roderick mehr als brüderliche Gefühle verband, wohnte er zeitlebens in dem alten Herrenhaus inmitten einer unwirtlichen Landschaft, das den Namen des Geschlechts trug und das seit Menschengedenken ununterbrochen vom Vater auf den Sohn übergegangen war.

Usher pflegte sich in einem großen Raum mit schmalen, hohen, stets verhangenen Fenstern seiner Kunst zu widmen. Er litt an einer alten Familienkrankheit, einem Nervenleiden, einer Überempfindlichkeit aller Sinne. »Seine Augen wurden sogar durch den schwächsten Lichtschein noch gemartert, und nur die Töne von Saiteninstrumenten erfüllten ihn nicht mit Schrecken«, berichtete sein einziger Freund, der ebenfalls Maler war und dessen Zeugnis anonym überliefert ist. Ushers Bilder sind durch Düsterkeit und Schwermut gekennzeichnet. So stellte eines ein unendlich langes, rechteckiges Gewölbe oder einen Tunnel dar, mit niedrigen Mauern, glatt, weiß und ohne Unterteilung oder Ausgang. Man sah weder eine Fackel noch eine andere künstliche Lichtquelle, und dennoch war der unterirdische Raum in ein helles, unheimliches Licht getaucht. Der Freund, mit dem Usher seine letzten Lebenstage malend und lesend verbrachte, bemerkte, daß dessen Bilder mit jedem Pinselstrich schattenhafter wurden. Es entlockte ihm den Ausspruch, sein Freund sei vielleicht der einzige Sterbliche gewesen, der eine Idee gemalt habe. Seine abstrakten Bilder, so der Zeuge, erweckten eine ähnlich intensive, unerträgliche Furcht wie die Füsslis.

Roderick Usher hing der befremdlichen und nicht weniger beängstigenden Überzeugung an, das Vegetabile, ja sogar das Unorganische verfüge über eine Art Bewußtsein. Als Beispiel führte er den Einfluß an, den der alte Familiensitz und die Schwämme, die seine Mauern überwucherten, auf das Schicksal der Familie gehabt habe. Inwieweit diese Ansicht auch seiner Malerei zugrunde lag oder vielmehr Ausdruck seines labilen Geisteszustandes war, läßt sich nicht entscheiden. Roderick Usher fand zusammen mit seiner Schwester Madeline den Tod, als das herrschaftliche Gebäude und alles, was das Geschlecht Usher im Laufe der Jahrhunderte hervorgebracht hatte, in einem verheerenden Wirbelsturm unterging. [KBRA]

[Edgar Allan Poe, *The Fall of the House of Usher* (dt. *Der Fall des Hauses Usher*), 1839]

## **Vere, Martin de** *tätig in den fünfziger Jahren des 20. Jahrhunderts in Paris*

Bis in die Mitte der fünfziger Jahre waren die Bilder dieses französischen Malers, ganz in der Tradition der in Frankreich vorherrschenden Abstraktion, einzig und allein auf visuelle Beziehungen aufgebaut. Seine späteren Bilder zeigen jedoch eine bemerkenswerte Entwicklung, »so wie die Melodie den bloßen Rhythmus überlagert«, wie der Kritiker Maurice Gérard meinte. De Vere führte Zeichenfolgen in seine Bilder ein: erst Buchstaben, dann Silben, schließlich Hieroglyphen, menschliche Figuren und Gruppen von Objekten. Seine rationale Malweise hatte etwas Gespenstisches. Ein gutes Beispiel aus dieser Periode ist ein großformatiges Bild ohne Titel, das durch die Ausgewogenheit seiner Flächen bemerkenswert ist. Es zeigt zwölf farbige Vierecke auf grauem Grund, ähnlich einem Stundenplan oder dem Grundriß eines Hauses mit zwölf Räumen. In jedem Raum ist die Figur einer Spielkarte dargestellt.

Über die Entstehungsgeschichte dieses Bildes gibt es ein besonderes Dokument von Maurice Gérard, der de Vere in seinem Atelier besuchte und seine Äußerungen festgehalten hat: »Ich habe mich durch einen kleinen Kenotaph aus Sakkara im Louvre inspirieren lassen: auf den Flachreliefs sind Scharen von Vögeln, Seeleuten und Trägerinnen von Opfergaben dargestellt, wie lebende Taktstriche, zwischen denen Melodien von Enten, Blumen und Körben gespielt werden. In den großen Friesen der Kämpfer, wo ein schwarzer und ein roter sich abwechseln, sind die aufeinanderfolgenden Momentaufnahmen verschiedener Kämpfe miteinander vermischt, so daß die Reihen aus verschiedenen Figuren in einem mächtigen Kontrapunkt ineinander verschlungen sind. So kam ich darauf, Kombinationen von Figuren aus dem Kartenspiel zu gebrauchen. Zwischen ihnen gibt es so etwas wie Szenen – ich habe sogar wieder nach der Natur gemalt, zum erstenmal seit Jahren.«

Das Bild ist unvollendet, denn die beiden Felder in der Mitte sind nicht bemalt – genauer gesagt: sie sind mit dunklen Flecken bedeckt, die Grundierung ist an der Stelle geschmolzen und verbrannt. Der schemenhafte Fleck in der Mitte verleiht dem Ganzen etwas rätselhaft Suggestives, wie der unentwirrbare Handlungsknoten eines Dramas. Es erinnert an einen modernistischen Roman, in dem gleichzeitig verschiedene, scheinbar voneinander unabhängige Ereignisse stattfinden. In den äußeren Feldern des Bildes führen die Figuren ein getrenntes Leben, bleiben die individuellen Schicksale alltäglich und vorhersehbar; die schwarzen Flecken in der Mitte sind der Ort, wo die Intrige ihren Höhepunkt erreicht – der Ort, wo individuelle Grenzen implodieren, und die Katastrophe eintritt.

De Vere verdankt seinen bescheidenen Ruhm als Maler in gewissem Sinne der Tatsache, daß er Zeuge der tragischen Schicksale in einem Pariser Mietshaus in der Passage de Milan wurde. Seine unter ihm wohnende Nachbarin, Angèle Vertigues, wurde in der Nacht ihres zwanzigsten Geburtstags, den sie mit einer ausgelassenen Party gefeiert hatte, tot aufgefunden. War es ein Mord, ein Unfall? Es ist viel darüber spekuliert worden, aber das Rätsel wurde nie gelöst. [RH]
[Michel Butor, *Passage de Milan* (dt. *Paris, Passage de Milan*), 1954]

**VÉRONIQUE** *tätig in der zweiten Hälfte des 20. Jahrhunderts in Frankreich*
Französische Photographin. Nahm mehrere Jahre hintereinander an den *Rencontres internationales de la Photographie* in Arles teil, so daß sich ihre Entwicklung recht genau verfolgen läßt. Beim ersten Mal schloß sie sich einer Gruppe an, die in der weiten Landschaft der Camargue Aktaufnahmen machte. Die adamitische Schönheit eines gewissen Hector inspirierte sie weniger zu Photographien als zu der Überlegung, ein lediglich »schönes Modell« tauge nur zu naturgetreuen Kopien, zu Ansichtskarten, während das »photogene Modell« dem Photographen erlaube, über sein reales Objekt hinauszugehen. Im Jahr darauf war Hector photogen genug. Die beiden lebten inzwischen zusammen, so daß Véronique ihr lebendes Motiv ganz nach ihrem Geschmack ummodeln konnte. Hector mußte sich einem spartanischen Körpertraining unterziehen; zu diesem Zweck war in dem ansonsten spärlich möblierten Haus ein Fitness-Studio eingerichtet. Nachdem Véronique Hector mehr als zwanzigtausendmal abgelichtet hatte, experimentierte sie mit der »Direktphotographie«: Noch tropfnaß von einem Entwicklerbad mußte sich der Unglückliche in dieser oder jener Stellung auf das Photopapier legen. Oder sie wickelte ihn in präparierte Leinentücher, was Abdrücke zeitigte, ähnlich dem auf dem Turiner Grabtuch (Dermographie). Die Ähnlichkeit mit der Arbeitsweise Yves Kleins springt ins Auge; auch er benutzte Körper als lebende Pinsel und nannte die so entstandenen Bilder *suaires* (Leichentücher). Véronique ging jedoch noch einen Schritt weiter. Der von den Chemika-

lien angegriffene, schließlich ganz gegerbte Leichnam ihres Opfers war das Kunstwerk schlechthin. [JS]

[Michel Tournier, *Les Suaires de Véronique*, in: *Le Coq de bruyère* (dt. *Die Familie Adam: Erzählungen*), 1978]

**Viktorowitsch, Robert** **um 1894; † um 1959*
Russischer Künstler. Wuchs im jüdischen Viertel von Kiew auf. Obwohl Robert Viktorowitsch sich bereits sehr früh für die jüdische Kultur und die Grundtexte der Kabbala interessierte, entwickelte er sich zu einem polyglotten Freidenker. Er reiste nach Frankreich, wo er bei Ausbruch des Ersten Weltkriegs einberufen wurde. Mit Apollinaire – den er eingebildet fand – teilte er sich zwei Monate das Quartier, bis er nach Belgien versetzt wurde. In der Nähe von Ypern überlebte er einen Gasangriff.

Neben seiner künstlerischen Arbeit unternahm Viktorowitsch zahlreiche Reisen. Nachdem er sein erstes Geld verdient hatte, fuhr er 1923 oder 1924 nach Barcelona, um Gaudí kennenzulernen. Er reiste nach Amerika, auf den Balkan und nach Algier. In Paris arbeitete er in einer Mansarde in der Rue Gay-Lussac mit Blick auf den Jardin du Luxembourg. Anfang der dreißiger Jahre kehrte er, bereits eine lebende Legende, plötzlich und, wie seine Freunde meinten, ohne rechten Grund in seine Heimat zurück. Er wurde Opfer des stalinistischen Terrors und verbüßte eine fünfjährige Haft in einem Straflager. Er überlebte, indem er die Ehefrauen der Aufseher porträtierte oder auf Bestellung Kopien von Kopien anfertigte – die Originale waren »armselige Zeugnisse verluderter Kunst«, wie er selbst sagte. Bei dieser Arbeit lenkte er sich auf irgendeine formale Weise ab, zum Beispiel, indem er linkshändig malte. So entdeckte er nebenbei, daß sich durch die zeitweilige Linkshändigkeit seine Farbwahrnehmung änderte.

Seine Bewährungszeit verbrachte er im Zweiten Weltkrieg im Büro einer Fabrik in Swerdlowsk. Dort lernte er eine gewisse Sonetschka kennen, der er schon nach der ersten Begegnung mit einem Porträt von ihr einen Heiratsantrag machte. Das Bild war mit zartbrauner Farbe, mit Sepia, auf grobem, porösem Papier gemalt und zeigte ein Frauengesicht, edel, fein, aus einer anderen Zeit. Kurz nach der Hochzeit bekam Viktorowitsch die Auflage, im baschkirischen Dorf Dawlekanowo seine Verbannung abzusitzen. 1946 zog die Familie aus dem Ural nach Alexandrow um. Viktorowitsch baute für seine Tochter ganze Phantasiestädte aus Holzspänen und gefärbtem Papier, Vorstufen zu dem, was später als Papierarchitektur bezeichnet wurde. Diese zerbrechlichen Spielzeuge gingen verloren während der zahlreichen Umzüge Ende der vierziger und Anfang der fünfziger Jahre, nach Alexandrow, Kalinin, Puschkino, Lianosowo. So näherte sich der Künstler ein ganzes Jahrzehnt lang der Hauptstadt Moskau.

Viktorowitsch unterhielt seine Familie durch verschiedene Stellen, mal als Wächter in einer Schule, mal als Buchhalter. Seine künstlerische Phantasie befriedigte er, indem er eine neue Generation der einst zur Unterhaltung seiner Tochter gedachten Bauwerke aus Holzspänen und Papier schuf. Es waren Spiele mit dem Raum, den er auseinandernahm und umstülpte. Die Kompositionen waren mit einer Reihe arabischer Ziffern und hebräischer Buchstaben signiert – Überbleibsel aus der Zeit seiner jugendlichen Begeisterung für die Judaistik. Dank seiner Kontakte zu dem berühmten Maler Timler, den er noch aus Paris kannte, machte sich Viktorowitsch mit seinen Konstruktionen einen Namen als Bühnenbildner. Seine Entwürfe waren in ganz Moskau berühmt, und die Aufträge nahmen kein Ende. Auf einer Bühne von einem halben Meter gestaltete er mal Gorkis Nachtasyl, mal das verlassene Zimmer eines Toten, mal Ostrowskis unsterbliche Kornspeicher. In dieser Zeit lernte er auch den russischen Barbizonier Alexander Iwanowitsch K., den kahlköpfigen ukrainischen Zen-Buddhisten Grigori L. und den Dichter Gawrilin kennen.

In den fünfziger Jahren erschien in einer amerikanischen kunstwissenschaftlichen Zeitschrift über Robert Viktorowitsch ein Artikel, der mit der Mitteilung endete, er sei Ende der dreißiger Jahre in einem stalinistischen Lager gestorben. Dem Artikel waren vier farbige Reproduktionen beigefügt, von denen eine von Morandi stammte und eine zweite verkehrt herum abgedruckt war. Sein Werk erlebte nun auch in seiner eigenen Heimat ein Revival. Viktorowitsch wurde in den Künstlerverband aufgenommen und bekam ein schönes Atelier mit Fenstern zum Dynamo-Stadion. Nachdem er mit einer Freundin seiner Tochter ein Liebesverhältnis angefangen hatte, begann er wieder zu malen. Es waren durchweg weiße Stilleben, in denen sich Viktorowitschs vielschichtige Gedanken über die Natur des Weißen, über dessen Form und Textur niederschlugen: Zuckerdosen aus Porzellan, weiße Waffelhandtücher, Milch in einem Glas. Oder ein Defilee von weißen Gesichtern, wobei das eine sich im Schatten des anderen verliert, wieder auftaucht und beide durch eine Art optischer Sinnestäuschung miteinander verbunden sind.

Robert Viktorowitsch starb an einer Gehirnblutung. Zu seinem Begräbnis fanden sich die arrivierten wie die avantgardistischen Künstler ein. Der Künstlerverband stellte die zweiundfünfzig Bilder aus, die man in seinem Atelier angetroffen hatte. Sie sind inzwischen über die ganze Welt verstreut. Auf modernen Kunstauktionen bringt jedes neu aufgetauchte Bild Sammler an den Rand des Herzinfarkts. Die insgesamt elf Vorkriegsarbeiten aus Paris, die sich erhalten haben, erzielen abenteuerliche Preise. [SJ]

[Ljudmila Ulitzkaja, *Sonecka* (dt. *Sonetschka*), 1996]

**VIRADOBESTSKI** *genannt Ski; tätig um 1900*

Polnischer Bildhauer und Maler. Bis zu seinem zehnten Lebensjahr war er das bezauberndste Wunderkind der Welt gewesen und der Liebling aller Damen. Später wurde er zwar potthäßlich, aber noch mit fünfundvierzig hatte er eine Art von Jungenhaftigkeit, von träumerischer Phantasie beibehalten. Viradobestski war damals bereits treuer Gast im Salon der Verdurins. Er nannte sich Ski, weil es den Franzosen schwerfiel, seinen Namen richtig auszusprechen, und weil er Wert darauf legte, nicht mit seinen wohlsituierten, aber etwas langweiligen Verwandten verwechselt zu werden.

Madame Verdurin glaubte, Ski habe mehr Temperament als Elstir (siehe dort), weil es keine Kunst gab, die er nicht mit Leichtigkeit ausgeübt hätte, und sie war überzeugt, daß er diese Leichtigkeit zum Talent hätte ausbilden können, wäre seine Trägheit weniger groß gewesen. Diese erschien ihr allerdings nur als eine weitere Gabe, da sie das Gegenteil von Arbeit war, die sie für das Los der Ungenialen hielt. Elstir seinerseits hatte an einer Begegnung mit Ski genug, um ein für allemal eine tiefe und unüberwindliche Abneigung gegen den Polen zu empfinden.

Ski malte alles, was man nur wollte, ob auf Manschettenknöpfe oder auf Supraporten. Er sang mit der Stimme eines Komponisten, spielte aus dem Gedächtnis, wobei er durch falsche Bässe aus dem Flügel die Wirkung eines Orchesters herausholte und mit dem Mund das Piston nachahmte. Da er beim Sprechen seine Worte suchte, galt er für ungemein gescheit, in Wirklichkeit ließen sich seine Reden auf zwei oder drei außerordentlich kurzatmige Ideen zurückführen. Er war unzufrieden mit seiner Reputation eines Phantasten und hatte es sich in den Kopf gesetzt, zu zeigen, daß er ein durchaus praktischer und zielgerichteter Mensch mit gesundem Menschenverstand sei, während sein schlechtes Gedächtnis und seine stets ungenauen Informationen stets das Gegenteil bewiesen. Die Bewegungen von Kopf, Hals und Beinen hätten bei ihm eine gewisse Anmut gehabt – wenn er noch neun Jahre alt gewesen wäre, mit blonden Locken, einem großen Spitzenkragen und kleinen Stiefelchen aus rotem Leder. [CR]

[Marcel Proust, *À la recherche du temps perdu* (dt. *Auf der Suche nach der verlorenen Zeit*), 1913–1927]

**VLADIM** *tätig um 1970*

Belgisch-russischer Bildhauer. Vladim, ein Kriegskind – die Mutter lernte seinen Vater beim Arbeitseinsatz kennen –, ist in Belgien nie richtig heimisch geworden. Seine Plastiken fertigte er nur aus Industrieabfällen und Schrott. Über die Wahl seines Materials hatte er eine eindeutige Meinung: »Es ist wahnwitzig, daß man neues Material verschwendet, um daraus die scheußlichsten Dinge herzustellen. Warum sollte ich mich damit abquälen, neues Eisen zu formen, wenn das alte schon von vornherein die Form hat, die ich brauche? Die, die nach uns kommen, sollen wissen, daß wir den Mut hatten, sogar auf Schuttplätzen und Müllhalden Schönes zu schaffen.«

Im Juni 1970 stellte Vladim seine abstrakten Eisenkonstruktionen in der Künstlerkneipe »Der Kuhstall« in einem verfallenen Bauernhof in Ostflandern aus. Der Schriftsteller Boin hielt die Eröffnungsrede, die sich in gedruckter Form allerdings auffällig von dem mündlichen Vortrag unterscheidet. So erschien ihm die Skulptur *Ein Lächeln von Elke* zunächst wie »ein erstarrtes Lächeln von Gasrohren und sonstigem Schrottkrempel«, in der schriftlichen Fassung dann eher wie ein »Rebell mit einem Gewehr oder Flammenwerfer über der Schulter, ein Revoluzzer, der irgendwo Wache hält und in der Kälte und Dunkelheit an Elke denkt, an ein verlorenes Lächeln von Elke«. Am Abend der Vernissage warf sich Vladim nach einem amourösen Streit in stark betrunkenem Zustand vor ein Auto und brach sich beide Beine. Einen Monat später wurde der »Kuhstall« von der Polizei geräumt. Es gab Beweise für Drogenkonsum in großem Stil und Sittlichkeitsdelikte mit Minderjährigen. Im Teich hinter dem Hof wurde der nackte Leichnam eines achtzehnjährigen Mädchens gefunden. *Ein Lächeln von Elke* landete in Boins Wohnzimmer. Mevrouw Boin hatte dreitausend belgische Francs dafür geboten, aber Vladim hatte sich geweigert, das Geld anzunehmen. [RH]

[Louis Paul Boon, *Als het onkruid groeit,* 1972]

## Walter *um 1880

Der österreichische Künstler Walter betätigte sich in den verschiedensten künstlerischen Sparten, was ihn daran hinderte, sich einem Gebiet ganz zu widmen. Er war als Maler ausgebildet und übte diese Profession auch zur Zeit seiner Heirat mit der Tochter des bekannten Bühnenbildners van Helmond aus, war jedoch nebenbei Musiker und Dichter, Herausgeber einer literarischen Zeitschrift, Angestellter eines Bühnenvertriebs, Theaterkapellmeister, Zeichenlehrer, Musikkritiker und Einsiedler. Zwei Disziplinen vor allem machten einander die Vorherrschaft streitig: die Malerei und die Musik; für beide besaß er ein ausgesprochenes Talent, war jedoch nicht in der Lage, etwas Wesentliches hervorzubringen. War es seine besondere Begabung, als große Begabung zu gelten, wie Freunde vermuteten? Walter selbst pflegte seine Unbeständigkeit mit seinem Verlangen zu rechtfertigen, rein zu bleiben, sich nicht korrumpieren zu lassen. Mit dreißig wurde er – auf Drängen seines Vaters, der ihm seine finanzielle Unterstützung zu entziehen drohte – Beamter in einem Kunstamt. Nun war ihm gänzlich die schwere Bürde abgenommen, sich als Künstler beweisen zu müssen, in elitärer Selbstzufriedenheit zog er sich von den »Unreinlichkeiten« des Kunstmarkts zurück. Seine Bilder versteckte oder vernichtete er, seine freie Zeit verbrachte er hauptsächlich am Klavier. Walters Ansichten über die Kunst wurden zusehends pessimistischer; in seiner Jugend hatte er von der Kunst der Zukunft geträumt, die er und seine Generation verwirklichen würden, nun sah er überall Dekadenz und Verfall. Nach Ingres habe der Niedergang der Malerei eingesetzt. Nicht er selbst sei unfähig zu einem großen Werk, sondern die Zeit, in der er als Gefangener zu leben gezwungen sei. Walters Frau Clarisse führte das Scheitern der Karriere ihres Mannes auf seine bürgerlichen Sehnsüchte zurück – sie hätten ihn daran gehindert, sich zum Göttlichen, zum Genialen durchzuringen, das Clarisse eher in dem geistesgestörten Frauenmörder Moosbrugger sah. Ab dem Sommer 1913 zeigten sich auch bei Clarisse zunehmend Anzeichen geistiger Verwirrung. Walter und Clarisse verschwanden vollständig aus dem Wiener Künstlermilieu, aus dem sie hervorgegangen waren. [SL]

[Robert Musil, *Der Mann ohne Eigenschaften,* 1930/32, unvollendet bei Musils Tod 1942]

**WANG-FU** * *China, zwischen dem 3. Jahrhundert vor und dem 3. Jahrhundert n. Chr.)*

Chinesischer Maler, der mit seinem Schüler Ling ein unstetes Wanderleben führte. Man sagte, Wang-Fu besitze die Macht, seine Bildnisse zum Leben zu erwecken. Sein ausgeprägter Sinn für Farben und Formen machte, daß er der Welt oft entrückt schien. Eines Tages wurde der Maler in der Nähe der Kaiserstadt verhaftet und vor den Kaiser geführt. Dieser hatte in seiner Kindheit viele Werke Wang-Fus in der Sammlung seines Vaters immer wieder betrachtet, sie waren ihm in seiner Abgeschiedenheit ein Ersatz des Lebens gewesen.

Später aber hatte er entdeckt, daß die Welt nicht so schön war, wie sie auf den Bildern schien. Der Kaiser ließ Ling enthaupten und teilte Wang-Fu mit, er werde ihm die Augen ausbrennen und die Hände abschlagen lassen, vorher müsse er jedoch noch ein Bild (eine Landschaft) fertigmalen, das unvollendet geblieben sei. Unter den Pinselstrichen des Malers schwoll der Fluß an, überflutete den Palast, und ein Boot kam herbei, mit Ling am Ruder. Der Kaiser, so berichten zuverlässige Quellen, sah machtlos zu, wie Meister und Schüler in der Ferne verschwanden. [SH]

[Marguerite Yourcenar, *Comment Wang-Fô fut sauvé*, in: *Nouvelles orientales* (dt. *Orientalische Erzählungen*), 1938]

**WITLA, EUGENE TENNYSON** **Alexandria, Illinois, 1870*

Amerikanischer realistischer Maler, aller Wahrscheinlichkeit nach 1870 in Alexandria, im Staat Illinois, geboren. Obwohl sein Vater wünschte, er würde eine Laufbahn in der Versicherungsbranche einschlagen, begann Witla siebzehnjährig als Setzer und Reporter bei der Lokalzeitung *Morning Appeal*. Schon bald ging er jedoch nach Chicago, wo er sich mit Gelegenheitsarbeiten sein Brot verdiente, unter anderem als Fahrer für einen Waschsalon und als Schuldeintreiber; nachts widmete er sich seinen Malstudien. Er besuchte Ausstellungen, wo ihn vor allem die Kriegsbilder von Wassili Werestschagin faszinierten. Tiefen Eindruck machte auf ihn auch ein Aktbild von Bouguereau, das in einer Galerie gezeigt wurde und einen Sturm der Entrüstung auslöste. Der angehende Künstler sah in diesem Bild die Verwirklichung seines weiblichen Schönheitsideals. Witla entschloß sich, am altehrwürdigen Art Institute eine Zeichenklasse zu besuchen, wo sein Talent von Temple Boyle entdeckt wurde.

Überzeugt von seinen künstlerischen Fähigkeiten, übersiedelte Witla nach New York, in der Hoffnung, dort für eine große Zeitung arbeiten zu können. Seinen ersten bescheidenen Erfolg erzielte er mit dem Verkauf einer New Yorker Straßenszene an das Magazin *Truth* und einer Illustration an das tonangebende *Harper's Magazine.* Sein Durchbruch kam, als sein Ölbild *Six o'Clock* von der National Academy of Design angenommen wurde. Das ausgestellte Werk wurde im *Evening Sun,* einem prominenten Organ der Kunstkritik, lobend besprochen. Mit seinem Bild *After the Theatre* gelang es Witla, den renommierten Kunsthändler Anatole Charles von sich zu überzeugen und ihn dazu bewegen, entgegen seiner Gewohnheit die Bilder des Künstlers unentgeltlich auszustellen. Die Presse reagierte im großen und ganzen positiv. Zwar warf ein Kritiker Witla »einen billigen Hang zum Provozieren und Beleidigen« vor, ein anderer, Luke Severas, lobte jedoch das »wahre Gefühl für das Pathetische und Dramatische, die Kunst, die Farbe zu beleben, ihr nicht nur ihren photographischen Wert zu verleihen – obwohl das der gängigen Betrachtungsweise so scheint –, sondern auch eine höhere geistige Bedeutung; die Kunst, das Leben anzuklagen wegen seiner Derbheit, es anzuklagen wegen seiner Niedertracht und Grausamkeit, damit es sich vielleicht selbst heilt; die Kunst, Schönheit zu sehen, auch in der Schande, dem Pathos und der Erniedrigung«.

Durch ein solches Urteil bestärkt, gab Witla das Illustrieren auf und widmete sich ganz der Malerei.

Nach einem Aufenthalt in Paris schuf er eine Reihe von Porträts, die dem Geschmack des amerikanischen Publikums jedoch viel weniger entsprachen. Aus Enttäuschung über die laue Reaktion bekam Witla eine schwere Depression. In der Hoffnung, seine Neurasthenie zu überwinden, kehrte er neunundzwanzigjährig wieder nach Chicago zurück, ging dann nach Tennessee, Kentucky, an den Golf von Mexiko und schließlich nach Biloxi. Finanziell wie künstlerisch war er an einem Tiefpunkt angelangt.

Erst drei Jahre später gelang es ihm, sein Leben wieder in den Griff zu bekommen. Witla wurde zunächst Journalist bei *World* und später Art Director bei der Summerfield Advertising Agency, wo er sich durch eine gewagte Reklamekampagne einen Namen machte. Er wurde ein erfolgreicher Geschäftsmann, der sich bei Konflikten zwischen seiner künstlerischen Berufung und geschäftlichen Interessen immer auf die Seite des Profits schlug. Bei der Kalvin Publishing Company und der United Magazines Corporation, wo er die Abteilung Literatur, Kunst und Publizistik übernahm, bekam Witla hochdekorierte Posten.

Witlas größtes Problem war sein nicht immer künstlerisches Interesse an weiblicher Schönheit. Am 2. November 1897 heiratete er Angela Blue, hatte jedoch schon während der Verlobungszeit Affären mit dem Modell Ruby Kenny und der Sängerin Christina Channing. Die Beziehung des Achtunddreißigjährigen mit der achtzehnjährigen Suzanne Dale wurde ihm schließlich zum Verhängnis. Suzannes einflußreiche Mutter setzte seine Entlassung durch, Witla war finanziell ruiniert. Seiner schwangeren Frau hatte er sich völlig entfremdet, sie starb kurz darauf im Wochenbett. Witla zog mit seiner Tochter nach Montclair, wo er wieder zu malen anfing. Seine Porträts von einfachen Leuten – Arbeitern, Wäscherinnen, Trinkern –, die seine Ansicht von der Nichtigkeit und Grausamkeit des Lebens ausdrückten, fanden bei den Kritikern allgemeine Zustimmung und wurden zu Rekordpreisen verkauft. [PC]

[Theodore Dreiser, *The Genius* (dt. *Das Genie*), 1915]

**WYATT, CORNELIUS** *†Anfang des 19. Jahrhunderts*
Amerikanischer Künstler. Cornelius Wyatt kam beim Untergang der »Independence« ums Leben, die von Charleston, S.C., nach New York unterwegs war. Er weigerte sich, ein Rettungsboot zu besteigen, und versank in den Fluten, mitsamt einer mysteriösen, länglichen Kiste, die er während der ganzen Fahrt in seiner Kajüte gehütet hatte. Ein Mitpassagier, der mit dem jungen Künstler gemeinsam studiert hatte, meinte über ihn, er habe das Temperament eines Genies, »aus Melancholie, Sensibilität und Enthusiasmus seltsam gemischt«. Wyatt arbeitete in einem Atelier in der Chambers Street in New York und hatte in den Wochen vor seinem tragischen Tod Kontakt zu dem italienischen Kunsthändler Nicolino, der im Besitz einer von Rubini dem Jüngeren angefertigten Kopie von da Vincis *Abendmahl* war. Der erwähnte Mitreisende vermutete in der geheimnisvollen Kiste eben diese berühmte Kopie. Später erfuhr er jedoch vom Kapitän der »Independence«, daß sich in der Kiste der balsamierte Leichnam von Wyatts verstorbener Frau befand, Tochter der Adelaide Curtis aus Albany, NY. [SJ]

[Edgar Allan Poe, *The Oblong Box* (dt. *Die längliche Kiste*), 1844]

**Zeebroeck, Dolf** **Belgien; tätig ab den zwanziger Jahren des 20. Jahrhunderts*

Graphischer Künstler, der in der Kanunnik Vanderpaelestraat in der westflämischen Gemeinde Walle wohnte und arbeitete. Ab den zwanziger Jahren entwickelte Dolf Zeebroeck seinen eigenen, volksnahen Stil, mit dem er »das sinnlos Moderne dem Kunstsinn des Volkes anpaßte« und auch den Unkünstlerischsten verständlich machte. Nachdem er sich viele Jahre tagaus, tagein, auch sonntags, abgerackert hatte, konnte der Erfolg nicht ausbleiben. Er stellte regelmäßig in Brüssel aus, und seine Todes- und Geburtsanzeigen, Lithographien und Holzschnitte wurden bis nach Amerika verkauft. Ständige Quelle der Inspiration waren für ihn die Leidensgeschichte Jesu – wie seine Fresken in der Kapelle des Collège zu Walle bezeugen – und die Welt der Normannen.

Ab 1940 entwarf Zeebroeck auch erbauliche Einblattdrucke mit frommen Sprüchen in neugotischer Schrift, und für die SS-Flandern Werbeplakate. Eine kurze Internierung nach der »Befreiung« unterbrach vorübergehend seine künstlerische Laufbahn. Aber auch danach genoß er, wenn auch in kleinerem Kreis, den Ruf eines ausgezeichneten Gelegenheitsgraphikers. Sein Plakat für ein Volksfest in Ostende (1947) ist hierfür ein gutes Beispiel: Krabbenfischer ziehen, hoch zu Roß, ihre Netze hinter sich her, in dem wolkigen unheilschwangeren Himmel steht in neugotischer Schrift: »Unsere Fischer, die Ritter der See.«

Der »Fürst der westflämischen Literatur«, Marnix de Puydt, nannte Zeebroeck den Toorop von Westflandern. Vor dem Fragmentarischen graute dem Künstler, das Wesentliche gehe dadurch verloren. Es verwundert daher nicht, wenn er einem jungen talentvollen Schüler, dem er für fünfundvierzig Francs die Stunde Unterricht erteilte, nicht nur eine Abneigung gegen Picasso einzuflößen versuchte, sondern ihm vor allem einschärfte, daß sich der Künstler immer »in den Dienst der Linie« zu stellen habe.

Dolf Zeebroeck war eine auffällige Erscheinung. In seinem Haus – einer Kopie des Genter Gravensteen mit seinen Zinnen und Türmchen aus eigelbfarben glasierten Klinkern, aber mit allem modernen Komfort ausgestattet – konnte man ihn oft, gehüllt in eine Mönchskutte, an der Arbeit sehen. [BM]

[Hugo Claus, *Het verdriet van Belgie* (dt. *Der Kummer von Flandern*), 1983]

**ZILLAH** *tätig in Toronto in den sechziger Jahren des 20. Jahrhunderts*

Kanadische Künstlerin, die durch ihre Teilnahme an der Manifestation *Vier Für Alle* bekannt wurde, einer Gruppenausstellung von Frauen (siehe auch Carolyn, Jody und Elaine Risley). Zillah entnahm das Material zu ihren *Lintschaften* dem Filter ihres Wäschetrockners, nachdem sie Handtücher in verschiedenen Farbabstufungen wiederholt durch den Trockner hatte laufen lassen. Die Wattebäuschchen – pink, graugrün, grauweiß oder in dem üblichen Standardgrau von unter dem Bett – zerschnitt und formte sie zu vielschichtigen Kompositionen von Wolkenlandschaften, die sie auf eine Unterlage klebte. Kritiker der Ausstellung apostrophierten Zillahs Werk als subjektiv, introvertiert und fadenscheinig. Der weitere Lebensweg dieser begabten Künstlerin verliert sich im Dunkel der Geschichte. [KBRA]

[Margaret Atwood, *Cat's Eye* (dt. *Katzenauge*), 1988]

**ZOGOIBY, AURORA** *geborene Aurora da Gama, auch bekannt unter dem Pseudonym Chipkali; *Cochin, Indien, 1924; † Bombay, 1987*

Aurora da Gama wurde in eine Familie indischer Christen geboren, die im Gewürzhandel tätig waren und deren Stammbaum bis auf den portugiesischen Entdeckungsreisenden Vasco da Gama zurückreichte. 1939 begegnete Aurora da Gama ihrem zukünftigen Ehemann Abraham Zogoiby (1903–1993), der sie im Lagerhaus ihres Vaters auf Pfeffersäcken entjungferte. Von ihr gepusht, wurde er der mächtigste und korrupteste Geschäftsmann Indiens.

Aurora Zogoiby war in künstlerischer Hinsicht Autodidaktin; sie zeichnete und malte von Kindheit an. Noch heute ist in ihrem Kinderzimmer eine Wandmalerei aus dem Jahr 1937 zu besichtigen, in ihrem schon damals charakteristischen schwungvollen, collageartigen, symbolistisch-historischen, surrealistisch angehauchten Stil. Schon mit zwanzig hatte sie schneeweißes Haar – »Eiskönigin« lautete einer ihrer Spitznamen. Sie war von blendender Schönheit, die Geliebte zahlloser Männer, unter ihnen, wie man munkelte, Pandit Nehru, der Premierminister, und Raman Fielding, Gründer der nationalistischen Splitterpartei Mumbai Axis. Sie war die Gastgeberin berüchtigter literarisch-künstlerisch-dekadenter Abendgesellschaften in ihrem orange- und goldfarbenen Salon, galt als die scharfzüngigste Frau ihrer Generation und war die ungekrönte Königin der High-Society Bombays. »Aurora bombayalis« war eines ihrer anderen Epitheta.

Ihren Ruhm begründete Zogoiby während des großen Streiks 1946, als sie unter dem Künstlernamen Chipkali (Eidechse) eine Reihe beißender sozial-realistischer Skizzen vom Elendsdasein in Bombay ausstellte. Bekannt wurde sie jedoch vor allem durch ihre sogenannten *Moor*-Bilder, gemalt über einen Zeitraum von dreißig Jahren (1957–1987). Es sind Selbstporträts mit ihrem verkrüppelten Sohn Moraes (Mohr), hauptsächlich Diptychen, die sie als »religiöse Darstellungen für Gottlose« bezeichnete. Anfänglich ließ sie sich von traditionellen Themen inspirieren, die sie frivol bearbeitete (Madonna mit Kind, Desdemona und Othello, Chimène, von der Künstlerin »Pantomime-Bilder« genannt). Ihre späteren Arbeiten sind monochromer, in expressionistischem Stil gemalt und wurden gelegentlich mit den späten Selbstbildnissen Rembrandts verglichen. Ihr letztes Werk, *Des Mauren letzter Seufzer,* blieb unvollendet.

Kritiker apostrophierten ihr Werk als zynisch, negativistisch, nihilistisch, palimpsestisch oder auch als »Epico-Mythico-Tragico-Comico-Supersexy-High-Masala-Kunst«. Ihr großformatiges Bild *Der Skandal* – eine riesige Spirale von Szenen, in ihrem Mittelpunkt ein Priester mit dem Kopf eines Hundes, der in einer Synagoge einem schockierten katholischen Bischof etwas ins Ohr flüstert, der in vollem Ornat als Fisch dargestellt ist; in der Ferne ragt die Kathedrale von Santa Cruz auf – befindet sich heute im Besitz der National Gallery of Modern Art (Delhi). Ihre Bilder wurden auch von der Londoner Tate Gallery und dem Amsterdamer Stedelijk Museum erworben. 1957 lehnte die Künstlerin den

Indischen Staatspreis für Bildende Kunst ab. Sie nahm an der Documenta VI teil.

Aurora Zogoiby kam 1987 ums Leben, als sie wie jedes Jahr beim Fest des Elefantengottes Ganpati auf den Klippen vor ihrem Haus einen Tanz aufführte, das Gleichgewicht verlor und auf den Strand von Chowpatty hinabstürzte. [PAV]

[Salmon Rushdie, *The Moor's Last Sigh* (dt. *Des Mauren letzter Seufzer*), 1995]

# Anhang

# Register der Enzyklopädisten

CR: Catherine Robberechts 88, 178, 287, 322
MS: Maarten Steenmeijer 48, 77, 277
JS: Jan Struelens 23, 48, 94, 127, 162, 163, 192, 202, 218, 229, 285, 319
BVdB: Bart Van den Bossche 27, 80, 83, 122, 248
BvdP: Barber van de Pol 152, 262
JPvdS: Jan Pieter van der Sterre 54, 58, 75, 76, 85, 94, 116, 260, 285
DVH: Dirk Van Hulle 31, 36, 254, 311
PeV: Peter Venmans 35, 46, 274, 293
PaV: Paul Verhaeghen 73, 199, 330
KV: Kaat Verleye 66, 96, 172, 198
FV: Françoise Vervondel 61
GW: Gerben Wynia 241

# Register der Verfasser von Romanen, Novellen und Theaterstücken mit fiktiven Künstlern

Kobo Abe, *Mahô no chôku* (dt. *Zauberkreide*), 1950: Argon

Louisa May Alcott, *Little Women* (dt. *Die vier Schwestern*), 1868–1869: Amy Curtis March

Margery Allingham, *Death of a Ghost* (dt. *Wenn Geister sterben*), 1934: John Sebastian R. A. Lafcadio

Hans Christian Andersen, *Die Psyche*, 1874: N. N. (Meister der *Psyche*)

Stefan Andres, *Die Liebesschaukel* (vorher unter dem Titel *Der gefrorene Dionysos*), 1942: Ulrich Huhl

Guillaume Apollinaire, *La Femme assise* (dt. *Die sitzende Frau*), 1920: Pablo Canouris & Elvire Goulot

Achim von Arnim, *Die Kronenwächter,* 1817/54: Sixt & Anton von Stock

Margaret Atwood, *Cat's Eye* (dt. *Katzenauge*), 1988: Carolyn, Jody, Jon, Elaine Risley & Zillah

Max Aub, *Jusep Torres Campalans*, 1958: Jusep Torres Campalans

Paul Auster, *Leviathan* (dt. *Leviathan*), 1992: Maria Turner

Marcel Aymé, *La Jument verte* (dt. *Die grüne Stute*), 1933: Murdoire

Marcel Aymé, *Les Sabines*, in: *Le Passe-muraille* (dt. *Die Sabinen,* in: *Meistererzählungen*), 1943: Théorème

Honoré de Balzac, *Le Chef d'œuvre inconnu* (dt. *Das unbekannte Meisterwerk*), 1831/1837: Frenhofer

Honoré de Balzac, *La Comédie Humaine* (dt. *Die menschliche Komödie*), ab 1842: Joseph Bridau, Léon Didas y Lora, Pierre Grassou, van Huysium, Ernest-Jean Sarrasine, Hippolyte Schinner, Servin, Théodore de Sommervieux, Wencesclas Steinbock, Stidmann

Barbey d'Aurevilly, *À un dîner d'athées* (dt. *Ein Atheisten-Diner*), in: *Les Diaboliques* (dt. *Die Teuflischen*), 1874: Mesnilgrand

Alessandro Baricco, *Oceano Mare* (dt. *Oceano mare: Das Märchen vom Wesen des Meeres*), 1993: Michel Plasson

Donald Barthelme, *The Falling Dog*, in: *City Life*, 1970: N. N. (Meister des *Yawning Man*)

Marcel Béalu, *Grand Œuvre*, in: *Plusieurs Enfances*, in: *Mémoires de l'Ombre* (dt. *Erinnerungen aus dem Schatten*), 1959: N.N. (Meisterinnen der *Spinnennetze*)
Léon Bloy, *La Femme pauvre* (dt. *Die Armut und die Gier*), 1897: Pélopidas-Anarchis Gacougnol & Léopold
Louis Paul Boon, *De voorstad groeit* (dt. *Die Vorstadt wächst*), 1942: Bernard
Louis Paul Boon, *De Kapellekensbaan* (dt. *Eine Straße in Ter-Muren*), 1953; *Zomer te Ter-Muren* (dt. *Sommer in Ter-Muren*, 1956: Oscarke Schatt & Tippetotje
Louis Paul Boon, *Als het onkruid groeit*, 1972: Vladim
Jorge Luis Borges, *El Zahir*, in: *El Aleph*, 1949: N.N. (Meister des *Unendlichen Tigers von Nittur*)
Jorge Luis Borges und Adolfo Bioy Casares, *Crónicas de Bustos Domecq* (dt. *Chroniken und Neue Geschichten von Bustos Domecq*), 1967: Antártido A. Garay & José Enrique Tafas
William Boyd, *Nat Tate – An American Artist 1928–1960*, 1998: Nat Tate
Willem Brakman, *Kind in de buurt*, 1972: Jan Oud
Anne Brontë, *The Tenant of Wildfell Hall* (dt. *Die Herrin von Wildfell Hall*), 1848: Helen Lawrence
Robert Browning, *Pictor Ignotus*, in: *Dramatic Romances and Lyrics*, 1845: N.N. (Meister der *Florentiner Fresken*)
Iwan Bunin, *Der wahnsinnige Künstler*, 1921: N.N. (Meister der *Geburt des Neuen Menschen*)
Wilhelm Busch, *Maler Klecksel*, 1884: Kuno Klecksel
Michel Butor, *Passage de Milan* (dt. *Paris, Passage de Milan*), 1954: Martin de Vere
A.S. Byatt, *Possession* (dt. *Besessen*), 1990: Blanche Glover

Pedro Calderón de la Barca, *El pintor de su deshonra* (dt. *Der Maler seiner Schmach*), zwischen 1645 und 1651: Juan Roca
Italo Calvino, *Se una notte d'inverno un viaggiatore* (dt. *Wenn ein Reisender in einer Winternacht*), 1979: Irnerio
Albert Camus, *Jonas*, in: *L'Exile et le Royaume* (dt. *Das Exil und das Reich*), 1957: Gilbert Jonas
Truman Capote, *The Headless Hawk* (dt. *Ohne Ziel*), 1946: D.J.
Paola Capriolo, *La donna di pietra* (dt. *Die Frau aus Stein*), in: *La grande Eulalia*, 1988: Mur
Ermano Cavazzoni, *Der Maler Cimetta*, in: *Vite brevi di idioti* (dt. *Kurze Lebensläufe der Idioten: Kalendergeschichten*), 1994: Cimetta
Adelbert von Chamisso, *Das Kruzifix*, 1830: N.N. (Meister des *Lebenden Kruzifixes*)

Champfleury (Pseudonym von Jules Husson-Fleury), *Chien-Caillou,* in: *Chien-Caillou. Fantaisies,* 1847: Chien-Caillou
Anton Čechov, *Das Haus mit dem Zwischenstock*, 1858: N.
Anton Čechov, *Talent,* 1886: Jegor Sawwitsch
Anton Čechov, *Poprygun'ja* (dt. *Flattergeist*), 1892: Olga Ivanovna & Rjabovskij
Kate Chopin, *The Awakening* (dt. *Das Erwachen*), 1899: Edna Pontellier
Agatha Christie, *The Hollow* (dt. *Das Eulenhaus*), 1946: Henrietta Savernake
Hugo Claus, *Het verdriet van Belgie* (dt. *Der Kummer von Flandern,* 1983: Geerten Gallens & Dolf Zeebroeck

Robertson Davies, *The Rebel Angels,* 1981; *What's Bred in the Bone,* 1985; *The Lyre of Orpheus,* 1989: Francis Chegwidden Cornish
Don DeLillo, *Underworld* (dt. *Unterwelt*), 1997: Klara Sax
Christian Dotremont, *La Pierre et l'oreiller,* 1955: Ole
Slavenka Drakulić, *Mramorna koza* (dt. *Marmorhaut*), 1991: N. N. (Meisterin des *Körpers meiner Mutter*)
Theodore Dreiser, *The Genius* (dt. *Das Genie*), 1915: Eugene Tennyson Witla

Jean Échenoz, *Lac* (dt. *See*), 1989: Mouezy-Eon
Umberto Eco, *Il nome della Rosa* (dt. *Der Name der Rose*), 1980: Adelmo & Nicola
Joseph von Eichendorff, *Dichter und ihre Gesellen,* 1834: Albert & Guido
Carl Einstein, *Bebuquin*, 1906–1909: Heinrich Lippenknabe
George Eliot, *Middlemarch* (dt. *Middlemarch: Eine Studie des Provinzlebens,* 1871/72: William Ladislaw

William Faulkner, *Mosquitoes* (dt. *Moskitos*) 1927: Gordon
Amanda Filipacchi, *Nude Men,* 1993: Lady Henrietta
Gustave Flaubert, *L'Education sentimentale* (dt. *Die Erziehung des Herzens*), 1869: Pellerin
Gustave Flaubert, *Le Château des cœurs* (dt. *Die geraubten Herzen*), 1880: Onésine Dubois
Anatole France, *Les Dieux ont soif* (dt. *Die Götter dürsten*), 1912: Évariste Gamelin

William Gaddis, *The Recognitions* (dt. *Die Fälschung der Welt*), 1955: Wyatt Gwyon
Ludwig Ganghofer, *Der Herrgottschnitzer von Ammergau,* 1890: Fritz Baumiller & Paulus Lohner

Luis Britto García, *Rajatabla,* 1970: N. N. (Meister der *Pfeilspitzen mit Strichen*)

Vsevolod M. Garšin, *Chudožniki* (dt. *Die Künstler*), 1879: Dedov & Rjabinin

William Gibson, *Mona Lisa Overdrive* (dt. *Mona Lisa Overdrive. Dritter Roman der Neuromancer-Trilogie*), 1988. Henry Slick

Johann Wolfgang Goethe, *Künstlers Erdewallen,* 1773/1774; *Des Künstlers Vergötterung* 1774; *Künstlers Apotheose,* 1788: N. N. (Meister der *Venus Urania*)

Nikolaj Gogol, *Nevskij prospekt,* (dt. *Der Newskijprospekt*), 1835: Piskarjow

Nikolaj Gogol, *Portret* (dt. *Das Porträt*), 1842: B. & Andrej Petrowitsch Tschartkow

Emond und Jules de Goncourt, *Charles Demailly,* 1860: Grancey

Edmond und Jules de Goncourt, *Manette Salomon,* 1867: Anatole Bazoche, Chassagnol, Nez de Coriolis & Garnotelle

Edmond und Jules de Goncourt, *Un Aqua-fortiste,* in: *Quelques créatures de ce temps,* 1885: Thomas

Günter Grass, *Die Blechtrommel,* 1959: Raskolnikoff

Otto Erich Hartleben, *Der römische Maler,* 1898: Ludovico

Gerhart Hauptmann, *Wanda* (zuvor unter dem Titel *Der Dämon*), 1927: Paul Haake

Nathaniel Hawthorne, *The House of the Seven Gables* (dt. *Das Haus mit den sieben Giebeln*), 1851: Holgrave

Friedrich Hebbel, *Der Maler,* 1832: Dietrich

A. F. Th. van der Heijden, *De tandeloze tijd* (dt. *Die Zahnlose Zeit*), 1983ff.: Felix Boezaardt

Wilhelm Heinse, *Ardinghello und die glückseligen Inseln,* 1787: Prospero Frescobaldi

Ernest Hemingway, *Islands in the Stream* (dt. *Inseln im Strom*), 1970: Thomas Hudson

Léon Hennique, *Les Funérailles de Francine Cloarec,* 1881: Joseph Richard

Willem Frederik Hermans, *Herinneringen van een engelbewaarder,* 1973: Rense Alberegt

Hermann Hesse, *Klingsors letzter Sommer,* 1920: Klingsor

Paul Heyse, *Im Paradiese,* 1874: Minna Engelken, Hans Jansen, Philipp Emanuel Kohle, Maximilian Rosenbusch & Eduard Rossel

Paul Heyse, *Tantalus,* 1899: Lars

Wolfgang Hildesheimer, *Marbot. Eine Biographie,* 1981: Andrew Gregory Thomas Marbot

E.T.A. Hoffmann, *Die Elixiere des Teufels. Nachgelassene Papiere des Bruders Medardus, eines Kapuziners.* 1815/1816: Francesco

E.T.A. Hoffmann, *Die Jesuiterkirche in G.*, in: *Nachtstücke,* 1816/17: Berthold

E.T.A. Hoffmann, *Meister Martin der Küfner und seine Gesellen,* in: *Die Serapionsbrüder,* Bd. 2, 1819: Reinhold

E.T.A. Hoffmann, *Der Artushof,* in: *Die Serapionsbrüder,* Bd. 1, 1819: Godofredus Berklinger & Traugott

E.T.A. Hoffmann, *Die Brautwahl,* in: *Die Serapionsbrüder,* Bd. 3, 1820: Edmund Lehsen

E.T.A. Hoffmann, *Der Feind,* 1822: Dietrich Irmshöfer

Aldous Huxley, *Point counter Point* (dt. *Kontrapunkt des Lebens*), 1928: John Bidlake

Aldous Huxley, *Crome Yellow* (dt. *Eine Gesellschaft auf dem Lande*), 1921: Gombauld, William Stubbs & Tschuplitski

Joris-Karl Huysmans, *Les Sœurs Vatard,* 1879; *En Ménage,* 1881: Cyprien Tibaille

Henrik Ibsen, *Gengangere* (dt. *Gespenster*) 1889: Osvald Alving

Kazuo Ishiguro, *An Artist of the Floating World* (dt. *Der Maler der fließenden Welt*), 1986: Seiji Moriyama & Masuji Ono

Henry James, *Roderick Hudson* (dt. *Roderick Hudson*), 1875: Roderick Hudson

Henry James, *The Portrait of a Lady* (dt. *Bildnis einer Dame*), 1881: Gilbert Osmond

Henry James, *The Tragic Muse,* 1890: Nicholas Dormer

Henry James, *The Real Thing* (dt. *Das einzig Wahre*), 1893: N. N. (Meister der *Philip Vincent-Illustrationen*)

Tama Janovitz, *Slaves of New York* (dt. *Grossstadtsklaven*), 1986: Marley Mantello & Stash Stosz

Ernst Jünger, *Sturm,* 1923: Hugershoff

Franz Kafka, *Der Prozeß,* posthum hrsg. von Max Brod, 1925: Titorelli

Yasunari Kawabata, *Utsukushia To Kanashimi To* (dt. *Schönheit und Trauer*), 1961: Ueno Otoko & Keiko Sakami

Frans Kellendonk, *Mystiek lichaam,* 1986: Adam Adams

Gottfried Keller, *Der grüne Heinrich,* 1851–1855: Heinrich Lee

Gottfried Keller, *Regine,* in: *Das Sinngedicht,* 1881: N. N. (Meisterin des *Porträts der Regine Altenauer*)

Eduard von Keyserling, *Wellen,* 1911: Hans Grill

Milan Kundera, *Nesnesitelná lehkost bytí* (dt. *Die unerträgliche Leichtigkeit des Seins*), 1984: Sabina

D. H. Lawrence, *The Rainbow* (dt. *Der Regenbogen*), 1915; *Women in Love* (dt. *Liebende Frauen*, 1920: Gudrun Brangwen
Jakob Michael Reinhold Lenz, *Catharina von Siena (Fragment)*, 1776: Rosalbino
Siegfried Lenz, *Deutschstunde*, 1968: Max Ludwig Nansen
Gotthold Ephraim Lessing, *Emilia Galotti*, 1772: Conti
Wyndham Lewis, *Tarr* (dt. *Tarr*), 1918/1928: Frederick Tarr
Pierre Louÿs, *Aphrodite* (dt. *Aphrodite*), 1892/1895: Demetrios
Jean Lorrain, *Monsieur de Phocas*, 1901: Claudius Ethal
Alison Lurie, *The Truth about Lorin Jones* (dt. *Die Wahrheit über Lorin Jones*), 1988: Lorin Jones

Mary McCarthy, *A Charmed Life* (dt. *Der Zauberkreis*), 1955: Warren Coe
Bernard Malamud, *Rembrandt's Hat* (dt. *Rembrandts Hut*), in: *The Stories of Bernard Malamud*, 1983: Rubin
Bernard Malamud, *The Model* (dt. *Das Model*), in: *The Stories of Bernard Malamud*, 1983: Ephraim Elihu
Luigi Malerba, *Le pietre volanti* (dt. *Die fliegenden Steine*), 1992: Ovidio Romer
Klaus Mann, *Der fromme Tanz*, 1926: Frank Bischof, Gert Hollström & Andreas Magnus
Thomas Mann, *Tonio Kröger*, 1903: Lisaweta Iwanowna
Thomas Mann, *Der Zauberberg*, 1924: Behrens
Luis Martín-Santos, *Tiempo de Silencio* (dt. *Schweigen über Madrid*), 1962: Bono
Guy de Maupassant, *Miss Harriet*, in: *Miss Harriet*, 1884: Chenal
Guy de Maupassant, *Fort comme la mort* (dt. *Stark wie der Tod*), 1899: Olivier Bertin
Guy de Maupassant, *Notre Cœur* (dt. *Unser Herz*), 1890: Prédolé
Robert Menasse, *Sinnliche Gewißheit*, 1988: Martin Daher & Oswald
Conrad Ferdinand Meyer, *Das Leiden eines Knaben*, 1883: Mouton
Conrad Ferdinand Meyer, *Die Richterin*, 1885: Arbogast
Eduard Mörike, *Maler Nolten*, 1832–1877: Theobald Nolten
Alberto Moravia, *La noia* (dt. *La Noia*), 1960: Dino
Harry Mulisch, *Archibald Strohalm*, 1952: Boris Bronislaw
Harry Mulisch, *De Ontdekking van de Hemel* (dt. *Die Entdeckung des Himmels*), 1992: Theo Kern
Iris Murdoch, *The good Apprentice* (dt. *In guter Absicht*), 1985: Jesse Baltram
Henry Murger, *Scènes de la vie de bohème* (dt. *Boheme: Szenen aus dem Pariser Leben*), 1851: Jacques, Marcel & Alexandre Schaunard

Robert Musil, *Der Mann ohne Eigenschaften,* 1930/32, unvollendet zur Zeit von Musils Tod 1942: Walter

Alfred de Musset, *Lorenzaccio,* 1834: Freccia

Mynona (Pseudonym von Salomon Friedlaender), *Der Schöpfer. Phantasie,* 1920: Baron von Böckel

Vladimir Nabokov, *Wenezianka* (dt. *Die Venezianerin*), 1924: Frank

Vladimir Nabokov, *The Gift* (dt. *Die Gabe*), 1937/1963: Vsevolod Romanov

Vladimir Nabokov, *The Real Life of Sebastian Knight* (dt. *Das wahre Leben des Sebastian Knight*) 1941: Roy Carswell

Nescio (Pseudonym von Jan Hendrik Frederik Grönloh), *Titaantjes* (dt. *Kleine Titanen*), 1890: Bavink

Charles Nodier, *Le Peintre de Saltzbourg,* 1803: Charles Munster

Cees Nooteboom, *Allerzielen* (dt. *Allerseelen*), 1998: Victor Leven

Orhan Pamuk, *Kara kitap* (dt. *Das schwarze Buch*), 1990: Bedii

Pier Paolo Pasolini, *Teorema* (dt. *Teorema oder Die nackten Füsse*), 1968: Pietro

Cesare Pavese, *La bella estate* (dt. *Der schöne Sommer*), 1949: Guido

Georges Perec, *La vie mode d'emploi* (dt. *Das Leben: Gebrauchsanweisung*), 1978: Percival Bartlebooth & Franz Hutting

Georges Perec, *Un Cabinet d'amateur* (dt. *Ein Kunstkabinett: Geschichte eines Gemäldes*), 1979: Heinrich Kürz

Benito Pérez Galdós, *Tristana* (dt. *Tristana*), 1892: Horacio Díaz

Arturo Pérez-Reverte, *La Tabla de Flandes* (dt. *Das Geheimnis der schwarzen Dame*), 1990: Pieter van Huys

Luigi Pirandello, *La vita nuda* (dt. *Das nackte Leben*), 1910: Ciro Colli & Costantino Pogliani

Luigi Pirandello, *Diana e la Tuda* (dt. *Diana und die Tuda*), 1927: Sirio Dossi

Edgar Allan Poe, *The Fall of the House of Usher* (dt. *Der Fall des Hauses Usher*), 1839: Roderick Usher

Edgar Allan Poe, *The Oblong Box* (dt. *Die längliche Kiste*), 1844: Cornelius Wyatt

Edgar Allan Poe, *The Domain of Arnheim* (dt. *Die Domäne von Arnheim,* 1847: Ellison

Edgar Allan Poe, *The Oval Portrait* (dt. *Das ovale Porträt*), 1850: N. N. (Meister des *Ovalen Porträts*)

Katherine Ann Porter, *Ship of Fools* (dt. *Das Narrenschiff*), 1962: Jenny Brown & David Scott

V. S. Pritchett, *The Skeleton,* 1969: John Flitestone
Marcel Proust, *À la recherche du temps perdu* (dt. *Auf der Suche nach der verlorenen Zeit*), 1913–1927: Elstir & Viradobestski

Rachilde (Pseudonym von Marguerite Eymery), *Monsieur Vénus,* 1889: Jacquet Silvert
Gerard Reve, *Nader tot U* (dt. *Näher zu dir*), 1966; *Veertien Etsen van Frans Lodewijk Pannekoek Voor Arbeiders Verklaard,* 1967: Bullie van der K.
Rainer Maria Rilke, *Wladimir, der Wolkenmaler,* 1899: Wladimir Lubowski
Rainer Maria Rilke, *Ein Verein, aus einem dringenden Bedürfnis heraus,* in: *Geschichten vom lieben Gott,* 1904: N. N. (Meister des *Porträts vom lieben Gott*)
Rainer Maria Rilke, *Warum der liebe Gott will, daß es arme Leute giebt,* in: *Geschichten vom lieben Gott,* 1904: N. N. (Meister der *Wahrheit*)
Raymond Roussel, *Locus Solus* (dt. *Locus solus*), 1914: Martial Canterel
Salmon Rushdie, *The Moor's Last Sigh* (dt. *Des Mauren letzter Seufzer*), 1995: Aurora Zogoiby
Salman Rushdie, *The Ground Beneath her Feet* (dt. *Der Boden unter ihren Füßen*), 1999: Umeed Merchant

Ernesto Sábato, *Juan Pablo Castel,* in: *El Túnel* (dt. *Maria oder die Geschichte eines Verbrechens,* 1948: Juan Pablo Castel
Friedrich Schlegel, *Lucinde,* 1799: Julius & Lucinde
Leonardo Sciascia, *Todo modo* (dt. *Todo modo oder Das Spiel um die Macht*), 1974: N. N. (Meister der *Magdalena*)
W. G. Sebald, *Die Ausgewanderten,* 1992: Friedrich Maximilian Aurach
Jorge Semprún, *La Montagne blanche* (dt. *Der weiße Berg*), 1986: Antoine de Stermaria
William Shakespeare, *Timon of Athens* (dt. *Timon von Athen*), um 1605: N. N. (Meister des Porträts von Timon)
George Bernard Shaw, *Back to Methuselah* (dt. *Zurück zu Methusalem*), 1920: Arjillax & Martellus
Georges Simenon, *Mon ami Maigret* (dt. *Mein Freund Maigret*), 1952: Jef de Greef
Tobias Smollett, *The Adventures of Peregrine Pickle* (dt. *Die Abenteuer des Peregrine Pickle*), 1751: Pallet
Susan Sontag, *The Volcano Lover* (dt. *Der Liebhaber des Vulkans*), 1992: Emma Hart & Thomas Jones

Wole Soyinka, *The Interpreters* (dt. *Die Ausleger*), 1965: Kola & Sekoni
Adalbert Stifter, *Feldblumen,* 1840: Albrecht & Lothar Disson
Adalbert Stifter, *Der Nachsommer,* 1857: Roland
Adalbert Stifter, *Nachkommenschaften,* 1863: Friedrich Roderer
Theodor Storm, *Eine Malerarbeit,* in: *Novellen,* 1868: Edde Brunken
Theodor Storm, *Psyche,* 1875: Franz
Botho Strauß, *Trilogie des Wiedersehens,* 1978: Rainer Bracke
Italo Svevo, *Senilità* (dt. *Ein Mann wird älter*), 1898: Stefano Balli

Junichiro Tanizaki, *Shisei* (dt. *Tätowierung*), 1910: Seikichi
Herman Teirlinck, *Het ivoren aapje* (dt. *Das Elfenbeinäffchen*), 1909; *Johan Doxa,* 1917: Johan Doxa
Alexander Theroux, *An Adultery,* 1987: Christopher Ford
Ludwig Tieck, *Franz Sternbalds Wanderungen,* 1798: Anselm & Franz Sternbald
Leo Tolstoj, *Anna Karenina,* 1875: Michailow
Michel Tournier, *La Goutte d'or* (dt. *Der Goldtropfen*), 1986: Etienne Milan
Michel Tournier, *Les Suaires de Véronique,* in: *Le Coq de bruyère* (dt. *Die Familie Adam: Erzählungen*), 1978: Véronique

Ljudmila Ulitzkaja, *Sonecka* (dt. *Sonetschka*), 1996: Robert Viktorowitsch
Miguel de Unamuno, *Abel Sánchez* (dt. *Abel Sanchez. Die Geschichte einer Leidenschaft*), 1917: Abel Sánchez

Kurt Vonnegut, *Bluebeard* (dt. *Blaubart*), 1987: Dan Gregory & Rabo Karabekian

Wilhelm Waiblinger, *Phaëton,* 1823: Phaëton
Gerard Walschap, *Ons geluk,* 1946: René Hox
Evelyn Waugh, *Brideshead Revisited – The Sacred and Profane Memoires of Captain Charles Ryder* (dt. *Wiedersehen mit Brideshead. Die heiligen und profanen Erinnerungen des Hauptmanns Charles Ryder*), 1945: Charles Ryder
Frank Wedekind, *Erdgeist,* 1895: Walter Schwarz
Nathanael West, *The Day of the Locust* (dt. *Tag der Heuschrecke*), 1939: Tod Hackett
Oscar Wilde, *The Picture of Dorian Gray* (dt. *Das Bildnis des Dorian Gray*), 1891: Basil Hallward

Virginia Woolf, *To the Lighthouse* (dt. *Zum Leuchtturm*), 1927: Lily Briscoe

Marguerite Yourcenar, *Comment Wang-Fô fut sauvé,* in: *Nouvelles orientales* (dt. *Orientalische Erzählungen*), 1938: Wang-Fo

Marguerite Yourcenar, *La Tristesse de Cornelis Berg,* in: *Nouvelles orientales* (dt. *Orientalische Erzählungen*), 1938: Cornelis Berg

Émile Zola, *Le ventre de Paris* (dt. *Der Bauch von Paris*), 1873; *L'Assomoir,* 1877; *L'Œuvre* (dt. *Das Werk*), 1886: Bongrand, Fagerolles, Claude Lantier & Mahoudeau

# Register
## fiktiver Künstler und Personen

## Register realer Künstler und Personen

# Bibliographie

Elsie B. Adams, *The Portrait of the Artist in Bernard Shaw's Novels,* in: *English Literature in Transition,* X, 1967, S. 130–149.

Dore Ashton, *A fable of modern art,* Thames & Hudson, Londen, 1980.

Mieke Bal, *Geelzucht en Schone Letteren,* in: *De Witte Raaf,* Nr. 77, Januar–Februar 1999, S. 1–3.

Fritz Baumgart, *E.T.A. Hoffmanns Künstlernovellen. Gedanken von Kunst und Künstlern der Romantik,* in: *Deutschland-Italien. Beiträge zu den Kulturbeziehungen zwischen Norden und Süden. Festschrift für Wilhelm Waetzoldt,* Berlin, 1941, S. 293–307.

Maurice Beebe, *The Alienation of the Artist: A Study of the Artists by Henry James, Marcel Proust, and James Joyce,* Diss. Cornell University, Ithaca, 1953.

Maurice Beebe, *Ivory Towers and Sacred Founts: The Artist as Hero in Fiction from Goethe to Joyce,* New York, 1964.

Maurice Beebe & H.E. Gerber, *The Artist as Hero: A Guide for Discussion,* in: *English Fiction in Transition,* IV, 1961, S. 36.

Beverly Gray Bienstock, *The Self-Conscious Artist in Contemporary American Fiction,* Diss. University of California, Los Angeles, 1973.

R.P. Blackmur, *The Artist as Hero: A Disconsolate Chimera,* in: *The Lion and the Honeycomb: Essays in Solicitude and Critique,* New York, 1955, S. 43–50.

Ernst Bloch, *Philosophische Ansicht des Künstlerromans,* in: Ernst Bloch, *Verfremdungen I,* Frankfurt a.M., 1963, S. 64–80.

Carel Blotkamp, *The end,* in: *De Witte Raaf,* Nr. 83, Januar–Februar 2000, S. 1–3.

Theodore Robert Bowie, *The Painter in French Fiction,* University of North Carolina, Chapel Hill, 1950.

Van Wyck Brooks, *The Hero as Artist,* in: Van Wyck Brooks, *Sketches in Criticism,* New York, 1932, S. 93–99.

Roswitha Burwick, *Dichtung und Malerei bei Achim von Arnim,* Quellen und Forschungen zur Sprach- und Kulturgeschichte der germanischen Völker, Berlin/New York, 1989.

Hélène Cixous, *Reaching the Point of Wheat, or A Portrait of the Artist as a Maturing Woman,* in: *New Literary History,* 19/1, 1987, S. 1–21.

Ralph Stokes Collins, *The Artist in Modern German Drama,* Ann Arbor, 1940.

Hannah Case Copeland, *Art and the Artist: In the Works of Samuel Beckett,* Paris/Den Haag, 1975.

Joel De Ceulaer, *Het kunst- en kunstenaarsthema bij vijf 19de-eeuwse Vlaamse auteurs in het licht van een Europese traditie,* Diss., Leuven, 1988.

Maria Deibl, *Die Gestalt des bildenden Künstlers in der romantischen Dichtung,* Diss. Wien, 1954.

René Démoris, *L'artiste en représentation,* Actes du colloque Paris III, organisé par le Centre de Recherches Littérature et Arts visuels, 16-17/4/1991, Paris, 1993.

José-Luis Díaz, *L'artiste romantique en perspective,* in: *Romantisme,* Nr. 54, 1986, S. 5–23.

Rachel Blau DuPlessis, *To ›Bear My Mother's Name‹: Künstlerromane by Women Writers,* in: Rachel Blau DuPlessis, *Writing Beyond the Ending: Narrative Strategies of Twentieth-Century Women Writers,* Bloomington, 1985, S. 84–104.

Dagmar Flinspach, *Das Bild des Künstlers im zeitgenössischen englischen Roman. Untersuchungen zum Problem von Künstlertum und Mediokrität in Iris Murdochs The Black Prince, Anthony Burgess' Enderby-Zyklus und John Fowles' Daniel Martin,* Studien zur englischen Philologie, Band 33, Tübingen, 1996.

François Fosca, *Les artistes dans les romans de Balzac,* in: *Revue critique des idées et des livres,* März 1922.

Christien Franken, *Multiple mythologies. A. S. Byatt and the British artist-novel,* Diss. Utrecht, 1997.

Marianne Frey, *Der Künstler und sein Werk bei W. H. Wackenroder und E. T. A. Hoffmann. Vergleichende Studien zur romantischen Kunstanschauung,* European University Papers. Series 1: German Language and Literature, Bern, 1970.

Herwig Friedl, *Problemgeschichtliche Überlegungen zum Stellenwert der Kunst in amerikanischen Künstlererzählungen,* in: *Anglia,* 97, 1979, S. 153–167.

Jeanne Garant, *Joyce Cary's Portrait of the Artist,* in: *Revue des Langues Vivantes,* XXIV, 1958, S. 476–486.

Dora Gerber, *Studien des Künstlers in der modernen deutschschweizerischen Literatur,* Bern, 1948.

Diane Filby Gillespie, *The female Artist in British and American Literature: An Overview and Checklist,* in: *Modernist Studies,* 1/3, 1975, S. 39–50.

Diane Filby Gillespie, *Female Artists as Characters and Creators: The Dual Concern with Feminine Role and Feminine Fiction in the Work of May Sinclair, Dorothy Richardson and Virginia Woolf,* Diss. University of Alberta, 1974.

Gerald Jay Goldberg, *The Artist Novel in Transition,* in: *English Fiction in Transition,* 1961, S. 11–27.

Helene Goldschmidt, *Das deutsche Künstlerdrama von Goethe bis R. Wagner,* Forschungen zur neueren Literaturgeschichte, LVII, hrsg. von Dr. Franz Muncker, Weimar, 1925.

Tim Graas, *Kunstenaarsromans en kunstenaarsnovellen,* in: *Met eigen ogen. Opstellen aangeboden door leerlingen en medewerkers aan Hans L.C. Jaffé,* Amsterdam, 1984, S. 151–161.

Hermann Granzow, *Künstler und Gesellschaft im Roman der Goethezeit. Eine Untersuchung zur Bewußtwerdung neuzeitlichen Künstlertums in der Dichtung vom ›Werther‹ bis zum ›Kater Murr‹,* Diss. Bonn, 1960.

Susan Gubar, *The Birth of the Artist as Heroine: (Re)production, the Künstlerroman Tradition, and the Fiction of Katherine Mansfield,* in: Carolyn G. Heilbrun (ed.) & Margaret R. Gigonnet (ed.), *The Representation of Women in Fiction,* Baltimore, 1983.

Käthe Harnisch, *Deutsche Malererzählungen. Die Art des Sehens bei Heinse, Tieck, Hoffmann, Stifter und Keller,* Berlin, 1938.

Sabrina Hausdorfer, *Rebellion im Kunstschein: Die Funktion des fiktiven Künstlers in Roman und Kunsttheorie der deutschen Romantik,* Heidelberg, 1978.

Hans Heckel, *Die Gestalt des Künstlers in der Romantik,* in: *Literaturwissenschaftliches Jahrbuch der Görres-Gesellschaft,* Hrsg. Günther Müller, Bd. 2, Freiburg, 1927, S. 50–83.

Carl Helbling, *Die Gestalt des Künstlers in der neueren Dichtung. Eine Studie über Thomas Mann,* Bern, 1922.

Linda Huf, *A Portrait of the Artist as a Young Woman: The Writer as Heroine in American Literature,* New York, 1983.

Bo Jeffares, *The Artist in the Nineteenth Century English Fiction,* Gerards Cross, 1979.

Karin Johannsen, *Wiederkehrende Elemente in der Motivik und Form englischer Künstlerromane,* Diss. Kiel, 1965.

Suzanne W. Jones (ed.), *Writing the Woman Artist: Essays on Poetics, Politics and Portraiture,* Philadelphia, 1991.

Krista Jussenhoven-Trautmann, *Tendenzen des Künstlerdramas in der Restaurationsepoche (1815–1848),* Keulen, 1975.

H.W. Keim, *Der Maler im Roman,* in: *Das literarische Echo,* Bd. 21, 1918/19.

James G. Kennedy, *The Artist-Hero Novel,* in: *English Fiction in Transition,* 1962, S. 32–34.

Jürgen Kleist, *Das Dilemma der Kunst: Zur Kunst- und Künstlerproblematik in der deutschsprachigen Prosa nach 1945,* New York, 1989.

Käte Laserstein, *Die Gestalt des bildenden Künstlers in der Dichtung,* Stoff und Motivgeschichte der deutschen Literatur 12, Berlin/Leipzig, 1931.

Claudia Laurich, *Der französische Malerroman,* Universität Salzburg, 1983.

Andreas Leitner, *Die Gestalt des Künstlers bei Miroslav Krleza,* Beiträge zur neueren Literaturgeschichte, 3. Folge, 76, Heidelberg, 1986.

Lee T. Lemon, *Portraits of the Artist in Contemporary Fiction,* Lincoln/London, 1985.

Erna Levy, *Die Gestalt des Künstlers im deutschen Drama von Goethe bis Hebbel,* Germanische Studien, Nr. 68, Berlin, 1929.

Richard Littlejohns, *Types and patterns of the Künstlerroman in the Romantic Period,* Diss. Oxford, 1969.

Ursula R. Mahlendorf, *The Wellsprings of Literary Creation: An Analysis of Male and Female ›Artist Stories‹ from the German Romantics to American Writers of the Present,* Columbia, 1971.

Ursula R. Mahlendorf, *Der weiße Rabe fliegt: Zum Künstlerinnenroman im 20. Jahrhundert,* in: Gisela Brinker-Gabler (Hg.), *Deutsche Literatur von Frauen, Bd. 2: 19. und 20. Jahrhundert,* München, 1988, S. 445–459.

Carl Darryl Malmgren, *From Work to Text: the Modernist and Postmodernist Künstlerroman,* in: *Novel: a Forum on Fiction,* 21/2, 1987, S. 5–28.

Sigrid Mangold, *Der Künstler im Viktorianischen und Edwardianischen Roman,* Diss. Heidelberg, 1959.

Herbert Marcuse, *Der deutsche Künstlerroman,* Diss. University of Freiburg, 1922, in: *Schriften,* Band I, Frankfurt a. M., 1978.

Chantal Massol-Bédoin, *L'artiste ou l'imposture: le secret du Chef-d'œuvre inconnu de Balzac,* in: *Romantisme,* Nr. 54, 1986, S. 44–57.

Karin von Maur, *Französische Künstler des 19. Jahrhunderts in den Schriften der Brüder Goncourt,* Stuttgart, 1966.

Karin von Maur, *Französische Künstler in den Schriften der Brüder Goncourt,* Diss. Tübingen, 1968.

Christine Merian-Genast, *Die Gestalt des Künstlers im Werk Conrad Ferdinand Meyers,* European University Papers. Series 1: German Language and Literature, 74, Bern, 1973.

Max Milner, *Le peintre fou,* in: *Romantisme,* Nr. 66, 1989, S. 5–21.

Alain Montandon, *Le roman romantique de la formation de l'artiste,* in: *Romantisme,* Nr. 54, 1986, S. 24–36.

Michael Nerlich, *Kunst, Politik und Schelmerei: Die Rückkehr des Künstlers und des Intellektuellen in die Gesellschaft des zwanzigsten Jahrhunderts dargestellt an Werken von Charles de Coster, Romain Rolland, André Gide, Heinrich Mann und Thomas Mann,* Frankfurt/Bonn, 1969.

Renate Noll-Wiemann, *Der Künstler im englischen Roman des 19. Jahrhunderts,* Anglistische Forschungen 117, Heidelberg, 1977.

Linda Pannill, *The Artist-Heroine in American Fiction. 1890–1920,* Diss. University of North Carolina, Chapel Hill, 1975.

Pier-Maria Pasinetti, *Life for art's sake. Studies in the literary image of the romantic artist,* Diss. Yale University, 1949.

Carol Pearson and Katherine Pope, *Who Am I This Time?: Female Portraits in British and American Literature,* New York, 1976.

Klaus Petersen, *Georg Kaiser: Künstlerbild und Künstlerfigur,* Bern/Frankfurt-am-Main/München, 1976.

Amédée Ponceau, *Balzac et les peintres,* in: *L'Age Nouveau,* April 1950.

Lotte Rausch, *Die Gestalt des Künstlers in der Dichtung des Naturalismus,* Diss. Giessen, 1931.

Wolfgang Scherbacher, *Der Künstler im modernen englischen Roman 1916–1936,* Diss. Tübingen, 1954.

Jochen Schmidt, *Zur Ideengeschichte der deutschen Künstlernovelle im 19. Jahrhundert,* in: Jochen Schmidt (Hg.), *Deutsche Künstlernovellen des 19. Jahrhunderts,* Frankfurt a. M., 1982, S. 403–440.

Jochen Schmidt, *Die Geschichte des Genie-Gedankens in der deutschen Literatur. Philosophie und Politik 1750–1945,* Bd. 1: *Von der Aufklärung bis zum Idealismus*; Bd. 2: *Von der Romantik bis zum Ende des Dritten Reichs,* Darmstadt, 1985.

Mary Wingfield Scott, *Art and artists in Balzac's Comédie humaine,* Chicago, 1937.

Roberta Seret, *Voyage into Creativity: the Modern Künstlerroman,* New York, 1992.

Maurice Z. Shroder, *Icarus: The Image of the Artist in French Romanticism,* Cambridge, 1961.

Eric Solomon, *The Portrait of the Artist versus Depiction of Artistic Creation,* in: *English Fiction in Transition,* 1962, S. 29–30.

Bernhard Sorg, *Der Künstler als Misanthrop: Zur Genealogie einer Vorstellung,* Tübingen, 1989.

Lionel Stevenson, *The Artist-Hero before 1880,* in: *English Fiction in Transition,* 1962, S. 31–32.

Grace Stewart, *A New Mythos: The Novel of the Artist as Heroine, 1877–1977,* St. Albans (Vt.), 1979.

Irene Suboczewski, *The Figure of the Artist in Modern Drama from Ibsen to Pirandello,* Diss. University of Maryland, 1970.

Martin Swales, *Narrative Accommodations: The Legacy of the Romantic Künstlernovelle,* in: Michael Batts, Anthony W. Riley, Heinz Wetzel (Hg.), *Echoes and Influences of German Romanticism: Essays in Honour of Hans Eichner,* New York, 1987, S. 183–194.

Wilhelm Waetzoldt, *Malerromane und Gemäldegedichte,* 1914, in: Westermanns Monatshefte, Jg. 58, Band 116, Heft 11, Braunschweig, 1914, S. 735–747.

Kurt Wais, *Kunst und Leben. Zu ihrer Thematik bei E.T.A. Hoffmann und Balzac,* in: *Europäische Literatur im Vergleich. Gesammelte Aufsätze,* Tübingen, 1983.

Oskar Weibel, *Tiecks Renaissancedichtung in ihrem Verhältnis zu Heinse und Conrad Ferdinand Meyer,* Sprache und Dichtung, H. 34, Bern, 1925.

James Wells, *The Artist in the English Novel: 1850–1919,* in: *Philological Studies* (West Virginia University), 4, 1943, S. 77–80.

David Williams, *Confessional fictions: a portrait of the artist in the Canadian novel,* Toronto, 1991.

Jacques Wirz, *Die Gestalt des Künstlers bei E.T.A. Hoffmann,* Diss. Basel, 1961.

Bruce Delmar Zessin, *Images of the Artist in Nineteenth-Century American Fiction,* Diss. University of California, Los Angeles, 1975.

ERFUNDENE KUNST.
**EINE ENZYKLOPÄDIE FIKTIVER KÜNSTLER VON 1605 BIS HEUTE,**
herausgegeben von Koen Brams, ist im Januar 2003 als zweihundertsiebzehnter Band der *Anderen Bibliothek* im Eichborn Verlag, Frankfurt am Main, erschienen. Das niederländische Original trägt den Titel *Encyclopedie van fictieve kunstenaars,* es wurde im Jahr 2000 bei Nijgh & Van Ditmar in Amsterdam und Antwerpen verlegt. Die deutsche Übersetzung stammt von Christiane Kuby und Herbert Post. Das Lektorat besorgte Rainer Wieland.

**Dieses Buch**
wurde in der Borgis Bembo Antiqua
von Wilfried Schmidberger in Nördlingen gesetzt
und bei der Fuldaer Verlagsagentur auf 100 g/m²
holz- und säurefreies mattgeglättetes Bücherpapier
der Papierfabrik Schleipen gedruckt. Den Einband
besorgte die Buchbinderei G. Lachenmaier, Reutlingen.
Ausstattung & Typographie von Franz Greno.

1. bis 7. Tausend, Januar 2003.
Von diesem Band der *Anderen Bibliothek* gibt es eine
handgebundene Lederausgabe mit den Nummern 1 bis 999;
die folgenden Exemplare der limitierten Erstausgabe
werden ab 1001 numeriert.
Dieses Buch trägt die Nummer:

1321 *